新时代职业教育课证融通新形态一体化教材

汽车智能制造技术

主　编　韦光茂　温承钦　黄维忠
副主编　汤岩峰　李嘉锋　李高任　温志力
参　编　陈志高　杨　浩　韦忠劲　陆润明
　　　　王浩俨　蒲婵英　薛华杰　李瑞荣
主　审　莫军

电子工业出版社
Publishing House of Electronics Industry
北京·BEIJING

内 容 简 介

智能制造是汽车制造产业未来的发展方向，新一代的汽车制造业必然会与现代信息技术深度融合。5G、物联网、云计算、大数据、人工智能等新技术为实现汽车智能制造提供了重要的条件。掌握智能制造的新特点、新模式，培养符合时代要求的专业人才是高等职业教育的重要任务。

本书基于汽车智能制造的实际情况，分析总结了汽车智能制造的特点，系统地介绍了汽车智能制造所涉及的基本概念、基础理论、核心知识、关键技术、应用案例、未来发展等内容。这些理论知识和应用案例对汽车智能制造人才培养、企业培训以及开展相关研究等将起到积极的推动作用。

本书既可作为高等职业院校汽车制造类、机电类专业的教材，也可供相关工程技术人员参考。

未经许可，不得以任何方式复制或抄袭本书之部分或全部内容。
版权所有，侵权必究。

图书在版编目(CIP)数据

汽车智能制造技术／韦光茂，温承钦，黄维忠主编. — 北京：电子工业出版社，2023.8
ISBN 978-7-121-46668-7

Ⅰ.①汽… Ⅱ.①韦… ②温… ③黄… Ⅲ.①汽车-智能制造系统-高等职业教育-教材 Ⅳ.①U468.2

中国国家版本馆 CIP 数据核字(2023)第 219348 号

责任编辑：邢慧娟
印　　刷：中国电影出版社印刷厂
装　　订：中国电影出版社印刷厂
出版发行：电子工业出版社
　　　　　北京市海淀区万寿路 173 信箱　　邮编：100036
开　　本：787×1092　1/16　　印张：16.75　　字数：428 千字
版　　次：2023 年 8 月第 1 版
印　　次：2024 年 7 月第 2 次印刷
定　　价：49.00 元

凡所购买电子工业出版社图书有缺损问题，请向购买书店调换。若书店售缺，请与本社发行部联系，联系及邮购电话：(010)88254888，88258888。

质量投诉请发邮件至 zlts@phei.com.cn，盗版侵权举报请发邮件至 dbqq@phei.com.cn。
本书咨询联系方式：qiyuqin@phei.com.cn。

前 言 PREFACE

　　汽车产业是综合性较强的产业,同时也是资金密集和技术密集的产业,所以一个国家汽车产业的水平可以反映这个国家的综合实力。汽车产业一直以来对于智能制造投入很大的关注。我国汽车整车生产有完整的标准化生产体系,不少企业通过智能制造提高了生产过程的自动化水平。

　　产业发展,人才先行。"互联网+智能制造"时代对应用型技能人才的知识结构、综合素质要求更高,高等职业教育需要不断适应"互联网+智能制造"发展的新要求,更新人才培养理念和教学内容,主动研究企业需求和人才培养模式,努力紧跟时代步伐,培养具备互联网思维、符合汽车智能制造要求的高素质技术技能人才。本书就是在这种大背景下编写的,广西物流职业技术学院的汽车智能制造技术是广西壮族自治区职业院校的示范特色专业。作为该专业的建设成果之一,本书按照汽车智能制造技术发展的特点,结合学习者的认知规律编写,通过对制造过程自动化、数字化、智能化技术的分析,比较系统地介绍了汽车智能制造所涉及的基本概念、基础理论、核心知识、关键技术、应用案例、未来发展等内容。

　　本书注重思政教育,将思政元素融入教材,每个章节的开始位置设置有"学思课堂"栏目,实现思政教学目标。

　　本书由广西物流职业技术学院韦光茂高级工程师、温承钦教授、黄维忠工程师担任主编,编写了第一章和第二章的内容;汤岩峰、李嘉锋、李高任、温志力任副主编,编写了第三章至第七章的内容;南宁宁达新能源汽车有限公司李瑞荣高级工程师,广西一池教育科技有限公司薛华杰,广西物流职业技术学院陈志高、杨浩、韦忠劲、陆润明、王浩俨、蒲婵英也参与了部分内容的编写。全书由广西物流职业技术学院正高级讲师莫军主审。

　　在本书编写过程中得到了汽车及零部件制造企业和众多同行的支持,并提出了不少好的建议,在此表示衷心的感谢!另外,编者还参阅了大量的文献资料和专著,借鉴了不少宝贵的资料,在此,也向为本书提供参考、借鉴的学术资料的学者或作者致以衷心的感谢!

　　鉴于编者水平有限,书中难免有不妥或疏漏之处,敬请广大读者批评指正。

编　者
2023 年 5 月

目录 CONTENTS

第一章 智能制造的概念与标准体系 ·· 1
- 第一节 智能制造的概念 ··· 2
- 第二节 智能制造的国家标准体系 ··· 9
- 第三节 智能制造的本质与价值内涵 ··· 15

第二章 认识智能制造技术 ·· 20
- 第一节 智能设计和智能装备 ··· 21
- 第二节 智能加工与智能服务 ··· 26
- 第三节 智能制造面临的挑战 ··· 28

第三章 智能制造数字化基础 ·· 31
- 第一节 概述 ··· 32
- 第二节 数字化设计与仿真 ··· 35
- 第三节 有限元分析基础 ··· 55
- 第四节 数字化工艺 ··· 62

第四章 工业互联网技术与应用 ·· 66
- 第一节 工业互联网概述 ··· 67
- 第二节 工业互联网的体系架构 ··· 75
- 第三节 工业大数据 ··· 86
- 第四节 工业互联网的网络体系 ··· 91

第五章 先进制造技术与应用 ·· 93
- 第一节 先进制造技术概述 ··· 93
- 第二节 柔性制造系统 ··· 95
- 第三节 敏捷制造 ··· 108
- 第四节 精益生产 ··· 111

第六章 智能控制技术基础 ·· 114
- 第一节 智能控制概述 ··· 115
- 第二节 传感技术 ··· 125

V

第三节	可编程控制技术 ……………………………………………………	181
第七章	智能制造应用 ………………………………………………………………	195
第一节	智能制造技术在汽车车身冲压工艺中的应用 ………………………	195
第二节	智能制造技术在汽车车身焊装工艺中的应用 ………………………	209
第三节	智能制造技术在汽车车身涂装工艺中的应用 ………………………	225
第四节	智能制造技术在汽车总装工艺中的应用 ……………………………	243
参考文献	……………………………………………………………………………………	260

第一章
智能制造的概念与标准体系

学思课堂

新能源汽车制造业的发展离不开"工匠精神",工匠精神——耐得住寂寞,禁得住诱惑,守得住传统,把得住技艺。在当下发展极快的市场环境下,新能源汽车制造业能否践行工匠精神,把最完美的汽车产品交给市场,这是一个极大的考验,也是制造业高质量发展必须要坚守的信念。

情境导入

随着科技的飞速发展,人们对于未来的生产方式有了全新的认知和展望。智能制造作为一种融合先进制造技术、信息技术、材料科学等领域的综合性产业体系,已经成为现代工业的一个重要发展趋势。智能制造是指通过信息技术、物联网、云计算等技术手段,将生产过程进行数字化、网络化和智能化,最终实现生产过程的智能化、自适应和优化。智能制造的出现,不仅可以大幅提高生产效率、降低成本,还可以加速产品研发和创新,提升企业的核心竞争力。接下来我们将深入探讨未来智能制造的发展方向和前景,包括智能制造的定义、智能制造技术的现状、未来智能制造的发展趋势、智能制造对经济和社会的影响等,为相关研究和实践提供参考。

智能制造是工业互联网技术的重要组成部分,它与工业自动化、机器学习等技术密切相关。随着工业互联网的普及和物联网技术的成熟,智能制造将会呈现出更加广阔的发展前景。未来的智能制造将具备更高的智能化水平,更加高效、安全、可靠和灵活的生产方式,更加优质的产品和服务,这将会对经济和社会带来巨大的影响。

第一节　智能制造的概念

一、智能制造

智能制造源于对人工智能的研究。人工智能就是用人工方法在计算机上实现的智能。随着产品性能的完善化及其结构的复杂化、精细化，以及功能的多样化的发展，促使产品所包含的设计信息量和工艺信息量猛增，随之生产线和生产设备内部的信息流量增加，制造过程和管理工作的信息量也剧增，因而促使制造技术发展的热点与前沿，转向了提高制造系统对于爆炸性增长的制造信息处理的能力、效率及规模上。制造系统正在由原先的能量驱动型转变为信息驱动型，这就要求制造系统不但要具备柔性，而且还要表现出智能，否则是难以处理如此大量而复杂的信息工作量的。另外，瞬息万变的市场需求和激烈竞争的复杂环境，也要求制造系统表现出更高的灵活性、敏捷性以及更加智能化。因此，智能制造越来越受到人类高度的重视。纵览全球，虽然智能制造总体尚处于概念和实验阶段，但许多国家已将此列入国家发展计划，大力推动实施。

智能制造（Intelligent Manufacturing, IM）是一种由智能机器和人类专家共同组成的人机一体化智能系统，它在制造过程中能进行智能活动，诸如分析、推理、判断、构思和决策等。通过人与智能机器的合作共事，去扩大、延伸和部分地取代人类专家在制造过程中的脑力劳动。它把制造自动化的概念更新，扩展到柔性化、智能化和高度集成化。智能机器人的实例如图1-1所示。

图1-1　智能机器人的实例

毫无疑问，智能化是制造自动化的发展方向。在制造过程的各个环节几乎都应用人工智能技术。人工智能技术可以用于工程设计、工艺过程设计、故障诊断等，也可以将神经网络和模糊控制技术等先进的计算机智能方法应用于产品配方、生产调度等，实现制造过程智能化。

二、智能制造的技术

智能制造技术主要包括工业自动化、机器学习、物联网、云计算、大数据等方面。下面将就这些方面的技术做出详细的分析。

（一）工业自动化技术

工业自动化技术是指利用计算机、传感器、执行器等设备，对生产过程进行自动化控制和管理的技术手段。随着计算机和通信技术的飞速发展,工业自动化技术已经历了从传统的 PLC 控制到现代的智能化控制的转变。现代的智能化控制系统不仅可以实现自动化控制,还可以实现实时的数据采集和处理、生产计划管理、质量监控等功能。同时,智能化控制系统还可以与其他信息系统集成,形成完整的数字化生产体系。

(二) 机器学习技术

机器学习技术是指利用计算机算法和数学模型对数据进行分析和处理,从而让机器具备学习和智能化的能力。机器学习技术在智能制造领域中具有广泛的应用,可以实现生产过程的智能化控制、预测性维护、缺陷检测和质量监控等功能。机器学习技术还可以帮助企业实现自动化决策和优化,提高生产效率和降低成本。

(三) 物联网技术

物联网技术是指将各种物理设备和传感器通过互联网联接起来,实现设备之间的数据交换和共享的技术手段。物联网技术在智能制造领域中具有重要的作用,可以实现设备的远程监控和维护、实时数据采集和处理、生产计划管理等功能。通过物联网技术,企业可以实现数字化、网络化和智能化的生产过程。

(四) 云计算技术

云计算技术是指将各种计算资源通过互联网联接起来,实现资源的共享和利用的技术手段。云计算技术在智能制造领域中具有重要的作用,可以实现大规模数据存储和处理、实时计算和决策等功能。通过云计算技术,企业可以实现数据的共享和协同,加速产品研发和创新。

(五) 大数据技术

大数据技术是指利用计算机算法和数学模型对海量数据进行分析和处理,从而获得有价值的信息和知识的技术手段。大数据技术在智能制造领域中具有广泛的应用,可以实现生产过程的监控和优化、产品质量的提升、客户需求的预测和满足等功能。通过大数据技术,企业可以实现智能化决策和优化,提高竞争力和市场占有率。

三、智能制造的特征

与传统的制造方式相比,智能制造集自动化、柔性化、集成化和智能化于一身,具体来说,智能制造具有以下鲜明特征。

(一) 自律能力

智能制造具有搜集与理解环境信息和自身信息,并进行分析判断和规划自身行为的能力。智能制造系统能监测周围环境和自身作业状况并进行信息处理,根据处理结果自行调整控制策略,采用最佳运行方案,从而使整个制造系统具备抗干扰、自适应和容错纠错等能力。强有力的知识库和基于知识的模型是自律能力的基础。具有自律能力的设备称为"智能机器",在一定程度上表现出独立性、自主性和个性,甚至相互间还能运作与竞争。

(二) 人机一体化

智能制造不是单纯的"人工智能"系统,而是一种人机一体化的智能系统,是一种"混合智能"。从人工智能发展现状来看,基于人工智能的智能机器只能进行机械式的推理、预测、判断,它只具有逻辑思维(专家系统),最多做到形象思维(神经网络),完全做不到灵感(顿悟)思维,只有人类专家才真正同时具备以上3种思维能力。现阶段想以人工智能全面取代制造过程中人类专家的脑力劳动,独立承担起分析、判断、决策等任务是不现实的。因此,在智能制造系统中,高素质、高智能的人将发挥更好的作用,机器智能和人的智能将真正地融合在一起,互相配合,相得益彰。

(三)自组织与超柔性

智能制造系统中的各组成单元能够根据工作任务需要,快速、可靠地组建新系统,集结成一种超柔性最佳结构,并按照最优方式运行。同时,对于快速变化的市场、生产制造要求有很强的适应性,其柔性不仅表现在运行方式上,也表现在结构组成上,这种柔性称为超柔性,如同一群人类专家组成的群体,具有生物特征。例如,在当前任务完成后,该结构将自行解散,以便在下一任务中能够组成新的结构。

(四)自学习与自维护

智能制造系统能够在实践中不断地充实知识库,具有自主学习功能。同时,在运行过程中自行诊断故障,并具备对故障自行排除、自行维护的能力。这种特征使智能制造系统能够进行自我优化,并适应各种复杂的环境。

四、智能制造发展前景

(一)智能制造发展状况

近年来,国外智能制造业发展发生了明显的变化,发达国家技术工人短缺,新兴国家劳动力成本上涨,同时制造业又出现了制造地点分散、生产方式变更、制造技术日益复杂化等变化。为此,美国、德国、英国、日本等世界发达国家纷纷开始实施"再工业化"计划,颁布了一系列"智能制造"战略。如表1-1所示为主要国家智能制造战略。

经过多年发展,我国制造业规模已经跃居世界首位,建立起门类齐全、独立完整的制造体系,但与先进国家相比,我国制造业大而不强的问题仍然存在。随着我国经济发展进入新常态,人口红利消失,劳动力成本不断攀升,长期以来主要依靠资源要素投入、规模扩张的粗放型发展模式难以发展下去。我国依靠农村劳动力转移和人口红利的叠加支撑起的富足劳动力供给模式将逐渐成为过去,工业企业的利润率不断被人力成本的上升所侵蚀。如何探寻更为健康良性的经济发展模式成为我国亟须解决的重要问题,而构建以智能制造为重点的新型制造体系,着力强化工业基础能力是解决前述问题的重要路径。

表1-1 主要国家智能制造战略

颁布时间	战略名称	相关内容	战略目标
2012年	美国先进制造战略规划	围绕中小企业、劳动力、伙伴关系联邦投资及研发投资等提出5项目标和具体建议	促进美国先进制造业的发展

续表

颁布时间	战略名称	相关内容	战略目标
2013年	德国工业4.0战略实施建议	建设一个网络:信息物理系统网络;研究两项主题:智能工厂和智能生产;实现3项集成:横向集成、纵向集成与端到端的集成;实施8项保障计划	通过信息网络与物理生产系统的融合来改变当前的工业生产与服务,使德国成为先进智能制造技术的创造者和供应者
2013年	法国"新工业法国"	解决能源、数字革命和经济生活3个问题,确定34个优先发展的工业项目,如新一代高速列车、电动汽车、节能建筑、智能纺织等	通过创新重塑工业实力,使法国处于全球工业竞争力第一梯队
2014年	日本制造业白皮书	重点发展机器人、下一代清洁能源汽车、再生医疗及3D打印	重振国内制造业,复苏日本经济
2015年	英国工业2050战略	推进服务+再制造(以生产为中心的价值链),致力于更快速、更敏锐地响应消费者需求,把握新的市场机遇,可持续发展,加大力度培养高素质劳动力	重振英国制造业,提升国际竞争力

在此背景下,围绕实现制造强国的战略目标,国务院发布了中国智能制造发展策略,明确了一系列智能制造的重点领域和重点工程。智能制造工程作为国家重点工程之一,成为国家全力打造制造强国的重要抓手。

智能制造装备不但能够解决企业劳动力短缺而造成的人力成本上升的问题,其高效化、柔性化、精确化和智能化的特点,使企业能够充分利用智能制造技术大幅提高生产效率,还能同时实现节能环保的目标。智能制造的广泛应用,是生产过程实现降本增效、节能环保的重要途径。

当前,中国智能制造装备行业主要发展特点如下。

(1)智能制造装备在局部落地。近三年间,智能制造装备在制造领域局部落地。智能制造装备在提升车间操作信息化、车间生产数据实时采集、可视化过程监测和管理、柔性化生产制造、生产管理精细化、装备应用智能化等方面得到有效应用。但是,智能制造生态系统尚未发展成熟。一方面,从设计、开发、制造、营销、物流、售后等产品全生命周期尚未高度互联与集成,智能制造装备与企业管理系统架构尚未高度协同;另一方面,存在智能制造系统软件相对薄弱的状况,不同装备接口协议不一,软件和硬件之间难以形成有效集成和匹配。

(2)智能制造装备在各行业应用不均衡。随着计算机、材料、能源及现代管理技术的不断发展,各行业的智能制造装备水平得到了很大提升。但受行业工艺特点、竞争格局等因素影响,智能制造在不同行业的技术应用和融合程度呈现不均衡的状况。以智能制造的基础——生产设备数字化和关键工序数控化为例,根据两化融合服务联盟和国家工业信息安全发展研究中心的统计,各行业生产设备数字化率和关键工序数控化率统计图如图1-2所示。其中,石化、冶金、纺织、电子信息等行业的数字化率和数控化率较高,主要原因一方面是这些行业在安全生产、环境保护、工艺处理实时监控等方面要求较高;另一方面是这些行业属于批量连续的流程生产。而在交通设备、轻工行业等离散式制造行业的智能制造应用程度相对较低。

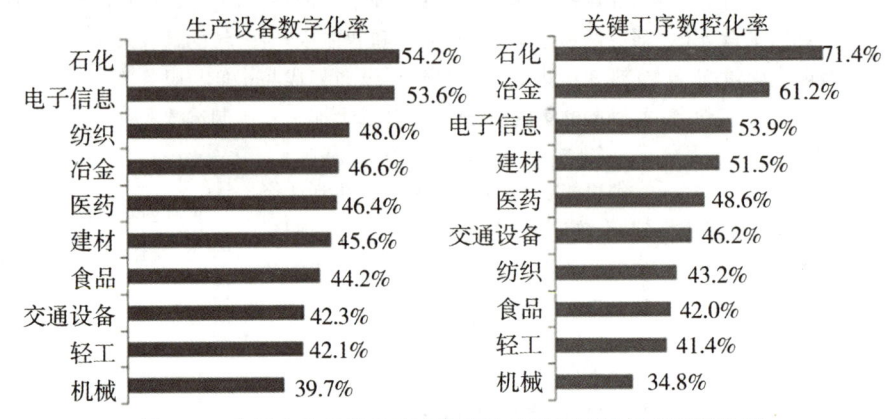

生产设备数字化率
- 石化 54.2%
- 电子信息 53.6%
- 纺织 48.0%
- 冶金 46.6%
- 医药 46.4%
- 建材 45.6%
- 食品 44.2%
- 交通设备 42.3%
- 轻工 42.1%
- 机械 39.7%

关键工序数控化率
- 石化 71.4%
- 冶金 61.2%
- 电子信息 53.9%
- 建材 51.5%
- 医药 48.6%
- 交通设备 46.2%
- 纺织 43.2%
- 食品 42.0%
- 轻工 41.4%
- 机械 34.8%

图 1-2　各行业生产设备数字化率和关键工序数控化率统计图

(3)机器视觉、机器人等技术在智能制造领域得到大幅应用。机器视觉、机器人等技术基于其技术成熟性、高性价比等优势,近三年来在智能制造行业得到了广泛应用,渗透率不断提升。机器视觉是采用机器代替人眼来做测量与判断,实现人眼视觉的延伸。机器视觉相比人眼在精确程度、客观程度、可重复性、成本及效率上都有明显的优势,近年来在智能制造中的应用领域也不断拓展,从电子装备检测发展到识别、质量检测、尺寸测量及机械手定位等领域。目前工业机器人在汽车、金属制品、电子、橡胶及塑料等行业已经得到广泛的应用。根据国际机器人联合会的数据,2022年,中国的工业机器人年销量约28万台,2011—2022年复合年增长率为26%,十年间销售扩增10倍。

(4)高精度、高品质、定制化需求增强。近年来个性化消费、"新零售"生产模式快速普及,消费者对产品品质要求及个性化、定制化需求的不断提升,要求产品的功能日益丰富。产品品质及精度要求的提升对产品设计、生产工艺水平、装配的灵活性要求更高,相关产品的生产工序也从单一工序简单加工,演变成模块化、平台化、小批量、多品种的柔性生产。随着产品品质及精度的提升,生产工艺难度不断增加,对高精度、高品质、定制化的智能制造装备需求也不断加大。

(二)未来智能制造的发展趋势

未来,智能制造技术将与制造业深度融合。其中,物联网与云计算、人工智能、3D打印等新技术的作用将尤为凸显。未来物联网与云计算将会被更加广泛地部署到制造行业企业中。传感器技术、RFID 标签、嵌入式系统技术等物联网核心技术,将灵活地为客户打造"透明化生产、数字化车间、智能化工厂",减少人工干预,提高工厂设施整体协作效率,提高产品质量一致性。

在人工智能方面,未来人工智能将更加广泛地应用到智能制造行业中。先进制造技术和人工智能技术深度融合,使得制造系统具备自学习能力。通过深度学习、增强学习、迁移学习等技术的应用,智能制造将提升制造领域知识产生、获取、应用和传承的效率。在离线状态下,利用机器学习技术挖掘产品缺陷,形成控制规则;在在线状态下,通过增强学习技术和自动监

第一章　智能制造的概念与标准体系

测反馈,控制生产过程,减少产品缺陷,集成专家经验,不断改进学习结果。党的二十大报告指出:"建设现代化产业体系。坚持把发展经济的着力点放在实体经济上,推进新型工业化,加快建设制造强国、质量强国、航天强国、交通强国、网络强国、数字中国。实施产业基础再造工程和重大技术装备攻关工程,支持专精特新企业发展,推动制造业高端化、智能化、绿色化发展。巩固优势产业领先地位,在关系安全发展的领域加快补齐短板,提升战略性资源供应保障能力。推动战略性新兴产业融合集群发展,构建新一代信息技术、人工智能、生物技术、新能源、新材料、高端装备、绿色环保等一批新的增长引擎。构建优质高效的服务业新体系,推动现代服务业同先进制造业、现代农业深度融合。加快发展物联网,建设高效顺畅的流通体系,降低物流成本。加快发展数字经济,促进数字经济和实体经济深度融合,打造具有国际竞争力的数字产业集群。优化基础设施布局、结构、功能和系统集成,构建现代化基础设施体系。"

智能制造的实现是一个逐级推进的复杂工程,涉及设计、生产、物流、销售、服务等产品全生命周期,并涉及执行装备层、控制层、管理层、企业层、云服务层、网络层等企业系统架构,需要实现横向、纵向和端到端集成。由于资金投入不足、技术研发周期较长及工艺壁垒较高等因素,单个系统解决方案的供应商难以同时满足各个细分行业的智能制造发展需要,因此智能装备制造、物流仓储、软件企业或服务商之间需不断加强协同创新,以强化智能制造系统解决方案供应能力。智能制造将造就全新的业态,由多个提供单一产品或服务的供应商共同构建协作系统,形成融合发展的生态圈。

1.技术趋势

随着智能制造技术的不断发展和成熟,未来的智能制造将朝着以下 5 个方向发展。

(1)智能化控制系统的优化和升级。未来的智能化控制系统将更加灵活、可靠和智能化,可以根据实际生产需求进行快速调整和优化,同时还可以与其他信息系统进行无缝集成,形成完整的数字化自组织和超柔性生产体系。智能制造系统中的各组成单元能够依据工作任务的需要,自行组成一种最佳结构。

(2)机器学习技术的广泛应用。未来的智能制造将越来越依赖机器学习技术,通过机器学习技术,可以实现生产过程的智能化控制、预测性维护、缺陷检测和质量监控等功能。

(3)物联网技术的深度融合。物联网技术是制造过程的系统和各个环节"智能集成化"的支撑。物联网同时也是制造信息及知识流动的通道。未来的智能制造将更加注重物联网技术的深度融合,通过物联网技术,可以实现设备的远程监控和维护、实时数据采集和处理、生产计划管理等功能。

(4)云计算技术的广泛应用。未来的智能制造将更加依赖云计算技术,通过云计算技术,可以实现大规模数据存储和处理、实时计算和决策等功能,从而加速产品研发和创新。虚拟制造技术可以在产品设计阶段就模拟出该产品的整个生命周期,从而进行更有效、更经济、更灵活的组织生产,实现产品开发周期最短、产品成本最低、产品质量最优、生产效率最高的保证。同时,虚拟制造技术也是并行工程实现的必要前提。

(5)大数据技术的深度应用。未来的智能制造将越来越依赖大数据技术,通过大数据技术,可以实现生产过程的监控和优化、产品质量的提升、客户需求的预测和满足等功能,从而提高企业的竞争力和市场占有率。

2. 产业趋势

未来的智能制造将朝着以下 4 个方向发展。

(1) 生产方式的转型。未来的智能制造将更加注重定制化和个性化生产,以满足消费者不断增长的需求。同时,智能制造还将注重提高生产效率和降低成本,以保持企业的竞争力。

(2) 产业链的升级。未来的智能制造将更加注重产业链的升级和智能化,通过数字化技术和物联网技术,实现产业链的协同和优化,从而提高整个产业的效率和竞争力。智能制造还将促进产业链的协同和创新,促进产业转型和升级。

(3) 人工智能的应用。未来的智能制造将更加依赖人工智能技术,通过人工智能技术,可以实现生产过程的智能化控制、自动化决策和预测性维护等功能。人工智能技术还可以通过优化生产过程和提高产品质量来降低成本,提高生产效率。

(4) 数字化技术的应用。未来的智能制造将更加依赖数字化技术,通过数字化技术,可以实现生产过程的数字化和自动化,提高生产效率和产品质量。数字化技术还可以实现企业的智能化管理和协同合作,提高企业的整体竞争力。

3. 政策趋势

未来的智能制造将受到政策的支持和推动,政策的趋势主要包括以下 3 个方面。

(1) 政府的支持和鼓励。未来政府将继续加大对智能制造的支持和鼓励力度,加快推动智能制造的发展。政府将加强政策引导和投入,加快智能制造技术的研发和应用,促进智能制造与传统制造行业的融合、转型升级。

(2) 技术创新和人才培养。未来政府将加大技术创新和人才培养的力度,鼓励企业加强技术创新和人才培养,提高企业的创新能力和竞争力。政府还鼓励高校和企业加强合作,提高人才的素质和水平。

(3) 制度建设和市场开放。未来政府将加强制度建设和市场开放,推动智能制造的发展。政府将建立健全的政策体系和法律法规,完善市场环境和产业生态,促进智能制造的良性发展。

五、未来智能制造的前景

未来智能制造的发展将对经济、社会、环境等方面产生深远的影响,具有广阔的发展前景。

(一) 经济前景

未来智能制造的发展将推动经济的增长和企业的转型升级。智能制造将为企业提供更高效、更精确、更环保、更智能的生产方式和管理方式,提高生产效率和产品质量,降低生产成本,增强企业的核心竞争力和市场竞争力。

智能制造还将促进产业链的协同和创新,推动传统制造业向智能制造转型升级,促进新产业、新业态的发展。智能制造还将促进产业结构调整和转型升级,推动制造业向高端化、智能化、绿色化方向发展,促进经济的可持续发展。

(二) 社会前景

未来智能制造的发展将对社会产生广泛的影响。智能制造将为社会提供更加高效、便捷、安全、环保的产品和服务,满足人民对美好生活的需求,提高人民的生活质量和幸福感。

智能制造也将为社会创造更多的就业机会,促进人力资源的合理流动和优化配置,提高劳动者的技能和素质。智能制造还将为社会带来更多的创新和发展机会,促进社会的科技进步和文化发展。

(三)环境前景

未来智能制造的发展将对环境产生重要的影响。智能制造将推动生产过程的智能化、数字化和自动化,减少能源消耗和物料浪费,降低生产过程中的碳排放和环境污染,实现资源的有效利用和保护。智能制造还将促进环境保护产业的发展,提高环保产品和服务的质量和效益,推动生态文明建设和可持续发展。

未来,智能制造将向复杂、系统、高度集成的方向发展,它将深刻影响经济、社会、环境等各个领域。未来智能制造的发展离不开技术创新、政策支持、人才培养等多方面的支持和保障。

为了实现未来智能制造的发展目标,需要加强技术创新和人才培养,完善政策体系和市场环境,推动智能制造的良性发展。只有这样,才能实现智能制造的高效化、智能化、环保化、安全化、可持续发展,促进人类社会的进步和发展。

第二节 智能制造的国家标准体系

先进制造业是一个国家的核心竞争力,智能制造标准化已经成为国际标准化的热点和前沿领域。发达国家越来越重视标准化对智能制造的支撑和保障作用。德国——《工业4.0战略实施建议》、美国——《国家先进制造战略规划》和法国——《新工业法国》,都十分重视标准化在智能制造中的作用。国际电工委员会(IEC)于2018年成立"智能制造系统委员会",中国、德国、日本等国家共同制定了智能制造标准化路线图,主要分析市场、行业需求和新技术在智能制造中的作用,识别、收集和研究智能制造用例,提出标准需求,研究制定相关术语和定义等方面相关标准。国际标准化组织(ISO)聚焦传统制造向智能制造转变的关键使能技术,在自动化系统与集成、增材制造、安全与韧性等20多个与智能制造相关的技术委员会中推动标准化工作,并成立智能制造协调委员会,统一协调管理智能制造标准化工作。

2015年和2018年我国相继发布的两个版本的《国家智能制造标准体系建设指南》,构建了较为完善的国家智能制造标准体系,船舶、纺织、石化等14个细分行业开展了智能制造体系建设,龙头企业、科研院所联合开展了标准研制和试验验证,搭建了多个标准试验验证平台,已发布智能制造国家标准300多项,在研国家标准基本覆盖产品全生命周期和制造业系统层级各环节,初步解决了因标准缺失带来的产业发展共性问题。两个版本《国家智能制造标准体系建设指南》的实施有效推动了国际标准化工作,共制定30多项智能制造国际标准,中德双边累计达成上百项合作共识,发布多项合作成果。我国智能制造系统架构标准和德、美、日等国家标准化成果共同成了国际智能制造顶层规划重要参考。

一、智能制造标准体系结构

智能制造标准体系结构是建立在智能制造应用体系之上的标准体系,以规范和促进智能制造的发展和应用。其目的是协助管理和实现智能化、数字化、网络化和可持续发展的生产过程。智能制造标准体系结构包括3个方面:产品、装备和工厂。

(一)产品标准体系

产品标准体系是指产品制造中所需的标准体系。产品标准体系包括设计、材料、工艺、检验指标等方面。通过建立产品标准体系,有助于确保产品的品质和稳定性,同时也有利于提高产品的制造效率并降低生产成本。

(二)装备标准体系

装备标准体系是指智能制造装备设备的标准体系。装备标准体系包括装备的分类、技术参数、功能性能、安全性能和运行维护等方面。装备标准体系的建立有助于提高装备之间的互操作性,以及整个生产过程的智能化和自动化程度。

(三)工厂标准体系

工厂标准体系是指智能制造生产厂家的标准体系。工厂标准体系包括工厂规划、生产管理、供应链管理、质量控制、信息化解决方案等方面。通过建立工厂标准体系,有助于提高生产效率、降低生产成本、保证产品质量、提升生产能力。

除产品、装备和工厂3个方面外,智能制造标准体系结构还包括数据标准体系、信息标准体系、安全标准体系等方面。这些标准体系的建立,不仅有助于推进智能制造的发展,而且也有利于保证产业的可持续发展。

建立全面的标准体系,便于智能制造应用在全球范围内的普及和推广。

二、《国家智能制造标准体系建设指南(2021版)》

2021年,为贯彻落实《中华人民共和国国民经济和社会发展第十四个五年规划和2035年远景目标纲要》和《国家标准化发展纲要》,切实发挥标准对推动智能制造高质量发展的支撑和引领作用,工业和信息化部、国家标准化管理委员会组织编制了《国家智能制造标准体系建设指南(2021版)》。

(一)智能制造系统架构

智能制造系统架构从生命周期、系统层级和智能特征等3个维度对智能制造所涉及的要素、装备、活动等内容进行描述,主要用于明确智能制造的标准化对象和范围。智能制造系统架构维度示意图如图1-3所示。

智能制造技术系统架构

第一章　智能制造的概念与标准体系

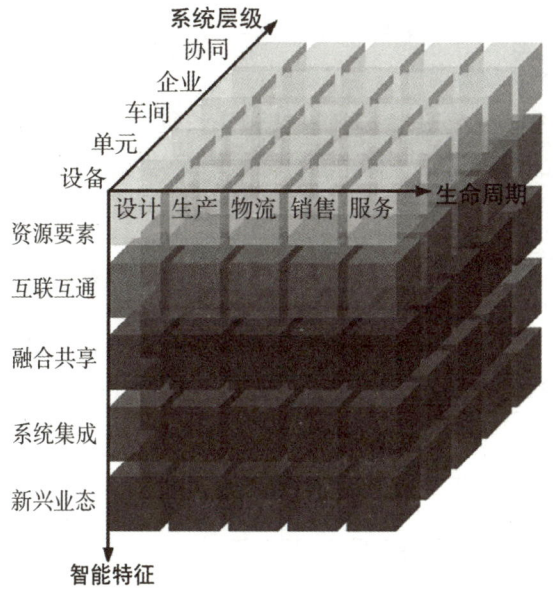

图 1-3　智能制造系统架构维度示意图

(二) 总体要求

1.基本原则

基本原则示意图如图 1-4 所示。

图 1-4　基本原则示意图

2.建设目标

建设目标示意图如图 1-5 所示。

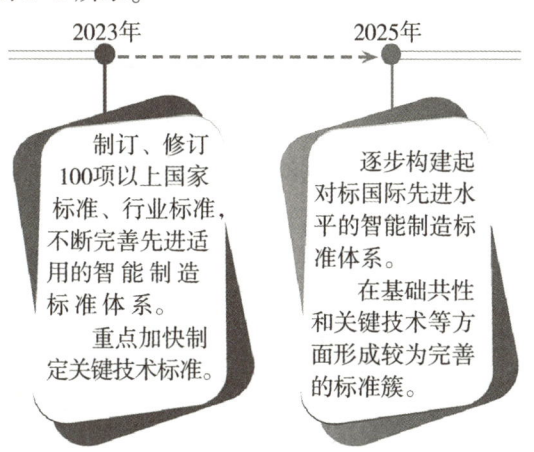

2023年：制订、修订 100 项以上国家标准、行业标准，不断完善先进适用的智能制造标准体系。重点加快制定关键技术标准。

2025年：逐步构建起对标国际先进水平的智能制造标准体系。在基础共性和关键技术等方面形成较为完善的标准簇。

图 1-5　建设目标示意图

11

(三)建设思路

1.智能制造标准体系结构

智能制造标准体系结构包括"A 基础共性""B 关键技术""C 行业应用"等 3 个部分,主要反映标准体系各部分的组成关系。智能制造标准体系结构示意图如图 1-6 所示。

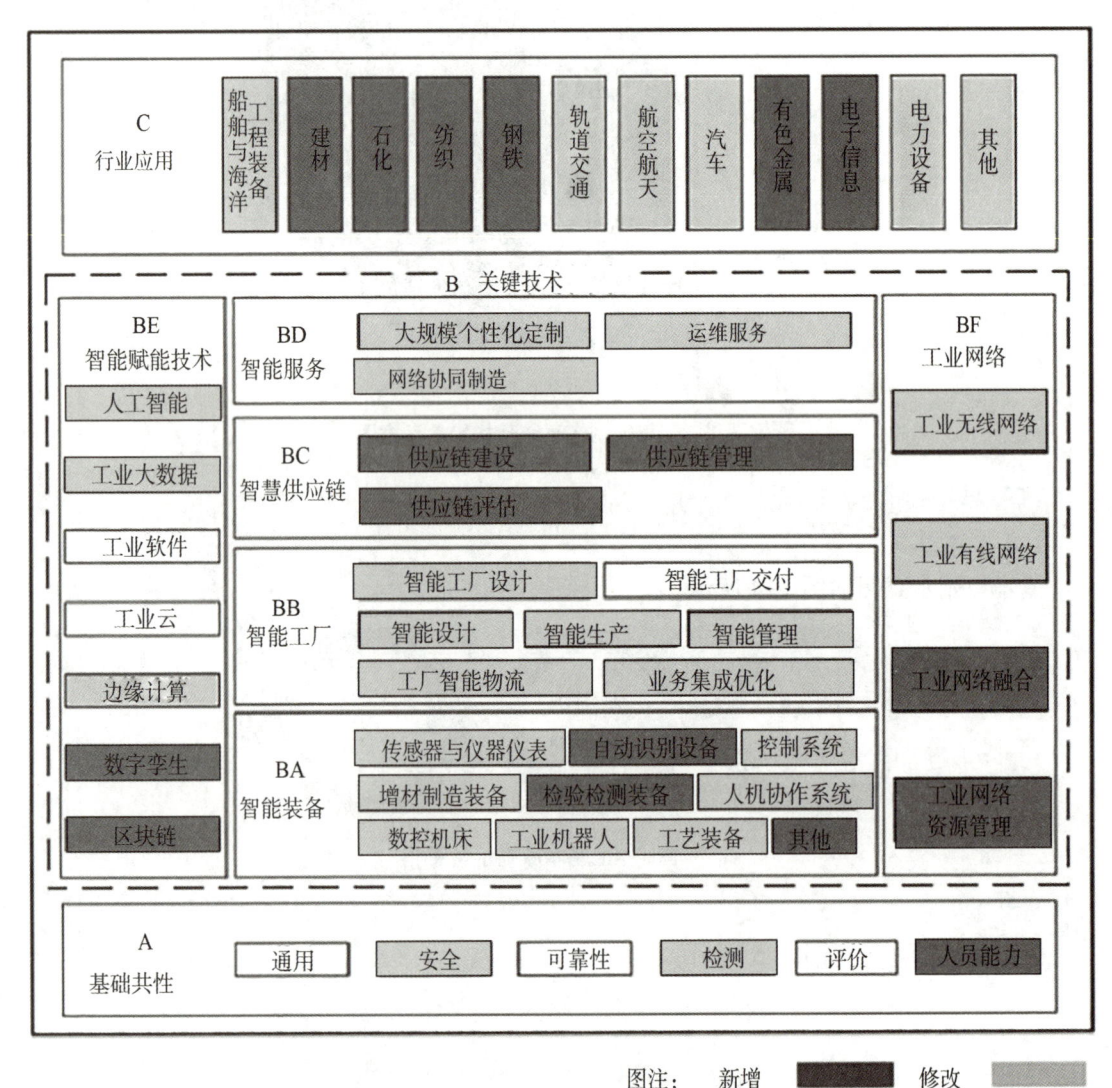

图 1-6 智能制造标准体系结构示意图

2.智能制造标准体系框架

智能制造标准体系框架包含了智能制造标准体系的基本组成单元,同体系结构一样包括"A 基础共性""B 关键技术""C 行业应用"等 3 个部分。智能制造标准体系框架示意图如图 1-7 所示。

第一章 智能制造的概念与标准体系

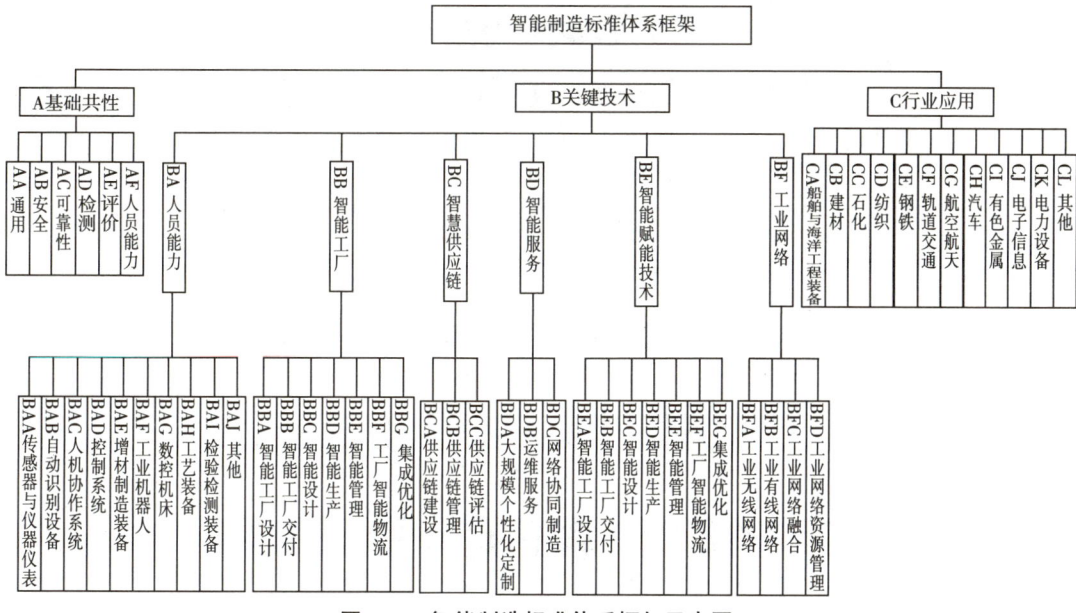

图 1-7 智能制造标准体系框架示意图

(四) 建设内容

智能制造标准体系建设内容如图 1-8、图 1-9 所示。

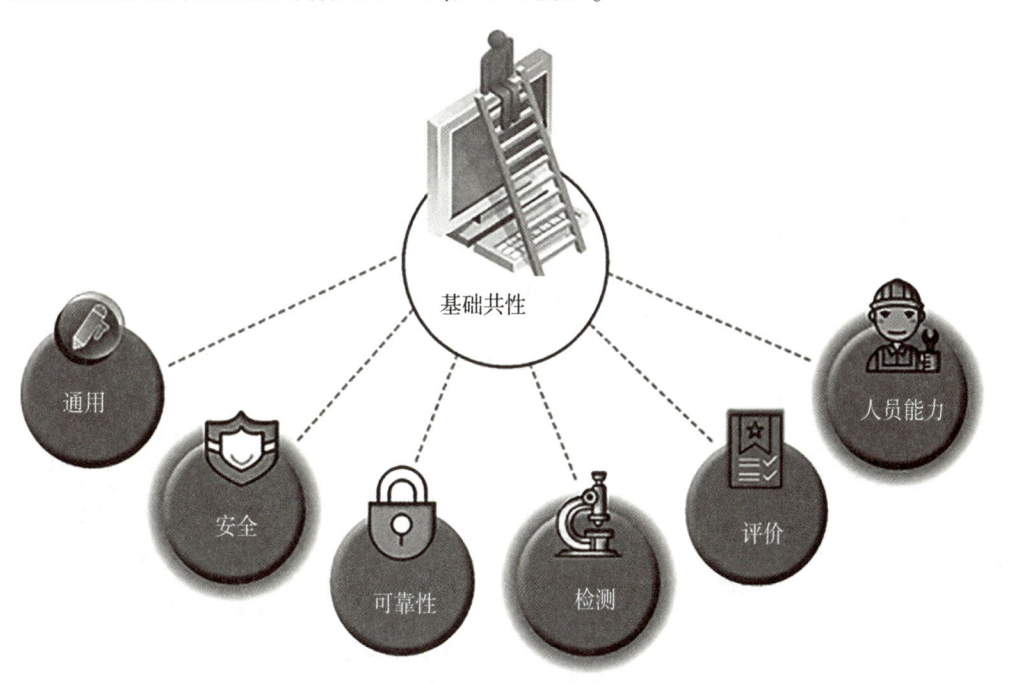

图 1-8 智能制造标准体系建设内容

13

建设内容
通用标准 主要包括术语定义、参考模型、元数据与数据字典、标识等4个部分。
安全标准 主要包括功能安全、网络安全等两个部分。
可靠性标准 主要包括工程管理、技术方法等两个部分。
检测标准 主要包括检测要求、检测方法、检测技术等3个部分。
评价标准 主要包括指标体系、能力成熟度、评价方法、实施指南等4个部分。
人员能力标准 主要包括智能制造人员能力要求、能力评价等两个部分。

续图 1-8　智能制造标准体系建设内容

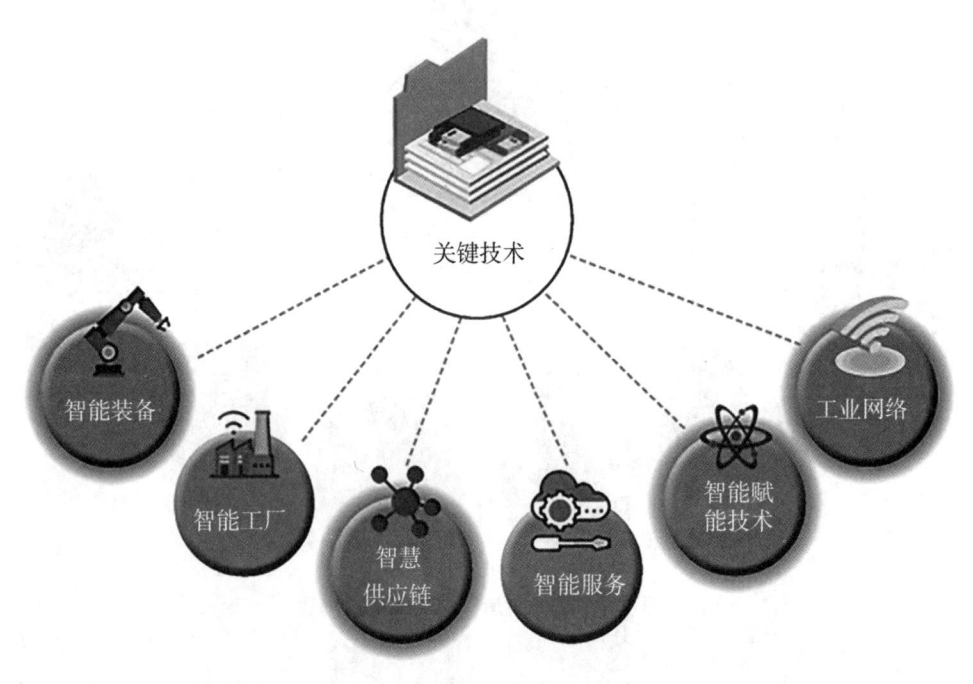

图 1-9　智能制造关键技术标准

(五)组织实施

组织设施包括加强统筹协调、加快标准研制、加强宣贯培训、实施动态更新、加强国际合作等 5 个部分。

第三节 智能制造的本质与价值内涵

一、智能制造的本质

21 世纪以来,随着人工智能、大数据、云计算、物联网等新一代信息技术的快速发展及应用,"智能制造"概念进一步深化。工信部 2016 年出台的《智能制造发展规划(2016—2020年)》中对智能制造的定义:"智能制造是基于新一代信息通信技术与先进制造技术深度融合,贯穿于设计、生产、管理、服务等制造活动的各个环节,具有自感知、自学习、自决策、自执行、自适应、自学习等功能的新型生产方式。"2014 年,美国能源部将"智能制造"定义为:"智能制造是先进传感、仪器、监测、控制和过程优化的技术和实践的组合,它们将信息和通信技术与制造环境融合在一起,实现工厂和企业中能量、生产率、成本的实时管理。"

从本质上看,智能制造是智能技术与制造技术的深度融合。从发展脉络上看,传统制造基于信息通信技术、物联网技术等实现数字化,而这些技术的进一步发展便是智能技术。传统的制造技术在智能技术的引导下,向更加成熟和高效的方向进步,再基于智能制造关键技术赋能,实现制造工厂的智能化。

智能制造包含智能制造技术(Intelligent Manufacturing Technology,IMT)和智能制造系统(Intelligent Manufacturing System,IMS)。智能制造包括 3 个应用层面:设备、车间、企业。这些都离不开大数据技术的支持,而未来的重点更是集中在基于大数据的智能制造应用方面。

智能制造技术是指利用计算机,综合应用人工智能技术、智能制造机器、代理技术、材料技术、现代管理技术、制造技术、信息技术、自动化技术、并行工程、生命科学和系统工程理论与方法,在国际标准化和互换性的基础上,使整个企业制造系统中的各个子系统分别智能化,并升级成网络集成、高度自动化的制造系统。该系统是利用计算机模拟制造专家的分析、判断、推理、构思和决策等智能活动,并将这些智能活动与智能机器融合起来,将其贯穿应用于整个制造企业的各个子系统(如经营决策、采购、产品设计、生产计划、制造、装配、质量保证和市场销售等),以实现整个制造企业经营运作的高度柔性化和集成化,从而取代或延伸制造环境中专家的部分脑力劳动,并对制造行业专家的智能信息进行收集、存储、完善、共享、继承和发展的一种提高生产效率的先进制造技术。

智能制造系统(IMS)是智能技术集成应用的环境,也是智能制造模式展现的平台。IMS 理念建立在自组织、分布自治和社会生态学机制上,目的是通过设备柔性和计算机人工智能控制,自动地完成设计、加工、控制管理过程,旨在提高适应高度变化的环境制造的有效性。智能制造系统是一个新型制造系统,以数字化为基础,网络化为手段,智能化为趋势,而智慧化则是目标。首先,数字化,其重点在于从单点数字化模型表达向全局、全生命周期模型化表达及传递体系进行转变,实现数字量体系的表达和传递;其次,网络化,打通设计工艺,并向系统工程、并行工程、模块化支撑下的产品全生命周期及生产全生命周期一体化和价值链广域协同模式进行转变;再次,智能化,从信息世界模式向信息和物理世界融合下的管理与工程高度融合的模式进行转变;最后,智慧化,就是从过去的经验决策向大数据支撑下的智慧化研发和管理模式进行转变。

智能制造系统在强调各个子系统智能化的同时更注重整个制造系统的网络化集成,这是智能制造系统与传统的面向制造过程中特定应用的"智能化孤岛"的根本区别。这种网络集成包括两个层面,一是企业智能生产系统的纵向整合及网络化,网络化的生产系统利用信息物理系统(Cyber-Physical System,CPS)实现工厂对订单需求、库存水平变化及突发故障的迅速反应,生产资料和产品由网络连接,原料和部件可以在任何时候被送往任何需要它的地点,生产流程中的每个环节都被记录,每个差错也会被系统自动记录,这有利于帮助工厂更快速有效地处理订单的变化、质量的波动、设备停机等事故,工厂的浪费将大大减少;二是价值链横向整合。与生产系统网络化相似,全球或本地的价值链网络通过CPS相连接,囊括物流、仓储、生产、市场营销及销售,甚至下游服务。任何产品的历史数据和轨迹都有据可查,仿佛产品拥有了"记忆"功能。这便形成一个透明的价值链——从采购到生产再到销售,或从供应商到企业再到客户。客户定制不仅可以在生产阶段实现,还可以在开发、订单、计划、组装和配送环节实现。

二、智能制造的关键环节

先进制造技术的加速融合使得制造业的设计、生产、管理、服务各个环节日趋智能化,智能制造正在引领制造企业全流程的价值最大化。归纳国内外学者的研究成果,智能制造的关键环节主要包含智能设计、智能产品、智能装备、智能生产、智能管理和智能服务6个方面。

(一)智能设计

智能设计指应用智能化的设计手段及先进的设计信息化系统[CAX(插图)、网络化协同设计、设计知识库等],支持企业产品研发设计过程各个环节的智能化提升和优化运行。例如,在实践中,建模与仿真已广泛应用于产品设计,新产品进入市场的时间实现大幅度压缩。

(二)智能产品

在智能产品领域,互联网技术、人工智能、数字化技术嵌入传统产品设计,使产品逐步成为互联网化的智能终端,比如将传感器、存储器、传输器、处理器等设备装入产品当中,使生产出的产品具有动态存储、通信与分析能力,从而使产品具有可追溯、可追踪、可定位的特性,同时还能广泛采集消费者个体对创新产品设计的个性化需求,令智能产品更加具有市场活力。特斯拉被誉为"汽车界的苹果",它的成功不仅缘于电池技术的突破,更由于其具有全新的人机交互方式,通过互联网终端把汽车做成了一个包含硬件、软件、内容和服务的大型可移动智能终端。

(三)智能装备

智能制造模式下的工业生产装备需要与信息技术和人工智能等技术进行集成与融合,从而使传统生产装备具有感知、学习、分析与执行能力。生产企业在装备智能化转型过程中可以从单机智能化或者单机装备互联形成智能生产线或智能车间两方面着手。但是值得注意的是,单纯地将生产装备智能化还不能算真正意义上的装备智能化,只有将市场和消费者需求融入到装备升级改造中,才算得上真正实现全产业链装备智能化。

(四)智能生产

在产品短缺的时代,产品的价值与价格主要由生产厂商主导,厂家生产什么,消费者就只能购买什么,生产的主动权主要由厂家掌控。而在智能制造时代,产品的生产方式不再是生产驱动,而是用户驱动,即生产智能化可以完全满足消费者的个性化定制需求,产品价值与定价不再是企业一家独大,而是由消费者需求决定。在实践中,生产企业可以将智能化的软硬件技术、控制系统及信息化系统(分布式控制系统、分布式数控系统、柔性制造系统、制造执行系统等)应用到生产过程中,按照市场和客户的需求优化运行生产过程,这是智能制造的核心。

(五)智能管理

随着大数据、云计算等互联网技术、移动通信技术及智能装备的成熟,管理智能化也成为可能。在整个智能制造系统中,企业管理者使用物联网、互联网等实现智能生产的横向集成,再利用移动通信技术与智能装备实现整个智能生产价值链的数字化集成,从而形成完整的智能管理系统。此外,生产企业使用大数据或者云计算等技术可以提高企业搜集数据的准确性与及时性,使智能管理更加高效与科学。企业智能管理领域不仅包括产品研发和设计管理、生产管理、库存/采购/销售管理等制造核心环节,还包含服务管理、财务/人力资源管理、知识管理、产品全生命周期管理等。

(六)智能服务

智能服务作为智能制造系统的末端组成部分,起着连接消费者与生产企业的作用,服务智能化最终体现在线上与线下的融合"O2O 服务",即一方面生产企业通过智能化生产不断拓展其业务范围与市场影响力,另一方面生产企业通过互联网和移动通信技术将消费者连接到企业生产当中,通过消费者的不断反馈提升产品服务质量、提高客户体验度。具体来说,制造服务包含产品服务和生产性服务,前者指对产品售前、售中及售后的安装调试、维护、维修、回收、再制造、客户关系的服务,强调产品与服务相融合;后者指与企业生产相关的技术服务、信息服务、物流服务、管理咨询、商务服务、金融保险服务、人力资源与人才培训服务等,为企业非核心业务提供外包服务。智能服务强调知识性、系统性和集成性,强调以人为本的精神,为客户提供主动、在线、全球化服务,它采用智能技术提高服务状态/环境感知、服务规划/决策/控制水平,提升服务质量,扩展服务内容,促进现代制造服务业这一新业态不断发展和壮大。

三、智能制造的核心价值

"十四五"时期,中国制造业迎来了重要的发展机遇期,智能制造将成为未来制造业发展的重大趋势和核心内容。《"十四五"智能制造发展规划》是加快发展方式转变,促进工业向高端领域迈进、建设制造强国的重要举措,也是"新常态"下打造新的国际竞争优势的必然选择。从当前的消费需求来看,智能制造的消费市场呈现两大趋势:一是用户越来越重视消费体验和产品服务、强调个性化需求,驱动制造企业生产方式向定制化方向转变;二是用户求新求快的需求变化要求制造企业缩短产品创新和制造周期,敏捷响应市场瞬息变化的趋势。

中国发展智能制造的五大核心价值如图 1-10 所示。

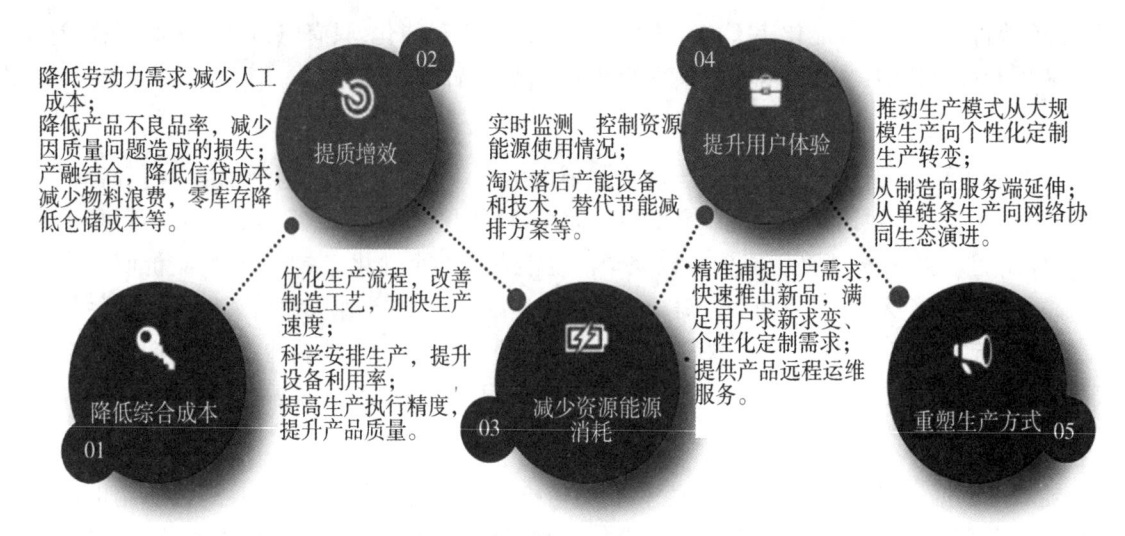

图 1-10　中国发展智能制造的五大核心价值

（1）降低整体综合成本。例如，通过机器代人或人机协同方式提高劳动生产效率，减少人工成本；利用视觉算法等手段提升检测的一致性和稳定性，降低产品不良品率，减少因质量问题造成的经济损失；物联网、大数据、区块链等技术应用加速产融结合，精准刻画企业经营行为、评估企业资产状况，为供应链企业提供更低价格的信贷资金；依据市场数据反馈，合理安排要素投入，减少物料浪费，或实行智能库存管理来降低仓储成本等。

（2）提质增效。例如，数据驱动代替经验判断，全面优化生产流程，改善制造工艺，提高生产效率；科学高效排产，提高设备利用率；集成数字技术提高生产执行精度，确保产品质量。

（3）减少资源能源消耗。例如，通过物联网连接设备可以在线实时监测和控制资源和能源使用情况，提高资源能源利用效率；利用智能化节能减排设备或解决方案替换落后产能和生产工艺，实现绿色生产。

（4）提升用户体验。例如，数字技术应用打通产业链上下游，实现需求端与设计端、制造端的直接对接，对复杂的市场动态进行数据分析和预测，准确把握市场机会，快速进行产品创新，实现敏捷制造和精益生产，响应市场变化和用户个性化需求；通过在价值链各个环节增加与用户交互节点，鼓励用户全程参与产品生产过程，为用户的最佳体验不断迭代产品，提升产品附加价值；基于产品智能化，通过与环境、用户交互，产品可自动回传运行环境数据，通过数据监控和分析，为用户提供远程的预防性运维服务。

（5）重塑生产方式。数字技术和先进制造技术的融合应用将会带来生产模式的创新和变革，推动传统制造企业从大规模生产向定制化生产转变，企业从单纯的制造端向服务端衍生，而价值创造过程也将从传统单向链式过程转向网络化协同共创模式。

发展智能制造的核心是提高企业生产效率，拓展企业价值增值空间，主要表现在以下3个方面：一是缩短产品的研制周期。通过智能制造，产品从研发到上市、从下订单到配送时间均可缩短。通过远程监控和预测性维护可减少高昂的停机费用，生产中断时间也得以不断减少。二是提高生产的灵活性。通过采用数字化、互联和虚拟工艺规划，智能制造开启了大规模、批量定制生产乃至个性化、小批量生产的大门。三是创造新价值。通过发展智能制造，企业将实现从传统的"以产品为中心"向"以集成服务为中心"的转变,将重心放在解决方案和系统层面上,利用服务在整个产品生命周期中实现新价值。

四、智能制造的应用模式

智能制造通过对海量工业数据的深度感知、泛在传输与高级分析,打通端到端的数据链,实现从单台机器、单个企业到整个社会生产制造活动的智能决策、动态控制与有机协同。智能制造在工厂内聚焦设计、制造、管理等生产活动的改进优化,在工厂外强调在连接用户、企业和产品的基础上进行智能协同与服务,并最终通过工厂内外的交互反馈提升整个价值链的效率。国内学者总结出了智能制造的4种应用模式。

(1)基于现场连接的智能化生产模式。这种模式主要应用于石化、钢铁、电子信息、家电、航空航天、汽车等行业中。例如,尼桑公司在汽车生产中采集控制器参数,分析比较机械臂运行异常状态,可以提前三周预测潜在故障问题。

(2)基于产品联网的服务化延伸模式。这种模式主要应用于工程机械、电力设备、供水设备、家电等行业中。例如,通用公司可以基于 Predix 平台监控飞机燃油消耗状态,并进行分析以优化飞行管理,帮助亚航公司1年节省约2 000万美元燃油费用。

(3)基于企业互联的网络化协同模式。这种模式主要应用于航空航天、汽车、船舶、家电等行业中。例如,宝钢集团与一汽大众公司就新车型开发进行纵向协同设计,预先对40多个零件进行选材和优化,使部分新零件屈服强度提升50%。

(4)基于需求精准对接的个性化定制模式。这种模式主要应用于家电、服装、家具等行业中。例如,红领公司根据消费者个性化需求进行服装设计、数据分析和信息交换,实现以多品种、小批量、快翻新为特征的 C2B 式定制生产。

思考题

1. 智能制造的特点有哪些?
2. 我国智能制造发展的核心价值是什么?
3. 智能制造对传统产业升级有哪些核心价值?

第二章
认识智能制造技术

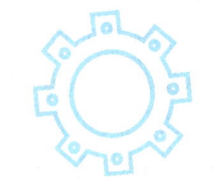

学思课堂

汽车智能制造技术这门课程紧跟时代步伐,将最新理论成果运用到课堂教学当中,积极探索具有专业特色的"浸润式思政教育"新模式,努力培养学生的专业技能和家国情怀,提高学生的综合分析能力与实践操作能力。学生努力学习专业知识,走好技能成才、技能报国之路,让青春在全面建设社会主义现代化国家的火热实践中绽放绚丽之花。

情境导入

智能制造是为了更好地满足社会需求,实现技术提高而发展起来的工业制造技术。它利用计算机、先进的自动化技术、现代信息化技术、网络技术和模型识别技术等,以创新为特点,实现智能化控制,实现工业机器人、自动化装备、计算机等传统工业技术的结合,构成了具有集成性的新型工业制造技术。它提出了有关产品研发、流程设计、质量保证、运行管理、系统集成等环节的新要求,实现了"零样品""零缺陷"的制造理念,能综合应用在小批量、定制生产的制造环境中,可以视为是一种适合未来的"新型制造"。智能制造的核心是充分发挥计算机的数据处理、图形处理和信息管理能力,实现自动化、智能化、信息化,并推动制造系统的控制和决策,从"人+机器"到"人+机器+算法",从"单控制"到"复杂系统集成",实现"无缝计算机集成化"的工业制造生产系统。目前,智能制造技术已得到了广泛应用,它在改善生产过程、提升生产效率、提高生产质量和节省生产成本上发挥了重要效用,大大提高了制造业的竞争优势和技术水平。未来的智能制造,将为经济发展提供技术支持,为用户提供更高效、更可靠、更绿色的产品和服务,实现安全、高效、环保和可持续发展的制造理念。

由此可见,智能制造是工业制造技术的升级,它不仅是一种技术,更是一种创新方式它能够有效地提升工业制造的效率和质量,为用户提供优质服务,实现更安全、更高

> 效、更智能的产品,为企业提供更大的发展空间。同时,它也是当前制造业发展的主流,值得我们深入挖掘其发展潜力,共同推动智能制造的发展。

第一节 智能设计和智能装备

我国已经成为全球最大的汽车生产和消费市场,正在由汽车制造大国向汽车制造强国转变,实现高质量发展已经成为我国汽车产业未来发展的重要使命。智能制造是实现我国汽车产业高质量发展的重要途径,智能装备是智能制造的关键体现载体。智能制造装备主要包括智能研发装备、自动化成套生产线、智能仪器仪表、精密数控机床、工业机器人等。我国汽车产业智能制造装备市场规模巨大,但仍存在自主核心技术缺乏、产品性能较差、关键装备对外依赖度高等问题。

一、智能装备在汽车生产领域的应用

我国汽车产业智能装备发展现状及竞争格局,汽车智能装备集成和融合先进制造技术、信息技术和智能技术,满足汽车产业产品工艺和流程制造的要求,对机械、电子、控制、工业软件、传感器、人工智能等跨领域实施多学科知识综合集成运用。智能装备在汽车产品生命周期的应用主要集中在研发设计和生产阶段,其中在研发设计阶段主要提供智能测试仪器、台架、环境舱等装备;在生产阶段主要提供包含面向不同车间生产线的自动化成套生产线系统、工业机器人及数控机床等装备产品。

(一)智能研发装备

智能研发装备主要应用在研发设计阶段的先进技术开发、产品的概念设计、工程设计和试验验证等环节。先进技术开发方面主要是提供系统开发仿真装备、试验验证装备等。概念设计主要服务内容是模型制作及模型数据的采集装备。工程设计阶段主要用于软硬件开发的在环仿真装备。试验验证方面是智能研发装备应用最多领域,覆盖整车系统和零部件的各方面内容。

(二)自动化成套生产线

自动化成套生产线在汽车产业已广泛应用,从零部件到整车制造均有所应用。根据生产工艺划分,自动化成套生产线主要包括自动化机加生产线、自动化冲压生产线、自动化焊接生产线、自动化装配生产线等,典型如发动机缸体/缸盖机加生产线、车身覆盖件/结构件冲压生产线、白车身焊接生产线、动力总成自动化装配线等。部分特殊生产工艺如铸造件、注塑件、发泡件等也实现了自动化生产。

(三)工业机器人

在汽车制造过程中,集成了移动机器人、堆垛机器人、装配机器人、焊装机器人、检测机器人等,实现物料自动搬运、柔性物料传送、零部件自动清洗、白车身焊接、自动化装配等一系列

作业任务。2021年公布的我国汽车产业相关统计数据显示,机器人在汽车生产应用中不同生产环节所占的比例不同:弧焊占其16%,物料搬运占其13%,点焊占其15%,组装占其22%,漆、冲压、铸造各占其3%,由此可见机器人在汽车生产中的重要性。

(四)精密数控机床

数控机床在整车生产和零部件加工中均有应用,整车生产主要是冲压工艺的压力机;零部件生产主要是发动机、变速器、传动系统、制动系统、转向系统、悬架系统中的各类零部件加工,这也是数控机床在汽车产业的重点应用领域。我国数控机床行业出现了明显的供需矛盾,主要体现在普通数控机床的产能过剩和精密数控机床的供应不足,导致供给侧结构性失衡。普通数控机床行业门槛低,进入企业多且近几年普通数控机床市场有效需求不足,该领域已经出现产能过剩的现象;精密数控机床的应用越加普及,需求量越来越大,由于我国精密数控机床起步较晚,当前国产产能不能满足国内需求,国内大多数精密数控机床依赖进口。在中国的精密数控机床进口国中,日本和德国占到绝大部分份额。

二、新能源汽车数字化及智能化工厂设计与运行

(一)数字层设计与运行

针对新能源汽车的数字化设计涵盖A面设计、外观CAS面设计、CAE工程、工程数据设计、SE工程等,其中多数属于并行工程(CE)范畴,它穿插于所有设计与测试,不受组织架构与地点等影响而同步开展,同时运用不同模拟软件技术模拟各种条件,基于全生命周期管理数据,整合公司所有资源,打造从企业内部—供应商—客户一体化数据集成,保持产品灵活性的同时,提升生产效率,实现快速上市。

(二)平台层模型设计与运行

本小节以"铝合金车身熔化极惰性气体保护焊(MIG)过程质控"为例,介绍数字化焊接加工过程的处理方式。对于新能源汽车而言,往往由经验丰富的焊工经试焊后评价MIG焊缝质量。评价MIG焊缝质量通常由观察焊接飞溅大小,焊接过程是否处于稳定及焊缝成型质量,破坏性试验与目测等判断。但上述方式难以得到全面推广与应用,因为上述方式需要花费较长时间判定,脱离当前环境下提出的过程检测要求。借助智能化采集获得焊机焊接中的电弧电压,焊接电流在微观层面基本无重复性,以"口"字形轨迹呈现每个"$U\text{-}I$ 伏安"特性曲线工作点且短路过渡时,电流与电压大小交替变化。根据采集相应数据与波形图形成"$U\text{-}I$ 伏安"特性曲线对焊接过程进行监控,不同焊接试板下的伏安特性曲线如图2-1所示。

现选取4组焊接试板用"$U\text{-}I$ 伏安"特性曲线对焊接质量进行判断,通过观察焊缝现场,以及已有经验可获知,图2-1(a)焊接过程具有良好稳定性,"$U\text{-}I$ 伏安"特性曲线中的"口"字形贴合性较好且焊缝成型质量佳。图2-1(b)焊接过程具有较好的稳定性,"$U\text{-}I$ 伏安"特性曲线中的"口"字形相对紧密且焊缝成型佳,飞溅少许。图2-1(c)焊接过程稳定性不足,"$U\text{-}I$ 伏安"特性曲线中的"口"字形轨迹模糊且表面非光滑,有少量飞溅。图2-1(d)焊稳定性十分差,"$U\text{-}I$ 伏安"特性曲线中的"口"字形杂乱且表面基本未成型,有少量咬边与气孔。

一道工序完整的焊接过程需要花费15 s,10 000个熔滴的"$U\text{-}I$ 伏安"特性曲线均能被记录,然而不能仅观察部分脉冲曲线异常就对该道焊缝的焊接质量进行判定。主要因为焊接过

程是一项借助高热量熔断焊接材料的操作程序,旨在促使焊接材料在冷却后进行再次融合,功率是控制焊缝焊接质量的主要条件之一。针对电热,在输入功率额定的前提下为控制电流-电压波动,运动电流-电压曲线可定性为对一道焊缝质量进行判定。基本每道焊缝的每个熔滴都会形成单个曲线,一道焊缝的熔滴曲线会有上千个,系统根据区域设置专业经验专家库,如果每道焊缝中有可设定的20%曲线超过曲线范围,则属于不合格焊缝。

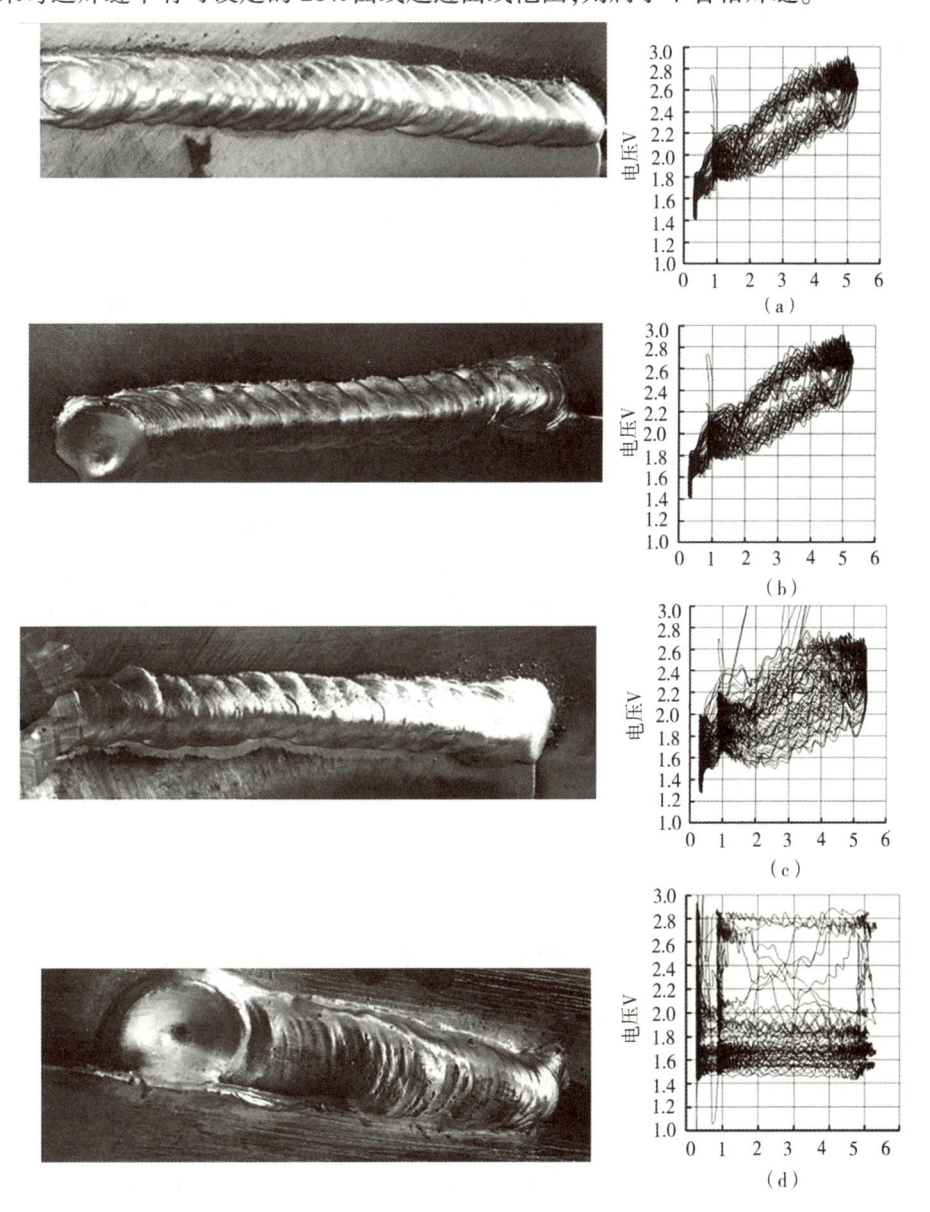

图 2-1 不同焊接试板下的伏安特性曲线

(三) 物理层设计与运行

全数字化顶层设计强调对全数字化设备、运行管理生产线、供应链管理、能源管理、验证测试、产品设计等一系列数字化建立横向合作体系与纵向一体化管理,形成端到端并行制造。物理层数据清单如表 2-1 所示，其采集所需物理硬件涵盖终端设备、手持终端、射频识别、DNC（加工中心）、RHV（轨道导引小车）、传感器设备、机器人（ROBOT）等，基于智能互联网与系统集成软件构建软硬件与网络一体化，其中系统集成软件涵盖仓储物流管理系统、生产过程执行系统、能源管理系统、仓储货架挑选系统、成品物流管理系统、企业管理系统及供应链管理等。汽车制造 PCS 系统如图 2-2 所示。

表 2-1　物理层数据清单

模块	实现功能	采集数据类型及功能
设备监控系统	车间设备运行监控；车间机运系统运行监控；设备管理维修功能	读取变频器实时电压、噪音、温度、电流； RFID 射频读写，确认工位实时动态，实现工位与 VIN 绑定； 数据采集：湿度、温度、暂停、运行、故障信息； 采集周期：模拟量信号为 3~5 s/次，开关量信息为 100 ms/次； 分析周期：按年度、季度、月、日为周期进行数据分析； 指令控制：机运设备 PC 端一键调速、启停、温湿度等； 设备故障维修，信息上传及备件库存管理； 设备故障信息存储，设备故障纠错与判定提示； 故障导致生产线停止运行时，待补全维修信息后，清除故障
能源管理系统	变电所，变电站，空压站，地源热泵，光伏储能系统	数据采集：水温、电压、电流、故障信息、流量等； 采集周期：模拟量信号为 3~5 s/次，开关量信息为 100 ms/次； 分析周期：按年度、季度、月、日为周期进行数据分析； 指令控制：启停；电量分析最大瞬时能耗，光伏储能补电
生产线控制系统	车身排序功能；生产线集中调度；车身存储线（PBS）存储排序	通过 RFID 确认每台车位置；检测、返工或报废车辆通过 RFID 精确定位； 中控室一键调整产线节拍，启动、停止生产线； 监控实时车型工位，画面显示； 具备 PBS 存储线与车身号队列对应，具备临时调配生产
质量控制系统	质量问题电子化管理	质量问题全部录入系统，采用菜单形式； 温度、湿度、涂胶量数据单车绑定；拧紧设备扭矩、角度与单车绑定； 玻璃涂胶机的胶管温度控制与涂胶量； 加注设备：时间，压力，加注量，真空度； 数据刷写：版本判定，数据包调用，故障信息采集； 四轮定位参数、喇叭声级、大灯参数、阻滞力、制动力等； 运用 SPC 分析上述信息数据并与 VIN 绑定

续表

模块	实现功能	采集数据类型及功能
可视化与语音交互系统	中控室可视系统	生产线模拟画面及实时状态； 工艺流程图在80寸大屏显示； 辅助信息在70寸大屏； 工位监控在70寸满屏设计； 存储功能：运用磁盘20 T可扩展阵列柜，双备份存盘

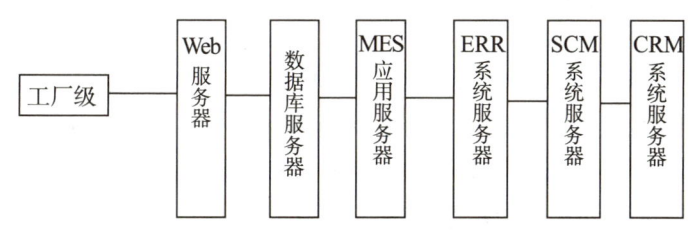

图2-2 汽车制造PCS系统

三、新能源汽车数字化及智能化工厂设计与运行

以广汽新能源汽车为例，探究新能源汽车数字化及智能化工厂的设计与运行。广汽新能源汽车有限公司成立于2017年7月28日，以打造智能、开放、创新、绿色的生态工厂为总体目标，建设成具有6个核心能力的智能工厂。6个核心能力指感知能力、预测能力、分析优化能力、协同能力、数字化支持能力、先进装备建设能力。广汽新能源智能工厂以智能化应用为主线，通过6个核心能力的建设，实现智能化制造、智能化服务、智能化决策、智能化办公、智能化厂区等5个核心的智能化场景，形成设备之间、设备与系统之间的互联，形成系统与人、公司与供应商之间，公司与经销商、公司与车主之间互联的生态圈。

（1）系统互联：DMS、BOM、ERP、I-LMS、MES等系统之间和线体之间无缝对接，实现自动排产、物流指示、生产过程控制。

（2）设备互联：生产过程通过传感器、无线射频识别技术（RFID）、二维码及无线局域网等实现信息的采集，通过工业以太网与设备PLC集成实现设备作业自动化。

（3）人机互联：现场作业者和管理者通过大屏、手机、移动平板、手环等可穿戴设备接收物流发运、质量检测、系统警告等业务活动。

（4）车主互联：通过DMS、CRM、App等系统平台创新三角营销服务模式，打造差异化定制购车体验，线上、线下打通服务体验，以直接连接的客户关系增加经销商与车主的黏性。

（5）供应商互联：通过SRM系统、I-LMS系统，实现和供应商在采购订单、物流发运、来料检查等业务活动在线协同。

（6）生产过程无纸化：操作现场利用遍布生产工位的终端设备接受各种工作指令，管理者高效、便捷地通过移动终端查询各种工厂信息，以快速反馈、快速处理业务流程。①冲压车间零件、材料出入库管理无纸化：通过在仓库现场、台车、台垛上部署RFID，实现零件、板件自动出入库、库存自动盘点,削减人员盘点工时,减少因盘点造成设备停机的现象。②VQ检测无纸化:布置在检查线和返修场的无线AP连接各工位的移动iPad终端,通过RFID车辆自动识别管理车辆信息,相互之间通过服务器群建立实时、准确、高效的整车检查无纸化。

(7)全面质量管理:通过系统集成,采集质量数据,同步BOM信息、整车开发计划,建立电子履历,实现质量追溯,进行质量分析,提供事前预防、事中监控、事后分析机制,实现研发质量基准、供应商零件质量管控、制造过程质量检测、售后质量的全生命周期质量追溯管理。①质量管理全生命周期数字化:从新车到售后,定义和收集来自各领域的过程数据,促使事前预防、事中控制、事后分析的全面质量管理机制。②标准化统一管理:从新车到售后,实现全业务、全过程的标准化管理,从而防止人员带来的变差。③质量问题闭环管理:完整的闭环管理系统,促进质量问题能被早期发现和遏制。

(8)物流智能化:运用智能物流管理系统(I-LMS),实现物流业务一体化、物流过程可视化、物流交易电子化、物流资源集成化、物流运作标准化。①厂外同步:I-LMS系统接收车辆生产在MES系统的车序队列,根据车序队列和属地信息进行同步计算,生成同步指示票发送到供应商出货系统,让供应商按同步指示票备货,物流商按取货计划取货,零件到厂后卸货验收,按进度指示送到生产线。②厂外拉动:I-LMS根据车辆生产在MES系统的焊装生产线过点队列,生成拉动看板发送给供应商备货,物流商按取货计划取货,零件到厂后卸货验收,先进入分割链,再按进度指示送到生产线。③订单取货:MES系统通过接口把锁定计划发给I-LMS,I-LMS根据锁定计划和BOM进行订单计算,生成订单,供应商下载并打印订单备货,物流商按取货计划取货,零件到厂后卸货验收,先进入分割链,再按进度指示送到生产线。④厂内SPS分拣:根据车辆生产在MES系统的涂装后生产线过点扫描,I-LMS进行SPS分拣计算,生成拣货指示,拣货员按分拣指示分拣零件放到AGV小车,AGV按进度指示出发,按规定路线和生产节拍运送到装配点。

智能物流系统管控的目的是应用最新的智能网联技术,实现更高精度、更高时效的以准时化(JIT)和"止呼待"为核心的GPS系统,实现以"安全、品质、效率、共享"为目标的更高水平的物流体验和互动,顺应"无人化工厂""智慧工厂"的趋势,搭建适应未来发展的云数据平台。

第二节　智能加工与智能服务

智能加工,就是利用各种现代化的技术,实现工厂的办公、管理及生产自动化,达到加强及规范企业管理、减少工作失误、堵塞各种漏洞、提高工作效率、进行安全生产、提供决策参考、加强外界联系、拓宽国际市场的目的。

智能服务是指能够自动辨识用户的显性和隐性需求,并且主动、高效、安全、绿色地满足其需求的服务。

人类社会已经历了农业化、工业化、信息化阶段,正在跨越智能化时代的门槛。物联网、移动互联网、云计算方兴未艾,面向个人、家庭、集团用户的各种创新应用层出不穷,代表各行业服务发展趋势的"智能服务"因此应运而生。

智能服务实现的是一种按需和主动的智能,即通过捕捉用户的原始信息,通过后台积累的数据,构建需求结构模型,进行数据挖掘和商业智能分析,除可以分析用户的习惯、喜好等显性需求外,还可以进一步挖掘与时空、身份、工作生活状态关联的隐性需求,主动给用户提供精准、高效的服务。这里需要的不仅仅是传递和反馈数据,更需要对系统进行多维度、多层次的感知和主动、深入地辨识。

高安全性是智能服务的基础,没有安全保障的服务是没有意义的,只有通过端到端的安全技术和法律法规实现了对用户信息的保护,才能建立用户对服务的信任,进而形成持续消费和服务升级的形势。节能环保也是智能服务的重要特征,在构建整套智能服务系统时,如果能最大程度降低能耗、减少污染,就能极大地降低运营成本,使智能服务多、快、好、省,产生效益,一方面更广泛地为用户提供个性化服务,另一方面也为服务的运营者带来更高的经济和社会价值。

与智慧地球等从产业角度提出的概念相比,智能服务立足于中国行业服务的发展趋势,站在用户角度,强调按需和主动特征,更加具体和现实。中国当前正处于消费需求大力带动服务行业的高速发展期,消费者对服务行业也提出了越来越高的要求,服务行业从低端走向高端势在必行,而这个产业升级要想实现,必须依靠智能服务。

一、先进制造模式的概念与演化

(1)先进制造模式的含义:先进制造模式(Advanced Manufacturing Mode,AMM)是指运用先进制造技术进行制造的模式。

(2)回顾历史,人类制造模式的发展大致经历了4个主要阶段:①手工与单件生产模式。②大批量生产模式。③柔性自动化生产模式。④高效、敏捷与集成经营生产模式。

二、先进制造模式的类型

制造模式具有鲜明的时代性。在传统制造技术逐渐向现代高新技术发展、渗透、交汇和演变,形成先进制造技术的同时,出现了一系列先进制造模式。

(1)柔性生产模式。
(2)计算机集成制造模式。
(3)智能制造模式。
(4)精益生产模式。
(5)敏捷制造模式。
(6)虚拟制造模式。
(7)极端制造模式。
(8)绿色制造模式。

三、先进制造模式的战略目标

(1)以获取生产有效性为首要目标。先进制造模式的共同目标是快速响应不可预测的市场变化,以满足企业的生产有效性。

(2)以制造资源快速有效集成为基本原则。先进制造模式的共同方法是在更大的空间范围内与更深的层次上,快速有效地集成资源,通过增强制造系统的一致性和灵活性来提高企业的应变能力。先进制造模式的经济性在于制造资源快速有效地集成。

(3)以人、组织、技术相互结合为实施途径。先进制造模式的共同思想是以人为中心,以人、组织、技术相互结合为实施途径,保证生产的有效性。人、组织和技术是制造的三大必备资源。人是制造活动的主体,组织是反映制造活动中人与人的相互关系,技术则是实现制造的基本手段。

四、先进制造模式的管理

先进制造模式针对的现实是未来企业之间的竞争,除对比资源和技术关键性外,还对比组织的创新优化。制造系统的组织优化包括空间组织优化和时间组织优化。

空间组织优化侧重于制造系统的结构优化,包括逻辑结构和物理结构优化。时间组织优化主要针对信息与物流结构。

现代企业组织结构的特性主要体现在以下6个方面:灵活性、分散性、动态性、并行性、独立性和简单性。

第三节 智能制造面临的挑战

工业互联网发展战略的提出,从某种意义上而言对我国工业自动化及信息技术的发展有着重要影响。尤其是进入21世纪,各种新能源、互联网、新材料等技术的革新更是给工业发展带来了巨大的威胁与挑战。我国为了推动工业革命的向前发展,结合工业互联网的发展战略与自身实践发展现状,提出了"智能制造"的发展战略目标。这对工业产业而言是一个全新的挑战和机遇。

一、我国智能制造技术的发展现状

我国的智能制造技术相比较于发达国家,起步较晚且相应的发展政策也有待完善。但随着竞争的逐渐激烈,智能制造技术的发展趋势,我国对智能制造技术的发展及相关产业发展也越来越重视。智能制造技术作为未来制造业发展核心技术,将对工业自动化产业产生重大影响。虽然存在着一系列的问题,但是在重大技术发展上却有较大的突破,如机器人技术、智能信息处理技术及感知技术等,这些方面的研究及发展,已经取得较好的成绩。智能制造技术的主要发展方向则是增强先进技术的自主创新能力。

在一些沿海地区,尤其是广东、上海、浙江等发展较快的地区中已经建立了完善的智能制造管理系统,一些大型企业已经在积极进行智能化升级改造。例如,海尔集团通过互联网技术进行数字化的建立,并与国内外高校合作,不断引进智能制造技术方面的人才,对智能制造展开研究。整体来讲,我国智能制造技术的发展正不断完善工业智能化,从生产到制造的每一环节都体现出智能的重要性。

二、我国智能制造技术发展存在的问题

(一)缺乏统一的标准

从目前我国智能制造水平来讲,缺乏统一的系统标准,尤其是相关法律规则的制定在很大程度上存在着缺陷,这是制约我国智能制造技术发展的重要因素之一。在未来发展过程中,我

国必须加强对这方面的重视程度,通过建立完善的统一标准来规范智能制造技术的发展方向,在多方面资源不够充足的情况下,合理利用资源,并对其技术进行不断创新,加强制造过程中的集成化作业方式,从而降低因系统标准问题而出现的资源浪费现象。

(二)智能制造企业面临着较大的升级成本压力

企业作为制造技术创新发展的主体,在进行智能化改造的过程中必然会遇到多种问题,从技术引进本身到人才储备等多方面都面临着极大的压力。企业一方面要确保最低成本的增加,另一方面还要加强智能制造技术的升级改造,从这个意义上来讲,企业面临的压力是巨大的。有些企业由于难以做出科学的判断,从而出现决策上的错误,导致企业运营受到严重影响,所以有些企业为了生存,放弃了智能制造技术的升级改造。

(三)智能化制造行业缺乏自主创新能力

自主创新能力对于任何一个企业而言意义都是重要的,企业进行升级改造,不仅需要储备人才,还需要具有自主创新能力。我国在自主创新能力方面与发达国家相比仍存在一定的差距,多项制造智能技术都是由国外引进的,智能化产品缺乏自主创新的能力也就是缺乏其核心竞争力。

(四)与智能制造行业相关的现代服务业发展较差

现代服务行业的发展可以说是智能制造行业发展的重要因素之一。然而一些关键的现代服务行业的发展规模或是技术水平难以满足智能制造技术的发展需要。无论是传统企业的升级改造,还是创新型服务模式都不能更好地为智能制造行业服务,这也是导致影响智能制造技术发展缓慢的因素之一。

三、我国智能制造技术的发展建议

(一)进行顶层标准制定和重点行业推广

顶层标准的制定和重点行业推广在未来智能制造技术的创新过程中,首先必须引起相关部门及国家的高度重视。对智能制造技术建立完善的统一标准系统来指导企业能更好地进行智能制造的升级改造。利用科学的方法制定一套完整型、通用型智能制造行业标准,针对关键技术,要与发达国家接轨,实现国际化的标准。只有这样,才能更好地推动我国智能制造技术的发展。

(二)确立智能制造体系

智能制造体系对于智能制造行业的发展是至关重要的,智能制造体系是智能制造技术发展的根基。在建立智能制造体系的过程中,政府应鼓励各行业之间协同发展,积极支持跨部门、跨行业的合作,使企业和政府共同进行智能制造的共性标准及重点应用标准的制定工作。

产业聚集平台、公共服务平台和投入融资平台的建立能够促进我国智能制造行业的发展。通过建立产业聚集平台,能够起到促进行业间信息共享和技术服务的作用,从而为企业向智能制造转型创造良好的环境。公共服务平台的建立需要政府、社会和社会组织等各方面的公共合作,通过创建一个这样的服务组织,为企业发展所需的技术和资源的共享提供便利,实现各类资源的充分整合,为企业的发展提供支持。投入融资平台的建立主要是为了给企业提供资金支持,而企业的智能制造升级最大的障碍正是前期的巨大投入,通过建立投入融资平台能够给企业提供资金支持,规避企业的经营风险,实现金融行业和制造行业的共同发展。

(三)建立完善的体制

通过建立完善的体制来保证智能制造行业的发展,在充分认识智能制造技术的重要性,以及清醒地认识自身具有的不足的基础之上,基于智能制造的顶层设计来建立健全体制,保障智能制造行业的长远发展。

四、智能制造技术发展趋势分析

市场的需求和科学技术的进步在不断地推动智能制造技术的发展,当前制造的生产规模正朝着多品种、变批量、柔性的方向发展;随着信息科学技术的发展,制造行业的资源配置正不断发生变化,同时向信息密集方向发展。随着智能制造技术的发展,制造行业的设计、生产、管理和服务等各个环节都将逐步地向智能化方向发展。

智能制造技术的应用及发展趋势

"智能工厂"和"云制造"将是未来智能制造技术的发展方向,在未来,智能工厂由物理系统(实际的)和信息系统(虚拟的)两部分构成,其中前者是实质的生产系统,后者则是物质系统虚拟的"灵魂",而移动互联网和物联网是二者之间的桥梁和传输通道。在未来,智能工厂可以通过网络来应用分散在世界各地的机器设备,消除距离和位置的限制,只要是完好的设备,不管位于何处都能够进行应用,实体空间将不再是智能工厂的必要条件。在大数据时代,云计算将代替传统的控制和信息处理设备,为智能制造提供更加高效的计算能力,"云制造"也将成为发展的重要趋势。

我国传感技术的应用、互联网技术的应用、自动化技术及人工智能等方面与国外发达国家相比仍存在的一定差距。为此,我国必须加强信息技术与智能制造技术的紧密结合,通过信息技术来制定一套更完善的智能制造技术体系,通过计算机来加强周期性的生产协作,这将在很大程度上实现智能制造的智能化,一定意义上不仅会降低成本,还能提高经济效益。

从国家层面出发,我国可以制订一系列智能发展计划和专项智能技术的发展规划战略,开发一些与国家行动计划相关的智能制造技术,这样就可以将智能技术与经济紧密地联系在一起,从观念引导到智能技术的引进,再到数字化开放和专项技术的开展都将减少很多我国智能制造技术的发展,实现弯道超车的阻碍,真正意义上开展全民智能制造行业。

从核心技术层面出发,智能制造技术是需要人的主观能动性来加强核心技术的创新与新数据的信息资源整合,所以这就需要相关技术人员必须加强这方面的学习,定期去国外进行深造学习,进而带动智能制造领域的发展。

从人才引进层面出发,21世纪是人才的竞争,综合实力的增强及创新都表明必须重视人才的力量,加大对人才的重视程度和教育力度,不断加强对人才的培养。通过引进和相互交流的方式来增强我国与其他国家彼此之间的学习。针对国外智能制造专业的人才要进行科学的引进,通过建立实验室和组建科研团队等方式,来加强人才的引进。

思考题

1. 什么是智能研发装备?
2. 自动化成套生产线如何工作?
3. 我国智能制造技术的发展建议都有哪些?

第三章
智能制造数字化基础

学思课堂

智能制造数字化技术赋能大思政课堂建设，技术元素已经全面进入教育教学核心区域。我们要以5G、人工智能、大数据、云计算为基础，促进信息技术与思政教育深度融合，推动思政资源和育人元素重新建构，拓展数字思政资源的应用场景，在时空转换、互联互通上有所突破，才能实现数字化基础资源的高质量再生。通过学习这门课程，提升学生的学习兴趣、激发情感认同、实现价值塑造。

情境导入

我们常说的数字化其实只是智能制造的关键步骤之一。数字化转型是指企业在生产过程中，必须通过互联网进行数据的传输和利用，以充分发挥数字化的价值。这也是近年来智能数字装备、物联网、工业物联网领域快速发展和迭代的主要动力。智能制造起源于人工智能的研究，人们普遍认为智力是知识和智力的总和。知识是智力的基础，智力是指获取和运用知识解决问题的能力，智能制造应包括智能制造技术和智能制造系统。智能制造系统不仅可以在实践中不断丰富知识库，而且具有自学习功能，能够收集和理解环境信息和自己的信息，分析、判断和规划自己的行为。随着技术的发展，各种数字化设备在企业底层设备中得到了广泛应用。从传感器、仪器到传输工具，它们都具有数字化的属性。数字化设备可以在完成自己工作的同时积累各种数据，使人们能够掌握现场生产设备的状态信息，但这些信息只有在传播和使用时才能创造真正的价值。简单而言，实现工业数字化必须有两个设备，一个是收集数据的设备，另一个是传递数据的设备。收集数据的设备主要有数据采集器等，这方面品牌有雷盾等，还有就是传递数据的设备，现在的主流设备是工控机，负责处理和传输数据。

第一节 概　　述

工厂在经历了最初手工操作、人工控制的阶段后,进入仪表控制阶段。随着系统控制的改进提升,智能控制系统(如 DCS、PLC 等)已经得到广泛应用,大大提高了控制精度和可靠性。同时,以计算机为代表的信息技术在工厂生产经营管理过程应用越来越广泛,从最初的模拟计算、会计电算化等部门级单项应用,发展到 MRP、CIMS、ERP、MES、PLM 等企业级综合应用。自控技术、信息技术、通信技术等在工厂设计、生产执行、经营管理等方面的应用,为构建数字化工厂提供了技术条件。21 世纪以来,企业和社会纷纷提出数字化的目标,并取得了大量成功经验。同时,以智能装备和智能终端为基础的智能化技术也在工厂推广应用,智能化工厂成为企业信息化的新热点。传统制造是以材料处理为核心,是对生产设备输入原材料或毛坯,使其几何形状或物理化学性能发生变化,最终成为产品的过程;进入信息化时代,人们逐步形成了以信息处理为基础的信息制造观,将制造过程看成是对制造系统注入生产信息,从而使产品信息获得增值的过程,将产品定义为在原始资源上赋予知识与信息的产物,将制造过程视为赋予知识与信息的过程。

常规的工厂属于制造业。现代化的工厂一般都拥有以机器设备构成的生产线,按照市场需求或订单投入一定的资源(如物料、设备、能源等),按照生产工艺经过一系列物理或变换,得到目标产品,提供给社会。现代的大中型工厂是一个分工精细的复杂机构,需要根据产品订单和原料供应情况,精确计算投入的原料量、生产工艺、加工条件、能源需求,精确调度设备和人力资源,通过计划、调度、控制、协调等一系列手段,把各个部门、各个环节、各种资源统筹优化,合理安排产品生产进度,保证产品质量,控制产品成本,提高劳动生产率和效益。

从生产工艺角度看,工厂可分为离散型生产和连续型流程生产。装备制造、汽车、造船、电子等行业属于离散型工业,其特点是加工装配式生产。炼油、化工、冶金、制药等行业都是连续型流程工业,其特点是通过物理变化和化学变化,以连续生产方式从原料到产品的过程。工厂基本沿两条路线发展:一是依靠传统制造技术的发展而发展,二是借助自动化和计算机等技术的发展而发展。20 世纪 80 年代以来,信息技术的应用越来越广泛,在工厂生产经营管理过程中发挥的作用越来越显著。信息技术等新兴技术与传统的制造技术相融合,产生了新型生产制造方式与信息系统,数字化工厂、智能化工厂就是新型生产方式的典型表现形式。进入 21 世纪,电子、信息、计算机等技术的发展推动了互联网、物联网、大数据等技术领域的快速发展,引发了工业模式的变革,德国称这种变革为第四次工业革命,即工业 4.0;美国则称其为第三次创新变革浪潮,认为未来工业的特征是工业互联网。两者殊途同归,就是更高的智能化,而新工业革命变革的基本特征就是智能制造。美国提出社会物理信息系统,我国在 2015 年也提出了国家战略规划。

一、数字化工厂的发展与实现

(一) 数字化的概念

数据是人们利用规定的符号对现实世界的事物及其活动所做的抽象描述和记录,将数据以有意义的形式加以排列和处理,就形成了信息。记录数据最常用的是数字,如在数学语言中通用的是阿拉伯数字,二进制的"0"和"1"是计算机处理语言的基础。数字化是将各种形式的信息转变为可以度量的数据,再以这些数据为基础建立起适当的数字化模型,把它们转变为一系列二进制代码,引入计算机内部,进行统一处理和应用。

(二) 数字化工厂的发展

随着以计算机为核心的数字化技术应用于制造业,逐步产生了数字化工厂的概念。数字化工厂是将真实有形的工厂映射到虚拟的网络中,形成一个与现实工厂相对应的,其功能可以局部或全部模拟工厂行为的系统,可以反映或预测工厂真实的结果。数字化工厂最初侧重于企业内部微观过程数字化,主要是对产品生产过程机理知识的获取,以及进行生产工艺设计和优化控制,即通过虚拟制造技术对生产过程仿真,提前解决实际生产中可能出现的问题。随着技术的进步与功能的扩展,形成广义的数字化工厂,即利用集成的信息技术优化整个生产系统的设计与性能,实现生产运营和管理的数字化。

数字化工厂最初起源于数字化产品设计,其代表技术是CAD(计算机辅助设计)、CAM(计算机辅助制造)、CAE(计算机辅助工程)、CAPP(计算机辅助工艺过程设计)和PDM(产品数据管理),目的是解决产品设计和产品制造之间的"鸿沟"。通过对生产过程的模拟,使生产制造过程在数字空间中得以检验,缩短从设计到生产的转化时间,优化生产线配置和布局,减少生产线准备和停机时间,提高产品质量。在广义的数字化工厂中,实现设计数字化、制造装备数字化、生产过程数字化、管理数字化,上至宏观战略决策、下到具体业务操作都采用数字化管理方法和手段。

(三) 数字化工厂的应用

数字化工厂是由数字化模型、方法和工具构成的综合应用系统,通过连续的数据集成,对真实工厂进行虚拟的仿真,进行数字化综合集成应用。数字化工厂概念和产品出现后,许多制造企业进行实践应用,取得了不少的成功案例。波音公司采用数字化工厂技术缩短飞机设计与制造时间,减少产品缺陷,大幅度降低成本。欧洲空中客车公司在A380飞机研制过程中,应用数字化技术,建立了基于PLM(产品生命周期管理)的全球设计制造管理信息平台,实现了分散在30个国家的1 500家零部件生产商和供应商之间的网络协同,让所有合作商在统一的数字化平台下协同地开展数字化方式的设计、制造、测试飞机零部件和飞机装配过程。康佳集团通过数字化工厂,减少了90%的手工操作错误,节约了30%左右的产品研发费用。在国内外一些领先的炼油企业,全面集成各种现场数据,实时监测,动态预警,精细化生产运行管理和操作执行。如美国瓦莱罗能源公司通过数字化工厂平台,实时监控20 000个数据流的情况,对所有信息进行实时汇总,并可实时报警显示,通过电子仪表盘可以知道每桶油的能耗是否超过了计划用量,工厂每年可以节约1.2亿美元到2亿美元的成本。

二、智能化工厂的概念与特征

(一) 智能化工厂的概念

数字化是信息化的基本阶段,智能化就是信息化的高级阶段。智能化的概念在之前已经提出,我们所熟知的机器人就是智能化产品的代表。智能化是指使对象具备灵敏准确的感知功能、正确的思维与判断功能及行之有效的执行功能而进行工作。如今智能化的概念逐渐渗透到社会生活的各个方面,出现了智能电网、智能交通、智能物流、智能工厂等。智能化在企业的应用形式是建立智能化系统,利用现代通信技术、软件技术、计算机网络技术、智能控制技术等汇集而成的针对某一个方面应用的智能集合。智能工厂是通过智能装备和模型驱动而构造的智能制造模式,是智能系统与其他学科互相交织在工厂的综合应用,包括智能控制、智能测量与诊断、智能设计、智能加工、智能调度等方面。先进控制系统是一种基于模型,以系统辨识、最优控制、最优估计等为基础的一种智能控制系统,可以改善生产过程动态控制的性能,减少生产过程变量的波动幅度,保证产品质量,提高目标产品生产率。中石化燕山石化公司历时五年建成的乙烯 APC 系统是中国石化第一套乙烯全流程先进过程控制系统,该系统自动将装置总处理量实时推向最大化,每年可提高产量 2% 左右。

(二) 智能化工厂的主要特征

智能化工厂是采用智能技术的生产实现模式,以智能系统为载体和平台,代替人的部分活动。智能化强调整体自组织能力与个体的自主性,系统的建模需要大量的基础数据,系统的仿真需要实时数据支持,系统要具备一定的容错能力,并具有学习能力。通过与物联网、移动应用、虚拟现实等新技术结合,不断扩展智能化工厂的功能。智能化工厂主要特征如下。

1. 自组织能力

系统具有思维能力,即具有处理和再生信息的能力,通过模型和知识库及相关规则,进行经验思维、逻辑思维或创造性思维判断,从而使系统具有智能的行动和反应能力,支持快速地进行智能管理决策,使生产操作更加智能和可控。

2. 自学习和自调整

系统可以从专家和知识库直接获取知识,可以依据指令、状态变化和工作任务,学习和积累相关知识,完善和改进控制策略,在信息不完整或出现误差时,可以自我判断、自我调整,具有容错能力。

3. 广泛的互联互通

通过物联网实现物与物、人与物的互联,通过互联网实现企业内外信息互联互通,通过传感器与工业无线网通信技术、WiFi 通信技术、RFID 通信技术及 3G 与 4G 通信技术相结合,实现信息的实时传递,保证系统运行的有效性,使各级用户得到真实的工厂信息,可以远程监视现场状态。

4. 全面实时的感知

RFID、传感器等感知设备广泛应用。由传感器构成信息感知单元,感知物体的信息,RFID 赋予物体电子编码,构成完整的感知网,实现实时自动采集信息。智能传感器精度更高,具有判断、分析和信息处理能力,具备良好的可靠和稳定性,并能够进行自我管理。

5. 模拟与预测

模型是智能系统的基础之一,通过模型可以在工厂投产进行模拟、检查缺陷、完善设计和施工;在工厂运营过程中对生产计划、生产运营、能源消耗等模拟,对工厂运行状态进行描述和预测,发现瓶颈和问题,给出调整和改造建议。

6. 智能维护管理

通过对现场设备的实时监控和建模分析,可以自动生成维修计划,系统会自动提醒管理人员及时对设备进行维护,预防事故的发生。设备资产具有唯一的识别码,工厂可以自动跟踪资产的数量和位置,合理安排采购计划和库存。

第二节 数字化设计与仿真

一、基本概念

(一) 建模技术

建模技术是 CAD/CAM 系统的核心技术,也是计算机能够辅助人类从事设计、制造活动的根本原因。在传统的机械设计与制造中,技术人员是通过工程图样来表达和传递设计思想及工程信息的。在使用计算机后,这些设计思想和工程信息是以具有一定结构的数字化模型方式存储在计算机内,并经过适当转换可提供给生产过程各个环节,从而构成统一的产品数据模型。模型一般由数据、结构、算法 3 部分组成。因此 CAD/CAM 建模技术就是研究产品数据模型在计算机内部的建模方法、过程及采用的数据结构和算法。

对于现实世界中的物体,从人们的想象出发,到完成计算机内部表示的这一过程称之为建模。建模过程如图 3-1 所示。

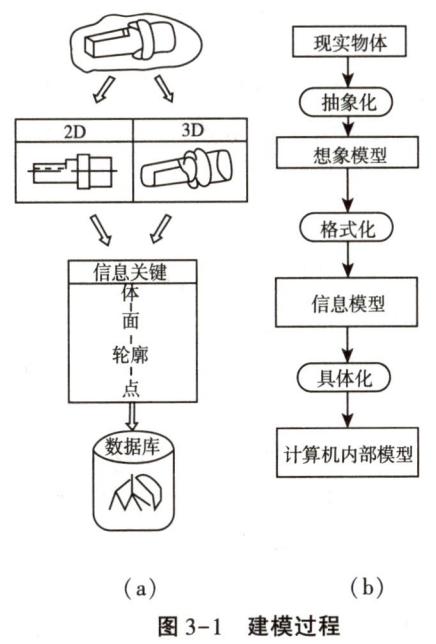

图 3-1 建模过程

首先研究物体的抽象描述方法，得到一种想象模型（外部模型），如图3-1（a）所示的零件，它可以想象成以二维或三维的方式描述的，它表示了用户所理解的客观事物及事物之间的关系；然后将这种想象模型以一定格式转换成符号或算法表示的形式，形成信息模型，它表示了信息类型和逻辑关系；最后形成计算机内部存储模型，这是一种数字模型。因此，建模过程的实质就是一个描述、处理、存储、表达现实世界的过程。这一过程可抽象为如图3-1（b）所示的框图。

（二）建模的方法及其发展

由于对客观事物的描述方法、存储内容、存储结构的不同而有不同的建模和不同的产品数据模型。目前主要的建模方法有几何建模和特征建模两种；主要的产品数据模型有二维模型、三维线框模型、曲面模型、实体模型、特征模型、集成产品模型及最新的生物模型等。

二、几何建模

（一）几何建模的定义

就机械产品的CAD/CAM系统而言，最终产品的描述信息包括形状信息、物理信息、功能信息及工艺信息等，其中形状信息是最基本的。自20世纪70年代以来，首先对产品形状信息的处理进行了大量的研究工作，这一工作就是现在所称的几何建模（Geometric Modeling）。目前市场上的CAD/CAM系统大多都采用几何建模方法。所谓几何建模方法，即物体的描述和表达，其是建立在几何信息和拓扑信息的处理基础上的。几何信息一般是指物体在欧氏空间中的形状、位置和大小，而拓扑信息则是物体各分量的数目及其相互间的连接关系。

在CAD/CAM系统中，几何建模是自动设计和图形处理的基础。从20世纪70年代初欧洲首先把几何建模技术列为计算机辅助设计和制造的中心研究项目以来，经过二十多年的发展，在几何建模的研究方面已取得很大的进展。围绕着几何建模技术主要的研究课题有：①现实世界中物体的描述方法，如二维、三维描述及线框、表面、实体建模技术等。②三维实体建模中的各种计算机内部表达模式，如边界表示法、构造立体几何法、空间单元表示法等。③发展一些关键算法，如并、交、差运算及消隐运算等。④几何建模系统的某些重要应用，如工程图的生成，具有明暗度和阴影的图形及彩色图的生成，有限元网格生成，数控程序的生成和加工过程模拟等。

（二）几何建模系统分类

1.二维几何建模系统

计算机内部模型可以是二维的，也可以是三维的，这主要取决于应用场合和目的。由于二维几何建模系统可以满足一般绘图工作的要求，符合长期以来人们用视图表达产品形状和尺寸的习惯，并且所占存储空间少，价格便宜，因此CAD/CAM的研究大多都是从二维几何建模系统开始的。

二维几何建模系统主要研究平面轮廓处理问题，它可以分为边式和面式两类系统。

所谓边式系统只描述轮廓边，然后通过不同类型轮廓边的相互顺序实现绘图目的。由于它没有定义相互联系边的范围，所以不能实现自动画剖面线、拷贝和图形变换等功能。

所谓面式系统，是将封闭轮廓边包围的范围定义成一个平面，并作为一个整体来处理。它不仅可自动画剖面线、拷贝、变换，还可以随意相互拼合（相加或相减），从而构成任意复杂的图形。

由于二维几何建模系统比较简单实用,同时大部分二维 CAD 系统都提供了方便的人机交互功能,比较符合设计人员惯用的绘图工作方式,如果任务仅局限于计算机辅助绘图或是对回转体零件进行数控编程,则可采用二维几何建模系统。在二维几何建模系统中,由于各视图及剖面图在计算机内部是相互独立产生的,所以就不可能将同一个零件的这些不同信息构成一个整体模型。当一个视图改变时,其他视图不可能自动改变,这是它的一个很大弱点。

在二维和三维几何建模系统之间还有一个领地,有人称为二维半(2.5D)系统。这种系统指的是一个平面轮廓在深度方向延伸形成三维表示方法。由于其几何处理仍是平面轮廓问题,所以仍应属于二维几何建模系统。

2.三维几何建模系统

现实世界的物体是三维的,因而三维几何建模系统可以更加真实、完整、清楚地描述物体,它代表了 CAD 发展的主流。例如飞机的设计,过去是从二维图纸开始,而现在飞机的设计包括总体设计、模型设计、零部件设计及工装设计,大部分都采用三维数字化设计。

三维数字化定义(DPD)和三维数字化预装配(DPA)技术是实现异地无纸制造及虚拟制造的基本手段。三维几何建模的应用实例如图 3-2 所示。

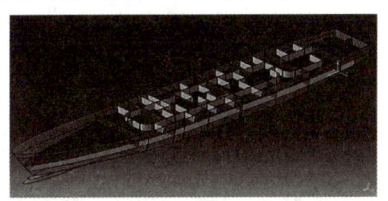

图 3-2 三维几何建模的应用实例

(三) 几何建模方法

根据描述方法及存储的几何信息、拓扑信息的不同,三维几何建模类型如图 3-3 所示,其分为 3 种不同层次的建模类型,即线框建模、表面建模、实体建模。早期 CAD 系统往往分别对应以上 3 种建模方法,而当前的发展则是将三者有机结合起来,各用所长,形成一个整体。

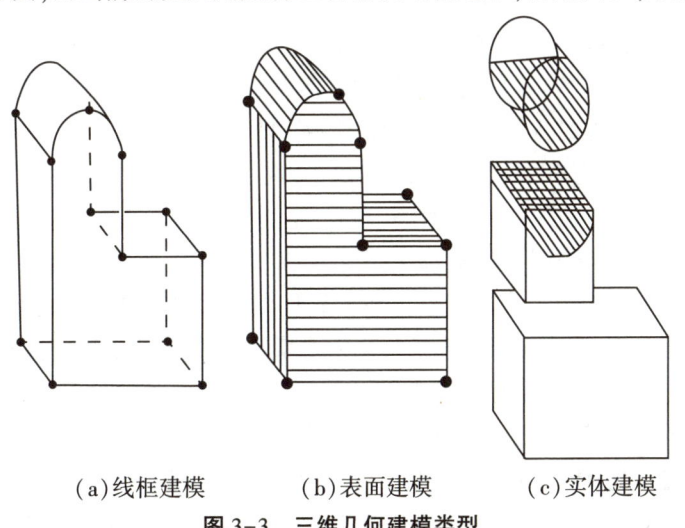

(a)线框建模　　(b)表面建模　　(c)实体建模

图 3-3 三维几何建模类型

(1)线框建模。线框模型是 CAD/CAM 系统发展中应用最早的三维建模方法,线框模型是二维图的直接延伸,即把原来的平面直线圆弧扩展到空间,因此点、直线、圆弧和某些二次曲线是线框模型的基本几何元素。

(2)表面建模(Surface Modeling)。表面建模又叫曲面建模,是通过对物体的各种表面进行描述的一种三维建模方法,主要描述的复杂物体表面形状,适用于不能用简单的数学模型描述表面的物体。例如汽车、飞机、船舶、水利机械和家用电器等产品外观设计图,以及地形、地貌、石油分布等资源描述中。这种建模方法的重点是由给出的离散点数据构成光滑过渡的曲面,使这些曲面通过或逼近这些离散点。近年来,通过大量的生产实践,在曲线、曲面的参数化数学表示及 NC 编程方面取得了很大进展。

广为流行的几种参数曲线、曲面包括贝赛尔曲线、B 样条曲线、孔斯曲面、非均匀有理 B 样条曲线、曲面等。曲面建模的实例如图 3-4 所示。

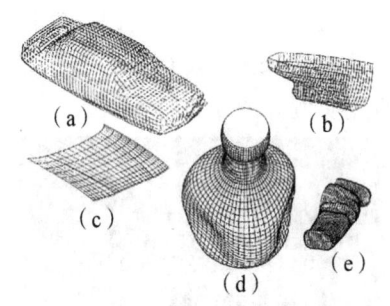

(a)汽车;(b)船体;(c)轿车前盖;(d)酒瓶;(e)手柄

图 3-4 曲面建模的实例

(3)实体建模(Solid Modeling)。实体建模是 20 世纪 70 年代后期、80 年代初期逐渐发展完善并推向市场的。目前实体建模已成为 CAD/CAM 技术发展的主流。

实体建模是利用一些基本体素,如长方体、圆柱体、球体、锥体、圆环体及扫描体等,通过集合运算(布尔运算)生成复杂形体的一种建模技术。实体建模主要包括两部分内容,即体素的定义及描述和体素之间的布尔运算(并、交、差)。

①体素的定义及描述。体素是现实生活中真实的三维实体。体素的定义及描述有两种方法。一种为基本体素,可通过少量参数进行描述,例如长方体通过长、宽、高定义。除此之外为定义基本体素在空间的位置和方向。基准点的定义也很重要。对于长方体而言,它的基准点可位于它的一个顶点,也可位于一个平面的中心。不同的实体建模系统,可提供不同的基本体类型。另一种体素为平面轮廓扫描体,即由平面轮廓扫描法生成的体素。平面轮廓扫描法是与二维系统密切结合的,并用于生成棱柱体或回转体的一种描述方法。这种方法的基本设想是一个二维轮廓在空间平移或旋转就会扫描出一个实体。由此扫描的前提条件是要有一个封闭的平面轮廓。这一封闭的平面轮廓沿着某一个坐标方向移动或绕某一给定的轴旋转,便形成两种扫描变换。除平面轮廓扫描外,还可以进行整体扫描。所谓整体扫描就是使一个刚体在空间运动以产生新的物体形状。这种方法在生产过程的模拟及干涉检验方面具有很大的实用价值。特别是在 NC 加工中刀具轨迹生成和检验方面具有重要意义。实体建模中常用的基本体素如图 3-5 所示。

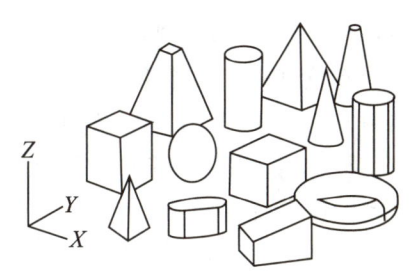

图 3-5 实体建模中常用的基本体素

②布尔运算。两个或两个以上体素经过集合运算得到实体的表示称为布尔模型(Boolean Model),这种集合运算称为布尔运算。布尔模型是个过程模型,它通常可直接以二叉树结构表示。

由于实体建模具有一系列优点,所以在设计与制造中广为应用,尤其在运动学分析、干涉检验、机器人编程和五坐标 NC 铣削过程模拟、空间技术等方面已成为不可缺少的工具。

三、特征建模技术

(一)特征建模的概念

1.特征建模概念的提出

几何建模技术推动了 CAD/CAM 的发展,随着信息技术的发展及计算机应用领域的不断扩大,对 CAD/CAM 系统提出越来越高的要求,尤其是计算机集成制造技术的出现,要求将产品的需求分析、设计开发、制造生产、质量检测、售后服务等产品整个生命周期的各个环节的信息有效地集成起来。由于现有的 CAD 系统大多都建立在几何模型的基础上,即建立在对已存在对象的几何数据及拓扑关系描述的基础上,这些信息无明显的功能、结构和工程含义,所以想从这些信息中提取、识别工程信息是相当困难的,为此推动了特征建模技术的发展。

特征(Feature)的概念最早出现在 1978 年美国 MIT 的一篇学士论文"CAD 中基于特征的零件表示"中,随后经过几年的酝酿讨论,至 80 年代末有关特征建模技术才得到广泛关注。特征是一种集成对象,包含丰富的工程语义,因此,它是在更高层次上表达产品的功能和形状信息。对于不同的设计阶段和应用领域有不同的特征定义,例如功能特征、加工特征、形状特征、精度特征等。特征体现了新的设计方法学,它是新一代的 CAD/CAM 建模技术。

2.特征的定义

特征建模技术被誉为 CAD/CAM 发展的新里程碑,它的出现和发展为解决 CAD/CAPP/CAM 集成提供了新的理论基础和方法。特征是一种综合概念,它作为产品开发过程中各种信息的载体,除包含零件的几何拓扑信息外,还包含了设计制造等过程所需要的一些非几何信息,如材料信息、尺寸、形状公差信息、热处理信息、表面粗糙度信息和刀具信息等。因此特征包含丰富的工程语义,它是在更高层次上对几何形体上的凹腔、孔、槽等的集成描述。例如,键槽就是一种典型的特征定义的例子。同任何事物的发展一样,特征建模技术也经历了由表至里、由特殊到一般的发展过程。开始时,主要从局部应用去研究特征,因此围绕着特征的定义提出了很多观点。例如,以 Dixon 为代表的一些学者从设计自动化入手,将特征与产品设计知识表示和功能要求相连,把特征定义为具有一定几何形状的实体。与 CIMS 的一个或多个功能相关，可以作为基本单元进行设计和处理。另外一些学者，如威尔逊，从制造领域入手，将特征与工艺过程设计、NC 自动编程、自动检测相连，把特征定义为对应一定基本加工操作的几何形状。由于从不同应用角度研究特征，必然引起特征定义的不统一。根据产品生产过程阶段不同而将特征分为设计特征、制造特征、检验特征、装配特征等；根据描述信息内容不同而将特征分为形状特征、精度特征、材料特征、技术特征等。

国内有些单位从 20 世纪 80 年代末也开始了对特征建模技术的研究。有些单位从设计、制造一体化观点研究，将形状特征定义为具有一定拓扑关系的一组几何元素构成的形状实体。它对应零件的一个或多个功能，并能被一定的加工方式所形成。在形状特征研究的基础上，进一步拓宽特征的含义，又将特征定义为具有确定约束关系的几何实体，它同时包含某种特定的语义信息。将特征表达为如下形式：产品特征＝形状特征＋工程语义信息。

形状特征是描述产品或零件的最基本特征，因此目前特征的分类也多以形状特征为主进行研究。特征的分类与特征的定义一样，也是依赖于相应的应用领域及零件类型。根据制造方法不同，可分为铸、锻、焊、机加工和注塑成型等特征；按零件类型不同，可分为轴盘类、板块类、箱体类、自由曲面类等特征。从设计与制造集成的角度，我们可以依据这样的标准对特征进行分类：每一类特征都是零件设计的基本功能单元，同时其加工方法和制造手段基本上一致。形状特征还可以按照其在设计过程中的作用分为基特征、正特征、负特征、主特征和辅助特征。基特征可以表示毛坯初始形状；正特征对应于零件添加的形状如凸台、肋板等；负特征为从零件实体中间减去的形状，如槽、孔等。

按照特征的复杂程度可分为简单特征和复合特征。简单特征为独立的形状结构，复合特征为简单特征的组合结构，如周向均布孔、矩形阵列孔、同心孔等。

其中工程语义信息包括 3 类属性信息，即静态信息——描述特征形状、位置属性数据；规则和方法——确定特征功能和行为；特征关系——描述特征间相互约束关系。依据不同应用功能，可以为特征赋予不同的工程语义信息。由于该种定义强调了特征的工程语义信息，既能表达设计人员的设计意图，又具有相应的制造加工信息，所以特征建模技术成为 CAD/CAM 集成的核心技术。

随着特征建模技术的发展，研究人员又提出了一系列新的概念和方法，如功能特征、结构特征、特征识别、特征映射等，为了能对特征在整个产品开发过程中的本质进行系统化、理论化的描述，有人从广义设计空间理论出发，提出了广义设计特征的概念，并对设计过程中的功能特征、原理特征、结构特征和制造特征等进行系统研究，建立了基于广义设计特征的集成产品模型体系。

（二）特征建模技术的实现和发展

由于特征概念包含丰富的工程语义，所以利用特征的概念进行设计是实现设计与制造集成的一种行之有效的方法。利用特征的概念进行设计的方法经历了特征识别和基于特征的设计两个阶段。特征识别是首先进行几何设计，然后在建立的几何模型上，通过人工交互或自动识别算法进行特征的搜索、匹配。由于特征信息的提取和识别算法相当困难，所以只适用于一些简单的加工特征识别，并且特征之间的关系无法表达。为此，威尔逊等人提出了直接采用特征建立产品模型，而不是事后再识别的想法，这就是基于特征设计的思想，即特征建模。

目前国内外大多数特征建模系统的研究都是建立在原有三维实体建模系统的基础上,这是因为三维实体建模的 CAD 软件已比较完善,具有较强的几何拓扑处理、图形显示及自动网格划分等多项功能,在此基础上可方便地增加一些特征的描述信息,建立特征库,并将几何信息与非几何信息描述在一个统一的模型中,设计时将特征库中预定义的特征实例化,并作为建模的基本单元,实现产品建模。

这种基于特征的设计,从设计角度看,它扩大了建模体素的集合,给用户带来很大方便性,同时也为产品设计实现高效率、标准化、系列化提供了条件。从加工角度看,由于特征对应着一定的加工方法,所以工艺规程制定也比较容易进行,简化了 CAPP 决策逻辑,尤其是面向对象技术的应用,将特征与加工方法封装实现了程序的结构化、模块化、柔性化。最近几年在基于特征的 CAPP、基于特征的 NC 编程方面进行了很多研究。由于设计特征与制造特征的对应关系,在 CAD 设计完成后,CAPP、CAM 可直接将特征设计的结果作为输入自动生成工艺过程和 NC 加工程序,实现了具有统一数据库、统一界面的集成 CAD/CAPP/CAM 系统。

特征建模技术是正在研究发展中的技术,至今还有很多难题有待进一步研究。例如,特征的严格数学定义、特征所能胜任的零件复杂程度、特征如何体现零件的功能要求,以及功能特征与制造特征的映射等。

四、产品建模应用实例

产品的实体建模如图 3-6~图 3-10 所示。

图 3-6　飞机的实体建模

图 3-7　汽车的实体建模

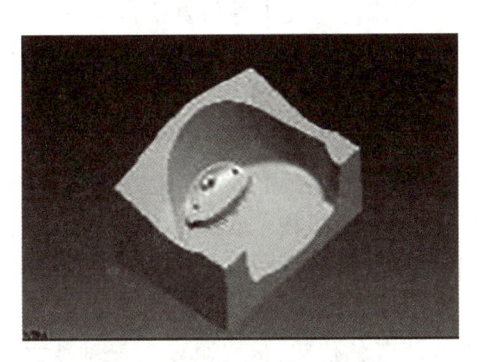

图 3-8　塑胶模具的实体建模

图 3-9　机械产品的实体建模

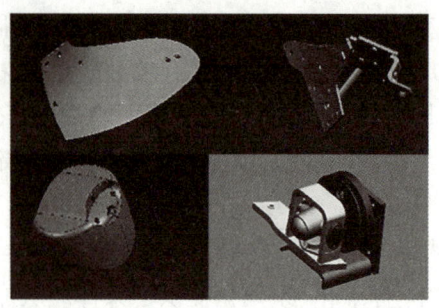

图 3-10　农牧机械产品的实体建模

五、数字化计算机仿真

(一) 数字化计算机仿真的定义、地位及作用、发展历程、发展趋势

1.计算机仿真的定义

计算机仿真技术

所谓计算机仿真(Computer Simulation)，又称为计算机模拟(Computer Analogy)或计算机实验，就是建立系统(系统包括所有工程和非工程)的仿真模型，进而在计算机上对该仿真模型进行模拟实验(仿真实验)研究，以达到通过模拟实际系统的行为而认识其本质规律目的的过程。

计算机仿真在实体尚不存在，或者不易在实体上进行试验的情况下，通过对考察对象进行建模，用数学方程式表达出其物理特性，然后编制计算机程序，利用仿真模型来模仿实际系统所发生的运动过程并进行试验，在模拟环境下实现和预测产品在真实环境下的性能和特征(动态的和静态的)，通过考察对象在系统参数、内外环境条件改变的情况下，其主要参数如何变化，从而达到全面了解和掌握考察对象特性的目的。计算机仿真包含从建模、施加负载和约束到预测在真实状况下的响应等一系列步骤。

仿真技术综合集成了计算机、网络技术、图形图像技术、多媒体技术、软件工程、信息处理、自动控制、相似原理、系统技术及其应用领域有关的专业技术，以计算机和各种物理设备为工具，利用系统模型对真实的或设想的系统进行动态实验研究的一门多学科的综合性技术。

计算机仿真主要研究数字仿真方法、仿真语言、仿真技术、仿真计算机及其应用。仿真方法研究包括仿真算法、仿真模型的建立、仿真模型的误差及仿真算法的选择等；仿真语言研究和仿真的程序设计是在高级语言的基础上建立起来的，近年来已有几十种仿真语言问世；仿真技术是研究并行处理的全数字仿真技术和在模拟仿真中的寻优技术；仿真计算机则是研究仿真专用计算机的结构与特点。

2.计算机仿真的地位及作用

近代科学诞生后，从方法论角度看，人类过去所使用的科研方法可分为实验方法(包含观察方法)和理论方法(核心是数学与逻辑方法)两大类。随着计算机技术的产生和发展，计算机仿真方法也应运而生，由于其在科学研究和技术开发中的独特作用，国外有些学者将其看作是介于实验方法和理论方法之间的第三类研究方法。

计算机仿真方法是一种综合了实验方法与理论方法两者的优势，但又具备自己独特之处的全新的研究方法，它在科学方法论体系中应处于独立的地位。尽管计算机仿真方法中的系统模型建立原则与数学方法中数学模型的建立原则基本相同,但是计算机仿真方法要比单纯的数学方法复杂得多,还需设计仿真模型、编制仿真程序、借助计算机系统去完成高速求解和逻辑判断任务,以及实施仿真实验。

由于其有效性、可重复性、经济性、安全性和保密性等优点,计算机仿真在科学研究和产品开发中发挥的作用越来越大,计算机仿真规模由小到大、从局部到整体、由以实物及外场为主向以数学模型及实验室内仿真为主,仿真应用由军事领域普及到了国民经济的各个方面。任何一个学科只要理论上较完备,就可借助计算机仿真方法进行开拓性的研究。不少学科领域的科学家利用计算机仿真方法进行了全新的理论探索和应用研究,取得了许多用其他方法无法得到的重大成果。作为系统全生命周期中各阶段的重要技术手段和工具,目前正广泛地应用于国民经济及军事的各个领域,并已在各类大型工业制造、运输系统控制与培训得到了成功的运用。其作用主要表现为以下4个方面。

(1)在系统研制过程中,借助计算机仿真方法能方便、迅速地对复杂系统的结构和参数反复进行修改和调整;规划、评价和研究系统某一部分的性能、系统各个部分或各个分系统之间的相互影响,以及它们对整体性能的影响;比较各种设计方案,从而获得最优系统设计。

(2)对于复杂的工程系统,用计算机仿真方法就可大大降低实验成本等相关费用。

(3)对于一些难度高、危险大的复杂工程系统,进行计算机仿真实验能够减少经济和政治风险,提高成功率。

(4)对于经济、军事、社会等各种非工程复杂系统,以真实系统或预设系统的仿真模型为依据,在给定条件下运行具体仿真模型和对计算机输出信息的分析,推演出系统变化趋势,提高对实际系统运行状态和变化规律的综合评估与预测能力,为制定对策提供可靠依据。

3.计算机仿真的发展历程

根据仿真模型类型及实现方式的不同,仿真技术的发展经历了物理仿真、模拟仿真、混合仿真、数字仿真和进入20世纪90年代以后的智能化仿真、分布式并行处理仿真、仿真支持系统等从实物到计算机仿真5个阶段,计算机仿真发展历程如图3-11所示。计算机仿真方法的产生是与电子计算机技术的发展和应用紧密相连的。

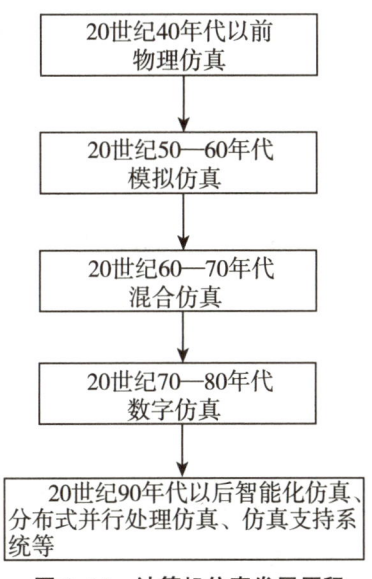

图3-11 计算机仿真发展历程

当计算机技术尚未出现的时期,早期的仿真主要是物理仿真(或称为实物仿真),仿真只能在实体上进行,其特点是直观、形象化、实时性强且精度较高,进行仿真实验需要构造物理模型,存在难度大、投资大、周期长的缺点,并且难以修改系统参数和改变系统结构,难以应用于社会、经济现象和生态系统等方面。

1946年2月世界上第一台电子计算机ENIAC在美国诞生,20世纪40年代末首台模拟式电子计算机就被用于三自由度飞机系统的仿真。20世纪50年代,计算机仿真主要采用模拟计算机,它主要是根据仿真系统的数学模型将一系列运算器(如放大器、加法器、乘法器、积分器、函数发生器等)和无源器件(如电阻器件、电位器等)相互连接形成仿真电路,利用仿真电路进行实验性研究。

20世纪50年代末期到20世纪60年代,仿真技术步入了半模拟半数字阶段。美国科研人员又创造了混合计算机系统(由数学计算机和模拟计算机通过一套混合接口连接而成)用于宇航科技发展,使得人们能对较复杂的系统行为进行仿真研究。这时系统中的一些部分由计算机代替,另一些组合则由实物充当,因此在一定程度上仍然保留着实时性仿真的特点。20世纪60年代后,随着数字计算机迅速发展和广泛普及,仿真主要工具开始逐步由模拟机转向数字机,但是传统的对信息进行串行处理的Von Neumann型数字机难以满足航天、化工等各类大规模复杂系统对仿真时限的要求。20世纪70年代,以数字机与模拟机混合而成的模拟-数字混合机出现在飞行仿真、卫星仿真和核反应堆仿真等众多高新技术研究领域。

20世纪70年代以来,随着计算机技术的迅猛发展和相应仿真软件的不断完善并广泛普及,仿真技术发展到没有实物介入的、非实时性的全数字仿真阶段,称为计算机仿真或数字仿真(Digital Simulation)。数字计算机仿真发展得很快,具有实现方便、易于修改、费用低、精度高的特点,应用范围由各种工程领域扩展到非工程领域。

随着计算机技术的快速发展,数字仿真依然是计算机仿真的主流,计算机仿真技术向着智能化仿真(仿真技术与人工智能相结合)、分布式并行处理仿真、仿真支持系统等方向发展。

4.计算机仿真的发展趋势

计算机仿真技术正从人、计算机同研究数学映射模型为主题逐步转向创建人、信息、计算机相融合的智能化、集成化、协调化高度一体的仿真环境。计算机仿真发展主要趋势有以下8个方面。

(1)面向对象的建模方法和图形建模技术。利用计算机软件技术提供一种可视化建模仿真环境,使复杂的建模过程得到简化,使其接近人的自然思维方式,并且所建立的模型具有内在的可扩充性和可重用性,为大型复杂系统的仿真分析提供了方便。

(2)在被仿真的系统方面,重点由对连续系统仿真转向对离散事件系统仿真。

(3)在对仿真基本框架中3个步骤(建模、仿真实验、结果分析)的重视程度方面,由重视仿真实验转向重视建模和仿真结果分析。

(4)在仿真软件方面,由研究开发仿真语言转向研究开发一体化仿真软件系统(或称一体化仿真环境)。

(5)在仿真的对象及目的方面,由研究系统的动力学特性扩展为研究系统的各种特性。

(6)在仿真环境方面,由集中式仿真转向分布式仿真。分布式仿真已成为计算机仿真技术的一个重要发展方向,利用计算机网络技术将处在不同地理位置的各个部门连接起来,实现资源共享,达到节省人力、物力和财力的目的。

(7)仿真技术与人工智能技术的结合(智能化仿真)涉及知识库用于建模与仿真(包括利用知识库和专家系统为仿真模型的建立和提供咨询服务)、仿真结果的检验、可信度分析等方面。

(8)虚拟现实技术改变了计算机仿真过程中人机交流方式,使用户可以进入虚拟世界内部直接观察或感受事物内在的变化,并可以直接参与到事物的相互作用中去成为虚拟世界中的一部分。

计算机仿真的应用领域已由航空、航天领域转向制造业,1991年美国国家关键技术委员会向美国总统递交了一份报告,列出了20世纪90年代影响美国国家繁荣与安全的21项关键技术,其中包括建模与仿真技术,并且制造业成为第一个仿真应用领域。

(二)计算机仿真方法的基本类型

1.仿真分类方法

按分类方式的不同仿真技术有多种分类方法。

(1)按照传统分类方法,仿真方法有几何仿真方法(用实物去仿真,直接给出对象的空间形式)、物理仿真方法(给出仿真实际行为和过程)、数学仿真方法(用数学关系来研究问题)、功能仿真方法(用示意框图、符号图示、公式、方程式来研究问题)、逻辑仿真方法(人们思考和处理问题的一种规律)、思维仿真方法(一种推测性、联想性、知识再现性、输出对输入做出响应的方法)。

(2)按模型类型分类,有连续系统仿真、离散系统仿真、连续/离散混合系统仿真、定性系统仿真。连续系统仿真的系统状态变量随时间连续变化,能用一组方程式来描述;离散事件系统仿真的系统状态只在一些时间点上由于某种随机事件的驱动而发生变化,在两个事件之间状态变量保持不变,其数学模型一般很难用数学方程来描述,通常是用流程图和网络图来描述。

(3)按模型在空间分布形式,有集中式仿真、分布式仿真。

(4)按所用计算机类型分类,由于电子计算机分为模拟计算机、数字计算机、混合计算机和全数字并行处理计算机,因而相应就存在模拟计算机仿真方法、数字计算机仿真方法、混合计算机仿真方法和全数字并行计算机仿真方法等四大类仿真方法。

(5)按仿真运行时间与系统真实运行时间的比例关系,有实时仿真、超时仿真、欠时仿真。

(6)按被仿真对象的性质,有工程系统仿真、非工程系统仿真。

(7)按模型的实现方式和手段,有硬件在回路中仿真或半实物仿真、计算机仿真、人在回路中仿真。半实物仿真把数学模型与物理模型及实物联合在一起进行试验,也称为数学-物理仿真。

2.模拟计算机仿真方法(模拟仿真方法)

模拟仿真使用的工具是模拟计算机。模拟计算机仿真是一种建立在不同物理系统的数学模型相似基础上的仿真方法,是以实际系统的数学模型与模拟计算机中具有模型特征的典型硬件电路间的相似性为基础的。实际系统中的各种物理量,如速度、距离、角度、重量等都可用按一定比例变换后的电压来表示;而硬件电路由各种基本运算部件,如加法器、乘法器、比例器、积分器、函数器等组成,其输入、输出均是电压,不同的电压值代表数学方程中的不同变量(通常以10 V或100 V作为机器变量的满标度),通过将这些基本计算部件连接起来就能完成较复杂的数学运算。根据相似原理,实际系统中某一物理量随时间变化的动态关系和模拟计算机上与该物理量对应的电压随时间的变化关系是相似的,因此实际系统的数学方程和模拟计算机上的解题方程存在相似关系。

由于模拟计算机能快速地解算常微分方程,若设法用微分方程、代数方程或逻辑方程建立描述实际系统特性的连续时间,那么就可以在模拟计算机上进行仿真实验。编制模拟计算机的运算程序与编制数字计算机的程序完全不同,它是设计模拟运算部件的连接框图。

模拟计算机由于其硬件上的特殊性,是一种并行运算装置,所有运算部件都在同一时间进行运算,因而模拟计算机仿真具有运算速度快,当参数变化时容易掌握解的变化,仿真时间标尺可任意设定,易于和实物相连构成仿真器等优点。但是,模拟计算机仿真同样存在运算精度较低的问题,如在处理多变量或非线性较强的场合的对于偏微分方程难以求得高精度的解,逻辑控制功能较差,自动化程度也较低。

3. 数字计算机仿真方法(数字仿真方法)

数字仿真使用的工具是通用数字计算机。20世纪60年代后,数字计算机逐渐取代早期采用的模拟计算机,成为主要仿真工具。它把数学模型当作数字计算问题,用求解的方法进行处理。随着数值分析及软件的发展,数字仿真领域不断扩大,数字式仿真几乎可以应用于如系统动力学问题、系统中的排队、管理决策问题等所有工程和非工程领域。

数字仿真模型的建立与模拟仿真有很大不同,数字仿真不是建立在数学模型相似的基础上,而是建立在离散数值计算的基础上。数字计算机的运算对象是二进制数码,因而机器变量表现为离散的形式,为了使数字计算机能够识别,必须将连续的数学运算转换为离散的数值计算。另外,数字计算机仿真需要选择合适的数值计算公式,研究各种仿真算法,以实现系统模型的离散化和建立仿真模型,然后再运用适当的算法语言编制仿真程序。近年来已经开发出的大量数字仿真软件包,大大地提高了数字计算机仿真的自动化程度。

数字仿真具有运算精度高、逻辑判断功能强、使用方便灵活(系统参数可随意调整)等优点。但是,数字仿真同样存在计算速度不如模拟式仿真,对复杂动态系统难以实现实时仿真,进行实物或半实物仿真时需配备模/数(A/D)、数/模(D/A)转换装置等不足之处。

4. 混合计算机仿真方法(混合仿真方法)

混合仿真使用的工具是混合计算机。混合计算机是由模拟计算机、数字计算机及专用的混合接口(A/D、D/A 转换装置)组成的计算机系统,兼有模拟计算机的快速性及数字计算机的灵活性。混合计算机仿真将模拟仿真与数字仿真的优点结合起来,可充分发挥模拟计算机和数字计算机两者各自的长处(即模拟计算机的高速处理能力)及数字计算机的高精度、高存储及强逻辑功能。它不仅能解决系统动力学、管理决策等问题,还能解决解偏微分方程和求最优值的问题。

由于混合仿真可充分发挥模拟仿真和数字仿真各自的优势,所以提高了处理复杂工程系统仿真时的能力,可用于处理复杂、快速系统的实时仿真问题。但是,由于混合计算机硬件构造上的特点,其所用的硬件、软件与数字计算机相比要复杂得多,并且造价高昂,因此仅仅应用于航空、航天等少数领域,难以在民用部门推广。

5. 全数字并行计算机仿真方法(并行仿真方法)

并行仿真使用的工具是全数字并行计算机。并行仿真就是利用并行计算机系统在多台处理机上对同一复杂模型进行并行求解,以便大大缩短仿真运行时间,或者实现对该系统的实时求解与控制。并行计算机系统通过利用多个计算机资源去完成某个单一的作业(即并行处理),以获得很快的处理速度。并行计算机的结构若从资源开发的角度可分为空间并行处理和时间并行处理两大类。空间并行处理又分为阵列处理(单指令多数据流——SIMD 系统)和功能并行处理(多指令多数据流——MIMD 系统)。时间并行处理主要指流水线处理(多指令单数据流——MISD 系统)。

并行仿真不管是在专用仿真计算机或是通用阵列计算机上实施,都需要解决诸如设计实用可靠的并行仿真算法,计算任务在各台处理机上的合理分配,各处理机间的通信方式,并行仿真算法在并行计算机上的实现等问题。

并行仿真的最大优点是其极快的处理速度,因而适用于特大型复杂动态系统的实时仿真。但是,目前并行处理系统在硬件与软件的设计和实现上都存在一些问题,并行仿真硬件与软件还难以实现最佳匹配,这都使得并行计算机的优势难以得到充分发挥。

(三)计算机仿真过程

无论哪种类型的仿真都是以系统数学模型为基础的,在一定假设条件下进行的信息处理过程,是在仿真基础上进行的实验研究的过程。计算机仿真包括系统、模型和计算机 3 个要素。对于不同类型的计算机仿真方法,计算机仿真的具体内容区别很大。计算机仿真包括"系统模型和仿真模型的建立、仿真实验、分析"这 3 个基本部分,包括从建模到实验再到分析的全过程。计算机仿真的一般过程如图 3-12 所示。

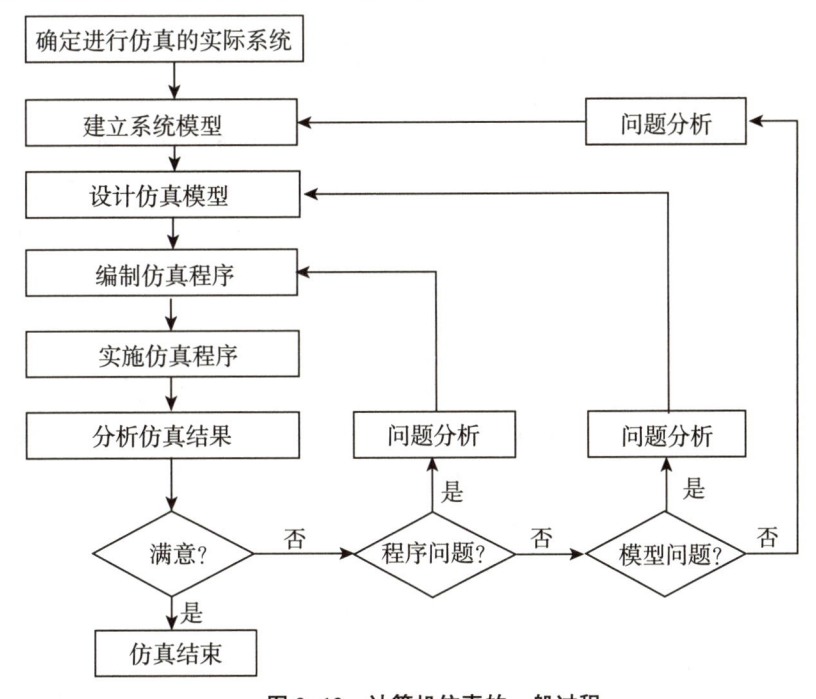

图 3-12 计算机仿真的一般过程

1. 系统模型的建立

建立系统模型首先要明确仿真对象(系统),即以什么样的精度来仿真对象的哪一部分的什么行为，然后确定对系统进行仿真的目的和基本要求，并进而确定所研究系统的边界及约束条件，以及系统的规模及变量个数等，最终建立系统的数学模型（微分方程组、差分方程组、传递函数、结构图、信号流图或其他的数学表示式）。建立什么样的数学模型与建模的目的有密切的关系。

根据仿真的目的和要求，建立能够体现实际系统各关系特征的抽象模型是系统仿真的基础，基本的建模过程可以划分为提出系统抽象模型、建立结构关系模型和模型的性能分析、评估与综合3个阶段。

抽象过程是建模的基础，抽象模型详细而精确地描述了一个给定的系统，确定系统原始状态和系统与环境之间的信息与能量交换关系，并使之在数学模型中得到恰当的体现。通过对实际系统抽象地或本质地描述，构造数学模型或物理模型，以模型分析与模型实验为基础，达到对实际系统的认识、控制和优化。模型的分析与确认是从根本上保证仿真结果对系统分析有效性的关键性环节。

系统模型通常是用形式化语言描述的数学方程或逻辑方程，反映了实际系统内外诸因素的本质联系。目前通常是在先验知识的基础上，试探地写出研究对象所满足的或近似满足的数学规律。然后根据研究目的和要求，对该数学关系进行反复修改和优化，直到得到既符合客观实际又易于在计算机上实现的数学模型。在建立系统模型的过程中，一般都要忽略一些次要因素的影响并舍去某些不可观测的变量，因而系统模型是实际系统的第一次简化（一级近似）。系统模型的建立除要遵循通常数学模型建立的基本原则外，还应考虑简明性、切题性、集合性等要求。

根据研究对象、表示方法和使用途径不同，系统模型有多种不同的分类。从表示方式可划分为物理模型和数学模型，计算机仿真中主要采用系统数学模型。系统数学模型根据时间关系可划分为静态模型、连续时间动态模型、离散时间动态模型和混合时间动态模型；根据系统的状态描述及其变化方式，可划分为连续变量系统模型和离散时间系统变化模型。在连续变量系统模型中，系统各主要因素之间变化关系及系统的演化规律主要采用方程式（微分方程、偏微分方程、差分方程、回归方程等）描述，而离散时间动态系统模型主要采用以网络图为基础的各类流图模型。

2. 仿真模型的设计

将原始的数学模型通过一定方式转换成相应模拟电路或采用计算机语言可表示和操作处理的仿真模型，使其能在计算机上实现和运行。仿真模型反映的是系统模型和计算机间的相互关系，其核心表现为一种算法。由于算法设计存在着一定误差，所以仿真模型是实际系统的第二次简化（二级近似），通常是离散系统方框图或差分方程（离散方程）的形式。

仿真模型由各种线性运算部件（运算放大器、加法器、积分器、系数器等）组成的物理模型构成。为了保证模型的运算精度，各部件的误差必须限制在一定的范围内。在数字仿真中，仿真模型通常表现为一个近似的数值计算公式（仿真算法）。连续系统一般用微分方程描述；而离散系统一般用差分方程描述。常用的仿真算法有欧拉法、四阶龙格-库塔法、屠斯丁法，状态转换法等。混合仿真模型一般被配置在模拟计算机和数字计算机两个部分，模型中的快速运算任务由模拟计算机承担，而逻辑推导和高精度计算任务则由数字计算机承担。并行仿真模型算法必须结合计算机硬件和软件的特点才能设计出来。目前的并行算法都是针对SIMD或

MIMD 系统的且大多数倾向于前者。

3. 仿真程序的编制

仿真模型在实际运行之前,必须编制相应的仿真程序,即计算机能够识别并执行的各种指令。编制的仿真模型程序必须进行调试,通过改变相关条件对计算结果进行分析、处理,从而检验仿真程序是否满足仿真实验的要求。由于各种语言在性能上存在差异,所以仿真程序(程序模型)是实际系统的第三次简化(三级近似)。

模拟仿真程序的编制是指按照运算步骤设计框图,将相应运算部件的输入和输出连接起来,他们通常都被接到一个统一的排题板上,并依一定规律配置连接孔。数字仿真程序可按照各种专用或通用仿真语言(如 CSMP、CSSL、SBASIC、GASPIV、ACSL 等)进行编制,一般包括输入程序段、运行程序段、运算程序段、存储程序段、输出程序段五大部分。经常重复出现的程序段一般被编成通用的子程序模块和针对特殊应用领域的应用程序包,供随时调用。混合仿真程序必须考虑混合软件快速响应和处理外部中断的能力,以确保数字计算机、模拟计算机及中间接口这三者在运算过程中的同步,使两种类型计算机的程序设计语言保持一致,同时还应具备人对机器实行干预的功能,顾及模拟计算机和中间接口部分的一般操作程序的应用。并行仿真程序必须考虑并行计算机硬件结构的特点,否则机器的效率将大受影响。例如,一些并行算法适合在阵列机上运行,而另一些却只适合在流水线向量机上运行。

4. 仿真实验的实施

仿真实验就是将仿真程序装入计算机后,利用计算机对仿真模型进行各种特定的实验,并测定其输出。为使仿真实验顺利进行,需要设计一个方便合理的实验程序。实验程序对计算机仿真的顺利实施起着相当重要的辅助作用,其性能的好坏会直接影响仿真实验的效果,它一般包括运算过程中对设备状态的监视和对程序错误的诊断、运算过程中参数的调整、运算过程中数据的处理与文件的整理、对各种专用子程序包和数据的调集、利用合理方便的计算机语言自动产生和修改部分程序等方面。

5. 仿真结果的分析

按照研究目的和要求,确定评价标准,进而对仿真实验获得的结果进行分析、整理和评价,以确定是否修改、调整或补充实验过程中的有关步骤。结果分析包括仿真模型应用的分析与评价、仿真算法的应用与评价及对前两者的调整、修改等 3 个方面。仿真结果的可信度主要取决于建立的对象模型。仿真模型校验是指仿真模型与数学或物理模型的一致性检验,而仿真模型的确认是指仿真模型与实际系统一致性的检验,检验它是否真实地反映了实际系统运行过程的特性。最后,通过对仿真实验过程的观察和统计,得到被仿真系统的仿真输出参数和基本特性,以此来估计和推断实际系统的真实参数和真实性能,从代替方案中选出最优系统或找出系统运用的最优值,列出仿真报告并输出。

(四) 仿真技术在产品设计、制造中的应用

随着全球市场竞争的日益激烈,制造企业都力求以最好的质量、最低的成本和最快的速度将产品推向市场。在制造业产品设计和制造,尤其在航空、航天、国防及其他大规模复杂系统的研制开发过程中,计算机仿真技术在产品从概念设计到报废的整个生命周期的各个阶段,如产品设计、制造至测试维护,在减少损失、节约经费、缩短开发周期、提高产品质量等方面发挥了巨大的作用。

计算机仿真方法的成功应用提高了其在科学研究和产品开发中的地位,引起科学界和工业界的广泛关注与重视。仿真技术是世界发达国家十分重视的一门高新技术,广泛应用于航空、导弹、原子弹、宇航等控制系统。宇航工业中著名的"阿波罗"登月仿真系统包括混合计算机、运动仿真器、月球仿真器、驾驶舱、视景系统等,可实现在计算机上预先对登月计划进行分析、设计与检验,同时还可对宇航员进行仿真操作训练(共进行五年),从而降低了实际登月的风险系数。仿真技术在美国波音777飞机研制与生产的应用,不仅提高了产品质量,而且将开发周期由原来的8年缩短为5年。我国"长二捆"火箭18个月即研制成功也是仿真技术在制造业领域中应用的一个实例。仿真技术也逐渐在化工、冶金、电力、汽车制造、训练操作人员等方面获得广泛应用。

美国在20世纪90年代初提出的敏捷制造强调在无法预测、持续变化的市场环境中,制造企业能够按照客户需求快速作出响应,而虚拟制造(VM)、并行工程(CE)是其重要手段。VM通过采用计算机虚拟仿真技术,利用仿真模型,在计算机上仿真生产全过程,实现产品的工艺规程、加工制造、装配和调试,预估产品的功能、性能和加工性能等方面可能存在的问题。CE集成地、并行地设计产品及其相关的各种过程,在产品开发的前期考虑了投资、生产、装配、销售及维修等问题,因而能够提高产品质量,降低产品成本,缩短产品开发周期,提高其市场的竞争能力。

仿真技术与可视化技术、虚拟现实技术等相结合,在机电产品设计、制造中的应用主要体现在以下4个方面。

1. 物理力学仿真

物理力学仿真包括工程对象(如机械结构、船舶结构、大型承运结构等)的静动态、线性与非线性分析,温度场、热传导及热应力分析,磁场分析、流体场分析、电场分析及它们之间的耦合分析等。其目的就是根据分析任务的多样性和复杂性,以及目标的多重性,从系统的角度出发,以数值方法为主要手段,通过对工程对象的设计、分析、咨询等,逐步实现知识的综合信息分析及优化。

大多数工程分析问题都具有多目标、多约束、多参数、多假定及模糊性的特点。例如,在新产品的开发设计中,新的设计方案出台之后,存在方案的可行性、可靠性等方面的问题。若完全依靠实物模型实验,需要消耗大量的人力、财力和时间。借助于计算机分析手段,根据工程的不同分析目的与要求,采用不同层次的分析方法,从而得到可行的满足工程需要的分析结果。

物理力学仿真使许多过去受条件限制无法分析的复杂问题,通过计算机数值模拟得到满意的解答,使大量繁杂的工程分析问题简单化,节省了大量的时间,避免了重复的工作,使工程分析更快、更准确,在产品的设计、分析和新产品的研发等方面发挥了重要作用。例如,物理力学仿真可用于车辆系统的起步加速过程的仿真,离合器接合过程的仿真,并可用于汽车动力性能、拖拉机牵引性能的分析。利用有限元技术可对发动机进行工作过程的模拟计算,以实现对产品的优化设计。利用有限元法,在产品设计阶段就可以对坐标测量机在各种工作条件下的性能进行物理力学仿真,梁柱部分在移动重量下的静态变形及热变形分别如图3-13、图3-14所示。

图 3-13 梁柱部分在移动重量下的静态变形 　　图 3-14 梁柱部分在移动重量下的热变形

2. 几何仿真

任何一个机电产品零部件模型都可用几何模型和属性模型来描述。几何模型表示工件的几何形状、几何尺寸及各曲面的相对位置等；属性模型表示工件的物理属性、化学属性、管理信息等。几何仿真从纯几何角度出发，在仿真过程中将产品零部件看作刚体，不考虑质量、弹性变形等物理因素的影响。例如，采用包络法对轮齿形成进行几何仿真，从几何造型角度研究轮齿三维模型形成，实现传动动态演示、啮合区域确定等功能。

机电产品各个零部件之间的相互关系由上向下逐层分解的装配关系所决定，通过零部件之间的相对位置和装配关系的描述，反映零部件之间的相互约束关系。产品零部件几何模型之间的约束关系包括 3 类：几何关系、运动关系和相容/排斥关系。几何关系主要描述零件及部件间的几何元素（点、线、面）之间的相互关系，它分为配合、对齐、偏置和接触 4 类；运动关系是描述零部件之间存在的相对运动，如直线运动、旋转运动的一种关系；而相容/排斥关系表示产品部件之间存在的相容和排斥关系，即某些部件允许在同一台机床中同时存在，而某些部件则存在排斥，不允许在同一台机床中同时出现。

利用几何仿真，可以在计算机屏幕上逼真地显示产品整体和局部结构，从而使产品开发人员能够从不同角度、以不同的显示方式对产品进行研究和分析。通过模拟各个部件之间的相互运动过程、装配和拆卸过程等，可以发现产品设计中可能存在的潜在碰撞和干涉错误。对汽车助力泵进行装配仿真，检验其装配过程可能产生的碰撞和干涉，有助于在产品设计阶段就发现制造过程中可能存在问题，汽车助力泵装配分解图如图 3-15 所示。

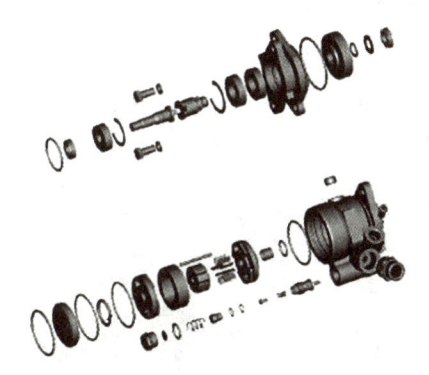

图 3-15 汽车助力泵装配分解图

3. 加工过程仿真

并行工程要求在产品设计阶段就要对产品的制造过程进行考虑,机械加工过程仿真在虚拟制造中也占有重要地位,它通过对机床、工件、刀具构成的工艺系统中的各种加工信息的有效预测与优化,为实际加工过程实现智能化提供了坚实的基础,同时也是研究加工过程的重要手段。

加工过程仿真包括几何仿真与物理仿真两方面的内容。

(1)几何仿真将刀具和工件看作刚体,不考虑切削力、刀具变形和工件变形等物理因素的影响,主要包括刀位轨迹验证,工件与机床、刀具的干涉校验等。

(2)物理仿真包括对各种物理因素的分析与预测,主要有以下 4 种形式:①预测刀具正常及非正常磨损,以及由于刀面磨损、切削振动及冲击力所引起的刀具断裂。②预测切屑的大小及形状。③预测机床或工件热变形对工件加工精度的影响。④切削振动及其影响。切削力及其导致的工艺系统弹性变形,切削力过大的危害。

几何仿真、物理仿真及其中各要素之间有密切的联系,如刀位轨迹与干涉,切削力直接影响到振动、工件表面质量、刀具磨损等。采用物理仿真与几何仿真相结合的方法,可以更加真实地表现整个加工过程,从而更精确地实现零件加工误差、表面形态仿真、零件的特性分析、参数的设置和优化,以及加工状态预测和分析。

数控加工技术不但能制造复杂的零件,而且能够保证足够的加工精度。数控加工技术广泛应用于航空航天、汽车、模具等许多重要工业领域的复杂高精度零件的机械加工中,如图 3-16~图 3-18 所示。为了提高数控加工的精度和可靠性,通常在进行正式的数控加工之前,利用计算机仿真技术对其动态的几何、力学行为进行研究,在此基础上对数控加工代码的正确性及切削性能进行综合评价,检验数控程序中存在的问题。例如,加工错误、碰撞和干涉、不适当的加工参数等。数控加工的切削过程仿真如图 3-19 所示。

图 3-16 飞机部件的几何仿真

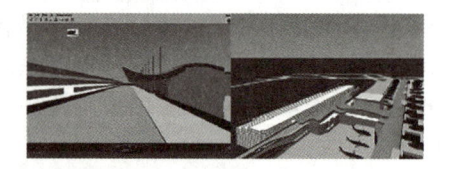

图 3-17 机场道路的几何仿真

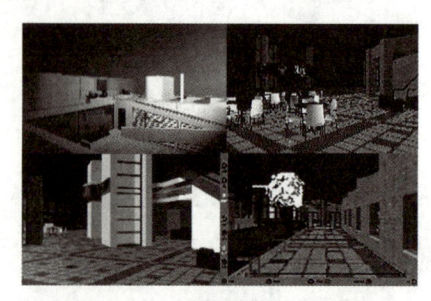

图 3-18 建筑业的几何仿真

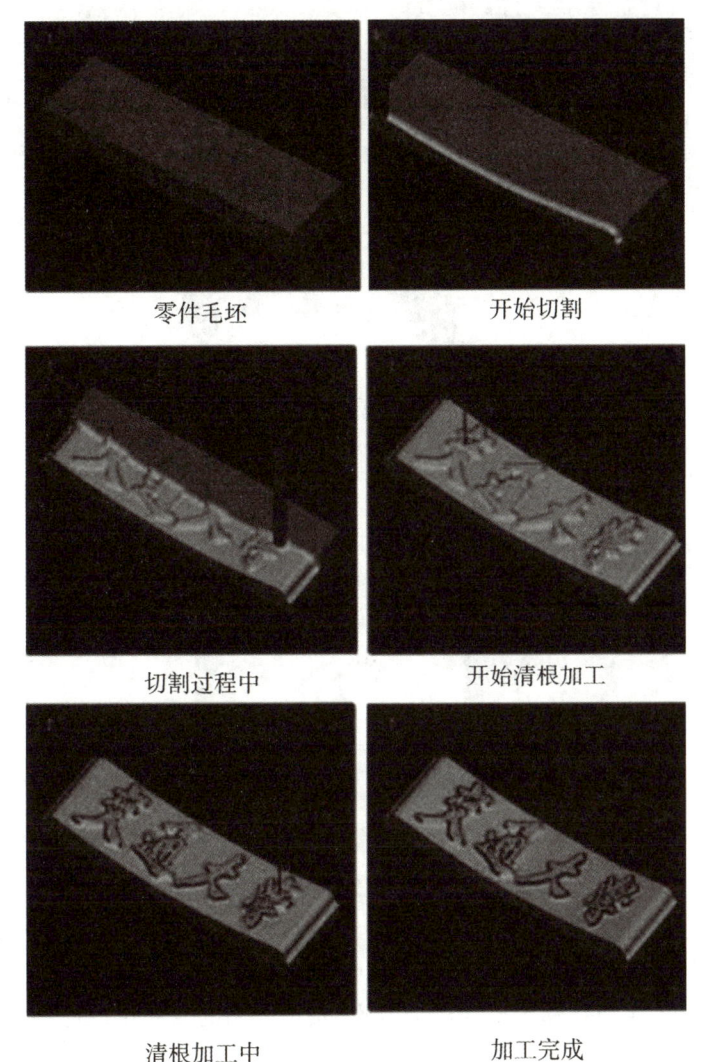

零件毛坯	开始切割
切割过程中	开始清根加工
清根加工中	加工完成

图 3-19　数控加工的切削过程仿真

4. 工作过程仿真

通过在计算机上建立仿真模型,模拟实际系统的运行状态及其随时间的变化过程。通过对仿真试验过程的观察和判断,得到被仿真系统的仿真输出参数和基本特性,由此来估计和推断实际系统的真实参数和真实性能。

例如,车辆的起步换挡与离合器的控制密切相关,由于离合器的工作过程比较复杂,并且其操纵特性受车辆自身和环境条件的影响,因此在实行自动控制时必须首先研究离合器的接合规律。利用计算机仿真,可以帮助开发人员寻求离合器的最佳接合规律。例如,飞机起落架工作过程仿真如图 3-20 所示。

图 3-20 飞机起落架工作过程仿真

通过专业图形工作站、高档计算机和三维 CAD/CAM/CAE 软件（UG、I-deas、CAXA Solid、Solid edge 等），可进行工业产品的机构运动分析，实现产品的数字化设计和仿真。机构结构的运动仿真如图 3-21 所示。

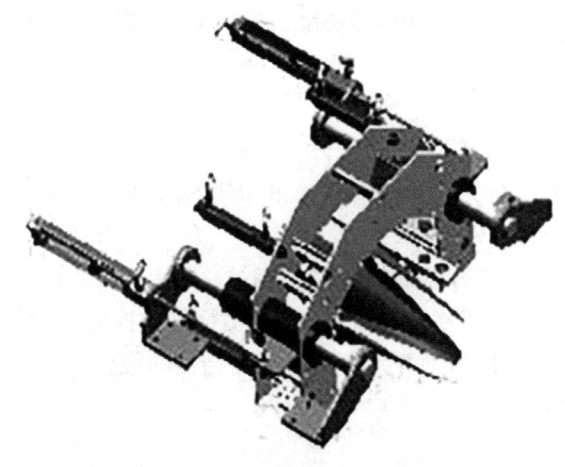

图 3-21 机构结构的运动仿真

第三节 有限元分析基础

一、有限元法概述

有限元分析技术是最重要的工程分析技术之一。它广泛应用于弹塑性力学、断裂力学、流体力学、热传导等领域。有限元法是20世纪60年代以来发展起来的新的数值计算方法，是计算机时代的产物。虽然有限元的概念早在20世纪40年代就有人提出，但由于当时计算机尚未出现，它并未受到人们的重视。随着计算机技术的发展，有限元法在各个工程领域中不断得到广泛应用，现已遍及宇航、核研究、机电、化工、建筑、海洋等工业，是机械产品动、静、热特性分析的重要手段。早在20世纪70年代初期就有人给出结论：有限元法在产品结构设计中的应用，使机电产品设计产生革命性的变化，理论设计代替了经验类比设计。目前，有限元法仍在不断发展，理论上不断完善，各种有限元分析程序包的功能越来越强大，使用越来越方便。有限元法的基本思想是将结构离散化，用有限个容易分析的单元来表示复杂的对象，单元之间通过有限个节点相互连接，然后根据变形协调条件综合求解。由于单元的数目和节点的数目是有限的，所以称为有限元法。这种方法灵活性很大，只要改变单元的数目，就可以使解的精确度改变，得到与真实情况无限接近的解。有限元法的基本理论要用到数学、力学方面的各种知识。对于一个应用工程师来说，他的目的是应用有限元法去求解各种工程问题，目前市场上各种功能强大的有限元程序包很多，这些程序包使用方便，也不需要对有限元法进行很深入的了解，即可应用这些程序求解工程问题。因此，对于一般的工程技术人员来说，只需要花很少的时间了解一些有限元的基本知识即可，不需要对它的理论背景做更深入的研究。有限元法工作流程如图3-22所示。

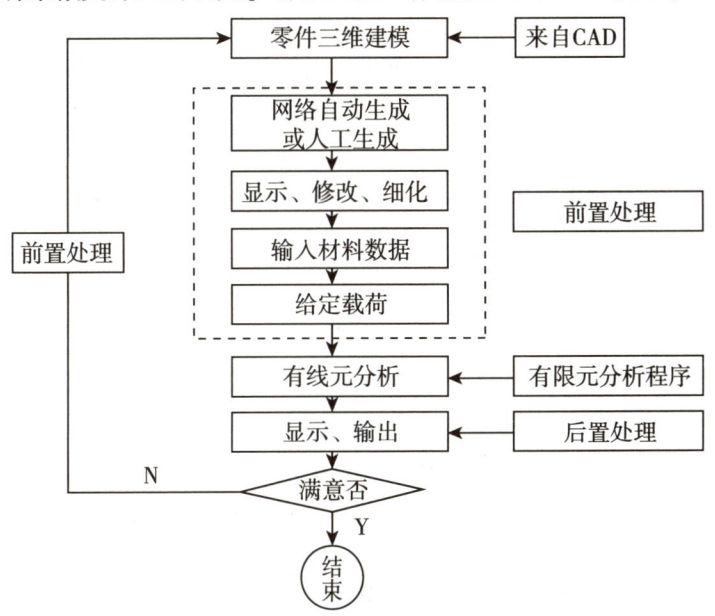

图 3-22 有限元法工作流程

二、有限元法的计算步骤

在采用有限元法(线弹性)对结构进行分析计算时,通常采用如下步骤。

1. 结构离散化

结构离散化是把实际结构划分为有限个单元的集合体,相邻单元之间只在节点处互相连接在一起,传递力和位移,使力学模型变成离散模型。依据结构本身形状和受力情况的不同采用的单元类型也不同。常用的有杆单元、梁单元、板壳单元、体单元等。单元划分的疏密主要依据精度要求和计算机容量及其计算费用来确定。通常在应力集中的部位及应力变化比较剧烈的地方,单元宜划分得密一些,单元的大小要逐步过渡。

2. 单元分析

所谓单元分析,就是建立各个单元的节点位移和节点力之间的关系式,即导出单元刚度矩阵。单元分析具体有以下步骤。

(1)构造单元位移模式。描述单元中各点位移变化规律的函数称为位移模式或位移函数。一般弹性体受力变形后的内部各点位移变化情况是很复杂的,但是,在小单元的区域内,可以假设位移用坐标的某种简单函数来近似。为了数学运算的方便,通常采用多项式形式。

(2)导出用节点位移表示的单元应变和单元应力表达式。

3. 整体分析

整体分析是将原结构作为由有限个单元组成的离散结构来分析,即将各单元的节点力向量和节点位移向量叠加到整个连续体上。因为各个单元之间仅在节点处连接,单元之间的力通过节点传递。根据变形协调条件,某节点的位移对于共有该节点的相邻单元来说是相同的,结构的节点平衡条件是外界作用在各个节点上的力和力矩等于各个单元在这些节点上的力和力矩之和。节点上的外载和不作用于节点的外载经移置到节点上的等效节点载荷。由于叠加过程中,内部节点上的力和力矩互相抵消,只剩下边界节点上的外载荷,所以为已知量;整个连续体总刚度矩阵是将各单元的刚度矩阵由元素叠加组集而成。为了用总刚度矩阵方程求得节点位移的唯一解,必须引入边界条件,即已知的节点位移,并列出相应的修改方程组。这样就可以求出节点位移向量中的所有未知量。根据总刚度矩阵就可以求得单元应变和应力及节点应力。

三、有限元分析的优化设计

(一)有限元分析的优化设计过程

建立优化设计的数学模型以后,对于简单的问题可用古典的极值理论求得数学方程的极值点。而一般的工程结构都是非常复杂的,很难求出方程的理论解,甚至无法列出数学方程。这就需要有限元分析来提供结构优化中必不可少的信息,比如结构在外载荷下的力学响应量及其对设计变量的导数等。因此,目前很多有限元分析软件,比如 ANSYS、Nastran 等,都提供了优化设计的功能。一个典型的有限元分析优化过程通常需要经过以下的步骤来完成。

(1)参数化建模。利用有限元软件的参数化建模功能把将要参与优化的数据(设计变量)定义为模型参数,为以后软件修正模型提供可能。

(2)求解。对结构的参数化模型进行加载与求解。

(3)后处理。把状态变量(约束条件)和目标函数(优化目标)提取出来供优化处理器进行优化参数评价。

(4)优化参数评价。优化处理器根据本次循环提供的优化参数(设计变量、状态变量及目标函数)与上次循环提供的优化参数做比较之后,根据收敛准则确定该次循环目标函数是否达到了最小,或者说结构是否达到了最优,如果最优,完成迭代,退出优化循环过程,否则,进行下一步。

(5)根据已完成的优化循环和当前优化变量的状态修正设计变量,重新进入循环计算。

(二)有限元分析的优化方法

优化作为一种数学方法,通常是利用对解析函数求极值的方法来达到寻求最优值的目的。而基于数值分析技术的有限元方法,显然不可能对优化的目标得到一个解析函数,有限元分析计算所求得的结果只是一个数值。然而,样条插值技术又使有限元分析中的优化成为可能,多个数值可以利用插值技术形成一条连续的可用函数表达的曲线或曲面,如此便回到了数学意义上的极值优化技术上来。样条插值方法是种近似方法,通常不可能得到目标函数的准确曲面,但利用上次计算的结果再次插值得到一个新的曲面,相邻两次得到的曲面距离会越来越近,当它们的距离小到一定程度时,可以认为此时的曲面(线)可以代表目标曲面(线)。那么,该曲面(线)的最小值,便可以认为是目标函数的最优值。ANSYS软件提供了两种主要的优化设计方法:零阶方法(子问题逼近法)和一阶方法。

1.零阶方法

零阶方法之所以称为零阶方法是由于它只用到因变量(目标函数和状态变量)而不需要用到它的偏导数。在零阶方法中,首先,用曲线拟合来建立目标函数和设计变量之间的关系。这是通过用先前实验的几个数据点计算目标函数,然后求得各数据点间最小平方实现的,得到的曲线称为逼近函数。每次优化循环生成一个新的数据点,目标函数就完成一次更新。对状态变量也做同样的处理。实际上,是上述得到的逼近函数按随后的步骤来求解最小值,而并非目标函数和状态变量。其次,通过惩罚函数法(又称序列无约束极小化方法,Sequential Unconstrained Minimization Technique,SUMT)求得逼近函数的最小值。惩罚函数法通过对目标逼近函数加罚函数的方法计入所加约束而将约束的优化问题转换为非约束问题。在每次循环中,仅在生成新的数据点时需要进行有限元分析,即一次优化迭代对应一次完整的有限元分析循环。在每次循环结束时都要进行收敛检查。当满足下列条件之一时,问题就是收敛的。

(1)目标函数值由最佳合理设计到当前设计的变化应小于目标函数允差。
(2)最后两个设计之间的差值应小于目标函数允差。
(3)从当前设计到最佳合理设计,所有设计变量的变化值应小于各自的允差。
(4)最后两个设计变量的变化值应小于各自的允差。

其中,最佳合理设计是指前面设计序列中满足所有给定的约束条件(设计变量的约束和状态变量的约束)的设计中目标函数值最小的设计序列。

零阶方法是通用的方法,可以有效地处理绝大多数的工程问题,在 ANSYS 的优化设计模块中是最基本和常用的方法。

2.一阶方法

一阶方法则要使用因变量对设计变量的偏导数。在每次迭代中,梯度计算(用最大斜度法或共轭方向法)确定搜索方向,并用一维搜索法(快速下降法)对无约束问题进行最小化。一阶方法没有对设计点进行逼近,而是通过惩罚函数法,直接对有限元分析得到的目标函数添加罚函数将约束问题转换为无约束问题。也就是说,一阶方法将真实的有限元分析结果最小化,而不是对逼近数值进行操作。因此,每次构造新的无约束惩罚函数迭代都由一系列的一维搜索子迭代(其中包括搜索方向和梯度计算)组成。这就使得一次优化迭代有多次有限元分析循环。与零阶方法相比,一阶方法计算量大且结果精确。但是,一阶方法更容易获得局部最小值,精确度高并不能保证最佳求解。

一阶方法迭代循环中,当设计序列满足下面任意一种情况时,问题就称为收敛。

(1)目标函数值由最佳合理设计到当前设计的变化应小于目标函数允差。

(2)从当前设计到前面设计目标函数的变化值应小于允差。

四、有限元分析应用实例

1. ANSYS软件在汽车方面的应用实例

汽车网格分析如图3-23所示。

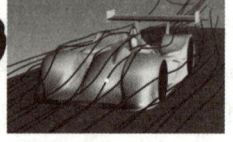

图3-23　汽车网格分析

2. ANSYS软件在物理方面的应用实例

ANSYS具备先进的静电结构耦合功能,从而可直接耦合计算电场力结构变形。同时,结构变形尤其是大变形后会引起电场计算模型的尺度变化,ANSYS的网格随移和重划功能为这种耦合计算的精确性提供了技术上的保障。流动控制装置的流固耦合如图3-24所示,汽车散热器的流体-热-结构耦合如图3-25所示。

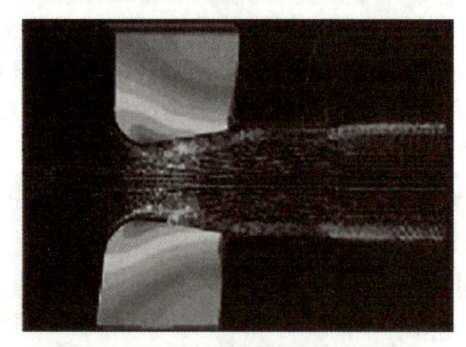

图3-24　流动控制装置的流固耦合 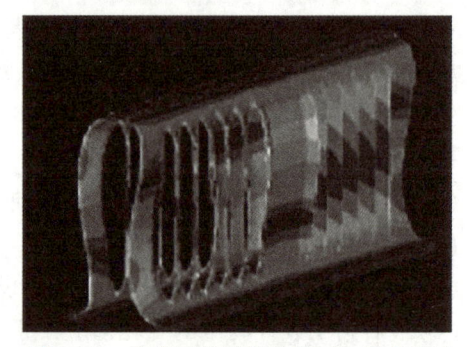　　图3-25　汽车散热器的流体-热-结构耦合

用电磁方法进行含杂质金属冶炼、分解、搅拌等过程中,大电流的具体分布、周围感应场的分析、能源损耗等需要进行电流传导和焦耳热生成的计算分析。冶炼中电流沿液流的分布如图3-26所示。

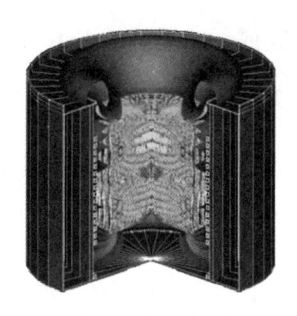

图 3-26 冶炼中电流沿液流的分布

ANSYS 提供类似 SPICE 模式的电路建模方式,模拟包括电阻、电容、电感、独立源、受控源在内的线性电路和包含二极管、齐纳二极管在内的非线性电路。ANSYS 自带的电路创建工具可以通过图形化的电路示意图,协助用户方便地建立电路分析模型,直接对有限元场分析区域施加电压、电流等激励载荷,真正实现电路和有限元区电磁场分析的耦合。三相交流感应电磁场耦合分析如图 3-27 所示。

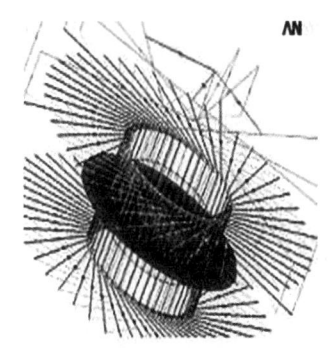

图 3-27 三相交流感应电磁场耦合分析

ANSYS 基于有限元方法的高频电磁求解技术具有如下的功能特性:①全波求解电磁波的传播、辐射、散射、谐振。②采用高精度的切向边界单元。③一阶和二阶单元。④完善的波导结构形式和激励模式。⑤可以处理各种复杂边界条件。⑥灵活多样的激励模式。⑦能够处理各种复杂材料。⑧独具特色的快速扫频计算。⑨并行计算。

ANSYS 矩量法和混合方法高频电磁分析模块 FEKO 的应用领域如下。

(1)天线设计。基于其独特的高频算法,FEKO 广泛应用于包括线天线、面天线、喇叭天线、反射面天线、相控阵天线、微带天线等各种天线结构的设计中,计算和优化各种天线的性能参数。

(2)天线布局。飞机、舰船、车辆等载体上的天线在工作状态下其输入阻抗、方向图等会受到载体的影响,载体的电尺寸通常都比较大,FEKO 独特的 MM/PO/UTD 混合方法对这样的大尺寸问题非常适用,能有效地优化载体上天线及天线系统的布局方案,类似的影响还包括地面、水面、天线附近的大型目标等。

(3)雷达散射截面(RCS)计算。对于大型目标、地面目标等的 RCS 雷达散射截面(目标识别)计算也通常是大尺寸问题,同样,FEKO 的混合高频算法对这类问题也有较好的计算效果。

EMC/EMI 分析的涵盖范围非常广泛,FEKO 适用于系统级的高频 EMC/EMI 计算,像前面提到的天线布局分析实际上就可以完成天线系统的 EMC 计算。

ANSYS Software：PCB Mod 功能为可导入多种 PCB 布线 CAD 软件模型；时域和频域中 EMC、EMI 和 SI 分析；精确考虑趋肤效应和介质损耗；IBIS 和 SPICE 模型器件库；电流密度和电压分布的可视化；辐射特性分析；友好易用的用户界面。采用 PCB Mod 模块中的"局部单元等效电路法"（PEEC）可解决 PCB 电源设计中的如下问题：多层设计、退耦问题、电源层分割及提供连接器定位等。

ANSYS-ICEM-CFD——世界顶级 CAE/CFD 前后处理器，在汽车方面的应用如图 3-28 所示。

一劳永逸：ICEM安装后，用户可在CAD系统中进行网络划分设置，并存储在CAD的原始数据库中。即使网格划分完毕，几何模型再进行修改，仍不会丢失网格信息，只需在ICEM中执行"Replay"命令即可得到修改后模型的网格。

抽取中面：根据板壳实体几何模型自动抽取中面几何模型，存储每个厚度信息并传递给网络模型。

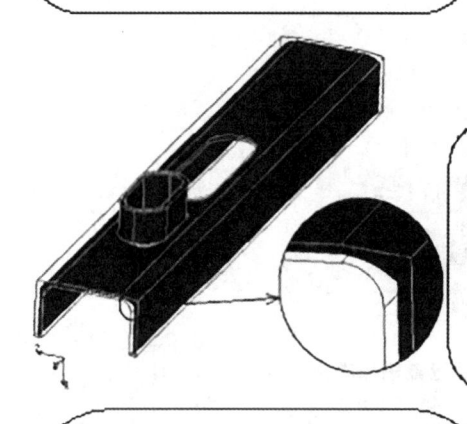

几何修复：自动诊断并以颜色显示几何拓扑关系，自动清除重合对象，提供大量几何简化和修复工具处理曲线、孔、曲面、装配面、缝隙等局部细小特征和"污点"，确保修复后的模型生成高质量的网格。

网格雕塑：任意复杂的几合体总可以在区域上划分为多个长方体（block）的组合。使用者只需对长方体划分网格，然后投射到复杂表面上。所有的网格形态在没划分之前就确定，而不像其他软件采用的"堆砌法"，网格在没"堆砌"完成之前无法确定网格形态。

雕塑师：在人体雕塑之前，先将人体的各大部分用简单的形态按照人体的比例关系及体态进行布局，然后再精雕细刻，以使得在雕塑完成之前对整体造型有正确把握。

快速生成四面体网络

图 3-28　ANSYS-ICEM-CFD 在汽车方面的应用

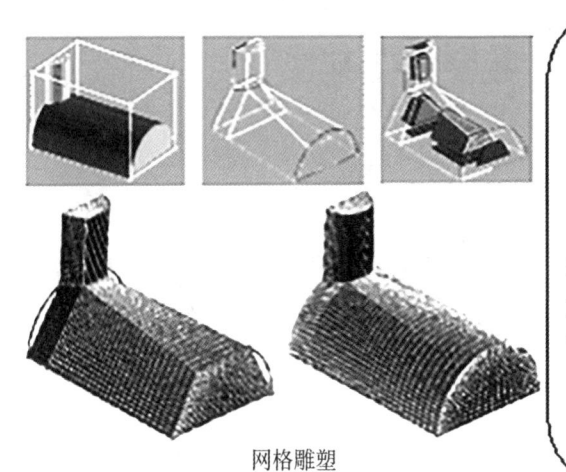

> 强大网格雕塑技术：ANSYS-ICEM-CFD堪称世界网格雕塑技术泰斗，不但提供强大网格部分能力，而且可缩写所有知名CAE/CFD/CEM软件网格模式。
>
> CAD分析对网格质量要求极高，世界主流CFD软件用户皆用ICEM作为网格剖分工具；用ICEM技术为协同仿真环境提供了强大的网格解决方案。

网格雕塑

续图 3-28　ANSYS-ICEM-CFD 在汽车方面的应用

ANSYS Software：CART3D——NASA 快速气动预研设计软件。

CART3D 的核心技术由 NASA-Ames 研究中心开发，包括几何输入、表面处理和相交、网格生成及流动模拟，完全集成 ANSYS-ICEM-CFD 仿真环境中，由 ANSYS 进行全球销售和技术支持。该软件采用最新的计算图形学、计算几何学和计算流体动力学技术，提供了自动和高效的几何处理和流体分析功能。

空间网格根据湿表面信息自动生成，生成难度对表面描述的复杂性不敏感，因此可以自动处理复杂问题的空间网格，不需要用户的干预。空间网格生成使用自适应细化笛卡儿网格来捕捉模型的细节，且可以随求解进程自适应改善。空间网格生成如图 3-29 所示。

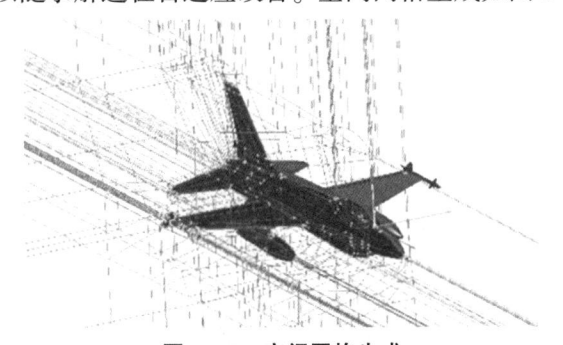

图 3-29　空间网格生成

Animator：大型通用有限元后处理软件。Animator 最初为有限元非线性动力计算软件如 LS-DYNA 的后处理而设计。基于多年在汽车工业领域的从业经验，早期的版本已得到极大改进，并成功应用于大众、奥迪和奔驰等多家大型汽车制造厂商。Animator 得到了 GNS 公司的大力支持，重新用 C 改写了代码，应用了 OpenGL 和 MOTIF。自从 1996 年推出市场以来，Animator 赢得了广泛的赞誉。现在它已被广泛应用于众多工程领域中。Animator 有如下基本特征：①能非常优秀地处理大有限元模型。②使用很少的内存，提供很高的动画显示速度。③可以用各种方式来动画演示模型。④提供了 3D 立体真实感显示功能。

第四节 数字化工艺

一、背景

产品从设计变为现实的过程是通过加工来实现的,而工艺是加工制造技术的关键,也制约着设计的可行性,因此,可将工艺称之为设计和制造之间的桥梁和纽带。为适应市场经济发展的需求,将设计、工艺和管理结合起来,是当前制造技术的发展方向,而先进的工艺管理技术则是企业提高产品质量,降本增效的有力保障。

二、工艺管理概述

工艺管理是技术管理的构成部分,是技术管理的核心,它反映了企业的生产方针,是实现产量高、质量优、耗能低、效益高的重要保证,可用来权衡企业管理水平的高低。

1. 工艺管理内涵

工艺管理的基础任务,是在相应的生产环境下,运用先进管理科学理论,对各类工艺工作进行计划、组织和控制,使之以特定的原则、步骤和方式高效有序地开展。它参与到产品制造的全流程(产品全生命周期)当中,是制造企业最主要、最根本的一项工作。

工艺管理的主要内容:制订工艺实施方案、工艺试验探索与开发、产品生产的工艺准备、加工车间工艺管理、工艺纪律管理、工艺知识管理、编制各种工艺管理制度、售后工艺服务等。

工艺管理系统属于信息流的一种,起到对工艺工作进行全面的技术管理和控制的作用,使工艺活动以原定的路线、流程、规程等技术要求进行,达到产品制造的 TQCSE 要求。

2. 传统工艺管理

传统工艺管理,已经制约着企业的现代化发展,其主要存在以下问题。

(1)在企业的工艺管理上,工艺工作无法与生产管理等其他部门进行信息集成。

(2)产品更新换代快,品种繁多,寿命周期短,造成产品的工艺工作量极多,传统的工艺管理方式效率和质量都不高。

(3)CAPP、Pro/E 等"孤岛"式的计算机辅助技术,无法达到全生命周期工艺管理系统信息集成化的需求。

(4)传统工艺管理无法实现信息在企业间、地域间、国与国之间进行集成。

3. 数字化工艺管理系统

为了适应企业现代化发展需求,工艺管理数字化系统应运而生,它在工艺标准化的基础上,面向产品全生命周期。其数字化、计算机化的对象是工艺的设计、计划、组织、控制和激励等,可减少产品工艺的准备时间,优化工艺设计与管理,提高生产效率,降低加工成本,提升产品的质量。数字化工艺管理系统主要功能如表 3-1 所示。

表 3-1　工艺管理数字化系统主要功能

功能	内容	备注
设计	工艺与工装的设计与管理等	
计划	制订生产前的技术方案和工艺技术发展规划、工艺人员培训计划等	
组织	制定工艺路线、分解工序;工艺管理体制的建立和运行;工艺责任制的建立和运行等	
控制	制定工艺标准、查验督导、反馈信息、分析研究、制定措施、实施改进等	
激励	工艺纪律管理、实施和反馈等	

每种产品从市场分析、设计定型到制定工艺、工装及生产加工到售后保障的过程中,都离不开工艺设计与管理方面的工作,可将它归纳成:工艺基础规划研究、产品生产技术准备、制造过程管理与控制和售后工艺服务 4 个阶段,而各阶段也可划分出多个相关的工作内容。工艺数字化系统体系结构如图 3-30 所示。

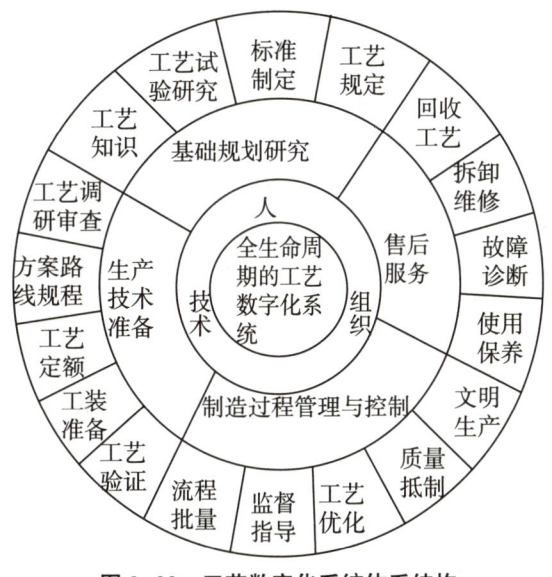

图 3-30　工艺数字化系统体系结构

三、数字化工艺管理技术应用分析

1.工艺流程分析

产品从输入到产出的全生命周期的工艺流程如图 3-31 所示。

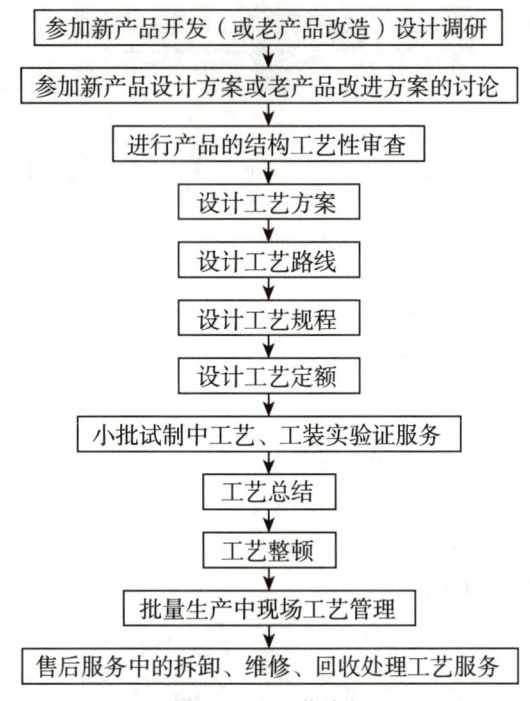

```
参加新产品开发（或老产品改造）设计调研
            ↓
参加新产品设计方案或老产品改进方案的讨论
            ↓
       进行产品的结构工艺性审查
            ↓
          设计工艺方案
            ↓
          设计工艺路线
            ↓
          设计工艺规程
            ↓
          设计工艺定额
            ↓
    小批试制中工艺、工装实验证服务
            ↓
           工艺总结
            ↓
           工艺整顿
            ↓
       批量生产中现场工艺管理
            ↓
  售后服务中的拆卸、维修、回收处理工艺服务
```

图 3-31　工艺流程

2. 系统模型建立及功能分析

（1）系统模块设计。对上述工艺流程进行分析，建立数字化系统模型，将系统划分为6个模块，包括产品设计阶段的工艺管理、工艺设计与管理、工装设计与管理、工艺定额制定与管理、现场工艺管理和售后工艺服务与管理。

（2）系统模块功能。工艺数字化系统功能如图3-32所示。

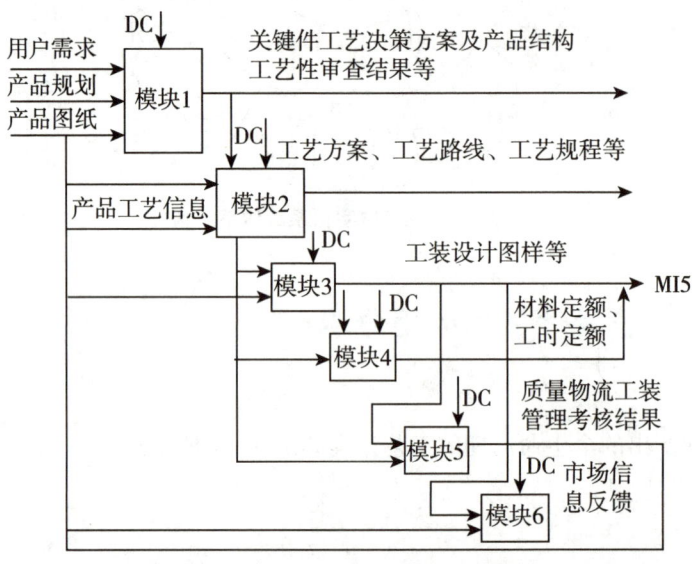

模块1——产品设计阶段工艺管理；模块2——工艺设计与管理；模块3——工艺装备设计与管理；模块4——工艺定额制定与管理；模块5——现场工艺管理；模块6——售后工艺服务；DC——控制指令

图 3-32　工艺数字化系统功能

在计算机系统和工艺技术管理团队的指挥下,图 3-32 中各模块的具体功能如表 3-2 所示。

表 3-2　各模块的具体功能

模块	功能
1	以输入的信息,对产品结构进行工艺性审查。分析其方案是否合理,产品结构是否优化,标准化与系列化高低程度,产品重要零件是否利于加工及装配,调整和维修是否简便,主要材料选用是否合理。此外,还要审查产品各部件进行平行装配和检查的可行性,总装配的可行性,工艺关键件自制的能力,特殊零件外协生产的可行性。产品及零部件维修、拆卸、回收及处理的合理性。最后得到关键件决策方案和结构工艺性审查结果
2	根据产品图纸、工艺信息,以及上一级模块的审查结果进行工艺方案、路线等设计。运用评价指标体系对工艺方案、工艺路线的多个备选方案分别进行评价,评选出最合适方案并输出
3	以工装设计任务书,开展整体方案设计、技术设计、工作图设计。制订多个设计方案,用评价指标对其论证与评价,得出最优方案
4	根据已确定的工艺路线及加工方式。计算每道工序的时间定额、每个工件的时间定额及包括装配时间在内的每个产品的时间定额,以及在批量生产中,每批产品所需的时间定额等,直至整个产品所需的所有材料的定额
5	根据工艺文件及工艺定额等,在工艺纪律的监督下对现场质量、车间布局和物流进行管理。每部分都能使用评价指标来评价与优化
6	产品售出后,使用或维修过程中与工艺有关(如故障诊断、拆卸、维修、回收及处理)的服务信息管理,将市场信息逐级反馈给相关部门,便于新产品优化改进

另外模块 2、模块 3、模块 4 中还包括产品工艺方案、工艺规程、工艺标准及工艺规章、工艺装备和工艺定额的验证。将验证过程中采集到的信息逐级反馈给有关部门,其根据反馈信息进行修改、完善。通过以上系统的综合作用,最终输出各种规范的工艺文件及工艺管理文件等。

思考题

1. 什么是数字化的概念?
2. 数字计算机仿真方法(数字仿真方法)都有哪些?
3. 有限元分析的优化方法有几种?请作简要说明。

第四章
工业互联网技术与应用

学思课堂

工业互联网技术与应用已成为便捷人们生活的重要基础建设。作为行业领域的应用类课程，汽车智能制造技术在课程教学过程中，可以通过解读行业的发展历史、领军人物、社会热点、知名企业等，让学生更深入、更全面地了解专业，从而使其具有更开阔的眼界和更宽广的胸怀，从而增加学生对专业的认同感，培养学生的家国情怀，激发学生投身行业的热情，力图把我国建设成通信强国。

情境导入

物联网是各类传感器的高度集成，强调物与物的连接。那是否有能实现人、机、物全面互联的技术呢？

工业互联网平台其实是工业云平台的延伸发展，是在传统云平台的基础上融合物联网、人工智能、大数据等新一代信息技术，建设包括存储、集成、访问分析和管理功能的使能平台，构建更精准、实时高效的数据采集体系，以工业App的形式为制造企业提供各类创新应用，打造全面互联的制造业新生态。

工业互联网的概念最早是在2012年由通用电气提出，倡导将人、数据和机器连接起来，形成开放而全球化的工业网络，其内涵已经超越制造过程及制造业本身，跨越产品生命周期的整个价值链。工业互联网更加注重软件、网络和大数据，目标是促进物理系统和数字系统的融合，实现通信、控制和计算的融合，营造一个信息物理系统的环境。

工业互联网是面向制造业的数字化、网络化、智能化转型的需求，构建海量数据采集、汇聚、分析的一套体系，支撑制造资源的泛在连接、弹性供给和高效配置。

工业互联网平台作为一个工业云平台，其本质特征是实现上云。从传统工业云到工业互联网，其间经历了5个阶段。

> 第一个阶段是研发工具上云。企业上云的目的是降低购买研发软件的成本。
>
> 第二个阶段是核心业务系统上云。企业核心业务系统主要包括供应链管理、客户关系管理、企业资源管理等。实现核心业务系统上云一方面是为了降低成本;另一方面是实现企业内部数据和实现互联、互通、互操作,以实现数据的横向集成、纵向集成和端到端集成。
>
> 第三个阶段是实现能力上云。当企业产品、设备数据实现上云以后,企业的制造能力、研发能力、物流能力、配送能力、检测能力就可以作为产品来交易,这就进入到能力上云阶段。
>
> 第四个阶段是构建工业知识的创造、分发、复用和传播体系。当研发工具、核心业务系统、设备数据实现上云后,就会构建一个工业知识的创造、分发、复用、传播的体系,形成很多新工业知识,包括工业App、工业PaaS平台的服务等。
>
> 第五个阶段就是产业的生态构建。

第一节 工业互联网概述

工业互联网是实现传统产业数字化转型的重要途径,目前已受到业界的高度重视。工业互联网涉及的领域很广,它的体系结构和关键技术也在不断演变和发展,目前存在着概念范畴模糊、体系结构不完善、关键技术不明确的问题。

中国工程院院士陈学东在"2022中国实体经济论坛"上表示,未来15年是中国从制造大国变成制造强国的关键时期,要加快发展制造业数字化、网络化、智能化转型。智能制造技术对加快制造业数字化、网络化、智能化推进,促进制造业高质量发展具有重要意义,有利于制造业质量变革、效率变革、动力变革。对于未来智能制造的发展,陈学东建议,创新体制机制,营造良好的宏观政策环境,做好顶层设计。针对"卡脖子"问题,由国家来主导主办突破工程保证供应链自主化;针对基础不足的短板问题,由政府和市场相结合的办法来夯实工业基础。重视智能制造相关产业的发展,强化突出工业5G,统筹实施智能制造工程。

一、工业互联网的提出

"工业互联网"一词是由西方学者提出的,他们认为"工业"这个词,它的英文意思应该是covery machine,简称claim,意思是去工厂工作。现在全球都在谈智能制造,但并不是把它当成一个新名词来讲。简单来说,它主要涉及一个网络技术或者说是信息技术和制造业相结合的过程。我们可以把这个定义理解为在网络技术上再往前走一步、往前一步、发展一步。

二、工业互联网是企业实现智能化转型的"助推器"

企业数字化、智能化是提升企业管理水平的重要抓手。一是实现从低层次向高层次、向管理要效益、向价值创造要效率推进。向管理要效益已成为全球企业发展中普遍面临的问题。

二是实现向创新驱动发展转变,大力推动企业技术改造是当前的迫切需要和重要任务之一。三是实现从规模优势向效益优势转变,这是推动经济高质量发展最直接、最有效的方式。四是实现从单点突破向区域协调、从局部优势向整体优势转变,这是推动传统产业升级版的重要抓手。五是实现从数量驱动向质量型转变,从"中国制造"到"中国创造"转变,也是推动新一轮高质量发展的重要途径。六是实现由资源驱动向环境驱动转变,这是推动经济高质量发展的重要路径。

三、中国推进工业互联网建设的原因

当前,我国处于新旧动能转换的关键时期,随着5G、云计算、大数据、人工智能等新一代信息技术与实体经济加速融合,全球新一轮科技革命与产业革命正蓬勃兴起,全新的生产方式、组织方式和商业模式不断涌现。各国政府、企业、科研机构纷纷提出各种战略理念和发展目标,加速推动工业的变革。作为新型基础设施,工业互联网将推动形成全新的工业生产制造和服务体系。中国工业互联网研究院发布《中国工业互联网产业经济发展白皮书(2022年)》,详述了工业互联网推动各产业融合升级的同时,也说明了工业互联网已成为国民经济增长的新动能。

1.工业互联网带动第一产业发展情况

农、林、牧、渔业是国民经济的命脉,发展现代农业是我国现代化建设的重要组成部分。《"十四五"推进农业农村现代化规划》中提出,要强化农业科技和装备支撑,推进农业全产业链开发。将数字新技术引入农业生产全过程,能够持续推进农业投入品精准高效利用,促进农业降本增效、节约增收。如图4-1所示为工业互联网带动农、林、牧、渔业发展情况,据测算,2021年工业互联网带动第一产业的增加值规模为598.57亿元,名义增速为6.61%,2022年增加值规模达到650.73亿元。在带动就业方面,2021年工业互联网带动第一产业就业83.72万人,新增就业人数1.11万人,近年来,工业互联网显著带动了农业领域的发展,但渗透程度依然落后于工业和服务业。

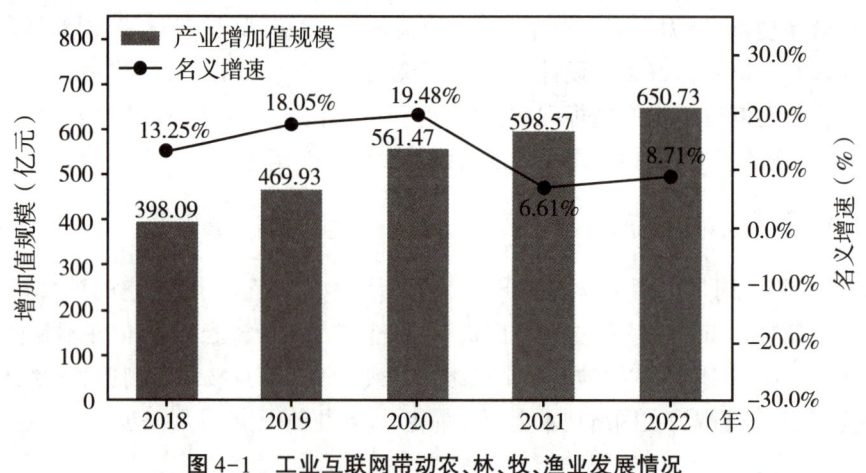

图4-1 工业互联网带动农、林、牧、渔业发展情况

工业互联网赋能农业数字化转型主要体现在,一是工业互联网助力实现全周期监测的动态空间信息系统。工业互联网将遥感、地理信息系统、全球定位系统、计算机技术、通信和网络

技术、自动化技术等高新技术与地理学、农学、植物生理学、土壤学等基础学科有机地结合起来,从而实现在农业生产过程中对农作物、土壤从宏观到微观的实时监测,以实现对农作物发育状况、生长环境进行定期信息获取,生成动态空间信息系统。二是工业互联网可实现仿真模拟、远程维护,降低生产成本。工业互联网通过使用物联网技术,实现远程控制大棚农作物生长环境的温度、湿度及光照等因素,使农作物的种植更加便捷;同时对农业生产中的现象、过程进行模拟,提升农业资源的利用效率,降低生产成本,提高农产品质量,改善生态环境。三是工业互联网助力实现农产品质量安全溯源。工业互联网能够协助农监中心对农产品抽样检测,并生成准出报告二维码,为农产品质量安全的溯源提供依据。

2. 工业互联网带动第二产业发展情况

第二产业主要包括制造业、采矿业、电力、热力燃气及水生产、供应业和建筑业。工业互联网流淌在工业的基因之上,在第二产业中渗透程度较深,其中,工业互联网对制造业的带动尤为显著。

在制造业,工业互联网是制造业数字化转型的关键支撑,是工业企业通过数字技术助力决策、提质增效的重要抓手,基于工业互联网平台、数据驱动的智能制造、协同制造、虚拟制造等正在成为制造业转型升级的重要路径。如图4-2所示为工业互联网带动制造业、采矿业发展情况,据测算,2021年,工业互联网带动制造业的增加值规模达到1.75万亿元,名义增速为17.78%;带动就业1 424.32万人,新增就业142.91万人。2022年,工业互联网带动制造业的增加值规模达到1.87万亿元,新增就业人数41.14万人。近年来,全球产业链正面临新一轮重构,大国博弈进一步聚焦智能制造,而工业互联网可以渗透至制造流程的各环节,实现高效率、低能耗并行的智能制造。在研发设计方面,虚拟仿真、人工智能等数字技术能显著降低研发成本、提高研发效率,加速科学研究进程与科技成果的工程化、产业化,加快新产品上市速度;在生产制造方面,依托物联网、大数据、工业互联网、人工智能等数字技术,可以实现对设备、生产线、车间乃至整个工厂全方位的无缝对接、智能管控,最大限度地优化工艺参数、提高生产线效率;在品控管理方面,人工智能技术的使用,可以提升质检效率和水平,有效提升良品率。

在采矿业,如图4-2(b)所示,据测算,2021年工业互联网带动采矿业的增加值规模为1 929.56亿元,名义增速达到5.30%,2022年,增加值规模为1 998.27亿元。在带动就业方面,2021年工业互联网带动采矿业就业人数为133.91万,比2020年减少1.46万人。由于工业互联网能够助力实现危险采矿场所的无人化操作,在此环节的就业岗位有所减少,因此相关就业人数呈现小幅降低态势。采矿业的发展对国民经济发展尤为重要,"5G+工业互联网"加速落地推动了采矿业的革新。通过5G技术对掘进机、挖煤机、液压支架等综采设备的实时远程操控,实现了对爆破全过程的高清监测与控制,改善采矿业一线工人的工作环境,大幅降低人工作业安全风险。同时,工业互联网在采矿业的应用范围和场景不断延展,如设备协同作业场景的应用,通过搭建5G网络,融合北斗高精度定位、车联网技术等实现了无人矿车的自动驾驶、集群调度实现降本增效、安全生产。工业互联网与采矿业的速度融合不断提高矿山行业安全生产水平,推进以降本增效为核心的产业升级,全面推动矿山行业数字化转型。

(a) 制造业

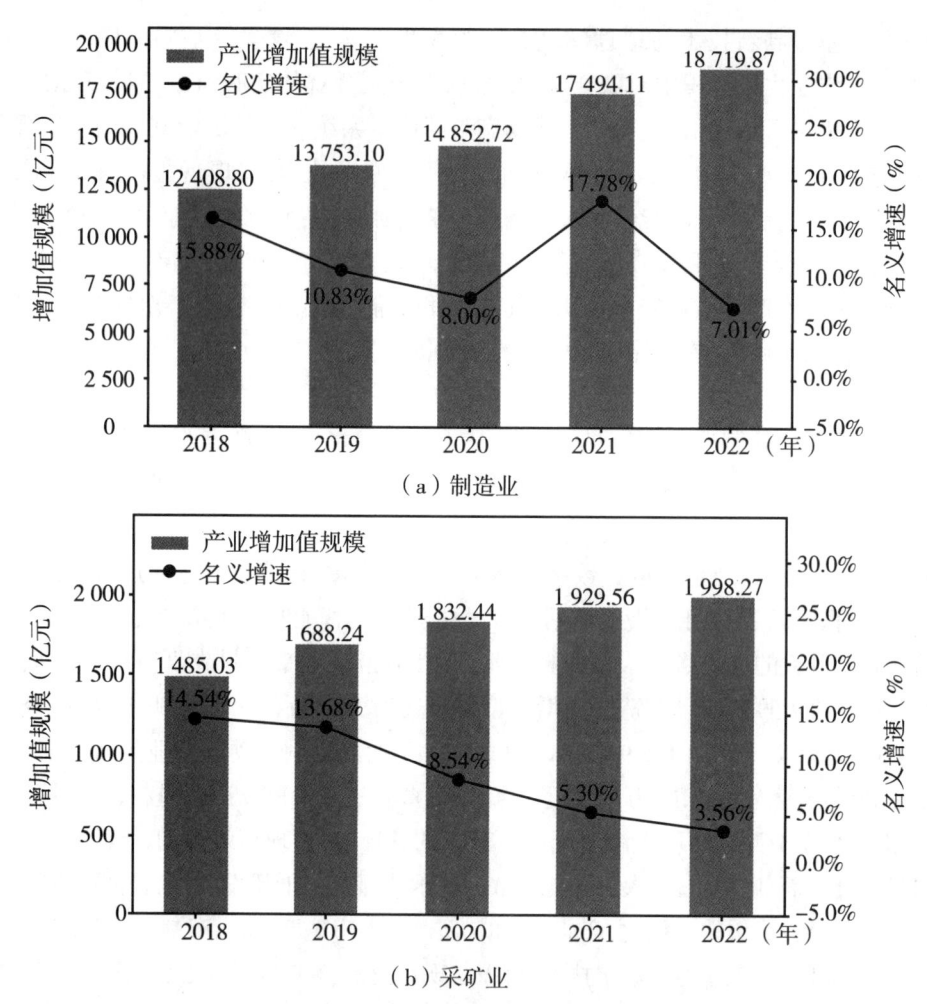

(b) 采矿业

图 4-2 工业互联网带动制造业、采矿业发展情况

工业互联网是增强我国制造业产业链韧性、推动价值链跃升的重要抓手。一方面,工业互联网推动制造业全产业链、全价值链的泛在深度互联,支撑构建起全面互联的新型制造体系,打破原有制造体系时间与空间的制约,能够实现跨层级、跨企业、跨行业、跨区域的协同发展新模式,优化创新主体协作模式,极大提高资源利用效率,带动全产业链生产效率提升;另一方面,基于工业互联网平台形成了以海量数据采集、汇聚、分析为核心的新型制造服务体系,催生智能化生产、预测性维护、质量管控、虚拟仿真等新型生产方式及规模化定制、服务化延伸等新型服务模式,发展平台经济、共享经济,推动产业链向微笑曲线两端延展,扩大产业链整体价值规模,不断向全球价值链高端环节跃升。

在电力、热力燃气及水生产和供应业,如图4-3(a)所示,据测算,2021年工业互联网带动电力、热力燃气及水生产和供应业的增加值规模为1 170.87亿元,名义增速达到11.40%,2022年增加值规模为1 248.54亿元。在带动就业方面,2021年工业互联网带动电力、热力燃气及水生产和供应业就业70.33万人,新增就业6.02万人。电力、热力等能源是国民经济的战略物质基础,更是国家安全的重要保障,工业互联网与可再生能源的深度融合有助于我国早日实现

"碳达峰、碳中和"的目标。工业互联网大力推动能源行业技术创新,通过建设数字化、智能化电网,加强源网荷储间的多元互动协调,助力电源结构清洁绿色转型,实现多元能源的有效互补和高效利用;同时,基于云计算、人工智能、大规模超算等基础,建设多源协同调度系统,优化电网运行模式,大幅度提升系统运行、预测精度,实现电力供需信息的实时匹配和智能化响应,实现电力行业的降本增效,可持续为社会发展提供更科技、更智慧、更坚实的能源保障。

在建筑业,如图 4-3(b) 所示,据测算,2021 年工业互联网带动建筑业的增加值规模为 35.97 亿元,名义增速达到 10.62%,2022 年增加值规模为 38.50 亿元。在带动就业方面,2021 年工业互联网带动建筑业就业 3.57 万人,新增就业 0.26 万人。工业互联网与建筑业的深度融合是建筑业供给侧结构性改革的重要内容,也是建筑业转型升级的重要手段。在产品设计方面,通过数字孪生技术,"图纸模型"能够细化到构件级的精细化手段,低成本实现高价值,促进交付建筑产品达到工业级品质;在产业管理方面,工业互联网能够贯穿建筑业全要素全产业链各环节,打通工程建设设计、采购、施工、使用和运维的全生命周期,高效整合供给端和需求端信息,系统地实现全产业链的资源优化配置,最大化提升生产效率,提高全行业整体效益水平。

(a) 电力、热力燃气及水生产和供应业

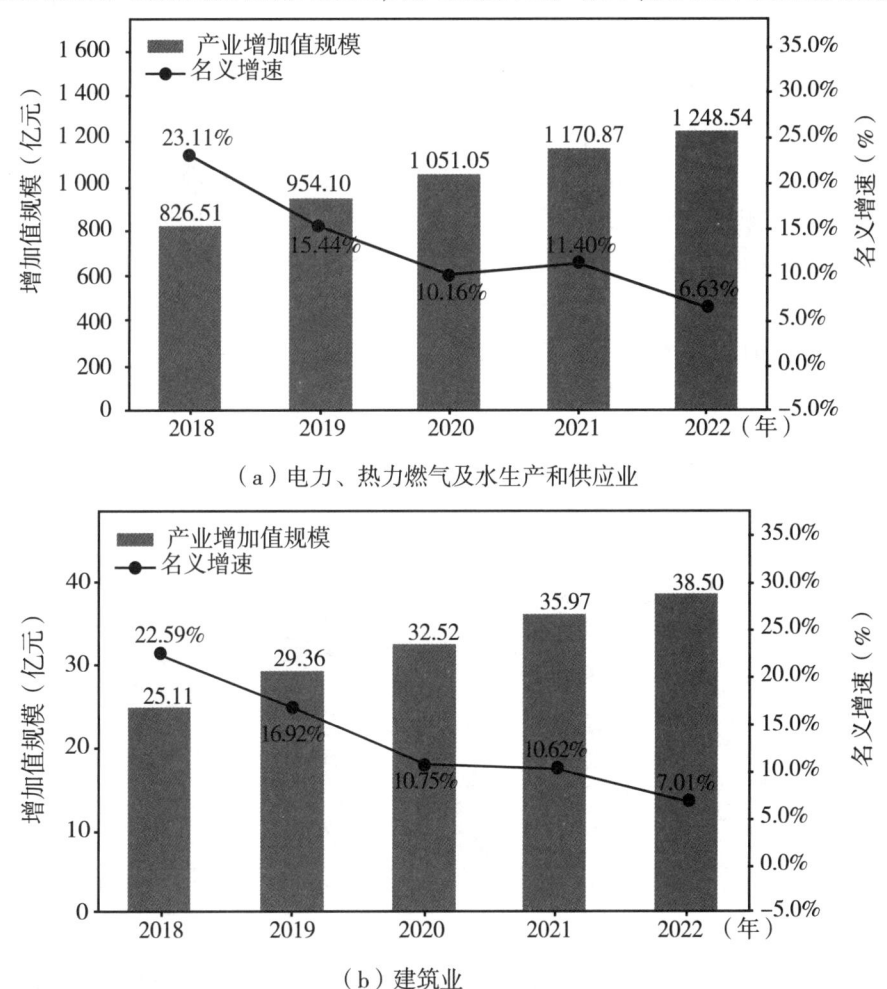

(b) 建筑业

图 4-3 工业互联网带动电力、热力燃气及水生产和供应业、建筑业发展情况

3. 工业互联网带动第三产业发展情况

工业互联网对第三产业的影响作用在持续增强。工业互联网和第三产业的深度融合，一方面拓展了第三产业的服务领域，助力经营方式和管理方式的革命性变革；另一方面能够提高企业管理的现代化水平，高效率高效益下为社会生产和生活消费衍生出更加优质、便捷的服务方式。

在批发和零售业，如图 4-4（a）所示，据测算，2021 年工业互联网带动批发和零售业的增加值规模为 2 992.80 亿元，名义增速为 14.99%，2022 年增加值规模为 3 222.63 亿元。在带动就业方面，2021 年工业互联网带动批发和零售业就业 209.12 万人，新增就业人数 16.54 万人。工业互联网的发展开启批发和零售业新时代。工业互联网推动实现传统零售门店的店铺智能化运营，包括智能变价、商品定位、人员定位和数据采集等。"新零售网购平台"在共享经济下的商业模式的创新，依靠供应、协作，通过互联网+物流，让各环节主体共同参与到平台建设，建立以消费者画像为基础的精准营销和全域营销，实现需求牵引生产的新零售模式。

在信息传输、软件和信息技术服务业，如图 4-4（b）所示，据测算，2021 年工业互联网带动信息传输、软件和信息技术服务业的增加值规模为 9 162.73 亿元，名义增速为 14.94%，2022 年增加值规模将破万亿，达到 10 480.69 亿元。在带动就业方面，2021 年工业互联网带动信息传输、软件和信息技术服务业就业 342.30 万人，新增就业人数 21.60 万人。工业互联网开拓了信息技术产业发展新局面。一方面随着信息技术与工业互联网融合创新，对工业装备、工业控制系统、工业软件等领域起到辐射带动作用，进一步壮大信息技术产业的创新生态；另一方面，随着工业互联网覆盖领域持续拓展，带动应用侧企业的设备、产业智能改造成本持续下降，可视化、低代码开发工具不断优化，工业软件和工业 App 开发运用难度逐渐降低，应用侧企业对数字化产品的需求不断增加，数字化产品更为泛在普及，倒逼信息技术产业提升创新水平与供应能力，带动产业快速发展。

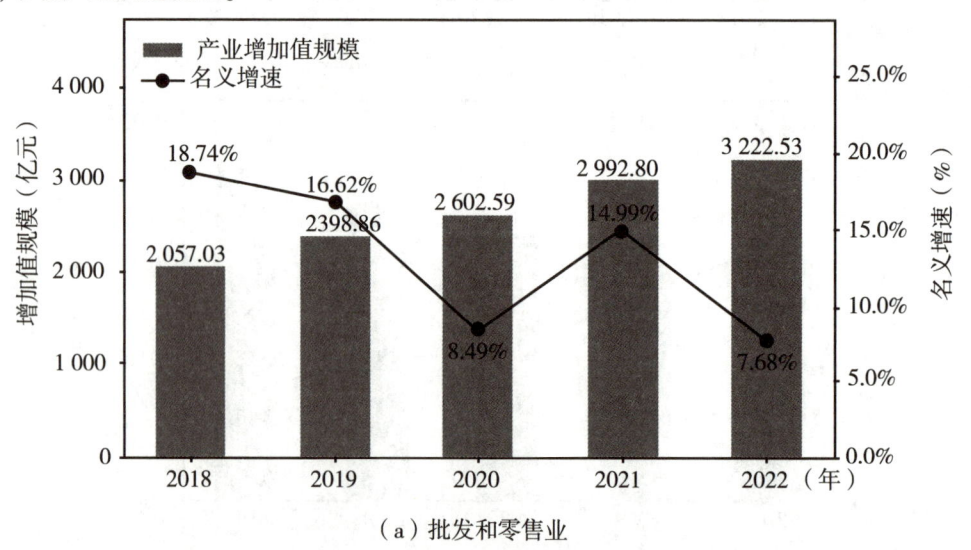

（a）批发和零售业

图 4-4　工业互联网带动批发和零售业、信息传输、软件和信息技术服务业发展情况

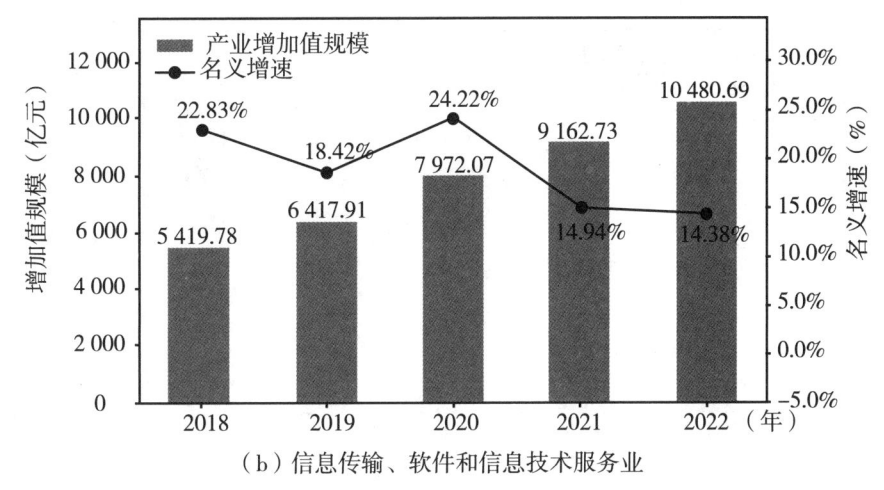

（b）信息传输、软件和信息技术服务业

续图 4-4　工业互联网带动批发和零售业、信息传输、软件和信息技术服务业发展情况

在金融业，如图 4-5（a）所示，据测算，2021 年工业互联网带动金融业的增加值规模为 2 155.84 亿元，名义增速为 9.07%，2022 年增加值规模为 2 347.88 亿元。在带动就业方面，2021 年工业互联网带动金融业就业 107.59 万人，新增就业人数 1.76 万人。工业互联网在助力金融服务实体企业方面成效显著。未来，工业互联网能够推动现代金融服务的进一步升级，实现融资租赁的专业化、数字化、智能化转型。工业互联网将全面赋能融资租赁业的获客场景、风控场景和设备管理场景走上数字化、智能化，助力租赁企业在更全面把握风险的同时，扩大规模并提高效率，实现更高质量的发展。

在科学研究和技术服务业，如图 4-5（b）所示，据测算，2021 年工业互联网带动科学研究和技术服务业的增加值规模为 386.44 亿元，名义增速为 12.72%，2022 年增加值规模为 431.83 亿元。在带动就业方面，2021 年工业互联网带动科学研究和技术服务业就业 19.17 万人，新增就业人数 1.66 万人。工业互联网的快速发展壮大需要创新技术和产品服务的供给，一方面大量的需求促进科学研究和技术服务业的发展，另一方面工业互联网加快了科学研究与新技术产业化的步伐，将创新成果快速落入市场，加快创新成果的大规模商用进程，保障科学研究的长期性与可持续性。

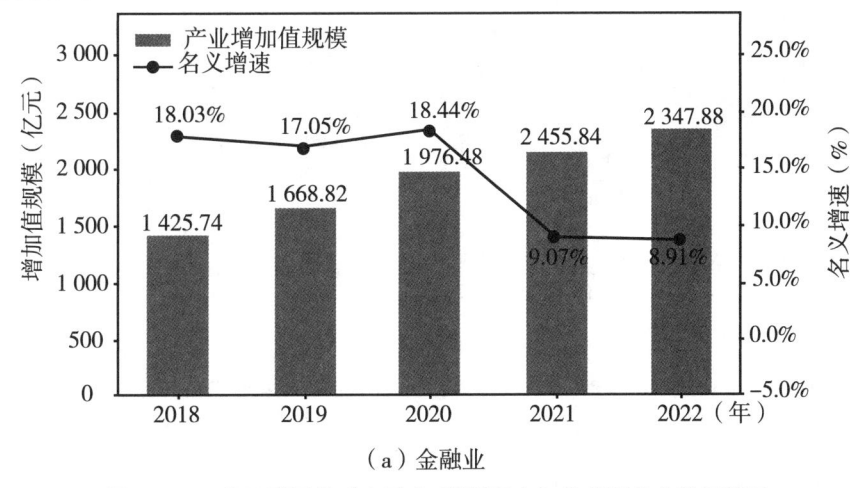

（a）金融业

图 4-5　工业互联网带动金融业、科学研究和技术服务业发展情况

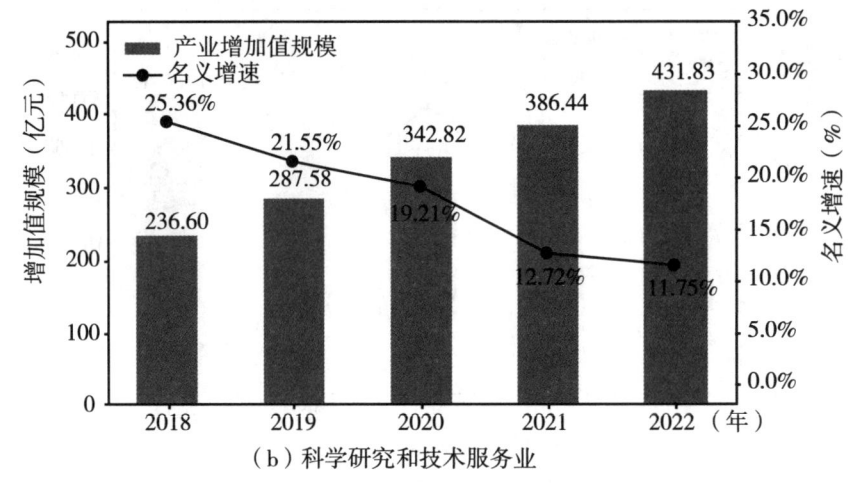

(b)科学研究和技术服务业

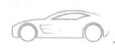

续图 4-5　工业互联网带动金融业、科学研究和技术服务业发展情况

在教育行业,如图 4-6(a)所示,据测算,2021 年工业互联网带动教育行业的增加值规模为 41.82 亿元,名义增速达到 11.72%;带动就业 2.83 万人,新增就业人数 0.32 万人。2022 年,增加值规模达到 46.60 亿元。工业互联网通过在教培环节中应用仿真平台、数字孪生等新兴融合技术赋能教育行业,革新教学模式和教育评价体系,推动深度学习、跨界融合、人机协同、助力实现因材施教,构建智能化教育体系。

在公共管理、社会保障和社会组织行业,如图 4-6(b)所示,据测算,2021 年工业互联网带动公共管理、社会保障和社会组织的增加值规模为 31.24 亿元,名义增速达到 9.06%;带动就业 2.11 万人,新增就业 0.15 万人。2022 年,增加值规模将达到 33.65 亿元。工业互联网融合 5G、人工智能、区块链等技术,助力构筑城市信息化高级形态,实现信息化、工业化、城镇化深度融合,实现精细化管理与动态监测,推动智慧城市的建设。

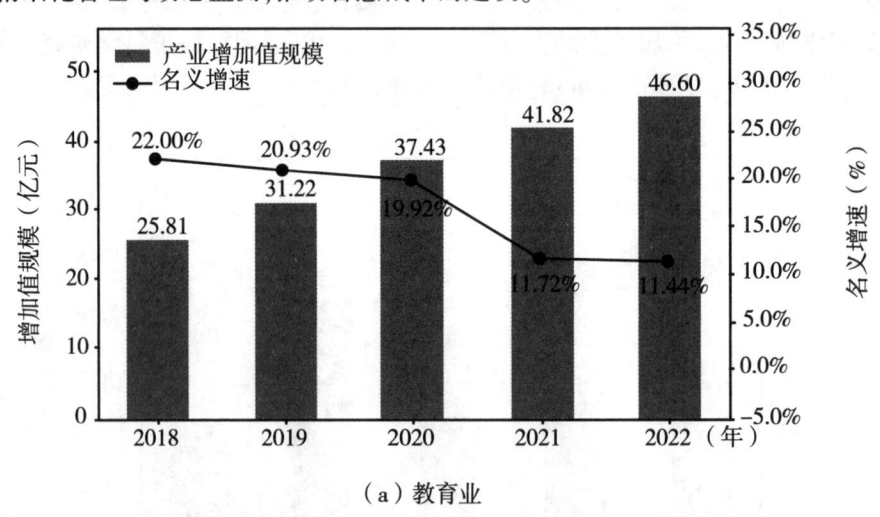

(a)教育业

图 4-6　工业互联网带动教育业、公共管理、社会保障和社会组织行业发展情况

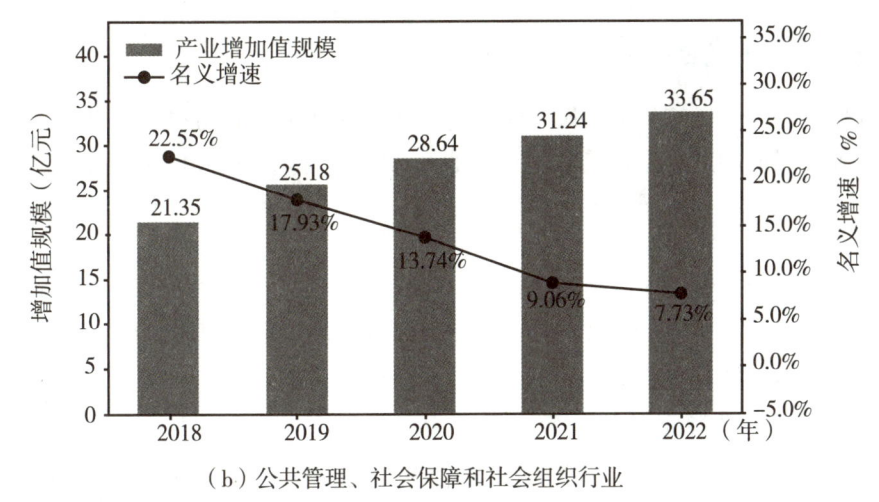

(b) 公共管理、社会保障和社会组织行业

续图 4-6　工业互联网带动教育业、公共管理、社会保障和社会组织行业发展情况

第二节　工业互联网的体系架构

当前正处于时代变迁的节点,现在很多颠覆性的技术和新的观念、理念都诞生在企业。互联网信息技术对知识供给产生巨大冲击,知识在不断更新,而且更新的速度超出了以往任何一个时期,新兴产业形态不断进行更迭。

工业互联网是实现工业数字化、网络化、智能化发展的新型基础设施;是支撑一二三产业、大中小企业融通发展的重要支柱;是促进数字经济和实体经济深度融合的关键依托;是经济高质量发展的重要引擎。工业互联网充分结合新一代信息技术与工业领域,通过跨设备、跨系统、跨厂区、跨地区、跨行业的全面互联互通,实现各种生产及服务资源在更大范围、更高效率、更加精准的优化配置,推动工业经济从规模、成本优势转向质量及效益优势。对工业互联网产业经济的全方位研究,可以从战略高度审视经济运转、产业布局和国家治理,为更加现代化、科学化的治理体系和治理能力、更高质量的社会发展和民生建设,提供重要的支撑和坚实的保障。

新一代信息技术与制造业深度融合所形成的新兴业态和应用模式,是互联网从消费领域向生产领域、从虚拟经济向实体经济拓展的核心载体。

工业互联网系统由智能装备、智能系统和智能决策三大核心要素构成,涉及数据流、硬件、软件和智能的交互。该系统将智能装备和网络收集的数据存储之后,利用大数据分析工具进行数据分析和可视化,由此产生的"智能信息"可以供决策者在必要时进行实时判断处理,使其成为大范围工业系统中工业资产优化战略决策过程的一部分。

工业互联网既是一张网,又是一朵云,更是一种生态,能够实现工业生产过程所有要素的连接和整合,从而推动整个行业向前发展。

汽车智能制造技术

一、工业互联网的特征与内涵

工业互联网为实体经济各个领域的转型升级提供具体的实现方式和推进抓手,为产业变革赋能。工业互联网的产业体系包括直接产业和渗透产业。工业互联网直接产业由网络、平台、安全3个部分构成,其中网络是基础、平台是核心、安全是保障。工业互联网渗透产业指工业互联网从多维度推动行业融通发展。

工业互联网有助于实现区域内行业协同整合升级。基于区域工业互联网平台,可打破行业间壁垒,实现区域数字经济和实体经济一体化,构建行业间协同创新体系,带动产业集聚,推动区域经济高质量发展。

(一)工业互联网的特征

工业互联网发展已进入实践深耕阶段,正在重塑工业技术体系、生产制造和服务体系,将引发工业生产变革。"智联"是工业互联网的基本特征。

工业互联网将构建工业生产新体系。工业互联网将人、机、料、法、环等生产要素全面互联,实现工业环境中的数据闭环,促进数据端到端的流通和集成,打破组织界限和信息孤岛。通过工业设备改造和工艺流程结构,建立物理现场与虚拟空间的映射关系,形成虚拟的工业全景和智能的知识图谱,帮助企业加速构建数据驱动、软件定义、虚实映射、智能主导的新型工业生产体系。

工业互联网将打造产业协同新生态。工业互联网通过跨企业、跨领域、跨产业的广泛互联互通,促进制造资源的在线化汇聚、平台化共享和智能化应用,实现云端协同、产业协同、跨界协同,将赋予产业全新的价值创造模式。依托工业互联网平台,将实现创新资源的集成和制造能力的共享,推动一二三产业、大中小企业融通发展。此外,工业互联网不受时间和空间限制,有利于更大范围、更深层次地开展资源有效配置、供需精准对接、线上线下互动、孵化创新衔接,支撑构建新型产业集群生态。

数字化、网络化、智能化是工业互联网的主要特征,也是工业互联网建设发展的主要内容。三者不断融合、叠加、迭代,相互促进,长期并存,不可割裂。

数字化是基础,强调信息应用的计算机化和全面数据化,实现企业运行全景的"感知"。企业的设计数据、质量数据、生产数据、经营数据、市场数据、供应商数据等,形成海量的工业大数据。数字化包括数据的采集、聚合、分析、应用和反馈等,目的是把合适的数据以正确的方式在允许的时间传递给人和机器,提高资源配置效率,为企业提质增效降本奠定基础。

网络化是载体,强调各生产要素的互联,实现人、机、物和知识的"连接"。通过现场总线、工业以太网、工业无线网络、时间敏感网络、5G等,将人、机、物连接起来,解决工厂内部自动控制、数据采集、互联互通等问题。同时,还要将工艺要求、运行流程、实践经验等工业知识模型化、模块化、软件化,将闭锁的、散落的、凌乱的工业知识整合汇聚起来,并通过优化配置和反复调用,不断提高生产力。

智能化是方向,强调通过全面感知、可靠传输、智能处理、精准决策,实现对各类主体的"赋能"。充分利用大数据、人工智能等与工业技术的融合应用,增强制造业生产方式和服务模式的柔性、弹性、灵活性,实现研发设计、生产制造、运维服务、销售管理等全环节的智能协同。打通供应链、营销链和服务链,基于多源数据可视化地呈现工业运行的全图景和最优解,在从数据到信息、从信息到知识、从知识到决策的价值转化过程中，逐步形成新的竞争优势。

面向制造业的数字化、网络化、智能化，有不同的解决方案和技术架构。技术架构的发展可以分为3个阶段：第一个阶段是继传统智能制造架构的解决方案；第二个阶段是基于私有云的解决方案；第三个阶段是把业务系统、研发工具、设备部署在公有云上。工业互联网就是把传统IT架构部署在公有云上，然后催生很多新技术、新业态、新模式，本质上工业互联网平台就是面向数字化、网络化、智能化的解决方案，所以说工业互联网是智能制造发展到高级阶段的必然趋势。

(二)工业互联网的内涵

工业互联网的内涵是用于界定工业互联网的范畴和特征，明确工业互联网总体目标，是研究工业互联网的基础和出发点。工业互联网是互联网和新一代信息技术与工业系统全方位深度融合所形成的产业和应用生态，是工业智能化发展的关键综合信息基础设施。其本质是以机器、原材料、控制系统、信息系统、产品，以及人之间的网络互联为基础，通过对工业数据的全面深度感知、实时传输交换、快速计算处理和高级建模分析，实现智能控制、运营优化和生产组织方式变革。

二、工业互联网与制造业的融合

工业互联网与制造业的融合将带来4个方面的智能化提升。一是智能化生产，实现从单个机器到产线、车间乃至整个工厂的智能决策和动态优化，显著提升全流程生产效率、提高质量、降低成本。二是网络化协同，形成众包众创、协同设计、协同制造、垂直电商等一系列新模式，大幅降低新产品开发制造成本、缩短产品上市周期。三是个性化定制，通过互联网获取用户个性化需求，通过灵活柔性组织设计、制造资源和生产流程，实现低成本大规模定制。四是服务化转型，通过对产品运行的实时监测，提供远程维护、故障预测、性能优化等一系列服务，并反馈优化产品设计，实现企业服务化转型。

工业互联网驱动制造业的变革将是一个长期过程，构建新的工业生产模式、资源组织方式也并非一蹴而就，将由局部到整体、由浅入深，最终实现信息通信技术在工业全要素、全领域、全产业链、全价值链的深度融合与集成应用。

三、工业互联网和智能制造的关系

作为当前新一轮产业变革的核心驱动和战略焦点，智能制造是基于物联网、互联网、大数据、云计算等新一代信息技术，贯穿于设计、生产、管理、服务等制造活动的各个环节，具有信息深度自感知、智慧优化自决策、精准控制自执行等功能的先进制造过程、系统与模式的总称。其具有以智能工厂为载体、以生产关键制造环节智能化为核心、以端到端数据流为基础、以全面深度互联为支柱的四大特征。

智能制造与工业互联网有着紧密的联系，智能制造的实现主要依托两个方面的基础能力，一是工业制造技术，包括先进装备、先进材料和先进工艺等，是决定制造边界与制造能力的根本；二是工业互联网，包括智能传感控制软硬件、新型工业网络、工业大数据平台等综合信息技术要素，是充分发挥工业装备、工艺和材料潜能，提高生产效率、优化资源配置效率、创造差异化产品和实现服务增值的关键。因此，工业互联网是智能制造的关键基础，为其变革提供了必需的共性基础设施和能力,同时也可以用于支撑其他产业的智能化发展。

四、工业互联网业务需求

工业互联网的业务需求可以从工业和互联网两个视角分析,工业互联网业务视图如图4-7所示。

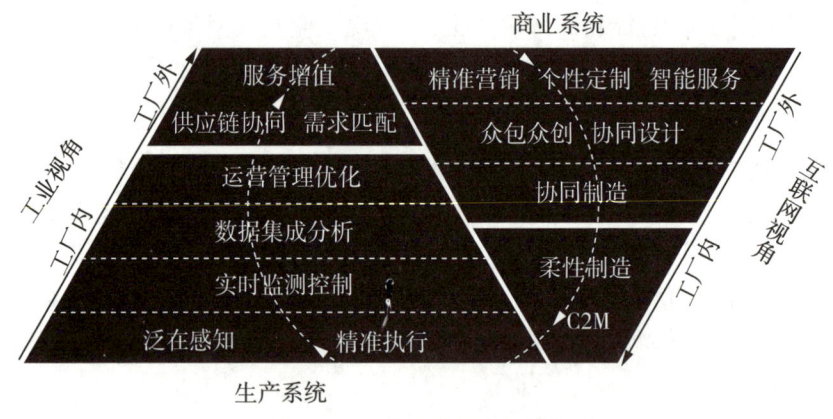

图 4-7 工业互联网业务视图

从工业视角看,工业互联网主要表现为从生产系统到商业系统的智能化,由内及外,生产系统自身通过采用信息通信技术,实现机器之间、机器与系统、企业上下游之间实时连接与智能交互,并带动商业活动优化。其业务需求包括面向工业体系各个层级的优化,如泛在感知、实时监测控制、精准执行、数据集成分析、运营管理优化、供应链协同、需求匹配、服务增值等业务需求。

从互联网视角看,工业互联网主要表现为商业系统变革牵引生产系统的智能化,由外及内,从营销、服务、设计环节的互联网新模式新业态带动生产组织和制造模式的智能化变革。其业务需求包括基于互联网平台实现的精准营销、个性定制、智能服务、众包众创、协同设计、协同制造、柔性制造等。

五、工业互联网体系架构

(一)工业互联网网络体系框架

工业互联网的核心是基于全面互联而形成数据驱动的智能,网络、数据、安全是工业和互联网两个视角的共性基础和支撑。

其中,"网络"是工业系统互联和工业数据传输交换的支撑基础,包括网络互联体系、标识解析体系和应用支撑体系,表现为通过泛在互联的网络基础设施、健全适用的标识解析体系、集中通用的应用支撑体系,实现信息数据在生产系统各单元之间、生产系统与商业系统各主体之间的无缝传递,从而构建新型的机器通信、设备有线与无线连接方式,支撑形成实时感知、协同交互的生产模式。

"数据"是工业智能化的核心驱动,包括数据采集交换、集成处理、建模分析、决策优化和反馈控制等功能模块,表现为通过海量数据的采集交换、异构数据的集成处理、机器数据的边缘计算、经验模型的固化迭代、基于千兆云的大数据计算分析,实现对生产现场状况、协作企业信息、市场用户需求的精确计算和复杂分析,从而形成企业运营的管理决策及机器运转的控制指令,驱动从机器设备、运营管理到商业活动的智能和优化。

"安全"是网络与数据在工业中应用的安全保障,包括设备安全、网络安全、控制安全、数据安全、应用安全和综合安全管理,表现为通过涵盖整个工业系统的安全管理体系,避免网络设施和系统软件受到内部和外部攻击,降低企业数据被未经授权访问的风险,确保数据传输与存储的安全性,实现对工业生产系统和商业系统的全方位保护。工业互联网体系架构如图4-8所示。

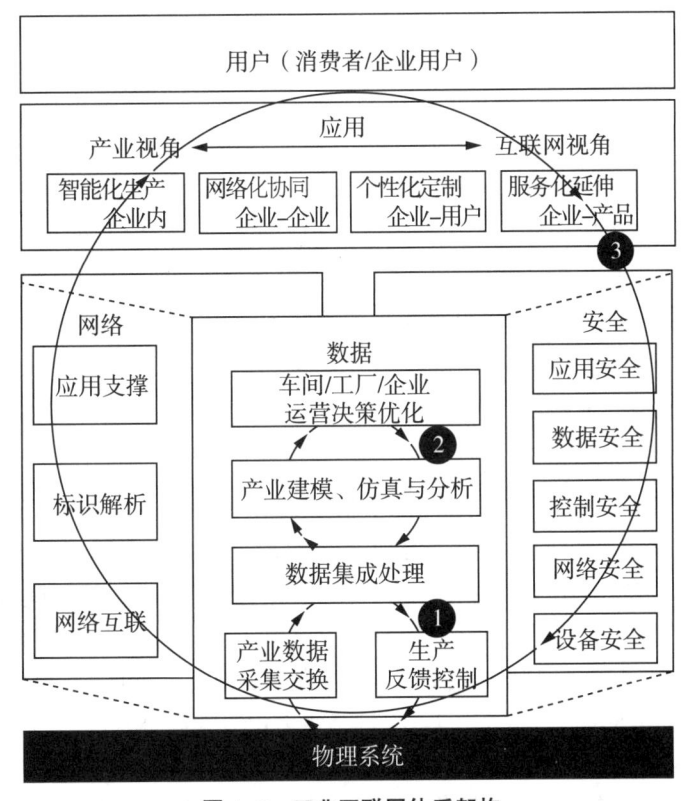

图4-8 工业互联网体系架构

基于工业互联网的网络、数据与安全,工业互联网将构建面向工业智能化发展的三大优化闭环。一是面向机器设备运行优化的闭环,核心是基于对机器操作数据、生产环境数据的实时感知和边缘计算,实现机器设备的动态优化调整,构建智能机器和柔性产线;二是面向生产运营优化的闭环,核心是基于信息系统数据、制造执行系统数据、控制系统数据的集成处理和大数据建模分析,实现生产运营管理的动态优化调整,形成各种场景下的智能生产模式;三是面向企业协同、用户交互与产品服务优化的闭环,核心是基于供应链数据、用户需求数据、产品服务数据的综合集成与分析,实现企业资源组织和商业活动的创新,形成网络化协同、个性化定制、服务化延伸等新模式。

随着智能制造的发展,工厂内部数字化、网络化、智能化及其与外部数据交换需求逐步增加,工业互联网呈现以3类企业主体、7类互联主体、8种互联类型为特点的互联体系。

3类企业主体包括工业制造企业、工业服务企业（围绕设计、制造、供应、服务等环节提供服务的各类企业）和互联网企业，这3类企业的角色在不断渗透、相互转换。7类互联主体包括在制品、智能机器、工厂控制系统、工厂云平台及管理软件、智能产品、工业互联网应用、工业互联网将互联主体从传统的自动化控制进一步扩展为产品全生命周期的各个环节。8种互联类型包括了7类互联主体之间复杂多样的互联关系，成为连接设计能力、生产能力、商业能力，以及用户服务的复杂网络系统。以上互联需求的发展，促使工厂网络发生新的变革，形成工业互联网整体网络架构。

与现有互联网包含互联体系、DNS体系、应用服务体系3个体系相类似，工业互联网也包含3个重要体系。一是网络互联体系，即以工厂网络IP化改造为基础的工业网络体系，包括工厂内部网络和工厂外部网络。工厂内部网络用于连接在制品、智能机器、工业控制系统、人等主体，包含工厂IT网络和工厂OT（工业生产与控制）网络。工厂外部网络用于连接企业上下游、企业与智能产品、企业与用户等主体。二是地址与标识体系，即由网络地址资源、标识、解析系统构成的关键基础资源体系。工业互联网标识，类似于互联网域名，用于识别产品、设备、原材料等。工业互联网标识解析系统，用于实现对上述物体的解析，即通过将工业互联网标识翻译为该物体的地址或其对应信息服务器的地址，从而找到该物体或其相关信息。三是应用支撑体系，即工业互联网业务应用交互和支撑能力，包含工业云平台和工厂云平台，以及其提供的各种资源的服务化表述、应用协议。

（二）工业互联网网络互联体系

1. 工厂内部网络

（1）现状分析。工厂内部网络是在工厂内部用于生产要素及IT系统之间互联的网络。总体来看，工厂内部网络呈现"两层三级"的结构。"两层"是指"工厂OT网络"和"工厂IT网络"；"三级"是根据目前工厂管理层级的划分，网络也被分为"现场级""车间级""工厂级/企业级"3个层次，每层之间的网络配置和管理策略相互独立。其中，工厂OT网络主要用于连接生产现场的控制器（如PLC、DCS、FCS）、传感器、监控设备等部件。工厂OT网络的主要实现技术分为现场总线和工业以太网两大类。工厂IT网络主要由IP网络构成，并通过网关设备实现与互联网和工厂OT网络的互联和安全隔离。

（2）存在的问题。目前工厂内部网络"两层三级"这种技术体系和网络结构相互隔离的状况使IT系统与生产现场之间的通信存在较多障碍。一是工业控制网络与工厂信息网络的技术标准各异，难以融合互通。二是工业生产全流程存在大量"信息死角"，亟须实现网络全覆盖。三是工厂网络静态配置、刚性组织的方式难以满足未来用户定制、柔性生产的需要。

（3）发展趋势。为适应智能制造发展，工厂内部网络呈现扁平化、IP化、无线化及灵活组网的发展趋势。一是工厂内网络扁平化，随着智能机器发展和智能分析的集中，工厂OT系统将逐渐打破车间级、现场级分层次组网模式，智能机器之间将逐渐实现直接的横向互联。二是整个工厂管理控制系统扁平化，包括IT系统和OT系统部分功能融合（如HMI），或通过工业云平台方式实现，实时控制功能下沉到智能机器，促使IT网络与OT网络逐步融合为同一张全互联网络。

①工厂内网络以太网/IP化趋势。随着工业网络技术的发展演进，现场总线正在逐步被工业以太网替代。未来，工业内有线连接将被具有以太网物理接口的网络主导，同时基于通用标

准的工业以太网逐步取代各种私有的工业以太网,并实现控制数据与信息数据同口传输。随着以太网的广泛使用,工业网络的 IP 化趋势将更为凸显,IP 技术将由 IP 网络向 OT 网络延伸,实现信息网络的 IP 贯通,从而使得 IT 与 OT 节点(机器)直接可达。为解决大量支持 IP 的装备接入问题,IPv6 技术将在工厂内广泛应用。

②工厂内无线网络成为有线网络的重要补充。无线技术逐步向工业领域渗透,呈现从信息采集到生产控制,从局部方案到全网方案的发展趋势。目前无线技术主要用于信息的采集、非实时控制等,WiFi、Zigbee、2G/3G/LTE、面向工业过程自动化的无线网络 WIA-PA、WirelessHART 及 ISA100.11a 等技术已在工厂内获得部分使用。对于低功耗、广覆盖、大连接等工业信息采集和控制场景,NB-IoT 将会成为较好的技术选择。同时无线技术正逐步向工业实时控制领域渗透,成为现有工业有线控制网络有力的补充或替代,如 5G 已明确将工业控制作为其低时延、高可靠的重要应用场景,3GPP 也已开展相关的研究工作,对应用场景、需求、关键技术等进行全面的梳理,此外 IEC 正在制定工厂自动化无线网络 WIA-FA 技术标准。

③工厂内网络灵活化组网。未来基于智能机器柔性生产将实现生产域根据需求进行灵活重构,智能机器可在不同生产域间迁移和转换,并在生产域内实现即插即用。这需要工厂网络的灵活组网,实现网络层资源可编排能力,软件定义网络(SDN)是其中实现方式之一。

工业互联网场景下工厂内部网络方案包括 5 个主要环节。一是工厂 IT 网络。为适应互联网的发展趋势,同时也为了工厂内庞大数量的生产、监控终端接入,IT 网络应该基于 IPv6 或支持 IPv4/IPv6 双栈。二是工厂 OT 网络。工业以太网将逐步替代现场总线,实现"e 网到底",同时在以太网向下延伸基础上实现智能机器、传感器、执行器等的 IP 化或 IPv6 化。三是直达智能机器和在制品的连接。智能机器、传感器、在制品等生产现场设备、物品将实现到 IT 网络的直达连接以实现对生产现场的实时数据采集等功能。四是泛在的无线连接。生产现场的智能机器、在制品、传感器、运送设备等将通过各类无线技术实现连接,根据设备能耗、传送距离等可采用 Zigbee 等短距离通信技术或 WiFi、LTE 增强、NB-IoT、5G 等无线技术。五是基于 SON 的 IT/OT 组网方案。IT 网络和 OT 网络采用 SON 技术,实现控制平面与转发平面的分离,通过 SON 控制器与制造控制系统(如 MES 等)协同进行网络资源调度,支撑柔性制造和生产自组织。

2.工厂外部网络

(1)现状分析。工厂外部网络主要是指以支撑工业全生命周期各项活动为目的,用于连接企业上下游之间、企业与智能产品、企业与用户之间的网络。目前,大量工业企业已经与公众互联网之间实现互联,但互联网为工业生产带来的价值仍比较有限。从互联形式上来看,工厂的生产流程和企业管理流程仍封闭在工厂内部,从公众互联网的角度来看,工厂内部仍是一个"黑盒"。从应用形式上看,工厂与互联网的结合主要是在产品销售和供应链管理等环节,互联网在工业生产全生命周期中的资源优化配置作用仍未充分体现。

(2)存在的问题。目前以 IPv4 公众互联网为主体的工厂外部网络,主要存在 4 个方面的问题。一是网络性能难以满足。公众互联网没有服务质量的保证,难以满足工业生产与互联网融合后对网络提出的低时延、高可靠、服务质量保证的需求。二是网络承载能力难以满足。目前的公众互联网业务承载和隔离能力较弱,在 VPN 专网上能够承载的 VPN 数量也有限,难以满足大量工业企业专线互连的要求。三是网络安全威胁。工业互联网应用对网络安全的要求进一步提升,目前互联网的安全能力有待提高。四是网络地址空间有限。目前以 IPv4 为基础的公众互联网自身面临地址枯竭的局面,难以承载工业互联网数以百亿终端接入的要求。

(3)发展趋势。随着网络和信息技术、服务模式的发展,原来局限在工厂内的工业生产过程逐步扩展到外部网络,工业生产信息系统与互联网正在走向深度协同与融合,包括 IT 系统与互联网的融合、OT 系统与互联网的协同、企业专网与互联网的融合、产品服务与互联网的融合。

企业 IT 系统与互联网融合从网络层面来看是工厂内部 IT 网络向外网的延伸。企业将其 IT 系统(如 ERP、CRM 等)托管在互联网的云服务平台中,或利用 SaaS 服务商提供的企业 IT 软件服务。

OT 系统与互联网协同从网络层面看是部分 OT 系统网络向外网的延伸。在一些人力较难达到且又需要实现生产过程调整和维护的场景下,可以通过可靠的互联网连接,实现远程的 OT 系统控制。目前互联网的质量还无法承载对于时延、抖动、可靠性有极高要求的实时控制。

企业专网与互联网融合是将在公众网络中为企业生成独立的网络平面,并可对带宽、服务质量等进行灵活快速定制。这类业务场景需要提供独立的网络资源控制能力、开放的网络可编程能力,以及定制化的网络资源(如带宽、服务质量等)。目前的互联网尚不支持此类业务场景,需要网络虚拟化及软件定义网络技术的进一步发展与部署。

产品服务与互联网融合将通过智能工业产品的信息采集和联网能力为工业企业提供新的产品服务模式。工业企业基于这些平台可以为用户提供产品监测、预测性维护等延伸服务,从而延长工业生产的价值链。这类业务的基础是对海量产品的数据采集与监测,需要通过无线等技术实现工业产品的泛在接入。

工厂与公众网络的互联需求不断增强和扩展,新型互联的出现对现有公众网络不断提出新的需求。一是支持百亿终端接入,联网的工业装备及产品数量将达到百亿级水平。二是支持百级业务平面,考虑工业现场 OT、IT 各类应用,以及未来业务发展,不同质量要求的业务平面应达到数百级别。三是支持百万用户隔离,全国规模以上工业企业数量在 50 万~60 万家,每个企业按照 3~5 个 VPN 需求计量,网络的承载能力需达到百万级 VPN 水平。四是提供全程服务质量保证,满足不同工业互联网应用端到端的网络质量可靠性要求。五是提供网络编排能力,网络应通过开放接口支持工业和其他行业用户对网络功能和协议进行自定义。六是提供内嵌安全能力,实现内生安全与网络可溯源以便保障关键应用安全。

工业与外部网络的进一步融合,将推动个性化定制、远程监控、智能产品服务等全新的制造和服务模式。为此,工厂外部网络需要具备更高速率、更高质量、更低时延、安全可靠、灵活组网等能力,这些需求在目前的互联网上还无法满足,需采用 5G、软件定义网络(SDN)、网络功能虚拟化(NFV)等一系列新的网络技术研究和部署来支撑工业互联网发展。

工业互联网场景下工厂外部网络方案包括 4 个主要环节。一是基于 IPv6 的公众互联网。工业互联网的终端数量将达到数百亿量级,IPv6 在公众互联网中的部署势在必行,同时还需要考虑 IPv4 到 IPv6 的过渡网络方案。二是基于 SON 的工业互联网专网或 VPN。对一些网络质量要求较高或比较关键的业务,需要用专网或 VPN 的方式来承载。专网中需要利用 SON、NFV 等技术实现业务、流量的隔离,并实现网络的开放可编程。三是泛在无线接入。利用 NB-IoT、LTE 增强、5G 等技术,实现对满足各类海量的智能产品的无线接入。四是支持工业云平台的接入和数据采集。工厂外部网络支持企业信息化系统、生产控制系统,以及各类智能产品向工业云平台的数据传送和服务质量保证。

(三) 工业互联网地址与标识解析体系

1. 工业互联网地址

工业互联网发展需要大量的 IP 地址。工业互联网需要支撑海量智能机器、智能产品的接入,而目前已趋于枯竭的 IPv4 地址难以满足未来工业互联网发展的海量地址空间需求。因此 IPv6 是工业互联网络发展的必然选择。IPv6 在解决工业互联网地址需求的同时,也能为工厂内网各设备提供全球唯一地址,为更好地进行数据交互和信息整合提供了条件。

IPv6 在工业互联网应用的技术和管理将成为研究热点。IPv6 虽然已经研究了多年,但工业应用有其特殊性,尤其是工厂内网在安全性、可靠性、网络性能等方面都有较高的要求,因此 IPv6 与工业互联网技术的结合需要进一步深入研究。同时,工业生产关系国计民生,提前开展 IPv6 地址在工业互联网中分配和管理的研究,将有利于提高主管部门的互联网监管水平。

2. 标识解析体系

(1) 现状分析。如同域名系统(DNS)在互联网中的作用一样,标识解析体系是工业互联网的关键神经系统。工业互联网中的标识,就类似于互联网中的域名,是识别和管理物品、信息、机器的关键基础资源。工业互联网中的标识解析系统,就类似互联网中的域名解析系统,是整个网络实现互联互通的关键基础设施。

目前国内外存在多种标识编码及标识解析方案。标识编码方面尚未统一,中小型企业内部大量使用自定义的私有标识,而涉及流通环节的供应链管理、产品溯源等应用模式正在逐步尝试跨企业的公有标识。以是否基于 DNS 区分,标识解析体系发展存在两条路径(改良路径和变革路径)。改良路径仍基于互联网 DNS 系统,对现有互联网 DNS 系统进行适当改进来实现标识解析,其中以美国 GSI/EPCglobal 组织针对 EPC 编码提出的 ONS 解析系统相对成熟。国际上主要的标识解析体系在中国已授权设立了分支机构,如电子标准化院组建的 OID 注册中心,物品编码中心负责国内的 EPC 编码分配。同时我国相关单位也在基于 DNS 系统积极探索其他改良方案,如中国科学院计算机网络信息中心的物联网异构标识解析 NIOT 方案、中国信息通信研究院 CID 编码体系。国内单位通过在我国顶级域 CN 下注册二级域名,形成境内标识解析系统。同时为改变域名解析系统长期受制于美国的局面,国内互联网企业(天地互连公司)开展了根节点拓展实验"雪人计划"。变革路径采用区别于 DNS 的标识解析技术,目前主要是数字对象名称管理机构(DONA 基金会)提出的 Handle 方案,未来还可能出现新的技术方案。Handle 方案采用平行根技术,实现各国共同管理和维护根区文件,现已在 ITU、美国、德国及我国设置了 4 个根服务器,既可以独立于 DNS,又能够与现有 DNS 兼容。

(2) 存在的问题。为支撑工业互联网发展,标识解析体系面临一些新的挑战,现有标识解析体系尚难以完全满足这些需求。一是功能方面,由于工业互联网中的主体对象来源复杂、标识形式多样且难以统一,需要支持异构兼容性和有效扩展性。二是性能方面,工业互联网的标识数据将大大超过现有的互联网标识数据,需要工业互联网标识解析系统具有高效性和可靠性,针对工厂内柔性制造等特定场景还需要保障较低的解析时延。三是安全方面,由于工业互联网标识解析系统中存储了很多涉及国计民生的敏感数据,所以需要提供隐私保护、真实认证、抗攻击能力、攻击溯源能力。四是管控方面,标识是工业互联网重要的基础资源,可以反映和统计分析工业运行状态,需要更加公正平等的治理体系。目前主要标识解析系统是否能够满足工业互联网在功能、性能、安全、管控等方面的需求还需要检验。

(3)发展趋势。闭环的私有标识解析系统正在逐步向开环的公共标识解析系统演进。目前标识技术在资产管理、物流管理等部分环节得到应用和推广,并正在向生产环节渗透,如产线可以通过自动读取在制品标签标识来匹配相应的处理。随着面向产品全生命周期管理及跨企业产品信息交互需求的增加,将推动企业标识系统与公共标识解析的对接。标识对象也将随着自动化标识技术的应用逐步扩展,初期可能侧重产品标识,逐步覆盖原材料、软件系统等各种管理对象和要素。

多种标识解析系统在一定时期内共存。基于改良路径的方案和基于变革路径的方案在国内外均已启动并形成一定规模布局。从目前看,已有的标识类应用现状难以打破,短期内难以实现标识解析系统的统一。但目前多种方案已具备互通能力,可以相互兼容、互通和共存。

公平对等是标识解析系统的重要发展方向。传统互联网的治理格局长期不变,DNS 域名系统的最高管理权掌握在少数国家手中,这种集中化的单边管理机制既容易受到黑客攻击,又存在控制权争议问题。目前,国内外已经提出并开始布局多种新型标识解析体系方案,如 ONS 在2.0版本已经支持并连根,Handle 采用平行根设计,其共同特征是倾向于分布式的多边管理机制,更加强调公平、对等。

(四)工业互联网应用支撑体系

(1)现状分析。工业互联网应用支撑体系包括3个层面,一是实现工业互联网应用、系统与设备之间数据集成的应用使能技术;二是工业互联网应用服务平台;三是服务化封装与集成。

工业互联网应用、系统与设备集成的应用使能技术是支撑工业企业内部或工业企业与互联网数据分析平台之间实现数据集成和互操作的基础协议。与互联网中的 HTML 等协议类似,工业互联网中的应用使能技术的主要作用是在异构系统(不同的操作系统、不同的硬件架构等)之间实现数据层面的相互"理解",实现信息集成与互操作。OPC 是目前应用较广泛的工厂内应用使能技术,其定义了一套通用的数据描述和语法表达方法(信息模型),每个系统可以将各自的数据信息以 OPC 的格式进行组织,从而可以被其他系统所获取和集成。

工业互联网应用服务平台目前主要体现为可集成部署各类工业云服务能力和资源的平台,以实现在线设计研发、协同开发等工业云计算服务。这类服务主要面向中小工业企业。一是通过在线的集成设计云服务可以为工业企业提供设计资源和工具服务。二是开展基于云平台的多方协作、设计众包等新型开发方式,实现制造资源高效整合。目前也逐步出现一些工业云服务平台,通过应用使能技术,实现生产现场数据的有效采集与分析,并将结果应用于企业管理与决策。

目前工业企业服务化集成主要集中在工厂运营层信息系统中,大型企业通过企业服务总线(ESB)将 ERP、CRM、MES 等信息系统通过 SOA 化的形式进行资源组织,为企业运营提供基础管理支撑。在此基础上,向工厂/车间下沉的 MES 或者 SCADA 系统基本停留在业务逻辑预置开发、数据库为中心的交互模式,而底层设备、物料等生产资源仍无法实现 SOA 化的服务资源调度。

(2)存在的问题。目前工业互联网应用支撑体系仍在发展的初期,其存在3个主要问题。

一是工业云平台的标准化和规范化问题。目前面向工业云平台缺乏标准与规范,企业可能会对云服务商业务绑定、数据迁移、数据安全等问题有所顾虑。二是应用使能技术通用性问题。目前 OPC 在工厂内部获得了较广泛的应用,在一定程度上解决了设备与系统信息交互与集成问题,但是 OPC 仅规范了读写格式,对于设备与系统还缺乏结构化、模型化的规范化表示,因此对上层应用系统来说仍然是独立的 I/O 变量或功能,系统集成和业务逻辑复杂。三是服务化有待发展与探索。目前企业级各个信息系统已可以实现基于 SOA 的集成,但生产控制层面主要还是基于定制协议和定制逻辑,难以快速进行服务组合与设计。此外如何实现生产企业内部业务及数据的互联网服务化,还需进一步探索。

(3)发展趋势。云计算逐步引入到工厂内部和工厂外部。一是以 IaaS 模式为基础开展工厂私有云和公共云建设。云计算为工业企业 IT 建设提供了更加高效率、低成本、可扩展的方式,通过 IaaS 可以在不对现有企业 IT 架构进行较大改变的情况下,实现系统到云端的平滑迁移。一些大企业可以自建私有云平台,或采用混合云模式充分利用公共云的能力,而中小企业则更多利用公共云服务,提升其 IT 建设能力。二是以 PaaS 平台构建工业应用新模式。PaaS 平台既有后端强大计算、存储能力的支撑,同时前端又可以以简单易用的 REST 接口实现应用的快速构建,可以满足工业企业对预测维护等创新应用的快速开发、部署需求。对于传统 PaaS 平台来说,面对工业互联网应用需求,需要实现对设计、生产、供应等各个环节的数据采集能力,并在云端构建面向工业各领域的特有分析模型和通用应用支撑能力。三是以 SaaS 平台向企业直接提供 IT 应用服务。目前已经有厂商针对企业管理、协同研发等领域提供 SaaS 服务,随着工业互联网的发展,面向工业领域的 SaaS 服务将逐步丰富,形成覆盖研发设计、协同制造、企业管理、产品服务等全流程的应用产品。中小企业利用 SaaS 服务可以快速构建覆盖全生命周期的多样化应用。

应用使能技术工厂内外呈现不同趋势。一是工厂内不同系统间的数据集成协议。工厂内部以 OPC-UA 为代表的数据集成协议将得到更加广泛的应用,成为连接生产设备和 IT 系统的"数据总线",以解决由于制造控制系统、IT 系统类型众多、厂商各异,数据格式、模型不同,无法被其他系统所"理解"和"处理"的问题。二是工业设备、产品到云平台之间的数据集成协议。工业设备、产品到云平台之间的数据集成协议则会形成以开放标准为主的协议集,为实现对产品制造、使用、维护等过程中数据的充分分析与利用,发挥生产、产品数据的最大价值,需要将来自生产现场和智能产品的异构数据通过网关或消息中间件的转换形成统一模型的数据信息发送到云端,实现集中分析处理。目前实现从生产现场到云端的应用数据集成协议类型很多,如 OASIS 的 MQTT 和 AMQP,IETF 的 CoAP 和 XMPP 等。

服务化封装与集成成为解决异构应用、系统与设备协同的重要手段。随着工业互联网的发展,各种智能装备、控制系统、信息系统、智能产品等将在工厂内部及整个互联网中实现互联与协作,通过对这些设备与系统的功能进行服务化封装,如通过服务化将生产设备由传统的数据源变为可重组的服务单元,从而可以简化各类业务与应用系统开发,并正在成为重要的发展方向。其中,基于语义的服务化封装,可以有效解决异构设备与系统的抽象与可认知问题,而受到产业的积极推进。

工业互联网场景下应用支撑体系方案包括 4 个主要环节。一是工厂云平台。在大型企业内部建设专有云平台,实现企业/工厂内的 IT 系统集中化建设,并通过标准化的数据集成,对内开展数据分析和运营优化。还可以考虑混合云模式,将部分数据能力及信息系统移植到公共云平台上,便于实现基于互联网的信息共享与服务协作。二是公共工业云服务平台。面向中小工业企业开展设计协同、供应链协同、制造协同、服务协同等新型工业互联网应用模式,以及提供 SaaS 类服务。三是面向行业或大型企业的专用工业云服务平台。面向大型企业或特定行业,提供以工业数据分析为基础的专用云计算服务。四是工厂内各生产设备、控制系统和 IT 系统间的数据集成协议,以及生产设备、IT 系统到工厂外云平台间的数据集成和传送协议。

第三节 工业大数据

一、工业大数据的内涵特征

工业大数据是指在工业领域信息化应用中所产生的数据,是工业互联网的核心,是工业智能化发展的关键。工业大数据是基于网络互联和大数据技术,贯穿于工业的设计、工艺、生产、管理、服务等各个环节,使工业系统具备描述、诊断、预测、决策、控制等智能化功能的模式和结果。工业大数据从类型上主要分为现场设备数据、生产管理数据和外部数据。现场设备数据是来源于工业生产线设备、机器、产品等方面的数据,多由传感器、设备仪器仪表、工业控制系统进行采集产生,包括设备的运行数据、生产环境数据等。生产管理数据是指传统信息管理系统中产生的数据,如 SCM、CRM、ERP、MES 等。外部数据是指来源于工厂外部的数据,主要包括来自互联网的市场、环境、客户、政府、供应链等外部环境的信息和数据。

工业大数据具有五大特征。一是数据体量巨大,大量机器设备的高频数据和互联网数据持续涌入,大型工业企业的数据集将达到 PB 级甚至 EB 级别。二是数据分布广泛,分布于机器设备、工业产品、管理系统、互联网等各个环节。三是结构复杂,既有结构化和半结构化的传感数据,也有非结构化数据。四是数据处理速度需求多样,生产现场级要求实现实时时间分析达到毫秒级,管理与决策应用需要支持交互式或批量数据分析。五是对数据分析的置信度要求较高,相关关系分析不足以支撑故障诊断、预测预警等工业应用,需要将物理模型与数据模型结合,追踪挖掘因果关系。

二、工业互联网大数据的功能架构

工业互联网数据架构,从功能视角看,主要由数据采集与交换、数据预处理与存储、数据建模、数据分析和数据驱动下的决策与控制应用 4 个层次组成。

数据采集与交换层主要实现工业各环节数据的采集与交换,数据源既包含来自传感器、SCADA、MES、ERP 等内部系统的数据,也包含来自企业外部的数据,主要包含对象感知、实时采集与批量采集、数据核查、数据路由等功能。

数据预处理与存储层的关键目标是实现工业互联网数据的初步清洗、集成,并将工业系统与数据对象进行关联,主要包含数据预处理、数据存储等功能。

数据建模层根据工业实际元素与业务流程,在数据基础上构建用户、设备、产品、产线、工厂、工艺等数字化模型,并结合数据分析层提供数据报表,主要包含可视化、知识库、数据分析工具及数据开放功能,为各类决策的产生提供支持。

决策与控制应用层主要是基于数据分析结果,生成描述、诊断、预测、决策、控制等不同应用,形成优化决策建议或产生直接控制指令,从而实现个性化定制、智能化生产、协同化组织和服务化制造等创新模式,并将结果以数据化形式存储下来,最终构成从数据采集到设备、生产现场及企业运营管理持续优化闭环。

三、工业互联网大数据的应用场景

工业大数据的应用覆盖工业生产的全流程和产品的全生命周期。工业大数据的作用主要表现为状态描述、诊断分析、预测预警、辅助决策等方面,在智能化生产、网络化协同、个性化定制和服务化延伸4类场景下发挥着核心的驱动作用。

1.智能化生产中的工业大数据应用

(1)虚拟设计与虚拟制造。虚拟设计与虚拟制造是指将大数据技术与CAD、CAE、CAM等设计工具相结合,深入了解历史工艺流程数据,找出产品方案、工艺流程、工厂布局与投入之间的模式和关系,对过去彼此孤立的各类数据进行汇总和分析,建立设计资源模型库、历史经验模型库,优化产品设计、工艺规划、工厂布局规划方案,并缩短产品研发周期。

(2)生产工艺与流程优化。生产工艺与流程优化是指应用大数据分析功能,评估和改进当前操作人员工艺流程,对偏离标准工艺流程的情况进行报警,快速地发现错误或者瓶颈所在,实现生产过程中工艺流程的快速优化与调整。

(3)设备预测性维护。设备预测性维护是指建立大数据平台,从现场设备状态监测系统和实时数据库系统中获取设备振动、温度、压力、流量等数据,在大数据平台对数据进行存储管理,进一步通过构建基于规则的故障诊断、基于案例的故障诊断、设备状态劣化趋势预测、部件剩余寿命预测等模型,通过数据分析进行设备故障预测与诊断。

(4)智能生产排程。智能生产排程是指收集客户订单、生产线、人员等数据,通过大数据技术发现历史预测与实际的偏差概率,考虑产能约束、人员技能约束、物料可用约束、工装模具约束,通过智能的优化算法,制定预计划排程,并监控计划与现场实际的偏差,动态地调整计划排程。

(5)产品质量优化。产品质量优化是指通过收集生产线、产品等实时数据和历史数据,根据以往经验建立大数据模型,对质量缺陷产品的生产全过程进行回溯,快速甄别原因,改进生产问题,提升产品质量。

(6)能源消耗管控。能源消耗管控是指对企业生产线各关键环节能耗排放和辅助传动输配环节的实时监控,收集生产线、关键环节能耗等相关数据,建立能耗仿真模型,进行多维度能耗模型仿真预测分析,获得生产线各环节的节能空间数据,协同操作智能优化负荷与能耗平衡,从而实现整体生产线柔性节能降耗减排,及时发现能耗的异常或峰值情况,实现生产过程中的能源消耗实时优化。

2.网络化协同中的工业大数据应用

(1)协同研发与制造。协同研发与制造主要是基于统一的设计平台和制造资源信息平台,集成设计工具库、模型库、知识库及制造企业生产能力信息,不同地域的企业或分支机构可以通过工业互联网网络访问设计平台获取相同的设计数据,也可以获得同类制造企业闲置生产能力,实现多站点协同、多任务并行、多企业合作的异地协同设计与制造要求。

(2)供应链配送体系优化。供应链配送体系优化主要是通过 RFID 等产品电子标识技术、物联网技术及移动互联网技术获得供应商、库存、物流、生产、销售等完整产品供应链的大数据,利用这些数据进行分析,确定采购物料数量、运送时间等,实现供应链优化。

3.个性化定制中的工业大数据应用

(1)用户需求挖掘。用户需求挖掘主要指建立用户对产品需求的分析体系,挖掘用户深层次的需求,并建立科学的产品生产方案分析系统,结合用户需求与产品生产,形成满足消费者预期的各品类生产方案等,实现对市场的预知性判断。

(2)个性化定制生产。个性化定制生产主要指采集客户个性化需求数据、工业企业生产数据、外部环境数据等信息,建立个性化产品模型,将产品方案、物料清单、工艺方案通过制造执行系统快速传递给生产现场,进行产线调整和物料准备,快速生产出符合个性化需求的定制化产品。

4.服务化延伸中的工业大数据应用

服务化延伸中的工业大数据应用于产品远程服务。产品远程服务是指通过搭建企业产品数据平台,围绕智能装备、智能家居、可穿戴设备、智能联网汽车等多类智能产品,采集产品数据,建立产品性能预测分析模型,提供智能产品的远程监测、诊断与运维服务,创造产品新的价值,实现制造企业的服务化转型。

四、工业互联网大数据存在的问题

工业互联网大数据存在的问题主要有以下 4 点:一是企业数据源较差,尤其是对于机器设备、生产线等实时生产数据采集数量、类型、精度及频率方面存在较大提升空间。二是企业间和企业内部部门间信息孤岛普遍存在,数据的交互、共享和集成存在很大障碍,数据融合应用价值难以被有效挖掘利用。三是缺乏工业大数据应用成熟模式和灯塔式项目,尽管一些先进企业正在进行工业大数据应用的尝试,但仍处于初级阶段,应用经验积累不多,尚未形成行业应用推广模式。四是工业大数据核心技术、软件平台产品,以及系统集成和应用开发能力仍然有待加强,安全可控能力不足。

五、工业互联网大数据的发展趋势

随着工业互联网建设和应用不断深入,数据的价值与作用将越来越凸显,数据分析将向工业各环节渗透,预测、决策、控制等更智能的应用成为发展方向,最终构成从数据采集到设备、生产现场及企业运营管理优化的闭环。工业数据未来将呈现出以下几个发展方向:一是跨层次跨环节的数据整合。当前工业数据水平来看分散在研发设计、生产管理、企业经营等各个环节,垂直来看分散在生产现场、企业管理(MES、ERP)等不同层次,下一步数据在垂直和水平两个方向都需要整合,为全局视图分析奠定数据基础。其中语义技术将发挥重要作用,利用语义可以对工业互联网数据的含义进行标注,使数据在异构系统之间能够被正确理解和处理。二是数据在边缘的智能处理。在靠近数据源头的网络边缘节点上,通过融合计算、存储与控制等功能,实现数据的边缘处理、分析与过滤,以满足工业生产现场实时连接、实时控制、实时分析、安全隐私等需求,并可以与云平台实现互补。三是基于云平台数据集成管理,将数据汇聚起来。

六、工业互联网安全体系框架

(一)工业互联网安全体系框架

工业互联网的安全需求可以从工业和互联网两个视角分析。从工业视角看,安全的重点是保障智能化生产的连续性、可靠性,关注智能装备、工业控制设备及系统的安全;从互联网视角看,安全主要保障个性化定制、网络化协同及服务化延伸等工业互联网应用的安全运行以提供持续的服务能力,防止重要数据的泄漏,重点关注工业应用安全、网络安全、工业数据安全及智能产品的服务安全。因此,从构建工业互联网安全保障体系考虑,工业互联网安全体系框架主要包括五大重点,即设备安全、网络安全、控制安全、应用安全和数据安全,其中,设备安全是指工业智能装备和智能产品的安全,包括芯片安全、嵌入式操作系统安全、相关应用软件安全及功能安全等;网络安全是指工厂内有线网络、无线网络的安全,以及工厂外与用户、协作企业等实现互联的公共网络安全;控制安全是指生产控制安全,包括控制协议安全、控制平台安全、控制软件安全等;应用安全是指支撑工业互联网业务运行的应用软件及平台的安全;数据安全是指工厂内部重要的生产管理数据、生产操作数据及工厂外部数据(如用户数据)等各类数据的安全。

(二)现状分析

随着互联网与工业融合创新的不断推动,电力、交通、市政等大量关系国计民生的关键信息基础设施日益依赖于网络,并逐步与公共互联网连接,一旦受到网络攻击,不仅会造成巨大的经济损失,还可能带来环境灾难和人员伤亡,危及公众生活和国家安全,安全保障能力已成为影响工业互联网创新发展的关键因素。总的来看,由于信息化和自动化程度的不同,工业细分行业的安全保障体系建设情况也各不相同,信息化、自动化程度越高的行业,开放程度也相对较高,面临的安全风险随之增大,对安全也更加重视,安全保障体系建设相对更加完善。

目前,工业领域安全防护采用分层分域的隔离和边界防护思路。工厂内网与工厂外网之间通常部署隔离和边界防护措施,采用防火墙、VPN、访问控制等边界防护措施保障工厂内网安全。从工厂内网来看,可进一步分为企业管理层和生产控制层。企业管理层主要包括企业管理相关的ERP、CRM等系统,与传统IT系统类似,主要关注信息安全的内容,采用权限管理、访问控制等传统信息系统安全防护措施,与生产控制层之间较多的采用工业防火墙、网闸等隔离设备,一般通过白名单方式对工业协议如OPC等进行过滤,防止来自互联网的威胁渗透到生产过程。生产控制层包括工程师站、操作人员站等工作站,以及PLC、DCS等控制设备,与生产过程密切相关,对可靠性和实时性要求高,主要关注功能安全的问题。因此,尽管工程师站、操作人员站等目前仍多采用Windows 2000/XP等操作系统,但考虑到系统稳定性以及对功能安全的影响,极少升级补丁,一般也不安装病毒防护软件等。同时,传统生产控制层以物理隔离为主,信息安全隐患低,工业私有协议应用较多,工业防火墙等隔离设备需针对专门协议设计,企业更关注生产过程的正常进行,一般较少在工作站和控制设备之间部署隔离设备以避免带来功能安全问题。此外,控制协议、控制软件在设计之初也缺少诸如认证、授权、加密等安全功能,生产控制层安全保障措施的缺失成为工业互联网演进过程中的重要安全问题。

总体来看,业界在积极推动工业防火墙、工业安全监测审计、安全管理等安全产品的应用,但整体对工业互联网安全的研究及产业支持还处于起步阶段,现有措施难以有效应对工业互联网发展过程中日益复杂的安全问题。从工业互联网未来演进看,工业网络基础设施、控制体系、工业数据和个人隐私、智能装备,以及工业应用的安全保障是未来发展的重点。

(三)存在的问题

随着工业融合创新及工业互联网的不断演进,工厂环境更加开放,未来工业互联网安全主要面临以下几方面的问题。一是设备安全问题。传统生产设备以机械装备为主,重点关注物理和功能安全,未来生产装备和产品将越来越多地集成通用嵌入式操作系统及应用软件,海量设备将直接暴露在网络攻击之下,木马病毒在设备之间的传播扩散速度将呈指数级增长。二是网络安全问题。工厂网络向"三化(IP化、扁平化、无线化)+灵活组网"方向发展,面临更多安全挑战。现有针对TCP/IP协议的攻击方法和手段已相对成熟,可被直接利用攻击工厂网络。网络灵活组网需求使网络拓扑的变化更加复杂,传统静态防护策略和安全域划分方法面临动态化、灵活化挑战。无线技术的应用需要满足工厂实时性、可靠性要求,难以实现复杂的安全机制,极易受到非法入侵、信息泄漏、拒绝服务等攻击。三是控制安全问题。当前工厂控制安全主要关注控制过程的功能安全,信息安全防护能力不足。现有控制协议、控制软件等在设计之初主要基于IT和OT相对隔离及OT环境相对可信这两个前提,同时由于工厂控制的实时性和可靠性要求高,诸如认证、授权和加密等需要附加开销的信息安全功能被舍弃。IT和OT的融合打破了传统安全可信的控制环境,网络攻击从IT层渗透到OT层,从工厂外渗透到工厂内,但目前有效的APT攻击检测和防护手段缺乏。四是应用安全问题。网络化协同、服务化延伸、个性化定制等新模式新业态的出现对传统公共互联网的安全能力提出了更高要求。工业应用复杂,安全需求多样,因此对网络安全隔离能力、网络安全保障能力要求都将提高。五是数据安全问题。工业数据由少量、单一、单向正在向大量、多维、双向转变,具体表现为工业互联网数据体量大、种类多、结构复杂,并在IT和OT层、工厂内外双向流动共享。工业领域业务应用复杂,数据种类和保护需求多样,数据流动方向和路径复杂,重要工业数据及用户数据保护难度增大。

(四)发展趋势

随着工业互联网的发展演进,以下将成为业界主要关注和推进的重点内容。一是设备内嵌安全机制。生产设备由机械化向高度智能化转变,内嵌安全机制将成为未来设备安全保障的突破点,通过安全芯片、安全固件、可信计算等技术,提供内嵌的安全能力,防止设备被非授权控制或功能安全失效。二是动态网络安全防御机制。针对工厂内灵活组网的安全防护需求,实现安全策略和安全域的动态调整,同时通过增加轻量级的认证、加密等安全机制保障无线网络的传输安全。三是信息安全和功能安全融合机制。工厂控制环境由封闭到开放,信息安全威胁可能直接导致功能安全失效,功能安全和信息安全关联交织,未来工厂控制安全需综合考虑功能安全和信息安全的需求,形成综合安全保障能力。四是面向工业应用的灵活安全保障能力。业务应用呈现多样化,未来需要针对不同业务的安全需求提供灵活的安全服务能力,提供统一灵活的认证、授权、审计等安全服务能力,同时支持百万级VPN隔离及用户量增长。五是工业数据及用户数据分类分级保护机制。对重要工业数据及用户数据进行分类分级,并采用不同的技术进行分级保护,通过数据标签、签名等技术实现对数据流动过程的监控审计,实现工业数据全生命周期的保护。

七、工业系统现状及实施目标

现阶段工业系统的数字化、网络化已具备一定基础,但与工业互联网泛在互联、全生命周期数字链等愿景相比,在网络、数据、安全等方面还存在很大改造和提升的空间。现阶段工业系统实现架构,在网络互联方面,工业网络层级复杂、现场总线、工业以太网、普通以太网等多种联网技术并存但以有线为主,工厂与外部互联有限;在数据智能方面,不同层级之间的数据相对隔离,底层设备采集有限,系统间数据集成困难,云、大数据等技术还未有效开展;在安全保障方面,以满足现有工业系统的安全保障需求为主,且更多侧重功能安全。

在工业互联网背景下,工业系统在网络互联、数据智能、安全保障等方面将进行快速地迭代演进,工业云和大数据技术逐步引入,扁平化的软硬件部署架构成为重要发展趋势,从而引发工业系统各层级网络、数据和安全的深刻变化。结合工业互联网网络、数据、安全发展趋势。工业互联网目标实现架构主要呈现4个方面的关键特征:一是体系架构方面,实现层级打通、内外融合,传统工业系统多层结构逐渐演变为应用层、平台层和边缘层3层,整体架构呈现扁平化发展趋势;二是网络互联方面,各种智能装备实现充分网络化,无线成为有线的重要补充,新型网关推动异构互联和协议转换,工厂与产品、外部信息系统和用户充分互联;三是在数据智能方面,工业云平台成为关键核心,实现工厂内外部数据的充分汇聚,支撑数据的存储、挖掘和分析,有效支撑工业信息控制系统和各种创新应用;四是在安全保障方面,各种安全机制与工业互联网各个层次深度融合,实现纵深防御、立体防护,通过多种安全措施保障网络互联和数据集成安全。工业互联网目标架构的实现将是一个长期过程,需要网络、数据、安全等方面逐步协同推进。

此外,工业互联网安全实施应当强化智能产品和网络传输数据的安全防护。一是智能产品的安全加固。智能产品的部署位置分散,容易被破坏、伪造、假冒和替换,导致敏感信息泄漏。因此应当对智能产品进行专门的安全加固,如采用安全软件开发工具包(SDK)、安全操作系统、安全芯片等技术手段,实现防劫持、防仿冒、防攻击和防泄密。二是外部公共网络数据传输的安全防护。通过外部网络传输的数据,应采用IPSecVPN或者SSLVPN等加密隧道传输机制或MPLSVPN等专网,防止数据泄漏、被侦听或篡改。

第四节 工业互联网的网络体系

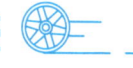

网络体系结构是指通信系统的整体设计,它为网络硬件、软件、协议、存取控制和拓扑提供标准。它广泛采用的是国际标准化组织(ISO)在1979年提出的开放系统互连(Open System Interconnection,OSI)的参考模型。

在所有的计算机网络的研究中,虽然会在一些具体的需求项目上存在差异性和不适用性,但仍能够满足大部分用户对于网络服务的要求,实现网络资源的共享和网络交流。网络技术基本上追求的是远距离的信息传输和远程通信与资源共享的实现。同时,不同的计算机网络虽然会在其覆盖范围、通信媒介、设备种类、拓扑结构等方面存在着或多或少的差别,但同样的物体必然存在共性,例如计算机网络的结构搭建思想是不变的,协议标准是规定好的,只是不同计算机网络的复杂程度不同,运用标准协议的数量有差异而已。而网络体系结构的研究中,一个重要领域就是对计算机网络中这些具有普遍性的思想和有共性的标准协议进行研究,并由此建立了一整套具有普适性特点的科学的理论研究方法,同时一系列切实可行的工程技术方法也被开发出来。因此,网络体系结构具有统领所有计算机网络研究的普适性。

计算机网络体系结构相当复杂且具有一定的程序性和系统性,可以认为它是一个独立系统,具有一定的系统性、复杂性,以及其他独有的特征,而计算机网络体系结构的一个重要特征就是过程性。任何特征都不是轻而易举地就能够做到过程性,特别是计算机网络体系结构这种具有一定系统性、复杂性与抽象性的系统,需要花费大量的时间、金钱与精力。因此,应该对计算机网络体系有一个正确的认识与理解,准确抓住计算机网络体系结构建设的核心,并遵循一定的科学原理,有效完善计算机网络体系结构,提高计算机网络体系结构的运行效率。与各种具体的网络实现技术相比较,作为对某种网络系统的所有相关研究内容总体概括的网络体系结构,在概念上,会更具有抽象性和广延性。网络体系结相当于对网络的总体描述,从基础搭建到上层建设,将实现某一特定功能的网络系统中的研究和建设中所有的方方面面全部联系起来,并使其成为一个整体,使具有某一特定功能的计算机网络系统的研究更为全面,更透彻。另外,网络体系结构含义的抽象性还体现在各层协议的集合上,虽然协议是实实在在存在的,但在搭建体系结构的运用中及完成体系结构后,协议的存在就显得模糊和抽象。例如,网络的7层模型就是人为搭建设计出来的,但除了物理层是实实在在存在的,其他的6个层次显得既模糊又抽象,只能体现在网络体系结构的使用过程中。在使用时,才会感受到它的真实存在。

当前,以新一代信息技术为驱动的数字浪潮正深刻重塑经济社会的各个领域,移动互联、物联网、云计算、大数据、人工智能等技术与各个产业深度融合,推动着生产方式、产品形态、商业模式、产业组织和国际格局的深刻变革。

思考题

1. 工业互联网带动第三产业发展情况如何?
2. 工业互联网的特征是什么?
3. 未来工业数据将呈现什么趋势?

第五章

先进制造技术与应用

学思课堂

通过学习先进制造技术,培养学生的科研兴趣、创新意识、自主学习能力和终身学习意识,培养不断学习和适应发展的能力。通过循序渐进地学习,学生应在老师和同伴的督促下,提高学习的主动性;在学习中发现自己的不足,促使学生对知识有一种需求感。学生通过吸取经验,树立坚定攻坚克难的信念,遇到困难坚持不懈,最终达成目标。

情境导入

新一代智能制造是新一代人工智能技术与先进制造技术的深度融合,贯穿于产品设计、制造、服务全生命周期各个环节及相应系统的优化集成。不断提升企业的产品质量、效益、服务水平,减少资源消耗,是新一轮工业革命的核心驱动力,也是今后数十年制造业转型升级的主要路径。先进制造技术是一个国家制造业强盛的关键所在,是企业兴旺发达的主要途径,也是企业赢得市场的有力武器。它在国防建设和国民经济发展中处于影响全局、决定全局的战略地位。

第一节 先进制造技术概述

先进制造技术(Advanced Manufacturing Technology,AMT)是结合机械、电子、信息、材料、能源和管理等各项先进技术而发展起来的高新技术,它是发展国民经济的重要基础技术之一。先进制造技术是制造业为提高竞争力以适应时代需求而形成的一个高新技术群,经过发展,已形成了完整的体系结构。先进制造技术是当今生产力的主要构成因素,是国民经济的重要支柱,它担负着为国民经济各部门和科学技术的各个学科提供装备、工具及检测仪器的重要任务,是国民经济和科学技术生存和发展的重要手段。尤其是在航空航天、微电子、光电子、激光、分子生物学和核能等尖端科技领域,如果没有先进制造技术作为基础,它们是不可能有突破性发展的。

一、先进制造技术的起源

"先进制造技术"一词源于美国。第二次世界大战结束之前的制造技术,可以统称为传统制造技术,美国制造业在第二次世界大战后的国际环境背景下得到了空前的发展,形成了一支强大的研究开发力量。到了20世纪70年代,随着日本、德国经济的恢复,美国制造业遇到了巨大的挑战,汽车等行业的霸主地位遭到强力的冲击,出口产品的竞争力大大落后于日本和德国。而日本由于不断主动地采用新制造技术,已成为制造业公认的世界领先者。在此背景下,美国反思制造技术同国民经济、技术与国力至关重要的相互依赖关系,强调新制造技术的重要性,明确实现社会经济目标的关键是技术,进而制订国家关键技术计划,并对其技术政策做了重大调整。与此同时,以计算机为中心的新一代信息技术的发展,也全面推动了制造技术的飞跃。由于经济和增强国防的需要,在激烈的市场竞争刺激下,各个国家和地区纷纷将传统的制造技术与新发展起来的科技成就相结合,先进制造技术的概念逐步形成并发展。

二、先进制造技术的内涵

先进制造技术是传统制造业不断吸收机械、信息、材料及现代管理技术等方面的最新成果,并将其综合应用于产品开发与设计、制造、检测、管理及售后服务的全过程,实现优质、高效、低耗、清洁、敏捷制造,并取得理想的技术和经济效果的前沿制造技术的总称。从本质上可以

先进制造技术的内涵与体系结构

说,先进制造技术是传统制造技术、信息技术、自动化技术和现代管理技术等的有机融合。与传统的制造技术相比,先进制造技术以高效率、高质量和对于市场变化的快速响应能力为主要特征。它贯穿了从产品设计、加工制造到产品销售及使用维修等全过程,形成"市场→产品设计→制造→市场"的闭环系统。而传统的制造过程一般仅指加工过程。先进制造技术充分应用计算机技术、传感技术、自动化技术、新材料技术、管理技术等最新成果,各专业、学科间不断交叉、融合,其界限逐渐淡化甚至消失。它是技术、组织与管理的有机集成,特别重视制造过程组织和管理体制的简化及合理化。先进制造技术又可看作硬件、软件、人和支持网络(技术与社会)的综合与统一。先进制造技术并不追求高度自动化或计算机化,而是通过强调以人为中心,实现自主和自律的统一,最大限度地发挥人的积极性、创造性和相互协调性。先进制造技术高度开放,具有高度自组织能力,通过大力协作,充分、合理地利用全球资源,不断生产出最具竞争力的产品。先进制造技术的目的在于以最低的成本、最快的速度提供用户所希望的产品,实现优质、高效、低耗、清洁、敏捷制造,并取得理想的技术和经济效果。

三、先进制造技术的主要内容

信息技术和现代管理技术是先进制造技术的两个支柱,现代管理技术要以先进制造理念为基础。不同的时代具有不同的消费需求和科学技术,不同的消费需求和科学技术又会产生不同的制造技术和制造方式,进而要求不同的管理与之相适应。先进制造理念与信息技术和

现代管理技术的有机结合,是必然产生的制造模式。先进制造理念、现代管理技术与先进制造模式三位一体,共同构成先进制造技术生长的软环境。自20世纪90年代以来,人们在总结成组技术(GT)、柔性制造系统(FMS)、JIT、MRPII、CIMS等制造模式经验和教训的基础上,提出了许多新的制造概念和制造模式。例如,以组成多功能协同小组工作模式为特征的并行工程(CE),以简化组织和强调人的能动性为核心的精益生产(LP),以动态多变的组织结构和充分发挥技术、组织人员的高度柔性集成为主导的敏捷制造(AM)。传统制造模式和先进制造模式的比较如表5-1所示。

表 5-1 传统制造模式与先进制造模式的比较

主要特征	制造模式			
	传统制造(刚性制造)	柔性制造	精益制造	敏捷制造
价值取向	产品	顾客	顾客	顾客
战略重点	成本、质量	品种	质量	时间
指导思想	以技术为中心	以技术为中心	生产过程管理	资源快速集成
基本原则	分工与专业化、自动化	高技术集成	尽善尽美	组织创新
实现手段	机器、技术	技术进步		
竞争优势	低成本、高效率	柔性	精益	敏捷
制造经济性	规模经济性	范围经济性	范围经济性	集成经济性

第二节 柔性制造系统

一、柔性制造系统产生的历史背景

自20世纪五六十年代以来,一些工业发达的国家与地区在达到了高度工业化水平以后,就进入了从工业社会向信息社会转化的时期。这个时期的主要特征是对数字计算机、遗传工程、光导纤维、激光、海洋开发等新技术日益广泛深入的应用。当时人们估计,20世纪末到21世纪初,将出现一种新情况,现在已突破的和将要突破的新技术会很快地应用于生产或社会,给社会生产力带来新的飞跃,并相应地为经济、社会带来新变化。对于机械制造业来说,对其发展影响最大的就是计算机的应用,随之出现了机电一体化的概念,如数控(NC)、计算机数控(CNC)、分布式数控(DNC)、计算机辅助制造(CAM)、计算机辅助设计(CAD)、成组技术(GT)、计算机辅助工艺设计(CAPP)、计算机辅助几何设计(CAGD)、工业机器人(Industrial Robot)等新技术。

由于这些技术的综合应用,20世纪70年代末80年代初出现了"柔性制造系统"(FMS),这是一个由计算机控制的自动化加工系统,它可以同时加工形状相近的一组或一类产品。柔性制造系统是一种广义上可编程的控制系统,它具有处理高层次分布数据的能力,支持自动化物流,从而实现小批量、多品种及高效率的制造,以适应不同产品周期的动态变化。这种技术的出现是多种内在的和外部的因素共同作用的结果,但最根本的原因有两个:一是市场发展的需要;二是科学发展到一个新阶段,为新技术的出现提供了一种可能性。

1.从市场的特点来看

20世纪初,工业化形成初期,市场对产品有充足的需求。这一时期的特点是,产品品种单一、生命周期长,产品数量迅速增加,各类产品的开发、生产、销售主要由少数企业控制。这促使制造企业通过采用自动机或自动生产线来提高生产效率以满足市场的需求。

20世纪60年代后,世界市场发生了很大的变化,对许多产品的需求呈现饱和趋势,在这种饱和的市场中,制造企业面临着激烈的竞争。企业为了赢得竞争就必须按照用户的不同要求开发出新产品。这个时期市场的变化,归纳起来有以下特征。

(1)产品品种日益增多。为了赢得竞争,生产企业必须根据用户的不同要求,不断开发新产品,即所谓的"量体裁衣"。为适应用户需求的多变,企业必须改变旧有的适用于大批量生产的自动生产线生产方式,代之以应变能力强的、能快速适应生产新产品的新生产形式,寻求一条有效途径解决单件小批量生产的自动化问题。

(2)产品生命周期明显缩短。生产生活的需要对产品的功能不断提出新的要求,同时,技术的进步为产品的不断更新提供了可能,从而使产品的生命周期越来越短,以汽车为例,1970年平均生命周期为12年,1980年缩短为4年,1990年仅为18个月。

(3)产品交货期缩短。缩短从订货到交货的周期是赢得市场竞争的重要手段。

2.从科学技术的发展条件来看

近40年来,科学技术几乎在各个领域都发生了巨大变化,据英国技术预测专家詹姆斯·马丁测算,人类的科学知识在19世纪是每50年增加1倍,20世纪中叶是每10年增加1倍,20世纪70年代是每5年增加1倍,2002—2012年是每3年增加1倍。

计算机辅助制造技术的发展应从数控机床的发展算起,自1952年美国麻省理工学院研制成功第一台数控铣床,计算机辅助制造技术就被公认为是实现单件、小批量自动化生产的有效途径,仅几十年的时间,就有了飞速的发展。先是控制元器件方面的不断革新,电子管、晶体管、小规模集成电路、中规模和大规模集成电路相继出现。与此同时,机床本身也在机械结构和功能方面有了极大的进展,例如,滚珠丝杠、滚动导轨、调频变速主轴的应用,都给机床的结构带来了极大的变化。

20世纪70年代初期出现了CNC,为计算机软件的发展带来了一个极大的转机。过去的硬件数控系统要进行某些改变或是增加一些功能,都要重新进行结构设计,而CNC系统只要对软件做一些修改,就可以适应一种新的要求。与此同时,工业机器人和自动上下料机构、交换工作台、自动换刀装置都有了很大的发展,于是出现了自动化程度更高、柔性更强的柔性制造单元(FMC),又由于自动编程技术和计算机通信技术的发展而出现了一台大型计算机控制若干台机床,或由中央计算机控制若干台CNC机床的计算机直接控制系统,即DNC。20世纪70年代末80年代初,随着计算机辅助管理、物料自动搬运、刀具管理、计算机网络、数据库技术的发展,以及CAD/CAM技术的成熟,出现了系统化程度更高、规模更大的柔性制造系统,即FMS。

美国目前的全功能柔性制造系统已应用于航空航天业、军事/国防工业、汽车工业、电子/计算机工业、半导体/光电子工业、食品工业、石油化工业、生物医学工业等方面。

应用柔性制造系统可获得明显效益,主要原因有以下 8 个方面的因素。

(1)利用率高。一般情况下,采用柔性制造系统中的一组机床所获得的生产量是单机作业车间环境下用同等数目机床所获得生产量的 3 倍。通过计算机对零件作业进行调度,一旦某一机床空闲,计算机就调一零件到该机床,因此柔性制造系统可以获得很高的生产率。零件在物料储运系统上的移动和将相应的 NC 程序传输给机床是同时进行的,另外,零件到达机床时已被夹在托盘(此工序在单独的装卸站完成,因此机床不用等待零件的装调)。

(2)降低主要设备成本。由于主要设备利用率高,因而在加工同样数目的零件时,系统所需的机床数目少于单机情况下的机床数目。通常加工中心的减少量是 3∶1 的比例。

(3)降低直接人工成本。由于机床完全由计算机控制,只需要一个系统管理人员和非技术人员在装卸站进行工件的装卸。不过人工成本的降低是以具备熟练技术人员为前提的。

(4)减少在制品的库存量及生产周期。柔性制造系统与常规加工车间相比,其在制品的减少量相当惊人。在设备相同的条件下,采用柔性制造系统可使在制品减少80%,这是零件等待切削加工的时间减少的结果,其原因可以归结为以下 3 点:①生产零件所要求的全部设备集中在一个小范围(柔性制造系统)内。②由于零件集中在加工中心加工,因此减少了零件的装夹次数和加工零件的机床数目。③采用计算机有效地调度投入的零件批量。

(5)能响应生产变化的需求。当市场需求变化或工程变化时,柔性制造系统具有生产不同产品的柔性能力。这是通过具有冗余加工能力,以及可以避开故障机床的物料储运系统来实现的。

(6)产品质量高。柔性制造系统加工的产品同由未连成系统的 NC 机床加工的产品相比,质量得到明显改善。这是由于柔性制造系统具有较高的自动化程度,减少了夹具和机床的数目,夹具结构合理耐用,以及零件与机床匹配恰当,保证了工件的一致性及优良性,也大大减少了返修费用。

(7)运行柔性。运行柔性从另一方面提高了生产率。目前,无人看管运行系统还不普遍,但是随着高质量的传感器及计算机控制器被开发出来,对非预见性问题如刀具破损、零件流阻塞等能进行检测处理,这种无人看管的系统将会被普及。在此种运行方式下,检测、装夹和维护都可以放在第一班进行。

(8)生产力的柔性。在车间平面布置合理的情况下,可以把柔性制造系统初期产量规定得低些,后期再随着需要添加机床,从而增加生产能力。

二、柔性制造系统的定义

至今,对 FMS 尚无统一、严格的定义,许多国家的组织和协会按自己的理解给出了不同的描述。这里引用中华人民共和国国家标准《数控加工生产线 柔性制造系统》GB/T 38177—2019中关于 FMS 的定义:由一组数控设备、计算机信息控制系统和工件自动储运系统有机结合,可按任意顺序加工一组有不同工序与加工节拍的工件,能适时地自主调度管理,因而可在数控设备技术规范范围内自动适应加工工件和生产批量变化的制造系统。它包括多个 FMC,能根据制造任务或生产的变化迅速进行调整,适用于多品种的中、小批量生产。其中的 FMC 由计算机控制的数控机床或加工中心、环形(圆形或椭圆形)托盘输送装置或工业机器人组成,可不停机地转换工件进行连续生产。FMC 的示意图如图 5-1 所示。

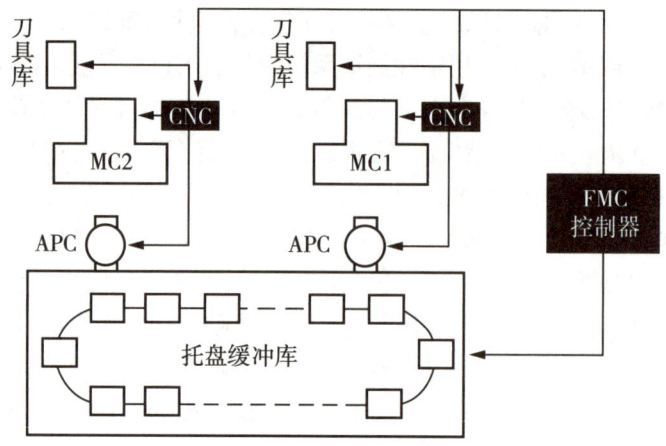

APC—托盘自动交换装置；MC—加工中心；CNC—计算机数字控制

图 5-1　FMC 的示意图

柔性制造系统由两台或两台以上的数控加工设备（CNC 机床、加工中心等）或 FMC 组成，配有物料自动输送装置、自动上下料装置（运输及装载设备、托盘库、自动化仓库、中央刀库等），并具有计算机综合控制功能、数据管理功能、生产计划和调度管理功能及监控功能等。

根据 FMS 在机械制造不同领域的应用，FMS 可分为切削加工 FMS、钣金加工 FMS、焊接 FMS、柔性装配系统等。

三、柔性制造系统的组成

FMS 由制造工作站、自动化物料储运系统和 FMS 管理与控制系统 3 个主要部分组成。

（一）制造工作站

制造工作站主要包括机械加工工作站、清洗站和测量站。

1.机械加工工作站

一般在柔性制造系统中主要的机械加工设备是加工中心，常带有刀库，可实现主轴和刀库的刀具交换，同时还带有自动托盘交换装置。加工中心要集成到 FMS 中，需要满足以下基本条件。

（1）硬接口。硬接口包括托盘自动交换装置（Automated Pallet Changer，APC）和第二刀具交换点。APC 采用多种方式，最为常见的双交换台有平行式和回转式两种类型；第二刀具交换点的功能是使加工中心机附刀库通过刀具机器人实现与外界交换刀具。

（2）软接口。软接口具有通过计算机网络或其他通信接口实现与上级控制计算机通信的功能，通常称为 FMS 接口。接口的功能是接收上级控制机发给加工中心的各种命令和数据，同时也能把各种数据和状态上传给控制机。

2.清洗站

清洗站可以放在柔性制造系统的生产线内，也可分开放置。它可以独立，也可与装卸站并为一体。所谓清洗，主要是指清除切屑和清洗油污，清洗对象包括零件、夹具和托盘。清洗不包括去除零件毛刺，通常去毛刺的工作在生产线外进行，因为它对装卸工作有干扰。通过清洗保证零件在下一工序中的定位、装夹和加工顺利进行。

3.测量站

检验工序有在线和离线两种方式,各有优点。在线检验仪可通过编程令其投入工作,判定加工误差并直接经由中央计算机进行刀具补偿调整。在线检验的最大优点是能迅速确定制造中的问题,但由于一般检验的速度比生产速度低很多,难以做到100%的在线检验。离线检验则由于检验工位离得远、零件定位和夹紧费时或缺少自动检验装置等原因具有滞后性。

(二) 自动化物料储运系统

在柔性制造系统中,一般采用自动化物料储运系统,即物料的运输和存储过程均在计算机的统一管理和控制下自动完成。物料储运包含了两个方面内容:第一,FMS 系统内部的物料装卸、搬运及存储;第二,FMS 系统与外部储运系统或其他自动化制造系统之间的物料储运。在 FMS 系统中采用物料储运系统,并不意味着完全排除人工参与,如在 FMS 物料装卸站常采用人工装卸。

在 FMS 中通常采用的自动化储运设备有传送机、有轨小车、AGV、工业机器人、自动化物料仓库等。

1.传送机

传送机是自动化物料储运系统最早采用的形式之一,由于它造价低廉,控制相对比较容易,所以有广泛的应用。它通常分为带式传送机、滚子式传送机和塑料铰链式传送机等。在自动化制造系统中用传送机直接传送工件或托盘有很多应用实例,更常用的是传送托盘。

传送机的驱动装置一般有牵引式和机械驱动式。牵引式驱动装置适用于载荷轻、传送距离短的工作条件,可采用链条、胶带等牵引。对于载荷较大、传动距离长的工作可采用刚性的机械驱动装置。机械驱动装置又可分为单个驱动和分组驱动两种。

传送机上的托盘在驱动装置的驱动下,随链条或胶带向前平稳运动,其速度随载荷的变化而定。托盘在每个制造工作站前都可以精确定位,存放在托盘上的工件通过机器人等传送装置送入制造工作站处理。工作站处理完毕的工件被送回到传送机的空托盘上。

托盘在传送机上的定位是根据系统控制机的命令自动实现的。一般的方法为在托盘定位的前方运用传感器、滤码器或视觉系统来识别,确定是否需要定位。如需要则令挡销或挡块将托盘挡住,然后令机器人或其他形式的传送设备进行传送机和制造工作站之间的物料交换。

传送机的另一种形式为单轨空架传送机。单轨空架传送机将需要传送的工件放在一个悬挂式托架上,托架在一条长链的拖动下沿固定在厂房上空的空架导轨运动,通过控制驱动长链运动的电动机,确定运行或停止。这种传送带可以节省地面占用空间,但架设空架导轨会提高造价。

传送机具有控制相对简单、单位时间内输送量大、传送设备造价低廉、实施技术要求低、维护方便、工件(或托盘)定位准确性差、设备占地面积较大等特点。

2.有轨小车

有轨小车是一种无人驾驶的自动化搬运设备。有轨小车沿着预先铺设的导轨,在牵引装置的推动下,按照控制指令行走,实现物料的自动传送。有轨小车一般由导轨系统、小车控制器、托盘交换装置、车架及警告和安全装置组成,如图 5-2 所示。

图 5-2 有轨小车

(1) 导轨系统。导轨系统由底座、圆柱形导轨、传动齿条、回零挡块、越限挡块等组成。圆柱形导轨用于承载小车和小车来回运动的导向,传动齿条实现与小车的驱动连接,它们固定在底座上。小车的回零挡块安装在底座的适当位置,当小车的回零开关与导轨上的回零挡块相撞,可使控制小车行走位置的高速计数器清零,同时回零挡块的位置也作为小车行走的参考点。在底座两端装有小车越限挡块,当小车上的极限开关与导轨上的越限挡块相撞时,开关会发出越限急停的信号。

(2) 小车控制器。小车控制器是有轨小车的核心控制单元,它由控制单元和伺服驱动单元组成。它需要有较高的抗振动、抗干扰能力。工业控制机和 PLC 通常作为有轨小车的控制单元。由于 PLC 具有高可靠性,它通过配备高速计数器、通信模块等相应的专用模块,可以充分满足工程的实际需要。有轨小车控制器的控制功能通常包括对小车行走的控制、物料交换控制、与上级控制器的通信、系统故障的处理和安全保护工作等。

(3) 车架。车架是用来固定小车其他部件的,一般由钢架焊接或连接而成。

(4) 警告和安全装置。警告装置用于系统报警时发出蜂鸣声及闪光,以提示操作人员及时进行故障处理,确保设备安全。安全装置是防止系统失控时作辅助控制用,它由光、电传感器或机械式触点开关作为传感元件,辅以其他机构组合而成。物料运输小车的前后两侧和输送装置的左右两侧均装有安全挡板,当小车的安全挡板受到冲击时,它会压合触点开关使系统急停并报警。

(5) 托盘交换装置。托盘交换装置用来实现物料的装卸,使装卸时间大幅减少。

有轨小车具有以下特点:起动速度快,行走平稳,定位精确;承载能力大,适合搬运笨重零件;控制系统相对简便、可靠性高、成本低且易维护;传输路径柔性不高,一般适宜在直线布局的系统中采用。

3. AGV

AGV 是一个具有电磁或光学自动导引装置,可以沿着事先预定的路径运行,具有依据应用需求进行编程和选择停靠点等功能的运输小车。

AGV 具有良好的柔性、高可靠性、容易扩展且易于与其他自动化系统集成,是最具有潜力和优势的 FMS 自动化运输设备。但 AGV 也有其自身的缺点,主要表现为一次性投入成本较高,因而使投资回收期变长。它主要适用于室内,在恶劣的露天环境下不宜采用。另外,磁导向装置的 AGV 不能在金属地面上运行。

尽管 AGV 的形式和使用场合千变万化,但是它的基本组成部分可以分为车架、电池、导向装置、车载充电器、安全装置、车载控制器、通信单元、定位装置、工作平台等。

(1) 车架。车架是 AGV 的主体,它通常采用金属焊接,表面用铝合金面板封装而成。

(2) 电池及车载充电器。AGV 采用的动力源,通常为 24 V 或 48 V 工业电池,由于电池使用时间短,因而电源需要再充电或重新更换。AGV 电池更新的方法通常有充电和更换两大类。充电方式也有两种:随时充电及周期性充电。随时充电方式是指 AGV 空闲时,随时可以到充电区进行充电。周期性充电是指当 AGV 退出服务时,去充电区内长时间充电,充足电后再投入运行,一般来说完成一次充电需 6 h,其中充电时间为 4 h,冷却时间为 2 h,可使用 17 h。AGV 和充电器之间的对接分自动对接和人工对接两种。更换方式是指依据 AGV 的工作时间,如工作了一班或二班后,用充好电的电池将没电的电池替换下来,以满足下一班的生产要求。

(3) AGV 控制系统。AGV 控制系统是 AGV 的重要组成部分,它由车载控制器和地面站控制器构成。车载控制器由中央控制计算机、直流伺服系统驱动单元、电气系统和电磁阀四大部分组成,其中中央控制计算机和直流伺服系统驱动单元是核心部分。中央控制计算机由主机板、A/D、D/A 转换板、计数器板、输入/输出板、导向信号采集板、伺服驱动板等组成。AGV 车载控制器可以实现以下控制功能:①通过脉冲编码器记录 AGV 运行的距离,并以此来控制 AGV 的运行速度和确定 AGV 的位置。②监控各种离散信号的输入,如手动控制信号、安全装置激活信号、电池状态信号、导向限位开关、制动状态等,并做相应处理。③提供输出激发或控制 AGV 的执行机构,如电动机控制器、充电连接器、安全报警系统及导向单元等。④通过通信单元接收地面站控制命令,或反馈小车的状态信息。地面站控制器的主要功能为:①存储 AGV 的运行路径。②生成 AGV 的运动控制命令并经通信单元向 AGV 发送命令。③接收 AGV 反馈的状态信息,并进行分析、处理。④通过通信接口接收上位机的控制命令,或反馈状态信息。⑤采集各类离散信号并做相应处理。

(4) 导向装置。导向装置是用来实现 AGV 朝不同方向运行的控制单元,导向控制单元由导向天线、导向电动机、速度控制器、放大器和导向轮组成。

(5) 定位装置。AGV 要满足实际应用的需求,在任何一个站点定位时都要保证一定的精度。由于 AGV 在地面上运行时是依靠驱动轮转数累计计算运行距离的,受温度、湿度、地面摩擦力等因素的影响,用轮转数计算行程存在误差。

一般行程越大,误差累计也越大,为了保证 AGV 的准确定位,必须设法消除运行误差的累计并选择恰当的定位方法。分段清零是消除累计误差的常用方法,此外,二次定位即粗定位和精定位相结合也是 AGV 消除累积误差常用的定位方法。

(6) 通信单元。通信单元是联系 AGV 与上位机(FMS 控制机或地面站)的桥梁。命令的接收和状态的反馈都得依赖通信单元。通信单元采用的通信方式可分为连续通信和离散通信。

连续通信是指 AGV 和上位机之间一直保持联系,可以随时发送和接收信息。连续通信可通过无线通信和红外线收发器实现。无线通信就是分别在地面站和 AGV 上安装无线电发射装置,以一定的功率和频率发送和接收信息。但它一般易受雷击或别的干扰源(大功率电动机、电焊机等)影响,降低通信质量。目前红外线收发器也是常用的方法。通常在 AGV

上安装一个红外线收发器,然后在 AGV 的运行范围内也安装一定数量的红外线收发器,确保 AGV 运行到任一站点或位置都可以保持和上位机的通信。在我国自行研制的柔性制造系统 BFEC 中,AGV 系统采用的通信单元就是红外线收发器,它在系统内安装了 3 个红外线收发器。离散通信是指 AGV 和上位机通信联系只能在某些事先设定的站点进行,在其他位置则无法通信。

(7) 安全装置。AGV 安全装置是确保 AGV 安全运行的保证系统。它主要是为了避免 AGV 之间、AGV 与周边物体、AGV 与人的碰撞。AGV 上的安全装置通常有两类。第一类是指为防止前后左右侧底层障碍物的碰撞,而在 AGV 的前后左右安装的安全挡圈,因为在安全挡圈上安装有各种碰撞检测传感器,一旦传感器触发,AGV 就会急停。第二类是红外线障碍物检测装置,它安装在 AGV 四周。检测距离通常在 0.3～1 m 内可调,检测装置可以通过检测到的信号做出相应反应。一种反应是将 AGV 减速到 0.6 m/min 左右,并发出警告信号;另一种反应是立即使 AGV 停止。

4.工业机器人

通用工业机器人(机械手)一般由机械主体、传感器、驱动系统和控制器 4 部分组成。如图 5-3 所示为日本三菱公司生产的机械手。

图 5-3　日本三菱公司生产的机械手

机械主体构成了机器人执行动作的基础部件。它通常由机器人基座、关节、手爪等组成。基座是机械主体的基础,通常有移动型和固定型两类。关节与人的关节相类似,工业机器人的关节在控制器的控制下通常可使其上的两个零部件相对移动或转动。工业机器人所配置的关节可分为 5 类,即线性关节、正交关节、回转关节、扭转关节和旋转关节。它们使得机器人的手爪实现灵巧的动作。手爪是接触工作物的部件。它包括手指及安全机构,根据作业对象的不同,有不同种类的手爪供使用者选择。机器人只有借助各种各样的传感器才得以具有实用性和通用性,从而完成许多类似于操作人员所做的工作。机器人的各个关节需要一定的驱动装置来驱动,这些驱动装置可以是电气的、液压的或气动的。控制器是工业机器人的控制和指挥中心,它通过输入设备接收人或其他控制系统的命令进行运送与控制,指挥机器人的基座、关节及手爪执行作业。依据对不同类型的机器人的控制需要,控制器也可以分为不同的类型,通常有点位控制器、连续轨迹控制器、单一动作控制器和智能控制器。

由于工业机器人夹持的重量受到一定限制,因此通常用来传输重量较轻的零件或刀具,在轴类零件 FMS 中机器人得到广泛的应用。另外,由于机器人的工作范围是一定的,有时可通过与有轨小车的组合来延伸其工作范围。

5.自动化物料仓库

在自动化制造系统中,通常希望系统具有较大的存储容量,以便于实现无人化生产。为了达到这一目的,大多系统通过设立自动化物料仓库来解决。

自动化物料仓库又称自动存取系统(Automatic Storage and Retrieval System,ASRS)。自动化物料仓库采用集中式的存储方式,在自动化制造系统的主控系统和物料系统控制机的控制下,实时地完成制造系统中工作站之间的各种物料(如工件、夹具、托盘、刀具、量具等)的传送和存储。自动化物料仓库通常由货架、巷道堆垛机和控制系统等组成。

自动化物料仓库一般可分为平面库和自动化立体库两种。平面库通常应用于大型工件的存储,在一些自动化制造系统,如 FMS 中,又称它为中央托盘库。平面库空间利用率低,在系统规模较小的制造系统中应用较多。自动化立体库采用高层货架,是使用计算机及 PLC 等管理和控制,货物自动地按给定的控制指令通过巷道堆垛机和辅助设备进行入库及出库作业的新型仓库。自动化立体库具有占地面积小、空间利用率高、存储量大、周转快、自动化程度高等特点,在 FMS 等自动化制造系统中得到了广泛的应用,成为现代化生产工厂内物流自动化的重要标志之一。自动化立体库集存储控制和信息管理于一体,在实现物料的自动化管理、加速资金周转、保证生产均衡等诸方面创造了巨大的效益。

(三) FMS 管理与控制系统

1.FMS 管理与控制系统的体系结构

管理与控制系统是 FMS 的核心和灵魂。由于 FMS 管理和控制的难度高,为了降低管理与控制系统的复杂性,简化实施过程,采用横向或纵向的分解与集成而形成多层递阶控制结构。递阶控制结构的优点是将一个复杂的系统分解成几个子系统,减少全局控制和开发的难度。这种体系结构是目前技术最成熟,应用最广泛的。

FMS 管理与控制系统通常可采用三级递阶控制结构,即管理级、系统控制级和设备级。这种控制结构系统内的设备数量不宜过多,FMS 单元控制机直接实施对设备或子系统的实时控制,针对目前计算机性能不断提高,而 FMS 规模向中小型方向发展的情况,这种体系结构是比较适宜的。当 FMS 系统的规模比较大,采用三级递阶控制结构对单元控制机来说负荷较大时,则可在第二、三级中间加入工作站级。

由于 FMS 生产计划控制与调度的作用区域在制造企业递阶控制结构中的车间、单元、工作站、设备层,因此,FMS 生产计划控制与调度是通过对制造过程中物料流的合理计划、调度和控制,来缩短产品的制造周期,减少在制品,降低库存,提高生产设备的利用率,最终达到提高 FMS 生产率的目的。

为了达到上述目的,需要依据 FMS 所采用的体系结构和运行特点对 FMS 生产计划控制与调度的逻辑结构进行合理的规划,提出系统合理的软件配置,确定每个软件的具体功能。

2.FMS 管理系统及其功能

FMS 管理系统的功能是准备 FMS 正常运行的各种数据,;例如作业清单、零件 NC 程序和刀具文件等。有的 FMS 系统，为了在实际系统运行前对作业计划进行验证，要用到仿真软件。仿真软件能完成对作业计划的评估，并为实际系统的运行提供参考。FMS 管理系统软件主要由 FMS 作业计划管理系统、CAM 系统、CAPP 系统和模拟仿真系统组成。

（1）FMS 作业计划管理系统是管理系统软件中的一个重要组成部分，它制订日作业计划，把周、旬或更长时间的计划逐步落实到 FMS 中完成。FMS 作业计划是生产活动（生产准备、加工）的时间表，它根据厂方提供的生产计划（零件种类、供货日期、需求量等），优化得出月、周、日、班 FMS 加工的零件及各班次的刀具配置清单、夹具清单和原材料清单。编制和执行 FMS 作业计划，是为了保证按期、按质、按量完成加工任务。首先要满足生产任务，在规定的交货期内交货，以满足订货和装配要求。其次要使 FMS 有效地运转起来，降低产品成本，提高系统的生产率，由此取得良好的经济效益。

（2）CAM 系统是 FMS 中的一个重要环节。在 FMS 中，所有的加工设备都是数控加工、检测和清洗设备，这些设备都需要用数控加工程序进行控制，因此，FMS 要用到大量的数控加工程序。在 CIMS 环境中，CAM 和 CAD 组成一个独立的功能子系统，通过网络和 FMS 系统相连接。而在本节中，把 CAM 归到 FMS 系统最上层的管理软件中。由于在 FMS 中加工的零件都比较复杂，FMS 对数控加工程序也有特殊的要求，因此，采用 CAM 生成 FMS 所用的数控加工程序是非常重要的。

（3）CAPP 系统是 CAD 和 CAM 的桥梁，该软件提供零件的加工工艺过程，包括零件加工工艺路线、刀具、夹具、量具清单。这些清单是作业计划中的刀具、夹具、量具清单的数据源头。

（4）模拟仿真系统是通过对系统模型的实验去研究一个存在的或设计中的系统。计算机仿真则是借助计算机，用系统的模型对真实系统或设想系统的设计进行实验的一门综合性技术。FMS 仿真在 FMS 的设计阶段用于对系统进行评估，当 FMS 建立后，就用于 FMS 的运行仿真，从而对系统的输入进行评估，以达到优化的目的，并为真实系统的运行提供参考。

3. FMS 控制系统及其功能

FMS 控制系统通常由硬件和软件两方面组成，FMS 控制系统组成如图 5-4 所示。

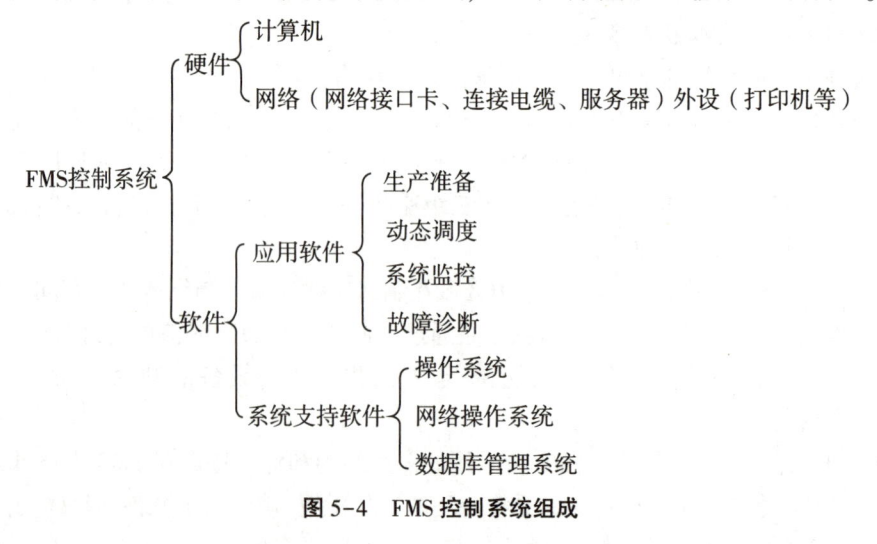

```
                    ┌ 计算机
            ┌ 硬件 ┤
            │      └ 网络（网络接口卡、连接电缆、服务器）外设（打印机等）
FMS控制系统 ┤
            │            ┌ 生产准备
            │      ┌应用软件┤ 动态调度
            │      │     │ 系统监控
            └ 软件 ┤     └ 故障诊断
                   │            ┌ 操作系统
                   └ 系统支持软件┤ 网络操作系统
                                └ 数据库管理系统
```

图 5-4　FMS 控制系统组成

FMS 控制系统的基本功能如下。

(1)传送数据(如物料参数、NC程序、刀具数据等)给FMS中的物料系统和加工设备。

(2)协调FMS中各设备的活动,保证把工件和刀具及时地提供给加工设备,使加工设备高效运转。

(3)提供友好的操作界面,使操作人员能够输入数据,控制和监视FMS的运行。

(4)当FMS发生故障,能帮助操作人员进行故障诊断和故障处理。

下面详细介绍应用软件。

(1)生产准备。任何一个FMS自动运行前必须完成生产准备工作。生产准备工作可以在每天下班前或上班后系统自动运行前进行。生产准备的主要内容有以下方面。

①获取生产作业计划、工艺计划与NC程序。在系统自动运行前,需要从车间控制器或系统决策支持机中获取当天系统加工所需的FMS作业计划,有的系统中获取的是双日班计划。在获取作业计划的同时下载相应的刀具需求计划和物料需求计划,检查完成该作业计划中零件加工所需的工艺计划和NC程序是否齐备,如不全则从CAD/CAM系统或上位机中获取。

②刀具准备。由于刀具准备需要一定的时间,为了保证FMS有较高的生产率和加工设备利用率,一般情况下,当天系统加工所需的刀具在系统运行前都已事先进入系统。除非加工中出现刀具破损或刀具寿命到期的情况,才临时从系统外进刀。因此,在FMS开工前,应当依据刀具需求清单,事先将所需的刀具进行装配、对刀,并通过生产准备系统将刀具送入FMS的中央刀库,相应的刀具参数存入FMS单元控制机的数据库系统中和刀具管理控制机上。对不设中央刀库的FMS应将刀具送入相应的制造工作站的机附刀库中。

③工装与工件毛坯准备。工装准备是指准备FMS完成当日作业计划所需的夹具并将其安装到随行托盘上,调整完毕。对于使用较为复杂的柔性夹具,准备的周期应适当加长,因为夹具的安装和调整时间与使用夹具的复杂程度和操作人员的技术水平相关。毛坯准备是指将需在FMS中加工的零件毛坯送到现场或存放在物料库中。

④系统配置与数据核对。因为一个FMS可能包括多台加工设备,有时系统运行时,依据作业的需要或某种特殊的情况(设备临时维修等),某台设备决定临时离线,可通过生产准备系统进行系统设置。系统数据核对也是FMS运行前的一项重要工作,因为系统中每一个数据的变化都将直接影响系统的运行,可能会因一个微小的数据错误造成系统的严重故障,通常采用的办法是将存放在不同位置的数据进行校验,如将存放在单元控制机数据库中的数据与制造工作站的数据校验,一旦发现差异就进行人工校核,并通过生产准备系统中的数据管理系统进行纠正。

生产准备除了完成上述4个主要内容外,一般还具有一些对系统中的单个设备或子系统进行单步控制的功能,通过单步控制功能对系统进行操作,可以使得单元控制机上的数据和制造工作站或底层设备上的数据保持一致。如果通过底层设备控制器对所控制的设备进行单步操作,则往往会造成上下数据的不一致,给系统维护造成一定的麻烦。

(2)动态调度。动态调度就是协调各子系统之间的合作关系;实现工件流、刀具流和信息流自动化传输;使FMS能高度自动化地加工。动态调度系统是FMS控制系统的核心内容,它将FMS生产作业计划调度与控制问题在时间与空间上进行分解。

FMS的运行过程中设备状态的变化是十分复杂的,面对这种复杂和快速的实时状态变化,动态调度系统必须做出实时的反应,使FMS整个系统保持正常、优化运行。因此,FMS实时动态调度是一项十分复杂的任务。每发出一个实时动态调度命令,首先需要采集系统内所有设备的实时状态数据,并对这些数据进行分析;在数据分析的基础上结合调度优化策略,进行系统运行优化决策,最后生成实时动态调度命令。

因此,要开发这样复杂的控制系统必须要有一套有效的工具和严格的方法来保证开发的成功,通常称这种辅助开发工具为系统建模工具。对离散控制系统常用的系统建模工具有排队论、Petri 网理论、活动循环图(Activity Cycle Diagram,ACD)法等。

在 FMS 调度中存在许多决策点,如工件的投入、工件选择设备、设备选择工件、传送设备选择、成品退出系统等,这些决策点需要动态调度系统依据一定的原则做出正确的决策,确保系统运行优化。

(3)系统监控。系统监控是监视整个 FMS 的运行工况,使操作人员随时能了解整个 FMS 的运行状态。它能统计出以下系统数据:①设备利用率和准备时间。②发生故障的平均间隔时间、故障时间。③零件投入时间。④每个零件的循环时间。⑤操作人员开关系统的时间。⑥零件加工时间。⑦缓冲区利用率。⑧设备状态信息。

上述统计数据按班、日、周、月和年收集起来作为累积资料,供以后分析参考使用。这些数据也可按照系统管理人员的需要,按一定的时间间隔存储到数据库中或打印保存。

(4)故障诊断。故障诊断系统就是诊断出 FMS 各子系统的故障类型,做出对故障处理的决策,把故障信息提示给系统操作人员等。

四、FMS 实例

(一) FMS-500 系统概况

FMS-500 是针对液压壳体零件加工的中小型柔性制造系统,具有一班无人值守自动加工的能力。FMS-500 由两台卧式加工中心、自动化工件储运系统、自动化刀具储运系统、FMS 控制系统和决策管理系统组成。

自动化工件储运系统由中央托架库、装卸站和有轨小车组成,为了完成一班无人值守自动加工,中央托盘库的容量为 12 个,托盘尺寸为 500 mm×500 mm。在自动化工件储运系统控制机的控制下,可以以手动、半自动、全自动 3 种方式实现中央托盘区、加工中心和装卸站三者之间工件的运送与交换。有轨小车的平均运行速度为 24 m/min,重复定位误差小于 0.5 mm,最大载重量为 500 kg。

自动化刀具储运系统由刀具容量为 210 把刀的中央刀库、4 个自由度的直角坐标换刀机器人、具有 24 个刀位的刀具交换站和刀具预调仪所组成。换刀机器人夹持刀具的最大重量为 18 kg,平均运行速度为 24 m/min,重复定位误差小于 0.5 mm。换刀机器人可以在机床加工过程中进行加工中心机附刀库与中央刀库的刀具交换。

刀具预调仪用于测量进入系统刀具的实际尺寸,测量结果传送给 FMS 系统控制机(单元机),再由单元机把该数据信息传给相应的加工中心控制器,以便加工中心加工工件时使用。

刀具进出口站是刀具进入或退出系统的暂存装置,其容量为 22 个刀位,每个刀位有红、绿指示灯,用于指示刀具是进入还是退出系统。退出系统的刀具由换刀机器人放入刀具出口站,再由操作人员取出;进入系统的刀具由操作人员放入刀具进口站,再由系统换刀机器人送入系统。

换刀机器人用于刀具在中央刀库、机床刀库和刀具进出口站之间的装卸和传输。这种交换可在机床加工的同时进行,不需要停止机床加工,从而形成一个无准备时间的连续加工过程。FMS-500 中的两台加工中心为型号相同、功能一致的卧式加工中心,分别拥有容量为 60 把的机附刀库,具有随机换刀的功能;具有刀具破损自动检测,以及工件尺寸和位置自动测量的功能。

(二) FMS-500 系统递阶控制结构与系统功能

FMS-500 采用三级递阶控制结构,第一级为管理决策支持级,第二级为单元控制级,第三级为设备控制级。第一级和第二级用以太网(Ethernet)连接,第二级和第三级用工业控制网络连接。由于加工中心控制器不直接具备与工业控制网络的连接,系统中通过网关(Gateway)与加工中心控制器连接。

1. 第一级——管理决策支持级

在管理决策计算机上运行的应用软件如下所示。

(1) 自动编程。该软件能进行数控加工程序编制,具有处理由直线、圆弧和列表曲线组成的零件轮廓,以及加工中心的钻、镗加工的能力;按加工中心配置进行后置处理;具有图形模拟显示功能,可直观检查编程的效果,作为对编程正确性的初步认定。

(2) 作业计划编制。能提供周作业计划和日作业计划,周作业计划内容为一周内将要加工的零件种类、数量及所需要的毛坯种类、数量等;日作业计划内容为每天(或班)所要用的刀具、夹具清单及零件 NC 加工程序等。

(3) 作业计划仿真。通过人机交互方式输入,可在一定的范围内进行系统平面布局的调整和配置的修改。通过对作业计划的仿真,建立系统运行中的各种状态记录,实现对系统的数字仿真和动态图形仿真,并输出仿真结果(包括各设备利用率、系统生产率等),验证作业计划的合理性,为系统的实际运行提供参考。

(4) CAPP。可以为 FMS 上加工的 33 种零件建立 CAPP 库,该库有 4 个子库,各用相应的程序模块实现。这 4 个子库包括工艺路线库、设备目录清单、工序库(主要是数控加工工序)和图形库,这些库可随时提供检索调用;可以对库内任何一种零件的工艺过程进行修改,从而产生其他同类零件的工艺过程;可以绘制工序图;可以输出工艺文件。

2. 第二级——单元控制级

在 FMS 单元控制机上运行的应用软件如下所示。

(1) 生产准备。通过人机界面进行系统配置、系统初始化(系统设备状态检测、刀具和物料系统数据核对等),获取日作业计划,编辑、获取零件 NC 程序、系统内设备的单步操作等。

(2) 动态调度。研究生产作业计划和系统设备的状态,实时控制整个 FMS 的生产过程。在正常情况下,实时动态调度有 3 种结束的可能:第一种为本班的加工时间已到;第二种为本班日加工计划已完成;第三种为操作人员人为中断。当实时动态调度完成加工任务后,自动将系统的各种参数存到数据库中,待下一班开工时使用。

(3) 系统状态监视与诊断。系统监视实现图形动画显示 FMS 的运行工况,当一班结束后能统计设备利用率、系统生产率、系统工作时间、加工零件数量、刀具的使用情况等。在 FMS 发生故障时,诊断软件会把故障类型及故障的解释显示出来,以便操作人员了解故障情况,通知维修技术人员进行维修。

3.第三级——设备控制级

(1)刀具预调仪。完成刀具数据采集和刀具数据传送。

(2)加工中心控制器。完成数控加工、刀具与零偏数据传送,以及系统状态监控。

(3)工件传送控制器。实现过程控制和物料数据传送。

(4)刀具传送控制器。实现过程控制和刀具数据传送。

(三)FMS-500 的特点

(1)功能完整、可靠性高。以箱体类零件为加工对象的生产实用型 FMS,系统功能完整、可靠性高。

(2)采用基于现场总线的工业控制局域网。设备层通信基于现场总线技术开发的工业控制实时局域网,具有速度快、可靠性高、实时性好、成本低等特点,并实现了与 FMS 底层设备的互联。

(3)采用实时多任务操作系统 DMOS。基于 DOS 环境开发的实时多任务操作系统 DMOS,充分满足了 FMS 等工业过程实时、并发控制需求。

(4)故障处理、故障容忍和系统再调度能力强。动态调度和在线故障诊断技术的结合,大大提高了系统的故障处理、故障容忍和系统再调度能力。

(5)具有随机换刀、断刀、姊妹刀、刀具寿命管理与控制功能。

(6)将工件和零偏在线测量装置集成到 FMS 中。

(7)系统面向 CIMS 集成环境开发,具有计划下载、制造信息反馈等纵向集成功能。

(8)性价比高,配置灵活。

第三节 敏捷制造

一、敏捷制造产生的背景

20 世纪 70 年代—80 年代,美国由于政策导向失误,其制造业在世界市场所占份额不断下降,逐渐丧失制造领域的霸主地位。为了恢复美国制造业在世界上的领导地位,20 世纪 80 年代末,美国国会指示国防部拟订一个制造技术发展规划,要求同时体现美国国防工业与民品工业的共同利益,并要求加强政府、工业界和学术界的合作。

敏捷制造

在此背景下,美国国防部委托理海大学与通用汽车等大公司一起研究制定一个振兴美国制造业的长期发展战略,最终于 1994 年完成了《21 世纪制造业发展战略》报告,在此报告中提出了"敏捷制造"(AM)的概念。

二、敏捷制造的内涵、特点及关键要素

1.敏捷制造的内涵

敏捷制造是在先进柔性生产技术的基础上,通过企业内部的多功能项目组(团队)与企业外部的多功能项目组(团队)组成虚拟企业这个动态多变的组织机构,把全球范围内的各种资

源,包括人的资源集成在一起,实现技术、管理和人的集成,从而能够在整个产品生命周期内最大限度地满足用户的需求,提高企业的竞争能力,获得企业的长期效益。敏捷制造是在"竞争→合作→协同"的机制下,实现对市场需求做出灵活快速反应的一种生产制造新模式,如图5-5所示。

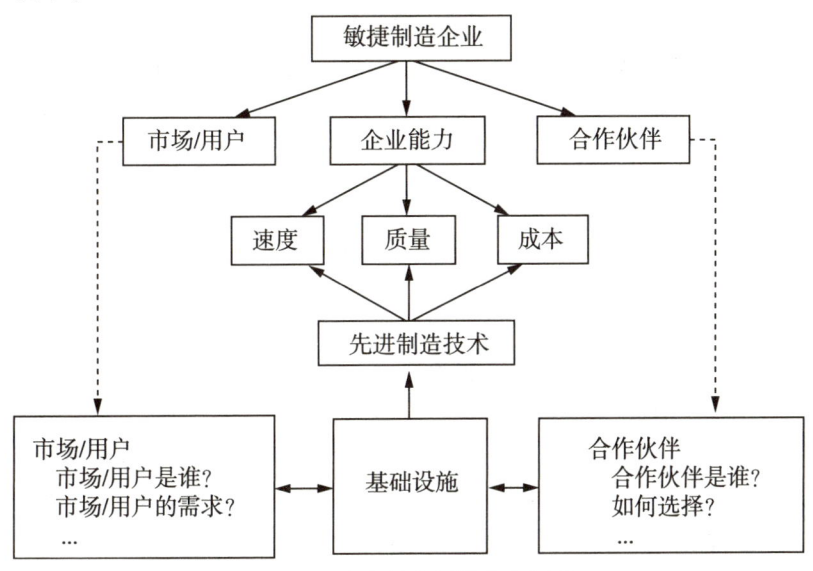

图5-5 生产制造新模式流程图

2.敏捷制造的特点

敏捷制造的目标是快速响应市场的变化,抓住转瞬即逝的机遇,在尽可能短的时间内向市场提供高性能、高可靠性且价格适宜的环保产品。为了实现这一目标,实现敏捷制造的企业应具有如下特点:①技术研发能力强。②具有柔性的生产能力。③能够个性化生产。④企业间的动态合作紧密。⑤能够激发员工的创造精神。⑥具有新型的用户关系。

3.敏捷制造的关键要素

敏捷制造的目的可概括为将柔性生产技术,有技术、有知识的劳动力与能够促进企业内部和企业之间合作的灵活管理集成在一起,通过所建立的共同基础结构,对迅速改变的市场需求做出快速反应。敏捷制造主要包括3个要素,即生产技术、管理和人力资源。

三、敏捷制造的组织形式——虚拟企业

1.产生背景

20世纪90年代以来,随着科技进步和社会发展,世界经济发生了重大变化。人们根据生产、工作和生活的需要,对产品的品种与规格、花色式样等提出了多样化和个性化的要求,企业面对不断变化的市场,为求得生存与发展必须具有高度的生产柔性和快速反应能力。为此,现代企业向组织结构简单化、扁平化的方向发展,并产生了能将知识、技术、资金、原材料、市场和管理等资源联合起来的虚拟企业。

虚拟企业(Virtual Enterprise,VE)是敏捷制造在企业组织形式上提出的核心概念。它是企业间在不涉及所有权的前提下,为赢得某一市场机遇而结成的非永久性企业动态联盟。敏捷

虚拟企业(Agile Virtual Enterprise)是对市场变化能够快速反应的虚拟企业。

2.定义

虚拟企业又称动态联盟,是面向产品经营过程的一种动态组织结构和企业群体集成方式,是由一些独立公司组成的临时性网络,这些独立的公司包括供应商、客户,甚至竞争对手,它们通过信息技术组成一个整体,共享技术、共担成本,并可以进入彼此的市场。虚拟企业没有办公中心、组织章程和等级制度,也没有垂直体系。具体来说,虚拟企业是指企业群体为了赢得某一个机遇性市场竞争,把某复杂产品迅速开发生产出来并推向市场,由一个企业内部有优势的不同部分和外部有优势的不同企业,按照资源、技术和人员的最优配置,快速组成的一个功能单一的临时性经营实体。

四、敏捷制造在车灯模具制造中的应用实例

车灯模具生产批量小,一般为单件生产,至少是一模多腔;而且制造工艺较复杂,需要用到许多非标准件,而这些不可能由某个厂家单独完成。任何大而全、小而全的制造模式均会造成效益低下,因而需要优化组合或形成企业动态联盟。

车灯模具的服务对象主要是那些实力雄厚的汽车生产企业,而这些企业的产品更新换代快,需要采用异地设计、异地制造、网络传送有关信息及CAD/CAPP/CAM一体化等先进制造技术,这为实施敏捷制造模式提供了机会。在设计制造轿车车灯注塑模具的过程中,按照敏捷制造思想组织了开发团队,引用了动态联盟模式,采用并行工程的一些方法,较好地完成了车灯模具的设计与制造,建立了较完善的敏捷制造体系。

在应用敏捷制造模式过程中,上海小糸车灯有限公司建立的车灯模具敏捷制造系统主要包括以下方面。

(1)结构上包括信息层和工程层。信息层主要采用Internet技术,一方面建立企业内部网络,同时对外与用户联系,寻找合作伙伴,迅速对市场做出反应。工程层主要采用并行工程的一些方法,以企业动态联盟的形式开展异地设计和异地制造。

(2)基于Internet技术的信息交互。采用基于Web的客户机/服务器,利用通用网关接口(CGI)等方式实现静态访问和动态访问。

(3)动态联盟的组织形式。依据车灯模具开发的特点,考虑到独家包揽方式会造成低效益,故采用了企业动态联盟组织形式。该动态联盟由盟主(车灯模具承接单位)和若干合作单位组成,按照并行工程思想组织开发团队,团队由那些熟悉市场并具有注塑模具和组织经验的人员组成。

该联盟包括3个组织层次:紧密关系层(利益共享,风险共担)、合作关系层(相互信任,长期互惠)和松散关系层(货比三家,以质论价)。

B5新型车的总体由上海大众合作设计,整车外形确定以后,部分关键车灯由日本小糸公司根据所定外形和光学要求设计,车灯模具由上海小糸车灯有限公司设计制作,经注塑成型做出车灯制品,最后由上海大众组装到车体上,这一过程涉及国内外多个厂家。上海小糸车灯有限公司的车灯模具敏捷制造模式的应用实践表明,敏捷制造模式不仅解决了以往独家包揽造成的低效益问题,而且可以通过多个专业厂家的有效联合来设计制造出用户满意的产品,达到快速响应市场的目的。

第四节 精益生产

一、精益生产产生的背景

精益生产(Lean Production,LP)是衍生自丰田生产方式的一种管理哲学,其发展的环境是:当美国汽车工业处于发展的顶点时,日本的汽车制造商是无法与其在同一生产模式下进行竞争的。丰田公司在参观美国的几大汽车厂之后发现,在美国企业管理模式中,特别是人事管理方面存在着难以被日本企业接受之处。

在当时的环境下,丰田公司不可能也不必要走大批量生产方式的道路,其管理人员根据自身的特点,逐步创立了一种独特的多品种、小批量、高质量和低消耗的生产方式——精益生产。

1973年的石油危机,给日本的汽车工业带来了前所未有的机遇,大批量生产所具有的弱点日趋明显,与此同时,丰田公司的业绩开始上升,质量、产量和效益都跃上一个新台阶,在1980年一举超过美国的汽车制造企业,成为当时的世界汽车之王。随着丰田公司与其他汽车制造企业的距离越来越大,精益生产方式开始真正为世人所瞩目。

精益生产与大批量生产的最大区别在于大批量生产只强调质量"够"好即可,因此难免存在着缺陷;而精益生产则追求完美(低价格、零缺陷、零库存和多品种)。

二、精益生产的内涵与特征

1.精益生产的基本概念

(1)精益生产是通过系统结构、人员组织、运行方式和市场供求等方面的变革,使生产系统能很快适应用户需求的不断变化,并能使生产过程中一切多余的东西被精简,最终达到包括市场供销在内的生产各方面最好的结果。

(2)精益生产是新时代工业化的标志——只需要一半的劳动强度,一半的制造空间,一半的工具投资,一半的设计、工艺编制时间,一半的产品开发时间和少量库存。

(3)精益生产的精髓在于"Lean"——"没有冗余、精打细算",没有一个多余的人,没有一样多余的东西,没有一点多余的时间;岗位设置必须是增值的,不增值的岗位一律撤除;要求工人是多面手,可以互相顶替。

2.精益生产的特征

(1)以用户为"上帝"。适销的产品、适宜的价格、优良的品质、快捷的交货速度、优质的服务是面向用户的基本内容。

(2)以"人"为中心。人是企业一切活动的主体,应以人为中心,大力推行独立自主的小组化工作方式。充分发挥一线职工的积极性和创造性,使他们积极地为改进产品质量献计献策,使一线工人真正成为"零缺陷"生产的主力军。

(3)以"精简"为手段。精简组织结构,减去一切多余环节和人员;采用先进的柔性加工设备,降低加工设备的投入总量;减少不直接参加生产活动的工人数量;用JIT和公告牌等方式管理物料,减少物料的库存量及其管理人员和场地。

(4)综合工作组和并行设计。综合工作组是由不同部门的专业人员组成,以并行设计的方式开展工作的小组。该小组全面负责同一型号产品的开发和生产,其中包括产品设计、工艺设计、预算编写、材料购置、生产准备及投产等,还担负根据实际情况调整原有设计和计划的责任。

(5)JIT供货的方式。某道工序在必要的时刻才向上道工序提出供货要求。JIT供货使外购的库存量和在制品的数量达到最小。与供货企业建立稳定的协作关系是保证JIT供货能够实现的措施。

(6)"零缺陷"的工作目标。精益生产所追求的目标不是"尽可能好一些",而是"零缺陷"。即最低的成本、最好的质量、无废品、零库存与产品的多样性。

三、精益生产的体系结构

如果把精益生产体系看作一幢大厦,那么大厦的基础就是计算机网络支持下的小组工作方式。在此基础上的三大支柱是:①JIT,它是缩短生产周期、加快资金周转和降低成本、实现零库存的主要方法。②GT,它是实现多品种、小批量、低成本、高柔性,按顾客订单组织生产的技术手段。③全面质量管理(TQM),它是保证产品质量、树立企业形象和达到无缺陷目标的主要措施。

(一)JIT

1. JIT的概念

JIT即Just In Time的缩写,该词本来的含义是:"在需要的时候,按需求量生产需要的产品"。当今的市场环境已经从"只要生产得出来就卖得出去"变成了"只能生产能够卖得出去的产品"。对于企业来说,各种产品的产量必须能够灵活地适应市场需求量的变化,否则由于生产过剩会引起人员、设备、库存费用等一系列的浪费。避免这些浪费的方法就是实施JIT,只在市场需要的时候生产市场需要的产品。所以,JIT是实现零库存目标、杜绝浪费的有效手段。它以准时生产为出发点,首先设法解决生产过量的浪费问题,进而解决其他方面(如设备布局不当、人员过多等)的浪费问题,并对设备、人员等资源进行调整。如此循环使成本不断降低,计划和控制水平也随之提高。

2. JIT的原则

(1)后道工序向前道工序提取零部件。与传统的"推动"生产方式不同,JIT是一种"拉动"的生产方式。JIT的部件仅在后道工序提出要求时才生产,后道工序需要多少,前道工序就生产或供应多少。各工序间以"看板"作为信息的载体,后道工序根据"看板"向前道工序取货,前道工序按"看板"要求只生产后道工序取走数量的工件作为补充,现场操作人员根据"看板"进行生产作业。

(2)化大批量为小批量,尽可能按件传送。各工序之间一般都避免成批生产和成批搬运,要求尽可能做到必要的时候只生产一件,只运送一件,任何工序不准生产额外的数量,宁可中断生产,也绝不积压在制品。

3. JIT的优点

JIT生产管理方式与传统生产管理方式相比,具有以下优点。

(1)无滞留。由于生产中各工序的操作人员都按同步的节拍操作,生产进度不是传统方式下以最慢的节奏控制,而是受"拉动"控制,使生产能保持在平均速度上。当某道工序结束时,整个生产同步进入下道工序,在生产过程中无滞留时间。

(2)无积压。生产过程实现同步化,不仅前后道工序在时间上衔接紧凑,在空间上也减少了在制品的积压,节省了费用与生产空间。

(3)提高了操作人员的积极性。由于是按照一个统一的原则对整个生产系统进行管理,这就增加了操作人员的集体感。当操作人员处在这样一种集体行动中,会产生相互激励的精神,其生产积极性就会得到提高。

(4)有利于生产管理功能的整体优化。JIT不仅考虑生产局部的同步化,而且考虑企业整体生产的同步化问题。它克服了传统方法中质量管理、设备维修和技术工艺管理相脱节的弊端,形成个人、班组、工序、车间乃至全厂层层配套的管理网络系统。

(二)GT

成组技术是精益生产的基本条件,是提高生产柔性、实现高柔性目标的有效手段。

(三)TQM

全面质量管理是实现"无缺陷"目标的有效手段,也是提高企业总体效益和生产柔性的方法。

思考题

1. 柔性制造的概念是在什么样的背景下出现的?
2. 柔性制造系统主要由哪几部分构成?各部分的功能是什么?
3. 什么是CIMS?
4. CIMS由哪几个部分组成?各部分之间的关系是什么?
5. CIMS在我国发展现状如何?我国应采取什么样的CIMS发展策略?
6. CIMS今后将如何发展?
7. 简述精益生产的特征。

第六章
智能控制技术基础

学思课堂

中国现阶段的教育目的是培养学生的创新精神和实践能力，让他们成为社会主义事业的建设者和接班人。近年来，随着时代社会发展，尤其是在强调工匠精神的当下，学生不仅要学好专业知识，还要提高素养目标。习近平总书记在全国高校思想政治工作会议上强调："各类课程都要与思想政治理论课同向同行，形成协调效应。"这使学生认识到了专业知识与素养目标具有同等的重要性。

情境导入

智能控制的概念出现于20世纪60年代。当时，学习控制的研究十分活跃，并获得了较好的应用。例如，自学习和自适应方法被开发出来，用于解决控制系统的随机特性问题和模型未知问题；1965年，美国普渡大学傅京孙（K.S.Fu）教授首先把AI的启发式推理规则用于学习控制系统；1966年，美国门德尔（J.M.Mendel）首先主张将AI用于飞船控制系统的设计。随着20世纪80年代中期人工神经网络研究的再度兴起，控制领域研究者提出并迅速发展了充分利用人工神经网络良好的非线性逼近特性、自学习特性和容错特性的神经网络控制方法。

随着研究的展开和深入，形成智能控制新学科的条件逐渐成熟。1985年8月，IEEE在美国纽约召开了第一届智能控制学术讨论会，讨论了智能控制原理和系统结构。由此，智能控制作为一门新兴学科得到了广泛认同，并取得迅速发展。

随着智能控制方法和技术的发展，智能控制迅速走向各种专业领域，应用于各类复杂被控对象的控制问题，如工业过程控制系统、机器人系统、现代生产制造系统、交通控制系统等。

第一节　智能控制概述

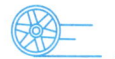

一、智能控制的发展历史

从 20 世纪 60 年代起,由于空间技术、计算机技术及人工智能技术的发展,控制界学者在研究自组织、自学习控制的基础上,为了提高控制系统的自学习能力,开始注重将人工智能技术与方法应用于控制系统。1965 年,美国著名控制论专家 Zadeh 创立了模糊集合论,为解决复杂系统的控制问题提供了强有力的数学工具;美国著名科学家 Feigenbaum 着手研制世界上第一个专家系统;傅京孙首先提出把人工智能中的直觉推理方法用于学习控制系统。1996 年,Mendel 进一步在空间飞行器的学习控制系统中应用人工智能技术,并提出"人工智能控制"的概念。直到 1967 年,Leondes 和 Mendel 才首先正式使用"智能控制"一词,并把记忆、目标分解等一些简单的人工智能技术用于学习控制系统,提高了系统处理不确定性问题的能力。

从 20 世纪 70 年代开始,傅京孙、Glorios 和 Saridis 等从控制论角度进一步总结人工智能技术与自适应、自组织、自学习控制的关系,正式提出智能控制就是人工智能技术与控制理论的交叉,并创立人-机交互式分级递阶智能控制的系统结构。在 20 世纪 70 年代中后期,以模糊集合论为基础,从模仿人的控制决策思想出发,智能控制在规则控制上也取得了重要的进展。20 世纪 80 年代以来,由于计算机的迅速发展及人工智能的重要领域——专家系统技术的逐渐成熟,使得智能控制和决策的研究及应用领域逐步扩大,并取得了一批应用成果。20 世纪 80 年代后期,神经网络的研究获得了重要进展,为智能控制的研究起到了重要的促进作用。

二、智能控制的分支

目前关于智能控制的研究和应用沿着几个主要的分支发展,其分支主要有专家控制、模糊控制、神经网络控制、学习控制、基于知识的控制、复合智能控制、基于进化机制的控制、自适应控制等。有的已在现代工业生产过程与智能自动化方面投入应用。

专家控制是由 K.J.Astrom 将人工智能中的专家系统技术引入到控制系统组成的一种智能控制。借助专家系统技术,将常规的 RLS 控制、最小方差控制等不同方法有机结合起来并能根据不同的情况分别采取不同的控制策略。

模糊控制自 1965 年 Zadeh 教授创建模糊集理论和 1974 年英国的 Mamdani 成功地将模糊控制应用于蒸汽机控制以来,得到了快速的发展和广泛的应用。模糊控制是基于模糊推理、模仿人的思维方式,对难以建立精确数学模型的对象实施的一种控制,成为处理推理系统和控制系统中不精确和不确定性的一种有效方法。其构成了智能控制的重要组成部分。

神经网络控制是另一类智能控制的重要形式。神经网络模拟人的大脑神经结构和功能,具有很强的自学习和自适应功能。其发展迅速,在系统控制、系统辨识、故障诊断和容错控制中得到很好的应用并成为当今智能控制中的研究热点领域之一。

学习控制是一种能在其运行过程中逐步获得受控过程及环境的非预知信息,积累控制经验,并在一定的评价标准下进行估值、分类、决策和不断改善系统品质的自动控制。学习控制具有搜索、识别、记忆、推理 4 个主要功能。傅京孙指出:"几乎所有的学习算法都具有相似的学习特性"。较复杂的在线学习技术的实现需要高速度和大容量的计算机。

各种智能控制方法的交叉应用是当前智能控制领域主要发展方向之一。在模糊神经网络控制、专家控制、模糊控制、神经网络控制、模糊变结构控制、自适应模糊控制、自适应神经网络控制、神经网络变结构控制等多种控制方法中,有时单独使用其中一种会遇到阻碍。例如,采用模糊控制建立正确的模糊规则和隶属函数非常困难;人工神经网络很难确定网络的结构和规模,难以实现 If-Then 规则编码。因此,将神经网络和模糊系统两方面的优点结合起来,使控制器既具有神经网络的学习功能、容错能力和连接式结构,又具有高级的 If-Then 规则并易于嵌入专家系统,就能扩大智能控制的应用范围。

三、智能控制与传统控制的比较分析

(一)传统控制的特点

以稳定性理论和反馈理论为基础的自动控制理论,使传统控制得到了巨大的发展,其主要形成了4个方面的特点。

(1)具有完整的理论体系,形成了以反馈理论为核心、以精确的数学模型为基础、以微分和积分为主要数学工具、以线性定常系统为主要研究对象的完善理论和应用方法。

(2)形成了以时域法、根轨迹法、线性系统为基础的分析方法。

(3)具有严格的性能指标体系,稳态性能和动态性能都有具体而严格的指标。

(4)在单机自动化,不太复杂的过程控制及系统工程领域中得到了广泛而成功的应用。

(二)传统控制的不足

传统控制具有明显的局限性,其局限性主要表现为以下4点。

(1)传统控制理论是建立在以微分和积分为数学工具的精确模型上,而这种模型通常是经过简化后获得的,对于高度非线性和复杂系统,该模型将丢失大量的重要信息而失去使用价值。

(2)传统控制理论虽然有自适应控制和鲁棒控制来处理对象的不确定性和复杂性,但在实际应用中,当受控对象存在严重的非线性、数学模型的不确定性及系统工作点变化剧烈的情况下,自适应和鲁棒控制存在难以弥补的严重缺陷。

(3)传统的控制系统输入的信息比较单一,而现代的复杂系统不仅输入信号复杂多样且容量大,还要求对各种输入信息进行融合推理和分析,以便根据环境和条件变化。

(4)传统控制系统的自学习、自适应、自组织功能和容错能力较弱,不能有效地进行不确定的、高度非线性的、复杂的系统控制任务。

(三)智能控制系统的特点

智能控制是自动控制发展的新阶段,主要用来解决那些用传统方法难以解决的复杂、非线性和不确定的系统控制问题。智能控制系统具有以下几个特点。

(1)较强的学习能力。能对未知环境提供的信息进行识别、记忆、学习、融合、分析、推理,并利用积累的知识和经验不断优化、改进和提高自身的控制能力。

(2)较强的自适应能力。具有适应受控对象动力学特性变化、环境特性变化和运行条件变化的能力。

(3)较强的容错能力。系统对各类故障具有自诊断、屏蔽和自恢复能力。

(4)较强的鲁棒性。系统性能对环境干扰和不确定性因素不敏感。

(5)较强的组织功能。对于复杂任务和分散的传感信息具有自组织和协调功能,使系统具有主动性和灵活性。

(6)实时性好。系统具有较强的在线实时响应能力。

(7)人–机协作性能好。系统具有友好的人机界面,以保证人–机通信、人–机互助和人–机协同工作。

(8)智能控制具有变结构和非线性的特点,其核心在组织级。

(四)智能控制与传统控制的关系

智能控制与传统控制是密不可分的,而不是相互排斥的。一般情况下,传统控制往往包含在智能控制之中,传统控制在某种程度上可以认为是智能控制发展中的低级阶段。根据目前研究情况的分析,智能控制和传统控制具有紧密的结合与交叉综合,主要表现为以下3点。

(1)智能控制常常利用传统控制来解决"低层"的控制问题。例如,在分级递阶智能控制系统中,组织级采用智能控制,而执行级采用的是传统控制。

(2)将传统控制和智能控制进行有机结合可形成更为有效的智能控制方法。

(3)对数学模型基本成熟的系统,应采用在传统数学模型控制的基础上增加一定的智能控制手段的方法,而不应采用纯粹的智能控制。

四、智能控制在低压电器中的应用

将智能控制技术引入低压电器,使低压电器技术在研究、检测、生产的各个环节上发生根本的变化。

(一)用低压电器的控制技术实现智能控制

智能断路器就是将智能型监控器的功能与断路器集成在一起,主要是实现了脱扣器的智能化,断路器的保护功能将大大加强,可实现长延时、短延时、瞬时过电流保护、接地、欠压保护等功能。在断路器上可显示电压、电流、频率、有功功率、无功功率、功率因数等系统运行参数。将微处理器引入交流接触器中,实现智能交流接触器启动、保护、分断全过程的优化控制,达到了节能、节材、无声运行、高操作频率、长寿命,并实现了与计算机的双向通信功能。

(二)用低压电器的检测技术实现智能控制

将计算机技术、传感器技术、电力电子技术与低压电器的检测技术结合在一起,实现了电器动态过程各参数的可视化智能实时检测。应用检测技术、数据融合技术及模糊识别技术,可以解决难以直接测量的特征参数、电器动态过程中的疏失误差和电器性能的综合评估等问题,实现了电器的实时最优控制,同时大幅度提高其性能指标。

五、智能控制的展望

(一)综合智能控制

各种智能方法都具有自身明显的优势和特点,但同时存在一定的局限性,因此将不同的方法适当地结合在一起,相互取长补短,发挥各自优势,构成高级混合智能控制系统,从而获得单一方法所难以达到的效果。其主要控制算法有如下4种。

（1）专家系统与神经网络控制。神经网络采用联接机制方法,专家系统采用的是符号逻辑方法,这两种方法分别对应人类智能活动的直观感知活动和逻辑认知活动。如果将复杂系统分解成各种功能子系统模块,这些模块分别由神经网络或专家系统来实现。对其中易于掌握其产生式规则的子系统应用专家系统方法,其余的子系统由神经网络来实现,从而两者结合建立专家系统和神经网络的混合系统。

（2）模糊神经网络。模糊神经网络是把模糊逻辑系统与神经网络系统相结合,形成一个优势互补系统。神经网络从结构上模仿人脑,形成"硬件"拓扑结构;模糊逻辑从功能上模仿人脑,形成"软件"模拟。将这两种对人脑"硬件"和"软件"的模拟进行结合,可相互取长补短,使得系统控制性能得到明显提高,将会获得传统控制方法和其他现代控制理论难以达到的效果。

（3）遗传算法与模糊逻辑。模糊系统可以比较严密地表示和存储有关的领域知识。而遗传算法在优化规则结构成员函数和学习模糊规则上具有明显优势,两者在很多方面具有互补性。因此,可以将遗传算法与模糊逻辑进行广泛而深度的结合。一方面可以用模糊控制规则来提高遗传算法的性能,克服未成熟收敛等现象;另一方面,应用遗传算法可以有助于模糊逻辑的数据库、规则库和知识库的设计与构造。

（4）遗传算法与神经网络。将遗传算法与神经网络相结合,充分利用两者的优点,两者的结合包括多种形式。一是将遗传算法用于神经网络中,利用遗传算法的寻优能力来对神经网络的连接权值进行优化学习,以获得最佳权值。将遗传算法用于神经网络控制的学习和训练,可以提高控制系统的性能,在系统的控制精度、动态特性和鲁棒性方面,都将得到较大的改善和提高。二是将神经网络用于遗传算法中,来改进遗传算法的收敛性。神经网络用于遗传算法不仅可提高收敛速度,而且可实现全局优化。

(二) 仿人智能控制

智能控制的目的就是模拟人的智能,使控制系统达到更高的目标。仿人智能控制强调对人的控制行为和功能的综合性模仿,它的基本思想是在控制过程中利用计算机模拟人的控制行为,最大限度地识别和利用控制系统动态过程提供的特性信息,进行启发和直觉推理,从而实现对缺乏精确模型的对象进行有效控制。

(三) 分布式智能控制

其主要原理是应用系统分解的原理,将大的复杂系统分解成为规模相对较小,可以进行数学建模和控制的子系统,应用计算机技术实现各个子系统的协调控制和资源共享,从而解决整个系统的控制问题。分布式智能控制应用多智能体技术,可以成功地解决复杂大系统分解和协调控制问题。

六、智能控制定义

（1）智能控制是由智能机器自主地实现其目标的过程。而智能机器则定义为,在结构化或非结构化的、熟悉的或陌生的环境中,自主地或人机交互地执行人类规定任务的一种机器。

（2）K.J.奥斯托罗姆则认为,把人类具有的直觉推理和试凑法等智能加以形式化或机器模拟,并用于控制系统的分析与设计中,使之在一定程度上实现控制系统的智能化,这就是智能控制。他还认为自调节控制、自适应控制就是智能控制的低级体现。

（3）智能控制是一类无须人的干预就能够自主地驱动智能机器实现其目标的自动控制,也是用计算机模拟人类智能的一个重要领域。

(4)智能控制是研究与模拟人类智能活动及其控制与信息传递过程的规律,研制具有仿人智能的工程控制与信息处理系统的一个新兴分支学科。

七、智能控制技术基础

智能控制以控制理论、计算机科学、人工智能、运筹学等学科为基础,扩展了相关的理论和技术,其中应用较多的有模糊逻辑、神经网络、专家系统、遗传算法等理论,以及自适应控制、自组织控制和自学习控制等技术。

专家系统是利用专家知识对专门的或困难的问题进行描述的控制系统。尽管专家系统在解决复杂的高级推理中获得了较为成功的应用,但是专家系统的实际应用相对还是比较少的。

模糊逻辑用模糊语言描述系统,既可以描述应用系统的定量模型,又可以描述其定性模型。模糊逻辑可适用于任意复杂的对象控制。

遗传算法作为一种非确定的拟自然随机优化工具,具有并行计算、快速寻找全局最优解等特点,它可以和其他技术混合使用,用于智能控制的参数、结构或环境的最优控制。

神经网络是利用大量的神经元,按一定的拓扑结构进行学习和调整的自适应控制方法。它能表示出丰富的特性,具体包括并行计算、分布存储、可变结构、高度容错、非线性运算、自我组织、学习或自学习。这些特性是人们长期追求和期望的系统特性。神经网络在智能控制的参数、结构或环境的自适应、自组织、自学习等控制方面具有独特的能力。

智能控制的相关技术与控制方式结合或综合交叉结合,构成风格和功能各异的智能控制系统和智能控制器,这也是智能控制技术方法的一个主要特点。

八、智能控制的研究方向及内容

(一)智能控制的研究方向

根据国内现有的工作基础和国家的需要,以及 IMT 和 IMS 研究与开发工作的特点,近期的研究重点应该放在 IMT 和 IMS 的关键基础技术上,它主要研究的方向是智能制造系统理论基础与设计技术、制造智能理论及处理技术、智能制造单元技术的集成,知识库系统与网络技术、智能机器设计等。

1.智能制造系统理论基础与设计技术

(1)体系结构与发展战略。

需要继续完善发展 IMS 概念体系,继续研究 IMS 的系统组成和发展方向,以及国际上该领域的研究前沿。

(2)开发环境与设计方法。

IMS 的开发环境与设计方法将有别于现有任何制造系统的设计方法,因为 IMS 是面向整个制造过程的系统和各个环节的"智能化"。因此,有必要研究 IMS 的设计方法和开发环境(包括开发语言、操作系统、开发工具等)。必须强调 IMS 设计过程的标准化、模块化和通用化。

(3)评价技术。

研究制造过程中的设计评价、生产评价、材料评价、管理评价、市场评价、经济评价、报价评价和功能评价等问题。

2.制造智能理论及处理技术

现代工业生产作为一个有机整体不仅表现在各制造环节之间存在的技术性联系方面,还表现在人类专家的制造智能的统一特性方面。制造智能理论及处理技术就是要研究整个制造环境中的各种智能的开发、描述、集成、共享与处理,最后生成智能机器的智能活动,具体研究内容包括:

(1)制造环境的描述与建模,研究描述制造环境的一致性概念体系;制造过程建模,影响制造过程的多因素分析与不确定性处理。

(2)制造智能处理技术重点研究制造智能的开发与获取、制造智能的表示、制造智能的集成与共享。

(3)智能活动的生成与融合研究智能活动的生成策略、智能活动的机械化技术。

3.智能制造单元技术的集成

近10年来,人工智能在制造领域中的应用研究取得了较大进展,建立了一些智能制造单元技术。为了应用于实际制造过程和面向21世纪制造行业,这些单元技术除了需要进一步完善与发展外,更重要的是研究如何集成这些单元技术。针对这一问题,研究人员提出了以下几种方案。

(1)并行智能设计。

为了制造过程的设计阶段能有效地模仿由来自各环节制造专家组成的智能行为,集成和共享各环节与各方面的制造智能,并行地开展产品环节的设计工作,必须研究并行智能设计的支撑环境、产品描述的统一模型、设计智能交互和并行智能设计方法。

(2)生产过程的智能调度、规划、仿真与优化。

现代生产过程要面临及时处理多信息源、多因素、多对象的问题,生产过程的调度与规划中的智能决策问题的研究迫在眉睫。仿真与优化是实现设计和过程评估的有效途径。目前,更强调对设计、制造、装配、使用、维修等过程的优化与动态仿真。

(3)产品质量信息的智能处理系统。

研究整个制造过程的"全质量"模型和建立相应的质量数据库,研究质量状态的智能决策和质量过程的智能控制。

(4)制造过程与系统的智能监视、诊断、补偿与控制。

研究面向在强干扰、多因素条件下监视与诊断模型,研究制造过程的动态辨识与自适应技术。

(5)生产与经营管理的智能决策系统。

研究多因素、多目标智能决策模型,研究生产过程的实时跟踪技术,研究产品市场评估与预测模型。

4.知识库系统与信息网络技术

知识库系统与信息网络技术是制造过程的系统与各环节"集成智能化"的支撑,在IMT和IMS研究中占有重要地位。

(1)分布式异构联想知识库。

系统研究知识库异构、知识库分布式策略与维修、知识库联想和分布数据库技术。

(2)信息控制与网络通信技术。

研究IMS中各种信息的交换接口、网络通信技术、系统操作控制策略。

5. 智能机器的设计

智能机器是 IMS 中模仿人类专家智能活动的工具之一,是新一代的制造工具,因而,研究智能机器的设计方法及其相关技术将有划时代的意义。

(1)机器人智能技术。

智能机器人将在 IMS 中占有重要的地位,主要体现在机器的视觉和机器人控制两个方面,有必要研究智能机器眼(视觉)、信息感知与技能传感器、智能机器手(控制)和智能机器的自适应定位与夹具设计等技术。

(2)机器自学习与自维护技术。

研究智能机器的自适应学习模型,系统误差的自动恢复与维护技术。

(3)智能制造单元机的设计与制造。

研究智能制造单元机的结构组成与设计方法、新型材料的应用技术。

(二)智能控制的研究内容

1. 人的因素

IMS 的宗旨之一就是减轻人类制造专家的脑力劳动负担,因此,在与脑力劳动有密切联系的制造中,人的因素理应受到充分的重视,研究内容包括以下方面。

(1)人-系统柔性交互技术。

研究人-系统柔性、联想、容错交互模型及交互环境。

(2)未来制造环境的设计。

研究人在未来制造环境中的地位和作用,以及未来舒适、友好的制造环境设计。

(3)人才培养与教学系统。

研究面向 IMT 和 IMS 的人才培养计划,研制教学示范系统。

2. 智能制造系统的构成及典型结构

由于 IMS 结构体系尚处于研究阶段,在此只做简单探讨。从智能组成方面考虑,IMS 是一个复杂的智能系统,它是由各种智能子系统按层次递阶组成,构成智能递阶层次模型。该模型最基本的结构称为元智能系统(Meta-Intelligent System,M-IS)。其结构大致分为 3 级,即学习维护级、决策组织级和调度执行级。

学习维护级,通过对环境的识别和感知,实现对 M-IS 的更新和维护,包括更新知识库、更新知识源、更新推理规则及更新规则可信度因子等。决策组织级,主要接受上层 M-IS 下达的任务,根据自身的作业和环境状况,进行规划和决策,提出控制策略。在 IMS 中的每个 M-IS 的行为都是上层 M-IS 的规划调度与自身自律共同作用的结果,上层 M-IS 的规划调度是为了确保整个系统能有机协同地工作,而 M-IS 自身的自律控制则是为了根据自身状况和复杂多变的环境,寻求最佳途径完成工作任务。因此,决策组织级要求有较强的推理决策能力。调度执行级,完成由决策组织级下达的任务,并调度下一层的若干个 M-IS 并行协同作业。

M-IS 是智能系统的基本框架,各种具体的智能系统是在此 M-IS 基础之上,对其扩充。具备这种框架的智能系统具有以下特点:①决策智能化。②可构成分布式并行智能系统。③具有参与集成的能力。④具有可组织性和自学习、自维护能力。

从智能制造的系统结构方面来考虑,未来智能制造系统应为分布式自主制造系统。该系统由若干个智能施主组成。根据生产任务细化层次的不同,智能施主可以分为不同的级别。

如一个智能车间可称为一个施主,其负责调度管理车间的加工设备,以车间级施主身份参与整个生产活动。同时对于一个智能车间而言,车间的智能加工设备也可称为智能施主,它们直接承担加工任务。无论哪一级别的施主,它与上层控制系统之间通过网络实现信息的连接,各智能加工设备之间通过自动引导小车(AGV)实现物质传递。在这样的制造环境中,产品的生产过程为通过并行智能设计出的产品,经过 IMS 智能规划,将产品的加工任务分解成一个个子任务,控制系统将子任务通过网络向相关施主"广播"。若某个施主具有完成此子任务的能力,而且当前空闲,则该施主通过网络向控制系统投出一份"标书"。"标书"中包含了该施主完成此任务的有关技术指标,如加工所需时间,加工所能达到的精度等内容。如果同时有多个施主投出"标书",那么,控制系统将对各个投标者从加工效率、加工质量等方面加以仲裁,以决定"中标"施主。"中标"施主若为底层施主(加工设备),则施主申请,由(AGV)将被加工工件送向"中标"的加工设备,否则,"中标"施主还将子任务进一步细分,重复以上过程,直至任务到达底层施主。这样,整个加工过程,通过任务广播、投标、仲裁、中标,实现生产结构的自组织。

3. 智能制造系统的特点

和传统的制造系统相比,IMS 具有以下 6 个特点。

(1)自组织能力。IMS 中的各种组成单元能够根据工作任务的需要,自行集结成一种超柔性最佳结构,并按照最优的方式运行。其柔性不仅表现在运行方式上,还表现在结构形式上。完成任务后,该结构自行解散,以备在下一个任务中集结成新的结构。自组织能力是 IMS 的一个重要标志。

(2)自律能力。强有力的知识库和基于知识的模型是自律能力的基础。IMS 能根据周围环境和自身作业状况的信息进行监测和处理,并根据处理结果自行调整控制策略,以采用最佳运行方案。这种自律能力使整个制造系统具备抗干扰自适应和容错等能力。

(3)自学习和自维护能力。IMS 能以原有的专家知识为基础,在实践中不断进行学习,完善系统的知识库,并删除知识库中不适用的知识,使知识库更趋合理;同时,还能对系统故障进行自我诊断、排除及修复。这种特征使 IMS 能够自我优化并适应各种复杂的环境。

(4)整个制造系统的智能集成。IMS 在强调各个子系统智能化的同时,更注重整个制造系统的智能集成。这是 IMS 与面向制造过程中特定应用的"智能化孤岛"的根本区别。IMS 包括了各个子系统,并把它们集成为一个整体,实现整体的智能化。

(5)人机一体化智能系统。人机一体化一方面突出人在制造系统中的核心地位,同时在智能机器的配合下,更好地发挥了人的潜能,使人机之间表现出一种平等共事、相互理解、相互协作的关系,使两者在不同的层次上各显其能,相辅相成。

(6)虚拟现实。这是实现虚拟制造的支持技术,也是实现高水平人机一体化的关键技术之一。人机结合的新一代智能界面,使得可用虚拟手段智能地表现现实,它是智能制造的一个显著特征。综上所述,可以看出 IMS 作为一种模式,它是集自动化、柔性化、集成化和智能化于一身,并不断向纵深发展的先进制造系统。

智能控制研究的主要目标不再是被控对象,而是控制器本身。控制器不再是单一的数学模型解析,而是数学模型解析和知识系统相结合的广义模型,是多种学科知识相结合的控制系统。智能控制理论是建立被控动态过程的特征模式识别,是基于知识、经验的推理及智能决策基础上的控制。一个好的智能控制器应具有多模式、变结构、变参数等特点,可根据被控动态过程特征识别、学习并组织自身的控制模式,改变控制器结构和调整参数。

智能控制的研究对象具备以下3个特点。

(1)不确定性的模型。智能控制的研究对象通常存在严重的不确定性。这里所说的模型不确定性包含两层意思:一是模型未知或知之甚少;二是模型的结构和参数可能在很大范围内变化。

(2)高度的非线性。对于具有高度非线性的控制对象,采用智能控制的方法往往可以较好地解决非线性系统的控制问题。

(3)复杂的任务要求。对于智能控制系统,任务的要求往往比较复杂。

九、智能装备控制系统

智能控制主要是利用计算机来对人类智能进行模拟,在无人干预的条件下,对智能机器进行驱动,完成比较复杂的控制任务,智能控制的工作中心在于高层控制,完成多样性的目标。智能控制是对传统控制理论的进一步延伸,在传统控制基础上发展出更高效的控制技术。

传统控制主要以传递函数为理论基础,主要解决单输入、单输出的线性控制系统的分析与设计问题,而智能控制多以状态方程或模糊数学、神经网络等为理论基础,其可以解决多输入、多输出的非线性时变控制系统的分析与设计问题。相对而言,智能控制系统比较复杂,但是能够得到更佳的控制效果。同时智能控制系统会通过分布式及开放式的结构,对信息进行处理,达到系统某些方面高度自治的要求,使系统能够做到全局优化。智能控制技术综合了许多与调控方式相关的知识学科,以自动控制理论、人工智能理论等为基础进行控制技术研究。传统的控制只能解决单一的线性控制问题,而智能控制技术可以将多层次、不确定模型、非线性等复杂的任务作为控制对象,将环境及符号的识别,以及数据库的设计方面作为重点,更好地运用相关被控对象的控制策略进行对人的智能模仿。

(一)智能控制的发展过程

从经典控制理论、现代控制理论发展到现在的智能控制理论,经历了很长时间。经典控制理论中基于传递函数建立起来的频率特性、根轨迹等图解解析设计方法,对于单输入-单输出系统极为有效,至今仍在广泛应用。但传递函数对某些内部变量还不能描述,且忽略了初始条件的影响。故传递函数描述不能包含系统的所有信息。

现代控制理论主要研究具有高性能、高精度的多变量变参数系统的最优控制问题,它对多变量有很强的描述和综合能力,其局限在于必须预先知道被控对象或过程的数学模型。

智能控制是在经典和现代控制理论基础上进一步发展和提高的。智能控制的提出,一方面是实现大规模复杂系统控制的需要;另一方面是现代计算机技术、人工智能和微电子学等学科的高度发展,给智能控制提供了实现的基础。智能控制提供了一种新的控制方法,基本解决了非线性、大时滞、变结构、无精确数学模型对象的控制问题。

(二)智能控制的主要方法

智能控制就是利用有关知识(方法)来控制对象,按一定要求达到预定目的。智能控制为解决控制领域的难题,摆脱了经典和现代控制理论的困境,开辟了新的途径。

智能控制技术的主要实现方法有模糊控制、基于知识的专家控制、神经网络控制和集成智能控制等。常用优化算法有遗传算法、蚁群算法、免疫算法等。

十、智能控制应用

当前,智能控制方法及其实现的研究已成为控制领域中一个热门课题。我国自控界在智能控制理论研究方面的成果已达国际水平,但在智能控制理论应用方面还刚刚开始。

(一)生产过程中的智能控制

生产过程的智能控制主要包括两个方面:局部级和全局级。局部级的智能控制是指将智能引入工艺过程中的某一单元进行控制器设计,例如智能 PID 控制器、专家控制器、神经元网络控制器等。局部级的智能控制研究热点是智能 PID 控制器,因为其在参数的整定和在线自适应调整方面具有明显的优势且可用于控制一些非线性的复杂对象。全局级的智能控制主要针对整个生产过程的自动化,包括整个操作工艺的控制、过程的故障诊断、规划过程操作处理异常等。

(二)机械制造中的智能控制

在现代先进制造系统中,需要依赖那些不够完备和不够精确的数据来解决难以或无法预测的情况,人工智能技术为解决这一难题提供了有效的解决方案。智能控制随之也被广泛地应用于机械制造行业,它利用模糊数学、神经网络的方法对制造过程进行动态环境建模,利用传感器融合技术来进行信息的预处理和综合。可采用专家系统的"Then-If"逆向推理作为反馈机构,修改控制机构或者选择较好的控制模式和参数。利用模糊集合和模糊关系的鲁棒性,将模糊信息集成到闭环控制的外环决策选取机构来选择控制动作。利用神经网络的学习功能和并行处理信息的能力,进行在线的模式识别,处理那些可能是残缺不全的信息。

(三)电力电子学研究领域中的智能控制

电力系统中发电机、变压器、电动机等设备的设计、生产、运行、控制是一个复杂的过程,国内外的电气工作者将人工智能技术引入到电气设备的优化设计、故障诊断及控制中,取得了良好的控制效果。遗传算法是一种先进的优化算法,采用此方法来对电气设备的设计进行优化,可以降低成本,缩短计算时间,提高产品设计的效率和质量。应用于电气设备故障诊断的智能控制技术有模糊逻辑、专家系统和神经网络。在电力电子学的众多应用领域中,智能控制在电流控制 PWM 技术中的应用是具有代表性的技术应用方向之一,也是研究的新热点之一。

智能控制与传统控制的主要区别在于传统的控制方法必须依赖于被控制对象的模型,而智能控制可以解决非模型化系统的控制问题。与传统控制相比,智能控制具有以下基本特点。

(1)智能控制的核心在于高层控制,能对复杂系统(如非线性、快时变、复杂多变量、环境扰动等)进行有效的全局控制,实现广义问题求解,并具有较强的容错能力。

(2)智能控制系统能以知识表示的非数学广义模型和以数学表示的混合控制过程,采用开闭环控制和定性决策及定量控制结合的多模态控制方式。

(3)其基本目的是从系统的功能和整体优化的角度来分析和综合系统,以实现预定的目标。智能控制系统具有变结构特点,能总体自寻优,具有自适应、自组织、自学习和自协调能力。

(4)智能控制系统具有足够的关于人的控制策略、被控对象及环境的有关知识,以及运用这些知识的能力。

(5)智能控制系统有补偿及自修复能力和判断决策能力。

近年来,智能控制技术在国内外已有了较大的发展,已进入工程化、实用化的阶段。作为一门新兴的理论技术,它还处在一个发展时期。随着人工智能技术、计算机技术的迅速发展,智能控制必将迎来它的发展新时期。

第二节 传感技术

一、传感器概论

传感器的基本结构、分类

传感技术就是传感器的技术,可以感知周围环境或者特殊物质,比如气体感知、光线感知、温湿度感知、人体感知等,把模拟信号转化成数字信号,发送给中央处理器处理,最终形成气体浓度参数、光线强度参数、温度湿度数据、探测范围内是否有人等,并显示出来。获取信息依靠各类传感器,有各种物理量、化学量或生物量的传感器。按照信息论的凸性定理,传感器的功能与品质决定了传感系统获取自然信息的信息数量和信息质量。信息处理包括信号的预处理、后置处理、特征提取与选择等。识别的主要任务是对处理信息进行辨识与分类。它利用被识别(或诊断)对象与特征信息间的关系模型对输入的特征信息集进行辨识、比较、分类和判断。因此,传感技术是遵循信息论和系统论的。传感技术包含了众多的技术,被众多的产业广泛采用。它也是现代科学技术发展的基础条件。

为了提高制造企业的生产率(或降低运行时间)和产品质量,降低产品成本,制造业对传感技术的基本要求是能可靠地应用于现场,完成规定的任务。

(一)传感器的基本概念

1.对传感器的感性认识

我们在市场和超市会经常看到电子计价秤(见图6-1),其核心元件就是称重传感器(见图6-2);交通警察手持的酒精含量测试仪(见图6-3)的核心元件是化学气体传感器(见图6-4);保障我们健康的医疗仪器如B超、CT等带有多种现代传感器。可以说,传感器已同我们的衣食住行息息相关,我们已经生活在一个离不开传感器的时代。对于国际贸易、军事科学,传感器更是扮演着不可或缺的角色。由此可见,传感器在现代科学技术中占有非常重要的地位。

图6-1 电子计价秤

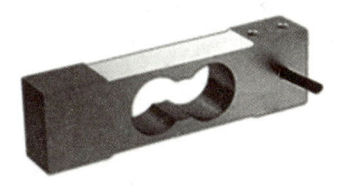

图6-2 称重传感器

图6-3 酒精含量测试仪

图6-4 化学气体传感器

2.传感器的作用与地位

(1)传感器在测控系统的作用与地位。测量科学属于信息科学领域,且处于源头位置。传感技术属于测量科学领域,也处于测量科学的源头位置。因而,传感技术在信息科学领域中处于最前端的位置,是源头的起点,承担着信息获取的任务。

例如,我国在进口石油时通常是采用容积计价的方法,当负责这方面的国际贸易部门或企业采用油轮运输时就需要准确知道油轮仓库容量的信息,而获得符合要求的信息依然是一个难题。问题的解决最终还是要归结到流量、温度、激光等传感器的精确程度。可见,源头信息质量的好坏将直接对中下游信息造成影响。用传感器构成仪器时,传感器的指标直接影响仪器的指标,传感器作为控制系统检测元件时,传感器的性能及精度直接影响整个系统的功能。因此,各国在发展高科技时一直把先进传感技术放在优先发展的位置。

(2)传感器本身的作用。从上述内容可以看出,传感器具有把各种微弱或微小的量转化为可供宏观使用的信号的作用。它不仅比人的感官灵敏,而且其探测的领域和范围也极其广泛。

3.传感器的研究与应用的侧重点

传感器输出信号的准确性至关重要,最新的传感技术属于商业机密,是国际技术保密和竞争的内容。对于新型传感器技术的研发,主要是对基础理论进行创新性研究,对制造工艺进行改革,对新材料进行探索。

例如,用于位移或长度测量的电感传感器原理并不复杂,若是将我国与国外同类产品比较,我国产品的售价大概为国外产品的1/5,若应用在高档圆度仪或表面粗糙度仪上,价格要相差10倍以上。因此,对特殊用途的新型传感器技术必须以自主研发的方式获得,而且要注意及时申请知识产权对已有技术进行必要的保护。这方面的工作在整个传感器领域中只占很小的比例,但极具重要性,现已成为发达国家的长期任务。

对于一些常规的通用类传感器而言,由于技术成熟而价格往往低廉,比如电子计价秤中的电阻应变片就属于此类,因此,在整个系统中所占的硬件成本的比例就很低。所以,在应用时要把侧重点放在传感器的正确选购和特性补偿方面,必要时还要向厂家进行特殊订货。对传感器原理的掌握是合理选择、应用和开发传感器的基础。

4.传感器的分类

传感器种类繁多,功能各异。由于同一被测量物可用不同转换原理实现探测,利用同一种物理法则、化学反应或生物效应可设计制作出检测不同被测量物的传感器,而功能大同小异的同一类传感器可用于不同的技术领域,故传感器有不同的分类方法。

(1)按外界输入的信号变换为电信号采用的效应分类,传感器可分为物理型传感器、化学型传感器和生物型传感器三大类,传感器的分类如图 6-5 所示。

```
                         ┌─ 物理型传感器 ─┬─ 结构型传感器
         传感器 ─────────┼─ 化学型传感器   └─ 物性型传感器
                         └─ 生物型传感器
```

图 6-5 传感器的分类

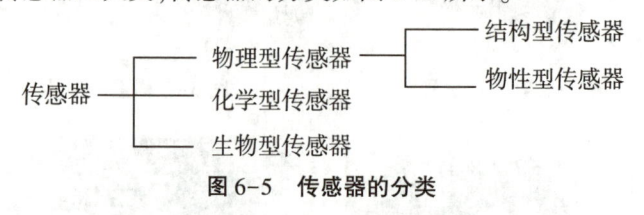

其中利用物理效应进行信号变换的传感器称为物理型传感器,它利用某些敏感元件的物理性质或某些功能材料的特殊物理性能进行被测非电量的变换。如利用金属材料在被测量作

用下引起的电阻值变化的应变效应制成的应变式传感器;利用半导体材料在被测量作用下引起的电阻值变化的压阻效应制成的压阻式传感器;利用电容器在被测量的作用下引起电容值变化制成的电容式传感器;利用磁阻随被测量变化的简单电感式传感器、差动变压器式传感器;利用压电材料在被测力作用下产生的压电效应制成的压电式传感器等。

  物理型传感器又可以分为结构型传感器和物性型传感器。

  结构型传感器是以结构(如形状、尺寸等)为基础,利用某些物理规律来感受(敏感)被测量,并将其转换为电信号实现测量的。例如电容式压力传感器,必须有按规定参数设计制成的电容式敏感元件,当被测压力作用在电容式敏感元件的动极板上时,引起电容间隙的变化导致电容值的变化,从而实现对压力的测量。又比如谐振式压力传感器,必须设计制作一个合适的感受被测压力的谐振敏感元件,当被测压力变化时,改变谐振敏感结构的等效刚度,导致谐振敏感元件的固有频率发生变化,从而实现对压力的测量。

  物性型传感器就是利用某些功能材料本身所具有的内在特性及效应感受(敏感)被测量,并将其转换成可用电信号的传感器。例如利用具有压电特性的石英晶体材料制成的压电式压力传感器,就是利用石英晶体材料本身具有的正压电效应而实现对压力测量的;利用半导体材料在被测压力作用下引起其内部应力变化导致其电阻值变化制成的压阻式传感器,就是利用半导体材料的压阻效应而实现对压力测量的。

  一般而言,物理型传感器对物理效应和敏感结构都有一定要求,但侧重点不同。结构型传感器强调要依靠精密设计制作的结构才能保证其正常工作;而物理型传感器则主要依靠材料本身的物理特性、物理效应来保证其正常工作。

  化学型传感器是利用电化学反应原理,把无机或有机化学的物质成分、浓度等转换为电信号的传感器。最常用的是离子敏传感器,即利用离子的选择性电极,测量溶液的 pH 值或某些离子的活度,如 K^+、Na^+、Ca^{2+} 等。虽然电极的测量对象不同,但其测量原理基本相同,主要是利用电极界面(固相)和被测溶液(液相)之间的电化学反应,即利用电极对溶液中离子的选择性响应而产生的电位差。所产生的电位差与被测离子活度对数呈线性关系,故检测出其反应过程中的电位差或由其影响的电流值,即可给出被测离子的活度。化学型传感器的核心部分是离子选择性敏感膜。离子选择性敏感膜可以分为固体膜和液体膜。玻璃膜、单晶膜和多晶膜属固体膜;而带正、负电荷的载体膜和中性载体膜则为液体膜。化学型传感器广泛应用于化学分析、化学工业的在线检测及环保检测中。

  生物型传感器是近年来发展很快的一类传感器。它是一种利用生物活性物质的选择性来识别和测定生物化学物质的传感器。生物活性物质对某种物质具有选择性亲和力,也称其为功能识别能力。利用这种单一的识别能力来判定某种物质是否存在,其浓度是多少,进而利用电化学的方法进行电信号的转换。生物型传感器主要由两大部分组成。一是功能识别物质,其作用是对被测物质进行特定识别。这些功能识别物有酶、抗原、抗体、微生物及细胞等,用特殊方法把这些识别物固化在特制的有机膜上,从而形成具有对特定的从低分子到大分子化合物进行功能识别的功能膜。二是电、光信号转换装置,此装置的作用是把在功能膜上进行的识别被测物所产生的化学反应转换成便于传输的电信号或光信号。其中最常应用的是电极,如氧电极和过氧化氢电极。把功能膜固定在场效应晶体管上代替栅-漏极的生物型传感器的整个体积非常小。如果采用光学方法来识别在功能膜上的反应,则要靠光强的变化来测量被测物质,如荧光生物型传感器等。变换装置直接关系着传感器的灵敏度及线性度。生物型传感器的最大特点是能在分子水平上识别被测物质,不仅应用在化学工业的监测上,而且在医学诊断、环保监测等方面都有着广泛的应用前景。

如表 6-1 所示为与五官对应的传感器。

表 6-1　与五官对应的传感器

感觉	传感器	效应
视觉	光敏传感器	物理效应
听觉	声敏传感器	物理效应
触觉	热敏传感器	物理效应
嗅觉	气敏传感器	化学效应、生物效应
味觉	味敏传感器	化学效应、生物效应

(2)按工作原理分类,是以传感器对信号转换的作用原理命名的,如应变式传感器、电容式传感器、压电式传感器、热电式传感器、电感式传感器、霍尔传感器等。这种分类方法较清楚地反映出了传感器的工作原理,有利于对传感器进行深入的研究分析。

(3)按被测量对象分类,可分为热工量、机械量、物理量、化学量、生物量传感器等。这种分类有利于选择和应用传感器。传感器按照被测量对象的方法分类如表 6-2 所示,包括了输入的基本被测量和由此被派生的被测量。

表 6-2　传感器按照被测量对象的方法分类

基本被测量	派生的被测量	基本被测量	派生的被测量
热工量	温度,热量,比热,压力,压差,真空度,流量,流速,风速	物理量	黏度,温度,密度
		化学量	气体(液体)化学成分,浓度,盐度
机械量	位移,尺寸,形状,力,应力,力矩,振动,加速度,噪声,角度,表面粗糙度	生物量	心音,血压,体温,气流量,心电流,眼压,脑电波
		光学量	光强,光通量

(4)按需不需要外加电源分类,可分为无源传感器和有源传感器。无源传感器的特点是无须外加电源便可将被测量转换成电量。如光电传感器能将光射线转换成电信号,其原理类似于太阳能电池;压电传感器能够将压力转换成电压信号;热电偶传感器能将被测温度场的能量(热能)直接转换成为电压信号输出等。有源传感器需要辅助电源才能将检测信号转换成电信号。大多数传感器都属于有源传感器。

(5)按构成传感器的功能材料分类,可将传感器分为半导体传感器、陶瓷传感器、光纤传感器、高分子薄膜传感器等。

(6)按某种高新技术命名的传感器分类,有些传感器是根据某种高新技术命名的,如集成传感器、智能传感器、机器人传感器、仿生传感器等。

由于敏感材料和传感器的数量特别多,类别十分繁复,相互之间又有着交叉和重叠,这里就不再赘述。传感器按转换形式分类如表 6-3 所示。

表 6-3　传感器按转换形式分类

传感器分类		转换原理	传感器名称	典型应用
转换形式	中间参量			
电参数	电阻	移动电位器触点改变电阻	电位器式传感器	位移
^	^	改变电阻丝或片的尺寸	电阻应变式传感器、半导体应变式传感器	微应变、力、负荷
^	^	利用电阻的温度效应（电阻温度系数）	热丝式传感器	气流速度、液体流量
^	^	^	电阻温度式传感器	温度、辐射热
^	^	^	热敏电阻式传感器	温度
^	^	利用电阻的光敏效应	光敏电阻式传感器	光强
^	^	利用电阻的湿度效应	湿敏电阻式传感器	湿度
^	电容	改变电容的几何尺寸	电容式传感器	力、压力、负荷、位移
^	^	改变电容的介电常数	^	液位、厚度、含水量
^	电感	改变磁路几何尺寸、导磁体位置	电感式传感器	位移
^	^	涡流去磁效应	涡流式传感器	位移、厚度、硬度
^	^	利用压磁效应	压磁式传感器	力、压力
^	^	改变互感	差动变压器式传感器	位移
^	^	^	自速角机式传感器	位移
^	^	^	旋转变压器式传感器	位移
^	频率	改变谐振回路中的固有参数	振弦式传感器	压力、力
^	^	^	振筒式传感器	气压
^	^	^	石英谐振式传感器	力、温度等
^	计数	利用莫尔条纹	光栅式传感器	大角位移、大直线位移
^	^	改变互感	感应同步器式传感器	^
^	^	利用拾磁信号	磁栅式传感器	^
^	数字	利用数字编码	角度编码器式传感器	大角位移

续表

传感器分类		转换原理	传感器名称	典型应用
转换形式	中间参量			
电能量	电动势	温差电动势	热电偶式传感器	温度、热流
		霍尔效应	霍尔式传感器	磁通、电流
		电磁感应	磁电式传感器	速度、加速度
		光电效应	光电式传感器	光强
	电势	辐射电离	电离式传感器	离子计数、放射性强度
		压电效应	压电式传感器	动态力、加速度

二、传感器的定义

1.传感器的广义定义

一种能把特定的(物理、化学、生物)信息按一定的规律转换成某种可用信号输出的器件和装置。根据这个定义,我们常用的体温计、腕表等都属于传感器。

传感器的定义

2.传感器的狭义定义

能把外界非电量信息转换成电信号输出的器件称为传感器。该定义中没有对输入量的大小进行说明,通常都是很微小的量。该定义中特别强调了用电信号作为输出量,而信号的强度虽没提及但应该达到宏观量级。从该定义中我们还能看到传感器具有信息敏感的功能和信号放大的作用,它是人类延伸自身感官特殊而有效的手段。

智能传感器在检测及自动控制系统中具有相当于人的五感(即视、听、嗅、味、触等)的重要作用。自动化系统的功能越全,系统对传感器的依赖程度也越大。在高级控制系统中,智能传感器是一项关键技术。新型传感器不仅要"感知"外界的信号,还要把"感知"到的信号进行必要的加工处理,两者结合实现传感器的优异功能是今后传感器发展的必然趋势。传感器的智能化是科学技术发展的结果,也是科学技术发展的需要。智能传感器(Intelligent Sensor 或 Smart Sensor)的概念最初是美国宇航局(NASA)在开发宇宙飞船过程中形成的,宇宙飞船在太空中飞行时,需要知道它的速度、姿态和位置等数据。为了宇航员能正常生活,需要控制舱内温度、气压、湿度、加速度、空气成分等,因而要安装大量的传感器,并且进行科学试验、观察也需要大量的传感器。要处理如此多的由传感器所获取的信息,需一台大型电子计算机,而这在飞船上是无法做到的。为了不丢失数据,又要降低成本,于是提出了分散处理数据的设想。

国家标准 GB/T 7665—2005 对传感器的定义是:能感受被测量并按照一定的规律转换成可用输出信号的器件或装置,通常由敏感元件和转换元件组成。

传感器是一个系统。它可以是单个的装置,也可以是复杂的组装体。但是无论其构成怎样,它都具有一些相同的基本功能,即需要检测输入信号并由此产生可测量的输出信号。

传感器的定义包含以下 4 个方面的含义。

(1)传感器是测量装置,能完成信号获取任务。

（2）它的输入量是某一被测量，可能是物理量，也可能是化学量、生物量等。

（3）它的输出量是某种物理量，这种量要便于传输、转换、处理、显示等，这种量可以是气、光、电量，但主要是电量。

（4）输出输入有对应关系，且应有一定的精确度。

从仿生学的角度来理解：将系统类比成人体器官，来划分各系统。比如，电源部件、传感部件、控制部件、驱动部件和机械部件等。传感部件（相当于眼、耳等感觉器官）接收被测量信号（相当于光、声等外部信号），然后传递给控制部件（相当于大脑），由控制部件进行处理后将处理结果输出给执行部件（驱动部件和机械部件，相当于口、肢体等），并由执行部件做出相应的动作。仿生学中系统与器官类比图如图6-6所示。

传感器的别称：发送器、传送器、变送器、检测器、探头等。

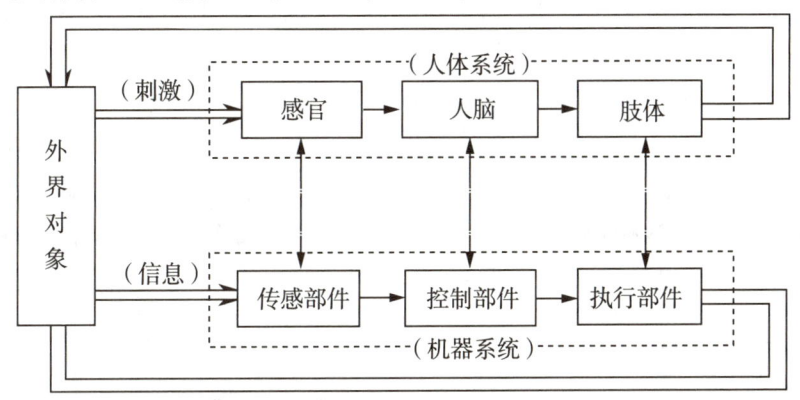

图6-6　仿生学中系统与器官类比图（传感器相当于"电五官"）

三、传感器的基本原理

1.传感器的结构

从系统角度看，传感器一般由敏感元件、转换元件、转换电路3部分组成，如图6-7所示。

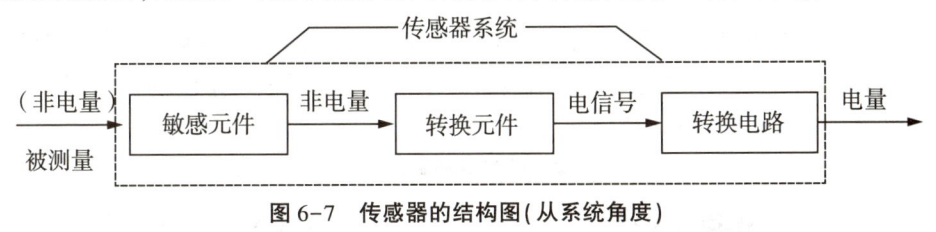

图6-7　传感器的结构图（从系统角度）

（1）敏感元件：指传感器中能直接感受或响应被测量的部分。

（2）转换元件：指传感器中能将敏感元件感受或响应的被测量转换或适于传输或测量的电信号部分。传感器的结构图（从信号角度）如图6-8所示。

（3）转换电路：指由于传感器输出信号一般都很微弱，需要有信号调节与转换电路将其放大或转换为容易传输、处理、记录和显示的形式，一般称为测量转换电路。传感器输出信号有很多形式，如电压、电流、频率、脉冲等，输出信号的形式由传感器的原理确定。常见的信号调节与转换电路有放大器、电桥、振荡器、电荷放大器等，它们分别与相应的传感器配合。

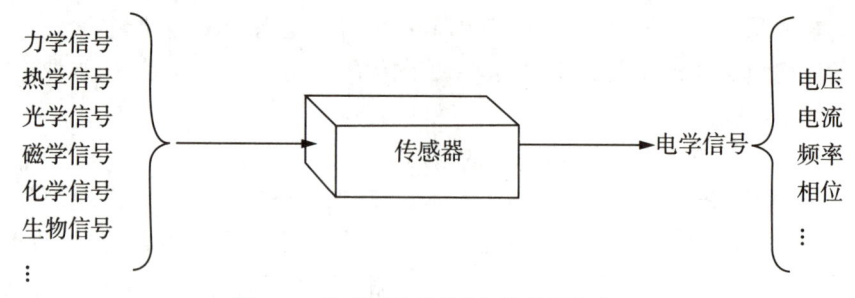

图 6-8 传感器的结构图(从信号角度)

如图 6-9 所示为传感器工作示意图。由图 6-9(a)、图 6-9(b)可以看出,热敏电阻和应变计都可以产生一种可变化的电阻值输出。许多传感器产生电信号输出,它们不仅可以以电阻的方式输出,而且还可以以电压、电流或频率等方式输出。如图 6-9(c)所示的弹簧秤,在变化的力的作用下会产生一个位移的变化,即弹簧秤的表盘指针会沿着刻度方向移动(或转动)一个与弹簧所受的力成正比的位移。在图 6-9(d)中,文丘里管通过测量压力差以确定液体的流量。

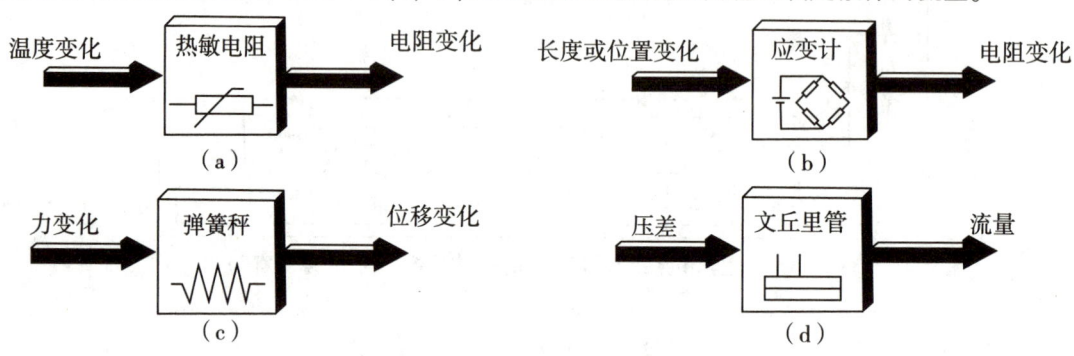

图 6-9 传感器工作示意图

2.传感器的应用模式

传感器组成的系统大多数是开环系统,也有些是带反馈的闭环系统。

系统有很多种类和定义。但是,为了方便,我们仅把基本的传感器系统看作是借助于某种过程从不同的输入产生某种被定量的输出装置。如图 6-10 所示为系统的流程图。流程图是一种解释测量系统工作原理的有效方法。

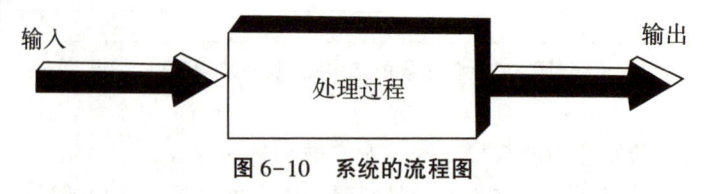

图 6-10 系统的流程图

人们通常把传感器的应用划分为三种系统类型,分别是测量系统、开环控制系统和闭环控制系统。

(1)测量系统。测量系统显示或记录一种与被测输入变量相对应的定量输出,测量系统除了以用户可以读懂的方式向用户显示之外,不以任何方式对输入量产生响应。如图 6-11 所示为测量系统的基本流程图。

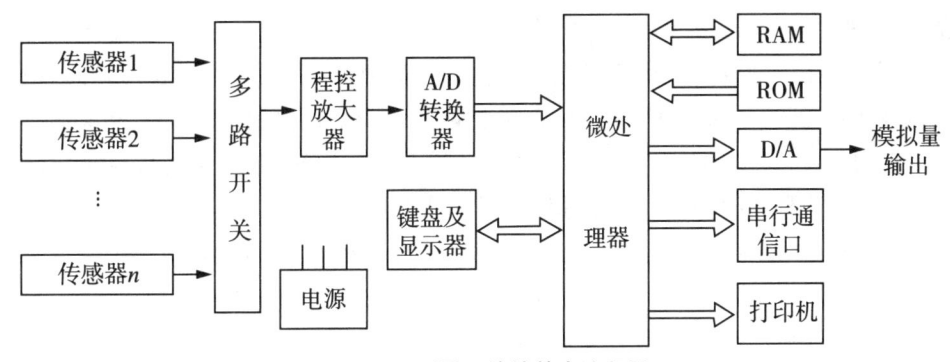

图 6-11　测量系统的基本流程图

(2)开环控制系统。开环和闭环控制系统都是试图使被控变量保持为某预定的值。开环控制系统中包含了测量系统,但是它不同于纯粹的测量系统,其测量结果并不需要显示给用户,而是通过其测量系统输出量以便调节控制系统的某一参数。

如图 6-12 所示为开环控制系统的流程图。开环控制系统的基本原理是系统被一个预设值信号所控制。假定没有测量系统的输出影响那个要控制系统的预定参数,系统所要求的控制也能够达到,即使其他因素改变导致系统的输出不正确,那个预设值也不会改变。

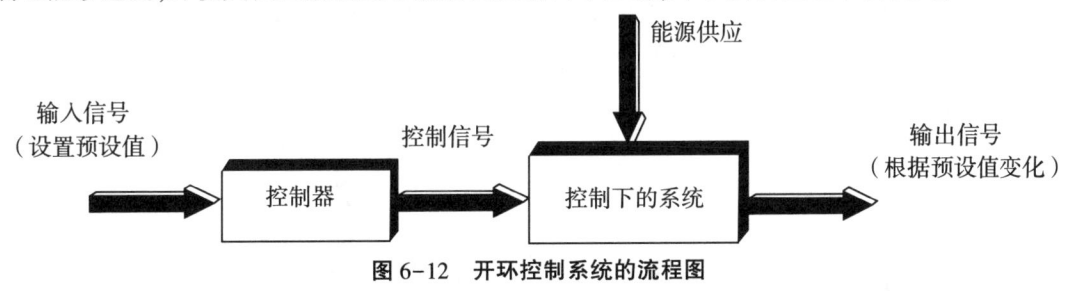

图 6-12　开环控制系统的流程图

假如一个开环控制系统控制一条街上路灯的开和关,控制要求当夜幕降临时打开灯,当天亮时关上灯。控制信号将根据天黑和天亮的时间用一个定时控制装置设置开、关灯的时间。这个系统可能在几周时间内还能正常工作,但是,在一年时间里,天黑和天亮的时间是变化的,预设的信号(时间)不久就会不合适,因此使开、关灯的时间要么早、要么晚。如图 6-13 所示为路灯开环控制系统的流程图。

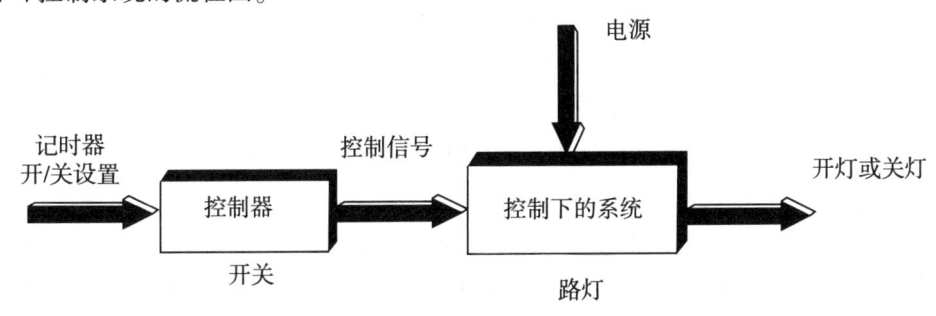

图 6-13　路灯开环控制系统的流程图

在该开环控制系统中,没有将检测到的、实际正在发生变化的系统参数输入给系统,对于路灯控制系统来说,它不知道天是亮还是暗。对于一个开环控制系统,人们不得不估算什么时间天黑和天亮,并相应地改变预设值以控制开灯和关灯时间。这些预设的时间必须根据一天内天亮和天黑的时间变化而变化。因此,它需要频繁地调整预设值。因为通常这种调整的次数越少,工作的效果越差。例如,有时晚上可能是阴天或多云的,按理说路灯应该比晴朗的夜晚要早开一会,但这种情况在开环控制系统中是无法实现的。

开环控制系统在设计和制造上通常比较简单、廉价。然而,它可能是效率很低或需要不断地进行调整操作的。在很多情况下,正在控制的参数也在以某种方式发生变化,从而导致预设值不正确,因此需要更新设置。要正确地设置给定值,通常需要很高的技巧和准确的判断。万一控制的系统参数没有达到预期值,有时后果是很严重的。例如在容器里注入危险性液体,需要控制液体的满溢高度,此时如果用开环控制系统就不合适。

(3)闭环控制系统。在闭环控制系统里,输出状态会直接影响输入条件。在一个闭环控制系统里,将受控系统参数的实际测量值与期望值进行比较,其差值称为误差。

如图 6-14 所示为闭环控制系统的流程图。期望值可认为是已知的,并作为信号参考值,或称为预设值,这个值与测量装置检测的测量值(称为反馈信号)进行比较。反馈信号与参考信号的差值称为误差信号。误差信号经过调制处理(如放大)以便能够调节控制系统。例如,误差信号是一种电信号,它可能需要被放大。被调制处理的误差信号被称为控制信号。然后,控制信号调节系统的输出,以便尽可能使反馈信号与参考信号相一致。这将减少误差到零,并由此使系统达到期望值。

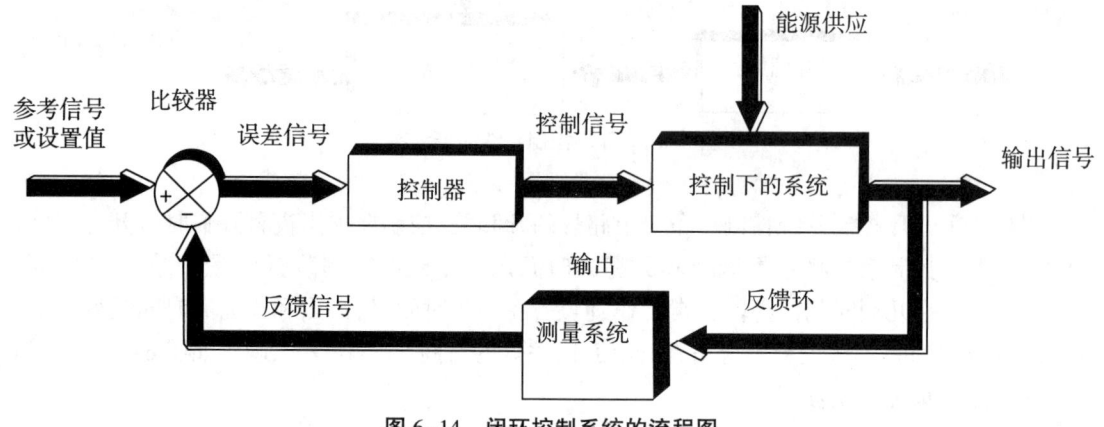

图 6-14 闭环控制系统的流程图

如图 6-15 所示为液位闭环控制系统的示意图。储罐通过泵注入液体,当需要对该液体进行进一步加工处理时,另一个系统打开卸荷阀,并按生产需要放出液体,这样,储罐内的液面降低。如果采用开环控制系统将无法实现有效控制,因为预设值发生错误时后果是非常严重的,储罐内液体满时可能会溢出危险性液体,或者流干了导致化工厂停产。为了确保化工厂有效地工作,储罐内液体需要保持在一个最佳高度,可以用一个液面传感器检测液面并产生一个电信号输出。

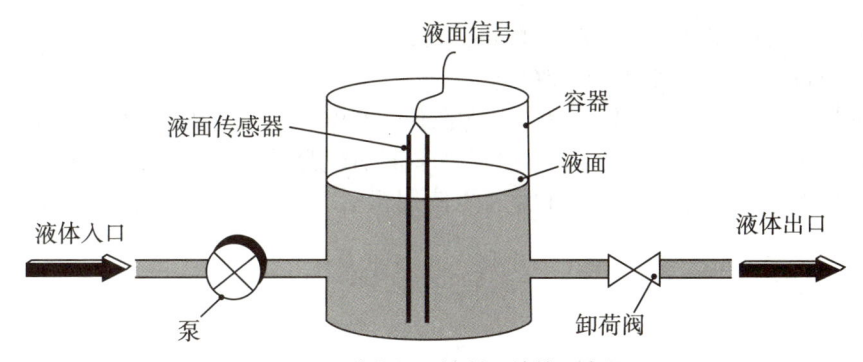

图 6-15　液位闭环控制系统的示意图

如图 6-16 所示为液位闭环控制系统的流程图。由液面传感器的输出(反馈信号)与理想液面(参考信号)比较,其差值就是误差信号。误差信号通过控制器被调制为控制信号。控制信号又驱动液压泵马达,并由此决定通过泵向储罐输入的液体流量。当误差为"0"时,液面达到了理想高度,控制信号为"0"并因此使泵停下来。利用这种方法,将与液面相关的信号变为电信号,无论它是恒定的还是变化的,通过控制泵的流量就可以始终保持安全的液面高度。

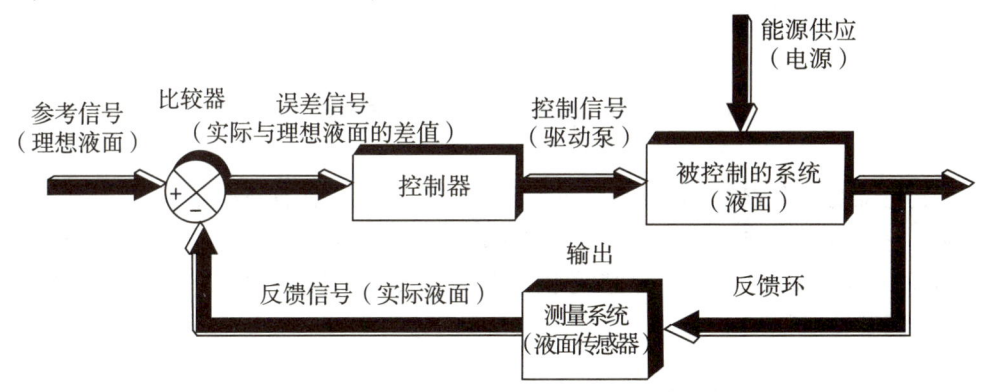

图 6-16　液位闭环控制系统的流程图

闭环控制系统通过自动反馈信息调整输入量达到控制输出量的目的,因此比开环控制系统误差更小,工作更有效,操作更简便。然而,其安装制造成本较高且系统可能变得更复杂。

四、智能传感器的定义

智能传感器是为了代替人和生物体的感觉器官并扩大其功能而设计制作出来的一种系统。人和生物体的感觉有两个基本功能:一是检测对象的有无或检测变换对象发生的信号;二是判断、推理、鉴别对象的状态。前者称为"感知",而后者称为"认知"。一般传感器只有对某一物体精确"感知"的本领,而不具有"认识"(智慧)的能力。智能传感器则可将"感知"和"认知"结合起来,起到人的"五感"功能的作用。

美国宇航局研究中心的 Breckenridgc 和 Husson 等人认为智能传感器需要具备下列条件:
(1)由传感器本身消除异常值和例外值,提供比传统传感器更全面、更真实的信息。
(2)具有信号处理(例如包括温度补偿、线性化等)功能。
(3)随机整定和自适应。

(4)具有一定程度的存储、识别和自诊断功能。

(5)内含特定算法并可根据需要改变。

这就说明了智能传感器的主要特征就是敏感技术和信息处理技术的结合。也就是说,智能传感器必须具备"感知"和"认知"的能力。如要具有信息处理能力,就必然要使用计算机技术。考虑到智能传感器体积问题,自然只能使用微处理器等。智能传感器的结构示意图如图6-17所示。

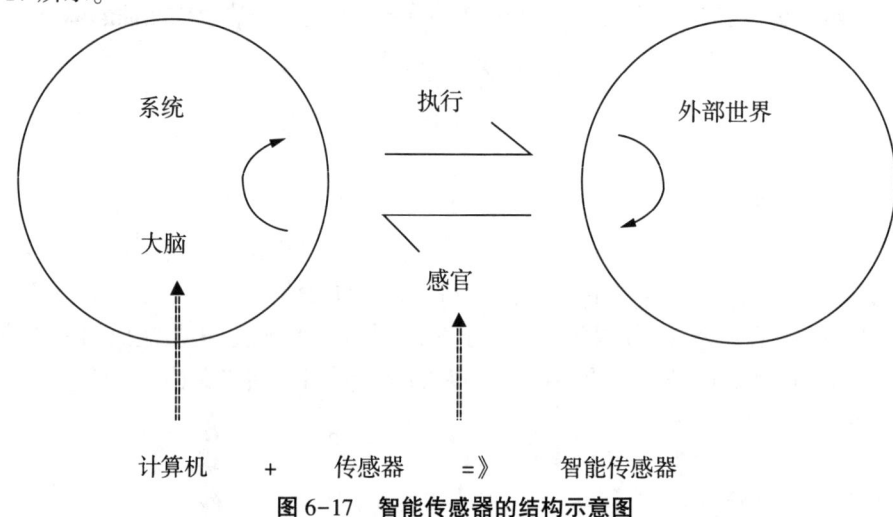

图6-17 智能传感器的结构示意图

智能传感器是一个或多个敏感元件、微处理器、外围控制及通信电路、智能软件系统相结合的产物。它内嵌了标准的通信协议和标准的数字接口,使传感器之间或传感器与外围设备之间可轻而易举组网。以智能加速度传感器和以无线智能传感器为例的智能传感器如图6-18、图6-19所示。

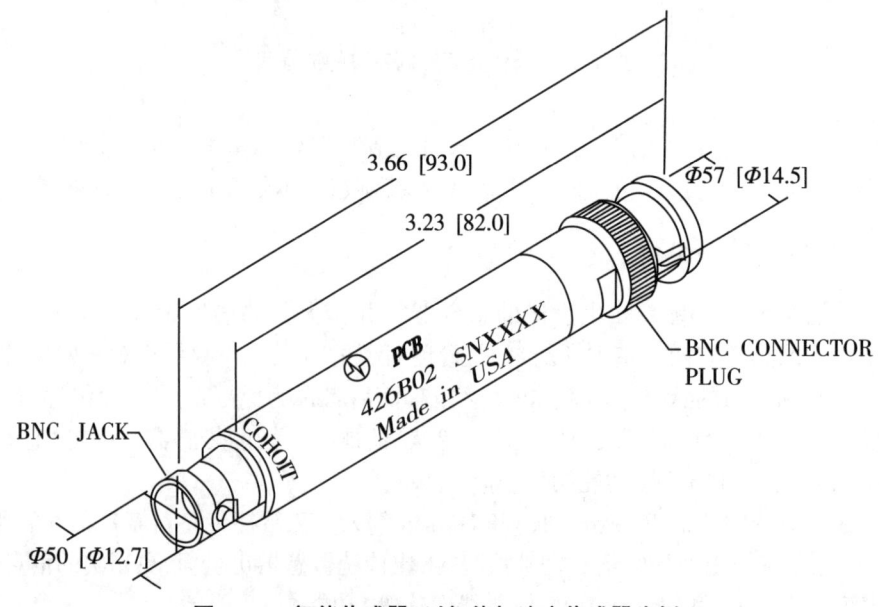

图6-18 智能传感器(以智能加速度传感器为例)

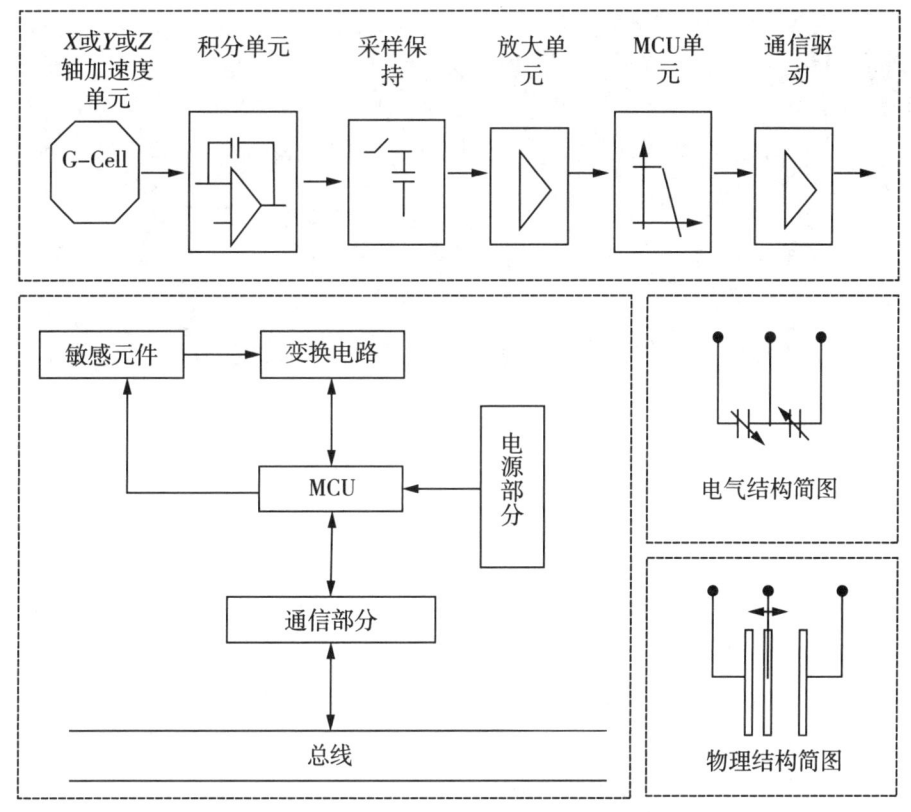

续图 6-18 智能传感器(以智能加速度传感器为例)

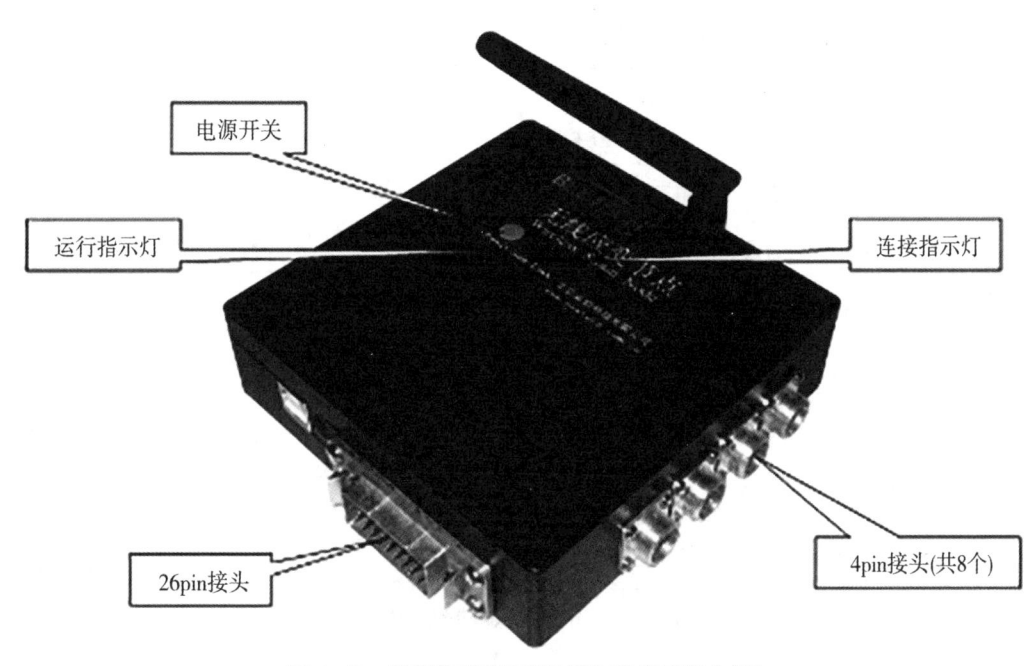

图 6-19 智能传感器(以无线智能传感器为例)

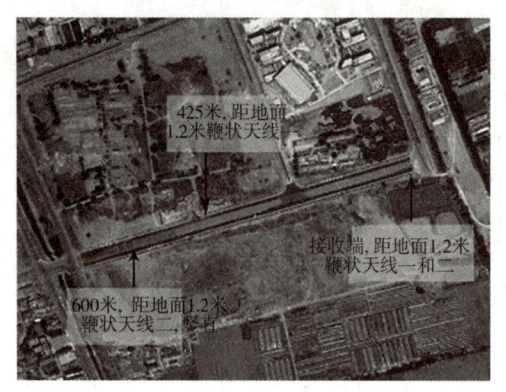

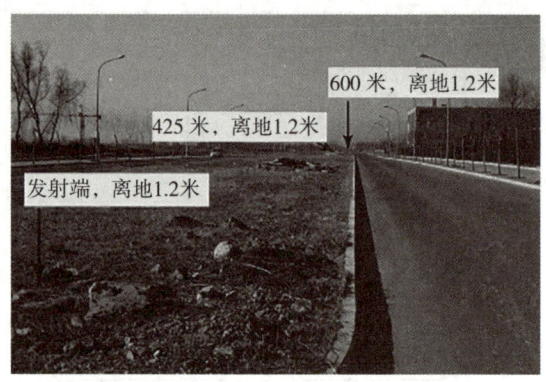

汽车智能制造技术

续图 6-19　智能传感器(以无线智能传感器为例)

五、智能传感器的产生缘由

自 2000 年以后,随着微处理器在可靠性和超小体积化等方面有了长足的进步,以及微电子技术的成熟,使得在传统传感器中嵌入智能控制单元成为现实,也给传感器的微型化提供了基础。目前传统的传感器技术发展主要集中在解决准确度、稳定性和可靠性等方面,所进行的研发工作主要为开发新敏感材料,改进生产工艺,改善线性、温度、稳定性补偿电路等,但这些工作的收效不大,即使能够达到更高的要求,但成本压力很大。另外随着现代自动化系统发展,对传感器的精度、智能水平、远程可维护性、准确度、稳定性、可靠性和互换性等要求更高。以上因素,催生了智能化传感器的出现。

1.智能传感器的简单划分

智能传感器的简单划分如图 6-20 所示

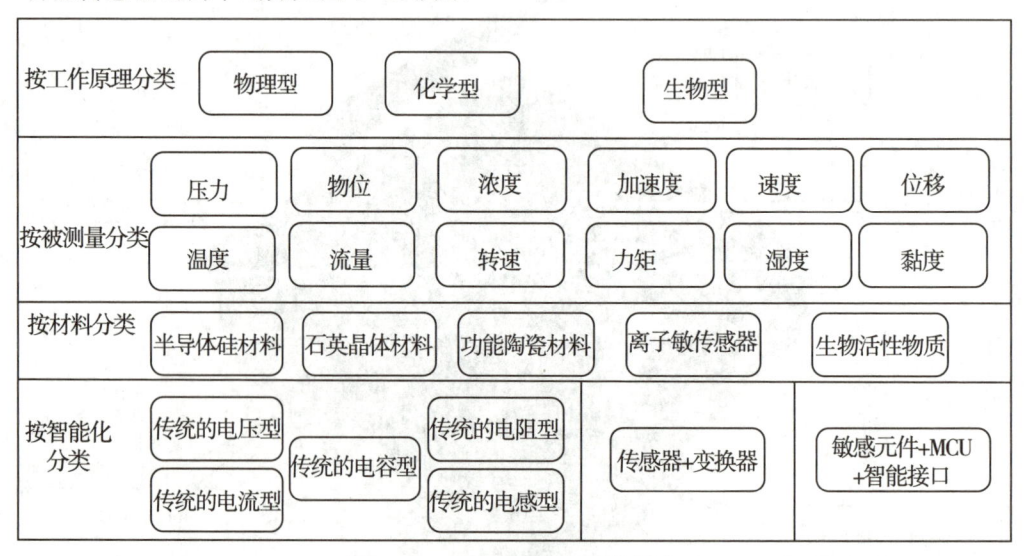

图 6-20　智能传感器的简单划分

2.智能传感器的系统结构

智能传感器系统结构如图 6-21 所示。

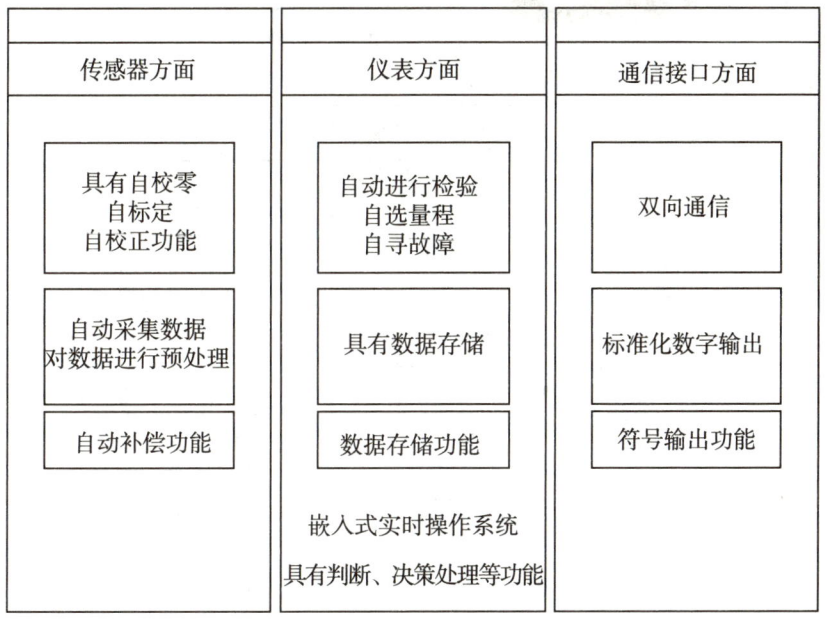

图 6-21　智能传感器的系统结构

3.智能传感器的硬件系统结构
智能传感器的硬件系统如图 6-22 所示。

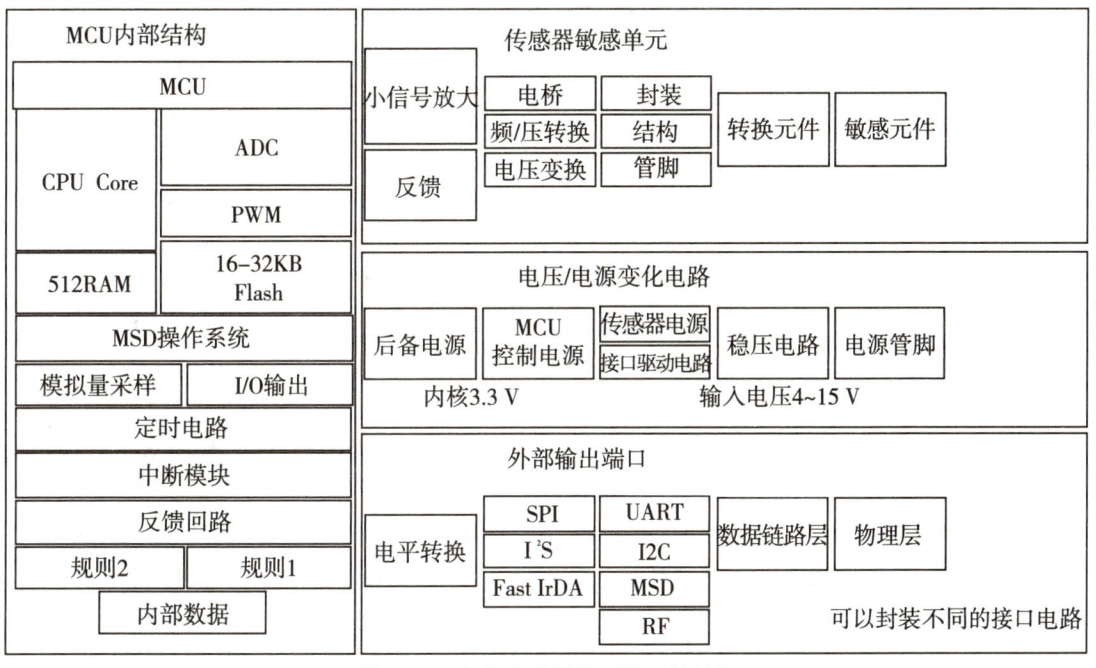

图 6-22　智能传感器的硬件系统结构

4.智能传感器的操作系统结构
智能传感器的操作系统结构如图 6-23 所示。

139

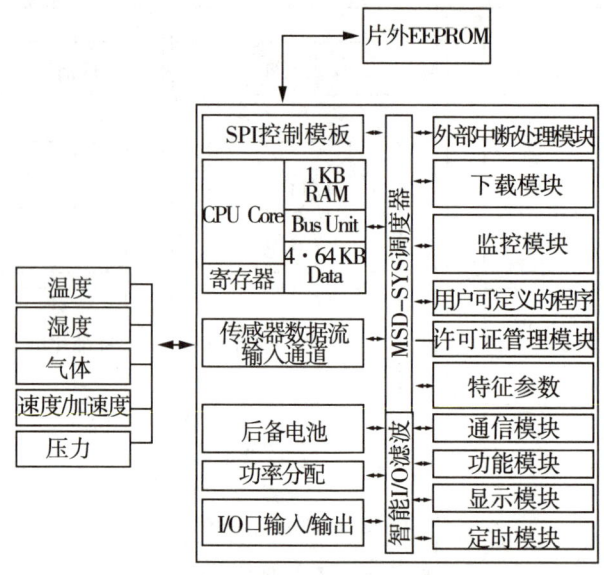

图 6-23 智能传感器的操作系统结构

5.智能传感器的软件系统结构
智能传感器的软件系统结构如图 6-24 所示。

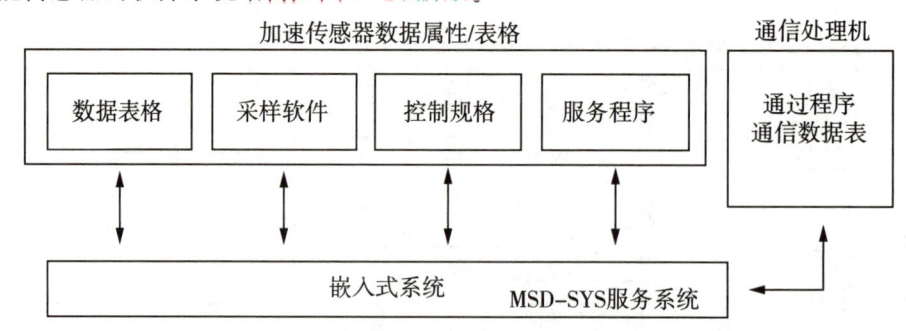

图 6-24 智能传感器的软件系统结构

六、智能传感器的特点

(1)使用简单:使应用开发更简便、经济、快速,具备良好的兼容性;能与其他系统实现单向或双向通信;具有搭建同类和不同类多个传感器的复合能力。

(2)易于维护:具备在线标定和校准能力;能实现内部自检测、自诊断、自校正、自补偿。

(3)精确:提供离散输出或模拟输出;极大地提高了传感器输出的一致性、重复性、稳定性、准确性及可靠性;能够完成对信号的采集、变换、逻辑判断、功能计算。

(4)适应性强:允许用户的控制程序下载至智能传感器中;具备传感器休眠功能;具有自我学习功能。

七、智能传感器的应用价值

(1)面向对象的智能传感器使应用设计工程师完全可以将工作的重心放在系统的应用方

面,如控制规则、用户界面、人机工程等,而不必对传感器本身进行研究,只需将其作为系统的简单部件来使用即可。

(2)在完善的技术支持工具的辅助下,使应用客户在研发、采购、生产等方面更加节约成本。

(3)通过使用传感器的标准协议接口,传感器工厂(含敏感元件)可以将精力集中在传感器的品质保障方面,不用像从前须为客户提供大量的辅助设计。任何满足此接口协议的传感器都可以迅速地进入到客户的设计中。

(4)客户可以采用平台技术,进行跨行业应用。如采用智能甲烷气体传感器可以迅速设计更加可靠、成本更低的煤矿用安全产品。

(5)基于通用的接口规范,传感器工厂或应用商可以轻易地完成新型的复合传感器设计、生产和应用。

(6)通用的数据接口允许第三方客户开发标准的支持设备,帮助客户或传感器工厂完成新产品的设计。

八、智能传感器的供选类型

智能传感器的供选类型如图 6-25 所示。

传感器部件	通用部件	通信部件
加速度智能化传感器	4位LED显示数字表头	RS232通用接口板
温/湿度智能化传感器	LCD显示表头	RS485通用接口板
气体智能化传感器	PID控制单元	CAN通用接口板
压力智能化传感器	模拟指针式数字表头	ZigBee通用接口板
同构智能化传感器	数据记录单元	
不同构智能化传感器		

图 6-25 智能传感器的供选类型

九、智能传感器的典型封装

智能传感器的典型封装如图 6-26、图 6-27 所示。

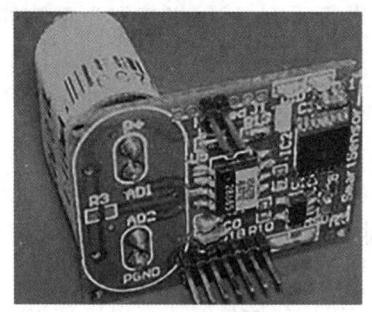

智能气体传感器 　　　　　　　智能电化学传感器 　　　　　　智能加速度传感器

图 6-26　智能传感器的典型封装 1

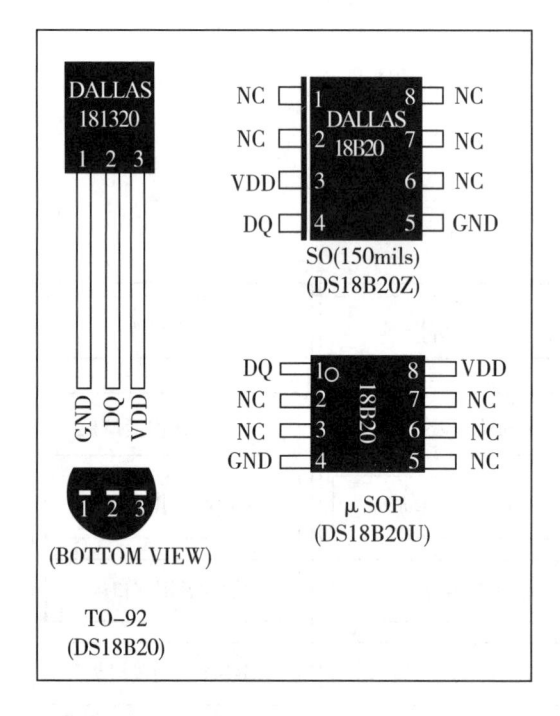

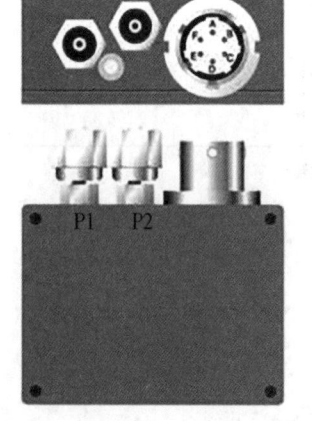

智能温度传感器 　　　智能压力传感器

图 6-27　智能传感器的典型封装 2

1.智能传感器的典型管脚示意图

智能传感器的典型管脚示意图如图 6-28、图 6-29 所示。

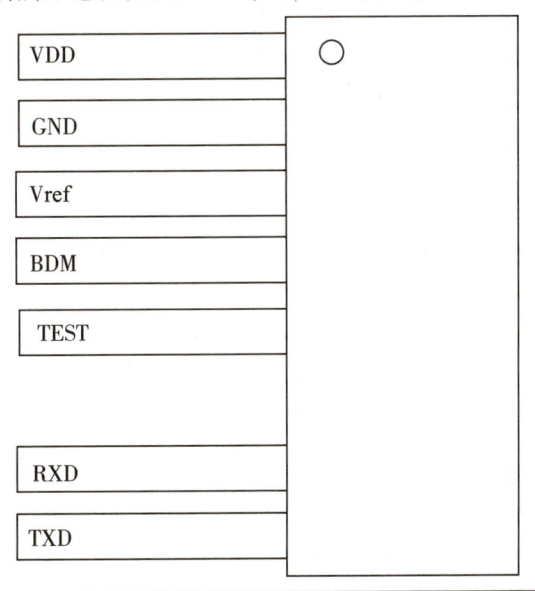

管脚号	管脚标识	说明	管脚内部典型电路	备注
1	VDD	电源（+）		3.3~6.5 V
2	GND	地线（-）		
3	Vref	芯片内部输出3.3 V		推荐外接1 μF的对地电容
4	BDM	工厂测试用		
5	TEST	工厂测试用	Reset	
6	RXD	数字命令输入		
7	TXD	数字命令输入		

图 6-28　智能传感器的典型管脚示意图(以智能气体传感器为例)

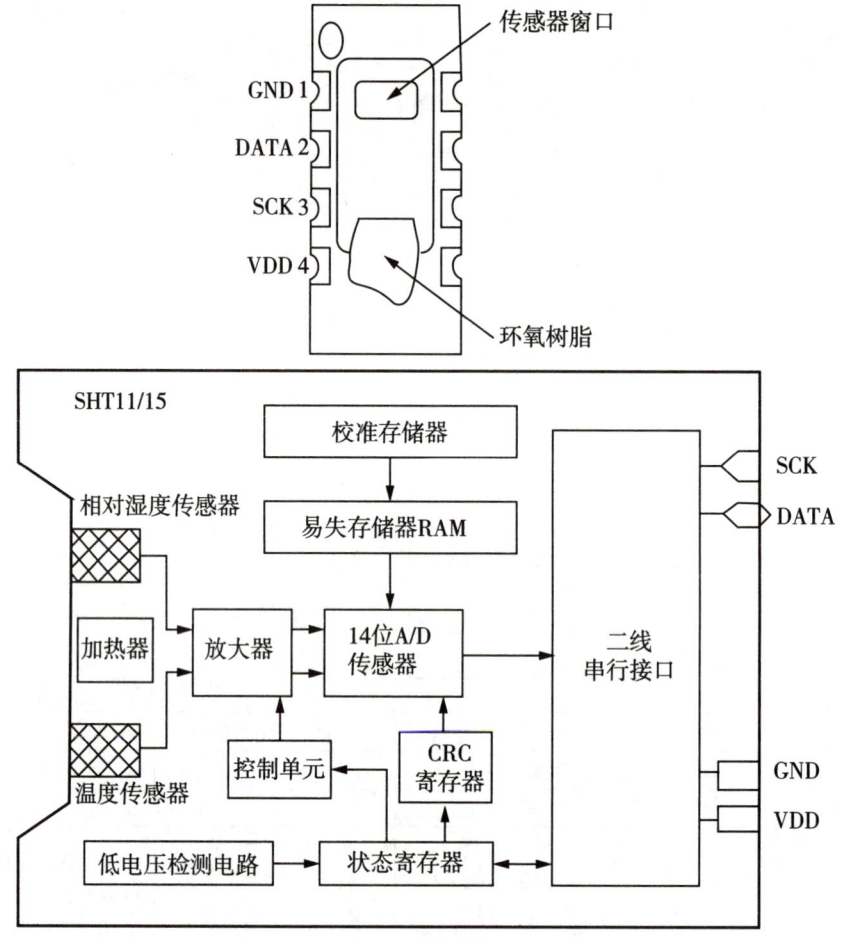

图 6-29 智能传感器的典型管脚示意图（以智能温/湿度传感器为例）

2. 智能传感器的典型应用模式

智能传感器的典型应用模式如图 6-30 所示。

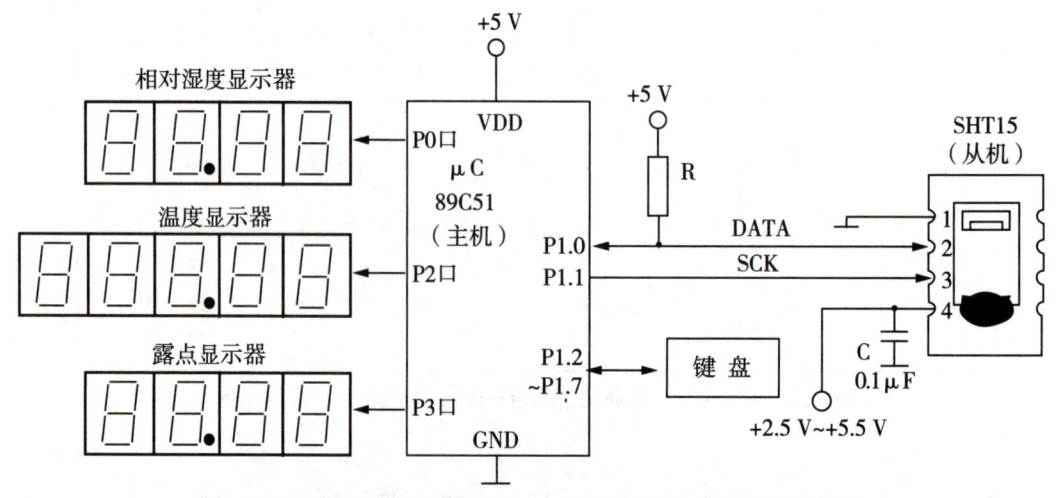

图 6-30 智能传感器的典型应用模式（以智能温/湿度传感器为例）

3.智能传感器的应用开发

以 Yahot 公司为背景,智能传感器的通用接口板如图 6-31 所示,使用第三方开发工具如图 6-32 所示,应用开发如图 6-33 所示。

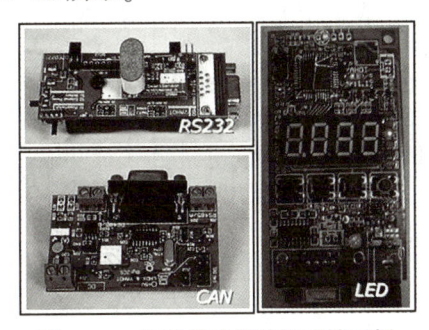

图 6-31　智能传感器的通用接口板

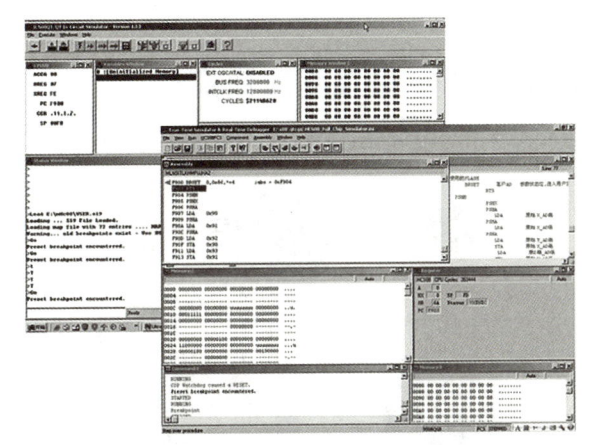

图 6-32　使用第三方开发工具

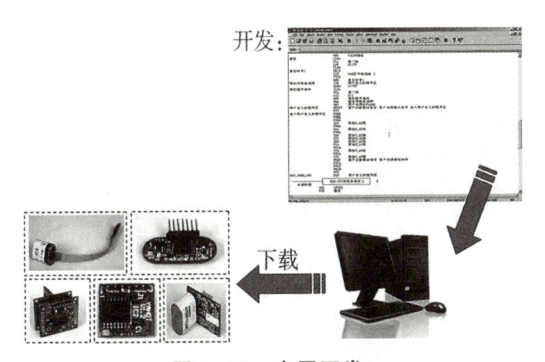

图 6-33　应用开发

4.智能传感器的应用领域

智能传感器的应用领域如图 6-34 所示。

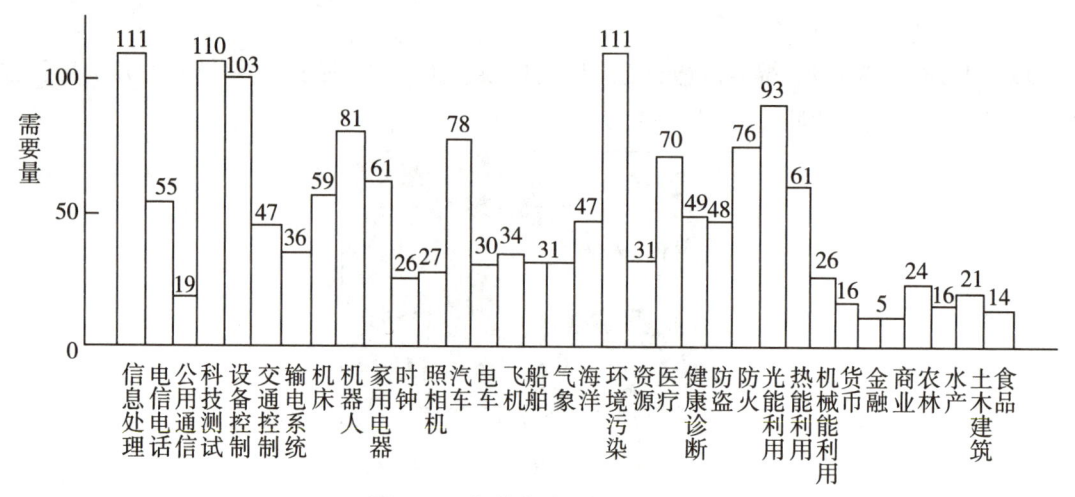

图6-34 智能传感器的应用领域

十、智能传感器的商用产品及其应用实例

智能传感器的商用产品及其应用实例如图6-35~图6-40所示。

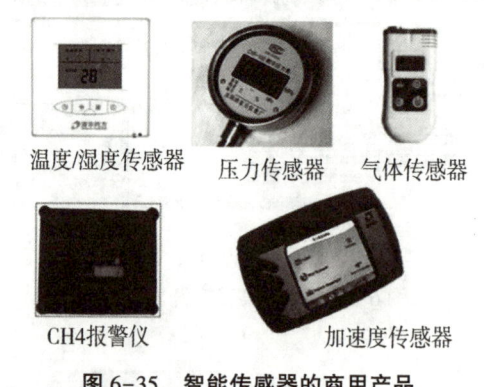

图6-35 智能传感器的商用产品

图6-36 装备智能传感器的智能汽车

图 6-37　中南大学立/卧式火灾模拟试验炉

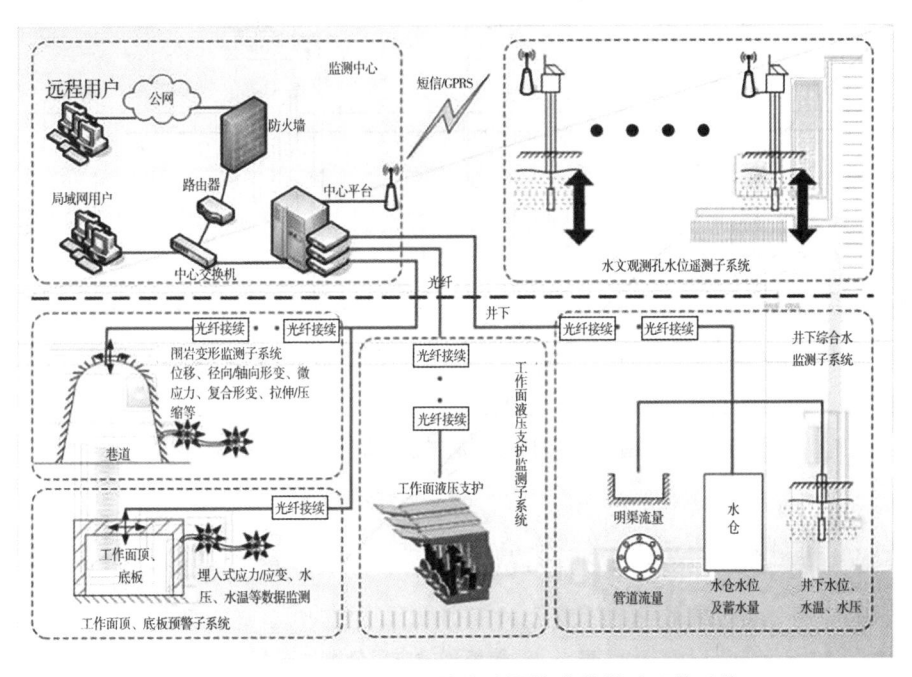

图 6-38　由光纤传输型智能传感器构成的煤矿预警系统

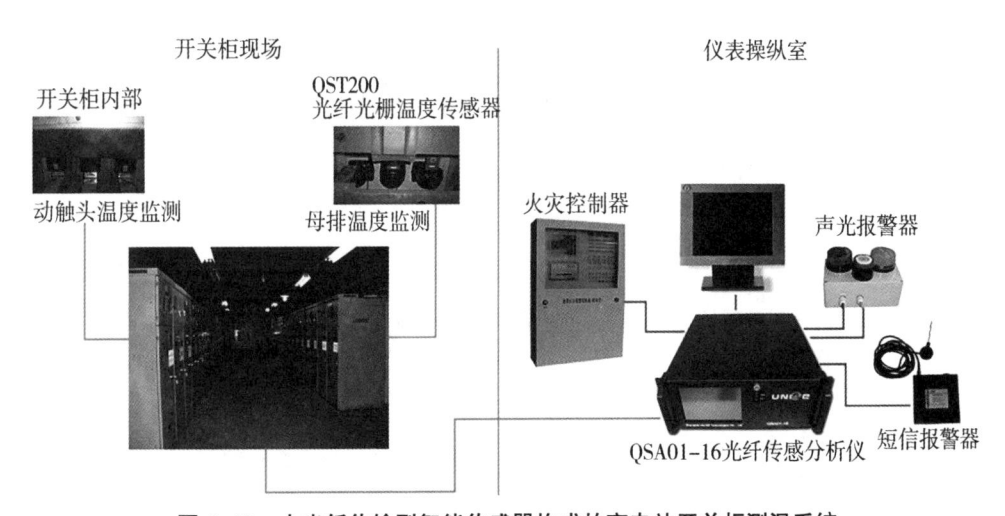

图 6-39　由光纤传输型智能传感器构成的变电站开关柜测温系统

147

图 6-40 传感器的布点(单位：mm)

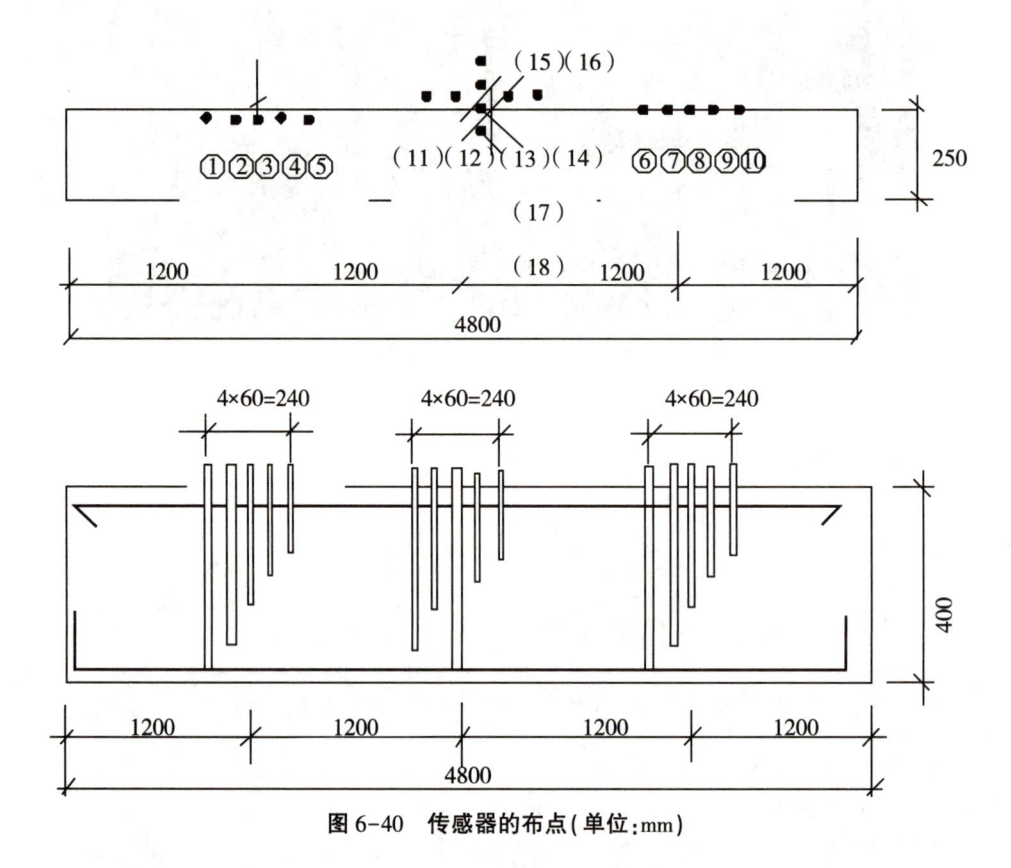

十一、传感器的(应用)分类

传感器的应用分类如表 6-4 所示。

表 6-4 传感器的应用分类

测量对象	测量原理	传感器产品名称
光强 光束 红外光	光电子释放效应	光电管、光电倍增管、摄像管、火焰检测器
	光电效应	光敏二极管、光敏晶体管、光敏电阻
	内光导效应	光导电元件、量子型红外线传感器、分光器
	热释电效应	热释电红外传感器、热释电传感器、红外线传感器
	固体摄像元件	CCD 图像传感器
	其他	

续表

测量对象	测量原理	传感器产品名称
放射线	气体电离电荷	电离箱、比例计数管、GM 计数管
	固体电离	半导体放射线传感器
	二次电子发射	耗尽型电子传感器
	荧光体发光（常温）	闪烁计数管、荧光玻璃传感器
	荧光体发光（加热）	热致发光
	切伦科夫效应	切伦科夫传感器
	化学反应	玻璃射线计、铁射线计、砷射线计
	光色效应	光纤放射线传感器
	发热	热量计
	核反应	核反应计数管
	其他	
声/超声波	压电,电致伸缩效压	石英麦克风、陶瓷麦克风、陶瓷超声波传感器
	电感感应	磁铁麦克风
	静电效应	驻极体话筒
	磁致伸缩	铁氧体超声波传感器、磁致伸缩振动元件
	其他	
磁通电流	法拉第效应	光纤磁场传感器、法拉第器件、电流传感器
	磁阻效应	磁阻式磁场传感器、电流传感器、MR 元件、磁性薄膜磁阻元件
	霍尔效应	霍尔元件、霍尔 IC、磁二极管、电流传感器、速度传感器、霍尔探针
	约瑟夫逊效应	SQUID 高灵敏度磁传感器
	磁电效应	铁磁性磁传感器、磁头、电流传感器、地磁传感器、光学 CT、裂纹测试仪
	其他	
力/重量	磁致伸缩	磁致伸缩负荷元件、磁致伸缩扭矩传感器
	压电效应	压电负荷元件式传感器
	应变计	应变计负满元件、应变式扭矩传感器
	扭矩	差动变压器式扭矩传感器
	电磁耦合	电磁式扭矩传感器
	导电率	薄板式力传感器
	其他	

续表

测量对象	测量原理	传感器产品名称
位置速度角度	电磁感应	差动变压器、分相器、接近开关、电涡流测厚仪、自整角机电位计、电位传感器、位置·角度传感器、扭矩传感器
	电阻变化	滑动电位计、应变式变形传感器
	温度计	旋转编码器、千分尺、直线编码器
	光线/红外线	光电开关、光传感器、高度传感器、光断流器、光纤光电开关、激光雷达
	霍尔效应、磁阻效应	引导开关、磁性尺、同步器、编码器
	声波	超声波开关、高度计
	机位变化	微动开关、限位开关、门锁开关、断线传感器
	陀螺仪	陀螺仪式位置传感器、陀螺仪式水平传感器、陀螺罗盘
	其他	
压力	压电效应	陶瓷压力传感器、暴动式压力传感器、石英压力传感器、压电片
	阻抗变化	滑动电位计式压力传感器、薄膜式压力传感器、硅压力传感器
	光弹性效应	感压二极管
	静电效应	光纤压力传感器、电容式压力传感器
	力平衡	力平衡式压力传感器
	电离	电离真空传感器
	热传导率	热电耦真空传感器、热敏电阻式真空传感器
	磁致伸缩	磁致伸缩式压力传感器
	谐振线圈	谐振式压力传感器
	霍尔效应	磁阻式压力传感器
	其他	

续表

测量对象	测量原理	传感器产品名称
温度	热电效应	热电偶、热电堆、铠装热电偶
	阻抗的温度变化	热敏电阻(NTC,PTC,CTR)、测辐射热器、感温可控硅、温度传感器、精密测温电阻
	热释电效应	SIC薄膜热敏电阻、薄膜铂金温度传感器、油温传感器、热释电温度传感器、驻极体温度传感器
	导电率	陶瓷温度传感器、铁电温度传感器、电容式温度传感器
	光学特性	光温度传感器、红外线温度传感器、分布式光纤温度传感器
	热膨胀	液体封入式温度传感器、双金属、双金属式温度传感器、恒温槽、热保护器、压力式热保护器、活塞管式温度传感器
	半导体特性	晶体管温度传感器、光纤半导体温度传感器
	色温	色温传感器、双色温度传感器、液晶温度传感器、放射线温度传感器
	热辐射	光纤放射线温度传感器、压电式放射线温度传感器、格雷线圈
	核磁共振	NQR温度传感器
	磁特性	磁温度传感器、感温铁氧体、感温式铁氧体热敏元件
	谐振频率变化	石英晶体温度传感器
	其他	
溶液/成分	膜电位	玻璃离子电极、固体膜离子电极、流体膜离子电极
	电解电流	电量式气体传感器
	光电效应	荧光度式色标传感器、比色传感器
	核磁共振	核磁共振传感器
	电气阻抗	导电率式色标传感器
	红外线/紫外线吸收	紫外线吸收式色标传感器
	音叉共振	音叉式密度传感器
	放射线	放射线式密度传感器
	生物传感器	微生物传感器、免疫传感器、氧传感器
	其他	

续表

测量对象	测量原理	传感器产品名称
流量流速	电磁感应	电磁式流量传感器
	超声波	超声波式流量传感器
	卡罗曼涡流	涡流流量传感器
	相关	相关流量传感器
	转数	容积式流量传感器、涡轮式流量传感器
	热传导	热线式流量传感器
	光吸收/反射	激光多普勒流量传感器、光纤多普勒血流传感器
	压力	差压式流量传感器、泄漏传感器
	其他	
物位	介电常数	电容式物位传感器、介电常数物位传感器
	超声波	超声波物位传感器
	光特性	光纤液位传感器
	微波	微波式物位传感器
	应变计	半导体应变式物位传感器、浸入式物位传感器
	热敏电阻	热敏电阻式物位传感器
	压力	压力式物位传感器
	位置变化/落体/浮子	位移式物位传感器、浮子式物位传感器
	电涡流	电涡流式物位传感器
	电磁感应	电磁式物位传感器
	放射线	放射线式物位传感器
	其他	
振动冲击加速度	电磁感应	冲击传感器、振动传感器
	压电特性	血压用柯氏声传感器、振动加速度传感器、加速度传感器、冲击传感器、G 传感器、地震传感器、加速度心音传感器、角速度传感器
	阻抗变化	加速传感器、水中电话、G 传感器
	静电效应	加速度传感器、G 传感器、加速度计
	其他	地震传感器
速度转数	电磁感应	转速表、同步感应器、电磁感应式旋转传感器、发电式旋转速度传感器
	光电特性	光电式旋转速度传感器
	其他	

续表

测量对象	测量原理	传感器产品名称
其他		物体传感器、条形码阅读器、超声波探测元件、照度传感器、雨量传感器、ID卡传感器、磁场强度传感器、复合传感器、电位传感器、色彩计等

十二、传感器的(应用)特性

传感器特性主要是指输入与输出之间的关系。

当输入量为常量或变化极慢时(如温度、压力等),这一关系称为静态特性;当输入量随时间变化极快时,这一关系称为动态特性。

传感器输入与输出关系可用微分方程来描述。理论上,将微分方程中的一阶及以上的微分项取为零时,得到静态特性。因此,传感器的静态特性只是动态特性的一个特例。

传感器的输入与输出具有确定的对应关系且最好呈线性关系。但一般情况下,输入、输出不会符合所要求的线性关系,同时由于存在迟滞、蠕变、摩擦、间隙和松动,以及传感器内部储能元件(电感、电容、质量块、弹簧等)和外界条件的影响,使输出、输入对应关系的唯一确定性也不能实现。考虑了这些情况之后,传感器的输入、输出作用图如图 6-41 所示。

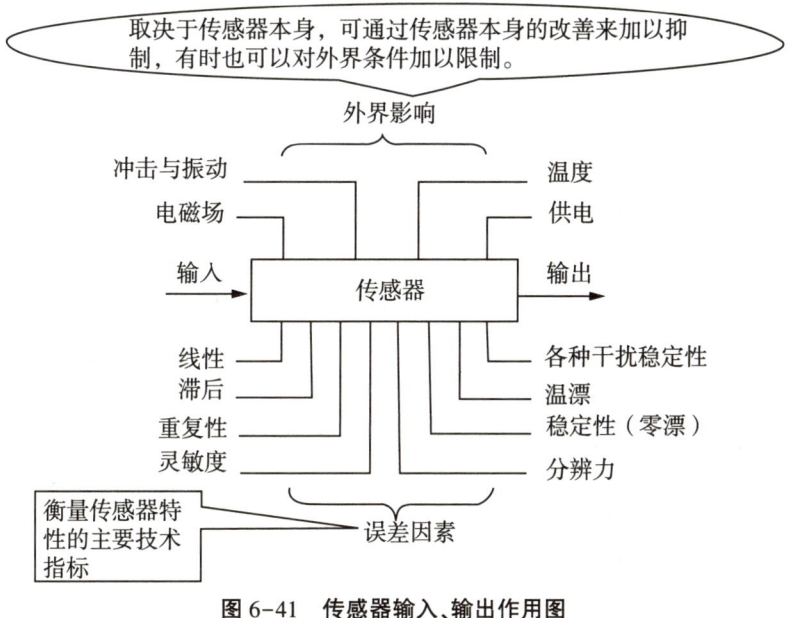

图 6-41 传感器输入、输出作用图

1. 静态特性[可用 $y=f(x)$ 函数式表示]技术指标

(1)线性度。线性度中的参数示意图如图 6-42 所示,传感器的输入、输出关系或多或少地存在非线性。在不考虑迟滞、蠕变、不稳定性等因素的情况下,其静态特性可用下列多项式代数方程表示:

$$y = a_0 x_0 + a_1 x_1 + a_2 x_2 + \cdots a_n x_n \tag{6-1}$$

式中　y——输出量;

x——输入量；

a_0——零点($x=0$)输出；

a_1——理论灵敏度；

$a_2 a_3 \cdots a_n$——非线性项系数。

不同各项系数决定了特性曲线的具体形式。

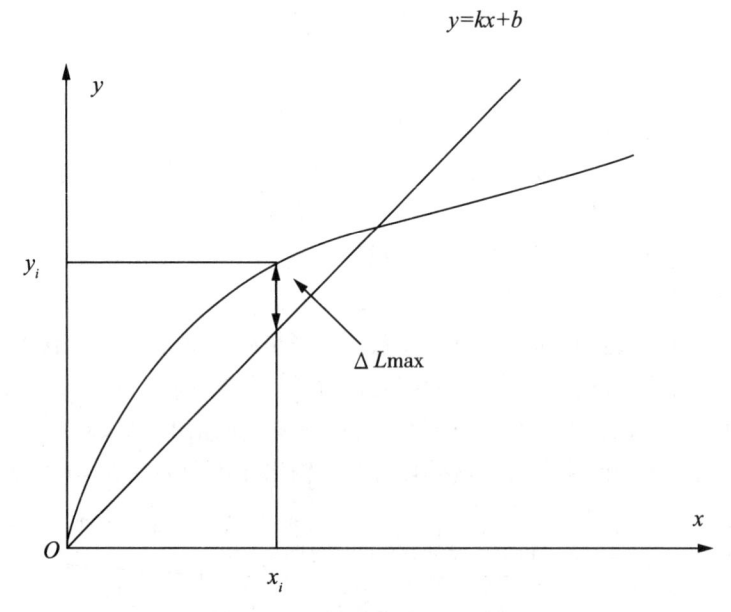

图 6-42 线性度中的参数示意图

静态特性曲线可实际测试获得。在获得特性曲线之后,可以说问题已经得到解决。但是为了标定和数据处理的方便,希望得到线性关系。这时可采用各种方法,其中也包括硬件或软件补偿,进行线性化处理。一般来说,这些办法都比较复杂。所以在非线性误差不太大的情况下,总是采用直线拟合的办法来线性化。

在采用直线拟合线性化时,输入、输出的校正曲线与其拟合曲线之间的最大偏差称为非线性误差或线性度,通常用相对误差 γ_L 表示：

$$\gamma_L = \pm(\Delta L \max / y_{FS}) \times 100\% \tag{6-2}$$

式中　$\Delta L\max$——最大非线性绝对误差；

y_{FS}——满量程输出。

非线性偏差的大小是以一定的拟合直线为基准直线而得出来的。拟合直线不同,非线性误差也不同。所以,选择拟合直线的主要出发点应是获得最小的非线性误差。另外,还应考虑使用是否方便,计算是否简便。

直线拟合方法如图 6-43 所示。其包括理论拟合、端点连线平移拟合、端点连线拟合、过零旋转拟合、最小二乘拟合和最小包容拟合。

（a）理论拟合　　（b）过零旋转拟合

（c）端点连线拟合　　（d）端点连线平移拟合

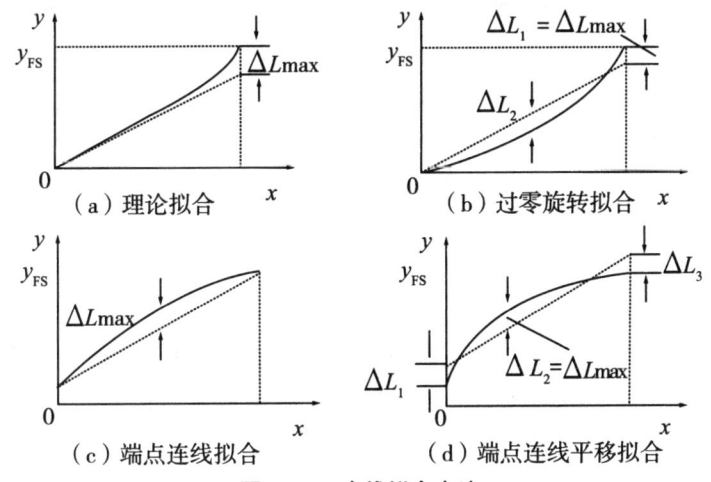

图 6-43　直线拟合方法

最小二乘法拟合方法如图 6-44 所示。

最小二乘拟合法

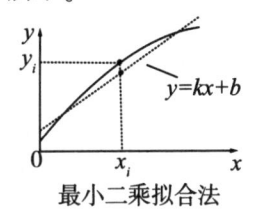

图 6-44　直线拟合方法(最小二乘法)

设拟合直线方程：

$$y = kx + b \tag{6-3}$$

若实际校准测试点有 n 个，则第 i 个校准数据与拟合直线上响应值之间的残差为：

$$\Delta_i = y_i - (kx_i + b) \tag{6-4}$$

最小二乘法拟合直线的原理就是使 $\sum \Delta_i^2$ 为最小值，即

$$\sum_{i=1}^{n} \Delta_i^2 = \sum_{i=1}^{n} [y_i - (kx_i + b)]^2 = \min \tag{6-5}$$

对 k 和 b 一阶偏导数等于零，求出 b 和 k 的表达式：

$$\frac{\partial}{\partial k} \sum \Delta_i^2 = 2 \sum (y_i - kx_i - b)(-x_i) = 0 \tag{6-6}$$

$$\frac{\partial}{\partial b} \sum \Delta_i^2 = 2 \sum (y_i - kx_i - b)(-1) = 0 \tag{6-7}$$

即得到 k 和 b 的表达式：

$$k = \frac{n \sum x_i y_i - \sum x_i \sum y_i}{n \sum x_i^2 - (\sum x_i)^2} \tag{6-8}$$

$$b = \frac{\sum x_i^2 \sum y_i - \sum x_i \sum x_i y_i}{n \sum x_i^2 - (\sum x_i)^2} \tag{6-9}$$

将 k 和 b 代入拟合直线方程,即可得到拟合直线,然后求出残差的最大值 ΔL_{max} 即为非线性误差。

(2)迟滞。传感器在正(输入量增大)反(输入量减小)行程中输入、输出曲线不重合称为迟滞。

迟滞特性如图 6-45 所示,它一般是由实验方法测得的。迟滞误差一般以满量程输出的百分数表示,即

$$\gamma_H = \pm (1/2)(\Delta H_{max}/y_{FS}) \times 100\% \tag{6-10}$$

式中 ΔH_{max} ——正反行程间输出的最大差值。

迟滞误差的另一名称叫回程误差。回程误差常用绝对误差表示。检测回程误差时,可选择几个测试点。对应于每一输入信号,传感器正反行程中输出信号差值的最大者即为回程误差。

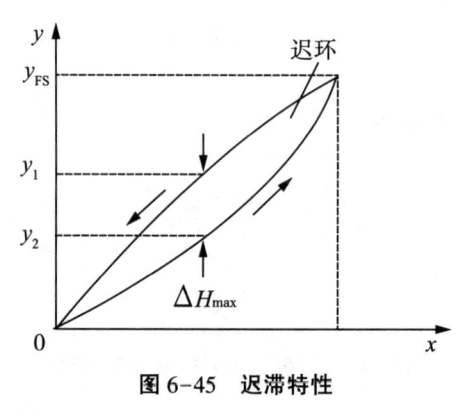

图 6-45 迟滞特性

(3)重复性。重复性如图 6-46 所示。重复性是指传感器在输入按同一方向连续多次变动时所得特性曲线不一致的程度。

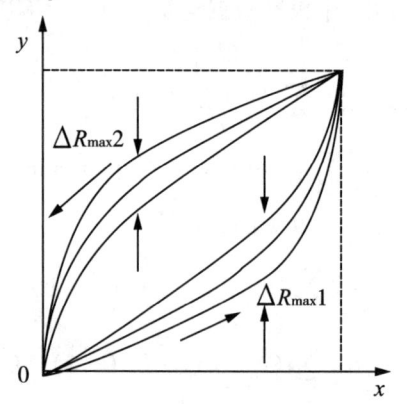

$\Delta R_{max}1$—正行程的最大重复性偏差;$\Delta R_{max}2$—反行程的最大重复性偏差

图 6-46 重复性

重复性误差可用正反行程的最大偏差表示,即

$$\gamma_R = \pm (\Delta R_{max}/y_{FS}) \times 100\% \tag{6-11}$$

重复性误差也常用绝对误差表示。检测时也可选取几个测试点,对应每一点多次从同一

方向趋近,获得输出值系列 $y_{i1},y_{i2},y_{i3}\cdots y_{in}$,算出最大值与最小值之差或 3σ 作为重复性偏差 ΔR_i,在几个 ΔR_i 中取出最大值 $\Delta R\max$ 作为重复性误差。

$$\gamma_R = \pm [(2 \sim 3)\sigma/y_{FS}] \times 100\% \tag{6-12}$$

式中 (2~3)——置信度;

σ——标准差。

(4)灵敏度与灵敏度误差。传感器输出的变化量 y 与引起该变化量的输入变化量 x 之比即为其静态灵敏度,其表达式为:

$$K = \Delta y/\Delta x \tag{6-13}$$

可见,传感器输出曲线的斜率就是其灵敏度。对线性特性的传感器,其特性曲线的斜率处处相同,灵敏度 k 是一常数,与输入量大小无关。

由于某种原因,会引起灵敏度变化,产生灵敏度误差。灵敏度误差用相对误差表示,即

$$\gamma_s = (\Delta k/k) \times 100\% \tag{6-14}$$

(5)分辨力与阈值。分辨力是指传感器能检测到的最小输入增量。有些传感器,当输入量连续变化时,输出量只做阶梯变化,则分辨力就是输出量的每个"阶梯"所代表的输入量的大小。分辨力用绝对值表示,用于满量程的百分数表示时称为分辨率。传感器输入零点附近的分辨力称为阈值。门槛灵敏度指输入零点附近的分辨能力。

(6)稳定性。稳定性是指传感器在长时间工作的情况下输出量发生的变化,有时称为长时间工作稳定性或零点漂移。

测试时先将传感器输出调至零点或某一特定点,相隔 4 h、8 h 或一定的工作次数后,再读出输出值,前后两次输出值之差即为稳定性误差。它可用相对误差表示,也可用绝对误差表示。

(7)温度稳定性。温度稳定性又称为温度漂移,是指传感器在外界温度下输出量发生的变化。测试时先将传感器置于一定温度(如 20 ℃),将其输出调至零点或某一特定点,使温度上升或下降一定的度数(如 5 ℃ 或 10 ℃),再读出输出值,前后两次输出值之差为温度稳定性误差。温度稳定性误差用温度每变化若干摄氏度的绝对误差或相对误差表示,每摄氏度引起的传感器误差又称为温度误差系数。

(8)抗干扰稳定性。抗干扰稳定性指传感器对外界干扰的抵抗能力,例如抗冲击和振动的能力、抗潮湿的能力、抗电磁场干扰的能力等。评价这些能力比较复杂,一般也不易给出数量概念,需要具体问题具体分析。

(9)静态误差。静态误差是指传感器在其全量程内任一点的输出值与其理论值的偏离程度。静态误差的求取方法如下:把全部输出数据与拟合直线上对应值的残差看成是随机分布,求出其标准偏差,即

$$\sigma = \sqrt{\frac{1}{n-1}\sum_{i=1}^{n}(\Delta y_i)^2} \tag{6-15}$$

式中 y_i——各测试点的残差;

n——测试点数。

取 2σ 和 3σ 值即为传感器的静态误差。静态误差也可用相对误差来表示,即

$$\gamma_s = \pm (3\sigma/y_{FS}) \times 100\% \tag{6-16}$$

(10)精确度。与精确度有关的指标:精密度、准确度和精确度(精度)。

精密度:说明测量传感器输出值的分散性,即对某一稳定的被测量物,由同一个测量者,用同一个传感器,在相当短的时间内连续重复测量多次,其测量结果的分散程度。例如,某测温传感器的精密度为 0.5 ℃。精密度是随机误差大小的标志,精密度高,意味着随机误差小。注意:精密度高不一定准确度高。

准确度:说明传感器输出值与真值的偏离程度。例如,某流量传感器的准确度为 0.3 m³/s,表示该传感器的输出值与真值偏离 0.3 m³/s。准确度是系统误差大小的标志,准确度高意味着系统误差小。同样,准确度高不一定精密度高。

精确度:是精密度与准确度两者的总和,精确度高表示精密度和准确度都比较高。在最简单的情况下,可取两者的代数和。精确度的相关指标如图 6-47 所示。

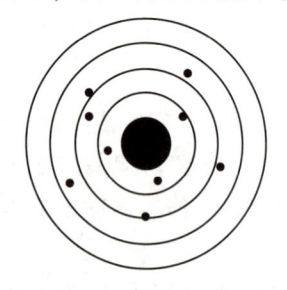

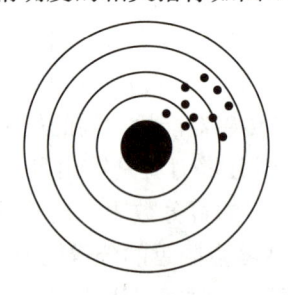

(a) 准确度高而精密度低　　(b) 准确度低而精密度高　　(c) 精确度高

图 6-47　精确度的相关指标

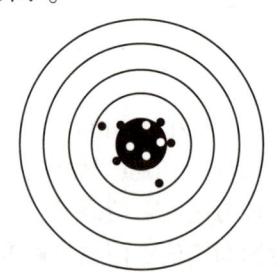

在测量中我们希望得到精确度高的结果。

2.动态特性

动态特性指传感器随时间变化的输入量的响应特性。

被测量随时间变化的形式可能是各种各样的,只要输入量是时间的函数,则其输出量也将是时间的函数。通常研究动态特性是根据标准输入特性来考虑传感器的响应特性的。

标准输入有 3 种:①正弦变化的输入。②阶跃变化的输入。③线性输入。经常使用的是前两种。

(1)数学模型与传递函数。

分析传感器动态特性,必须建立数学模型。线性系统的数学模型为一常系数线性微分方程。对线性系统动态特性的研究,主要是分析数学模型的输入量 x 与输出量 y 之间的关系,通过对微分方程求解,得出动态性能指标。

对于线性定常(时间不变)系统,其数学模型为高阶常系数线性微分方程,即

$$a_n \mathrm{d}^n y / \mathrm{d} t^n + \cdots + a_1 \mathrm{d} y / \mathrm{d} t + a_0 y = b_m \mathrm{d}^m x / \mathrm{d} t^m + \cdots + b_1 \mathrm{d} x / \mathrm{d} t + b_0 x \quad (6-17)$$

式中　　y——输出量;

x——输入量;

t——时间;

$a_0,a_1\cdots a_n$——常数;

$b_0,b_1\cdots b_m$——常数;

$\mathrm{d}^n y / \mathrm{d} t^n$——输出量对时间 t 的 n 阶导数;

$d^m x/dt^m$——输入量对时间 t 的 m 阶导数。

动态特性的传递函数在线性或线性化定常系统中是指初始条件为 0 时,系统输出量的拉氏变换与输入量的拉氏变换之比。

当传感器的数学模型初值为 0 时,对其进行拉氏变换,即可得出系统的传递函数:

$$\frac{Y(s)}{X(s)} = W(s) = \frac{b_m s^m + \cdots + b_1 s + b_0}{a_n s^n + \cdots a_1 s + a_0} \tag{6-18}$$

$$Y(s) = L[F(t)] = \int_0^\infty y(t)e^{-st}dt \quad X(s) = L[X(t)] = \int_0^\infty X(t)e^{-st}dt \tag{6-19}$$

式中　$Y(s)$ ——传感器输出量的拉氏变换式;

　　　$X(s)$ ——传感器输入量的拉氏变换式。

上式分母是传感器的特征多项式,决定系统的"阶"数。可见,对一定常系统,当系统微分方程已知,只要把方程中各阶导数用相应的 s 变量替换,即求出传感器的传递函数。

正弦输入下传感器的动态特性(即频率特性)由传递函数导出:

$$\frac{Y(j\omega)}{X(j\omega)} = W(j\omega) = \frac{b_m(j\omega)^m + \cdots + b_1(j\omega) + b_0}{a_n(j\omega)^n + \cdots + a_1(j\omega) + a_0} \tag{6-20}$$

$W(j\omega)$ 为一复数,它可用代数形式及指数形式表示,即

$$W(j\omega) = k_1 + jk_2 = ke^{j\varphi} \qquad (k = \sqrt{k_1^2 + k_2^2};\ \tan\varphi = k_2/k_1) \tag{6-21}$$

式中　k_1、k_2 ——分别为 $W(j\omega)$ 的实部和虚部;

　　　k、φ ——分别为 $W(j\omega)$ 的幅值和相角。

可见,K 值表示了输出量幅值与输入量幅值之比,即动态灵敏度,K 值是 ω 的函数,称为幅频特性。

(2)动态响应(正弦和阶跃)。

① 正弦输入时的频率响应。

零阶传感器:在零阶传感器中,只有 a_0 与 b_0 两个系数,微分方程为:

$$a_0 y = b_0 x \qquad y = (b_0/a_0)x = Kx \tag{6-22}$$

式中　K ——静态灵敏度。

零阶输入系统的输入量无论随时间如何变化,其输出量总是与输入量呈确定的比例关系。在时间上也不滞后,幅角等于零,如电位器式传感器。在实际应用中,许多高阶系统在变化缓慢、频率不高时,都可以近似地当作零阶系统处理。

一阶传感器(惯性系统):微分方程除系数 a_1、a_0、b_0 外其他系数均为 0,则

$$a_1(dy/dt) + a_0 y = b_0 x \quad \rightarrow \quad \frac{a_1}{a_0}\frac{dy}{dt} + y = \frac{b_0}{a_0}x \quad \rightarrow \quad \tau\frac{dy}{dt} + y = Kx \tag{6-23}$$

式中　τ ——时间常数($\tau = a_1/a_0$);

　　　K ——静态灵敏度($K = b_0/a_0$)。

传递函数:

$$W(s) = \frac{K}{1 + \tau s} \tag{6-24}$$

频率特性:　$W(j\omega) = \dfrac{K}{1 + j\omega\tau}$ (时间常数 τ 越小,系统的频率特性越好) (6-25)

幅频特性：
$$|W(j\omega)| = \frac{K}{\sqrt{1+(\omega\tau)^2}} \quad (6-26)$$

相频特性：
$$\varphi(\omega) = \arctan(-\omega\tau) \text{（负号表示相位滞后）} \quad (6-27)$$

二阶传感器（振动系统）：很多传感器，如振动传感器、压力传感器等属于二阶传感器。其微分方程为：
$$a_2 d^2 y/dt^2 + a_1 dy/dt + a_0 y = b_0 x \quad (6-28)$$
$$(\tau^2 s^2 + 2\xi\tau s + 1)Y = kX \quad (6-29)$$

式中　τ——时间常数，$\tau = \sqrt{a_2/a_0}$；

ω_0——自振角频率，$\omega_0 = 1/\tau$；

ξ——阻尼比，$\xi = a_1/(2\sqrt{a_0 a_2})$；

k——静态灵敏度，$k = b_0/a_0$。

传递函数：
$$W(j\omega) = k/[s^2 + 2\xi s\tau + 1] \quad (6-30)$$

频率特性：
$$W(j\omega) = k/[1 - \omega^2\tau^2 + 2j\xi\omega\tau] \quad (6-31)$$

幅频特性：
$$k(\omega) = k/\sqrt{(1-\omega^2\tau^2)^2 + (2\xi\omega\tau)^2} \quad (6-32)$$

相频特性：
$$\varphi(\omega) = -\arctan[2\xi\omega\tau/(1-\omega^2\tau^2)] \quad (6-33)$$

不同阻尼比情况下，二阶传感器幅频与相频特性如图6-48所示。

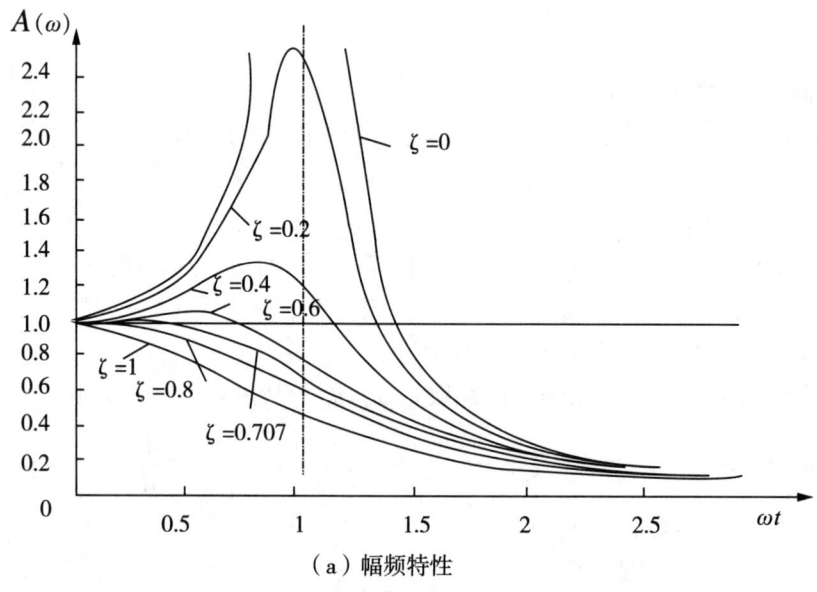

（a）幅频特性

图6-48　二阶传感器幅频与相频特性

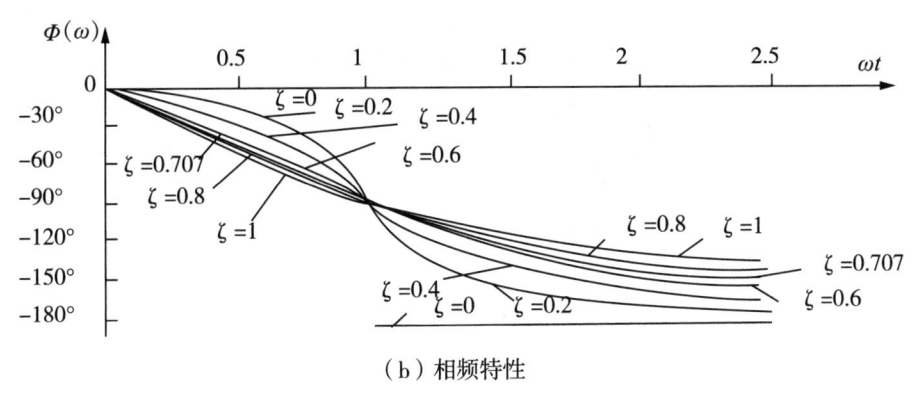

(b) 相频特性

续图 6-48　二阶传感器幅频与相频特性

②阶跃输入时的阶跃响应。

一阶传感器的阶跃响应:对一阶系统的传感器,设在 $t=0$ 时,x 和 y 均为 0,当 $t>0$ 时,有一单位阶跃信号输入,如图 6-49 所示。

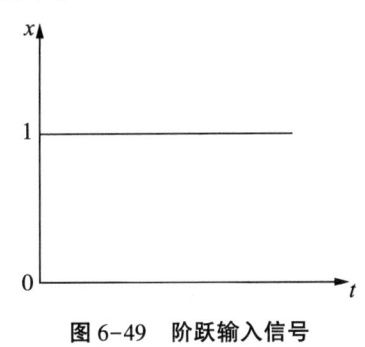

图 6-49　阶跃输入信号

此时微分方程为:

$$(\mathrm{d}y/\mathrm{d}t) + a_0 y = b_1(\mathrm{d}x/\mathrm{d}t) + b_0 x \tag{6-34}$$

齐次方程通解:

$$y_1 = C_1 \mathrm{e}^{-t/\tau} \tag{6-35}$$

非齐次方程特解:

$$y_2 = 1 \ (t > 0) \tag{6-36}$$

方程解:

$$y = y_1 + y_2 = C_1 \mathrm{e}^{-t/\tau} + 1 \tag{6-37}$$

以初始条件 $y(0)=0$ 代入上式,即得 $t=0$ 时,$C_1=-1$,所以

$$y = 1 - \mathrm{e}^{-t/\tau} \tag{6-38}$$

输出的初值为 0,随着时间推移 y 接近于 1,当 $t=\tau$ 时,$y=0.63$,如图 6-50 所示。在一阶系统中,时间常数值是决定响应速度的重要参数。

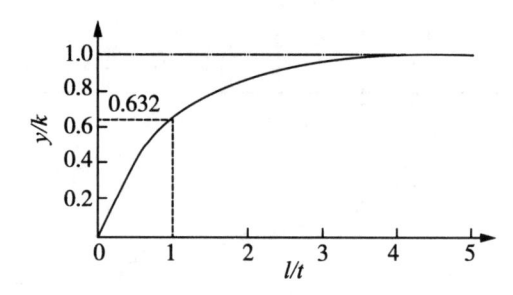

图 6-50　一阶传感器的阶跃响应

单位阶跃响应通式：

$$\tau^2 \mathrm{d}^2 y/\mathrm{d}t^2 + 2\xi\tau \mathrm{d}y/\mathrm{d}t + y = kA \ (令\ x=A) \tag{6-39}$$

式中　ω_0——传感器的固有频率，$\omega_0 = \dfrac{1}{\tau}$；

　　　ζ——传感器的阻尼比。

特征方程：

$$\lambda^2 + 2\xi\omega_0\lambda + \omega_0^2 = 0 \tag{6-40}$$

根据阻尼比的大小不同，分为 4 种情况：

a. $0<\xi<1$（欠阻尼）（达到稳定时间随 ξ 下降加长）：该特征方程具有共轭复数根

$$\lambda_{1,2} = -(\xi \pm \mathrm{j}\sqrt{1-\xi^2})/\tau \tag{6-41}$$

方程通解：

$$y(t) = -\mathrm{e}^{-\xi t/\tau}\left(A_1\cos\dfrac{\sqrt{1-\xi^2}}{\tau}t + A_2\sin\dfrac{\sqrt{1-\xi^2}}{\tau}t\right) + A_3 \tag{6-42}$$

根据 $t\to\infty$，$y\to kA$ 求出 A_3；根据初始条件 $t=0$，$y(0)=0$，$\dot{y}(0)=0$，求出 A_1，A_2，则

$$y(t) = kA\left[1 - \dfrac{\exp(-\xi t/\tau)}{\sqrt{1-\xi^2}}\sin\left(\dfrac{\sqrt{1-\xi^2}}{\tau}t + \arctan\dfrac{\sqrt{1-\xi^2}}{\xi}\right)\right] \tag{6-43}$$

当 $0<\xi<1$ 时，二阶传感器的过渡过程及其他情形的过渡过程如图 6-51 所示，这是一衰减振荡过程。ξ 越小，振荡频率越高，衰减越慢。

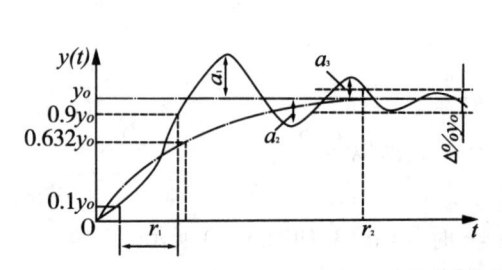

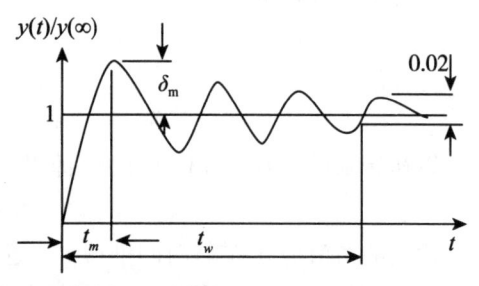

图 6-51　二阶传感器的过渡过程及其他情形的过渡过程

发生时间：

$$t_m = \tau\pi\sqrt{1-\xi^2} \tag{6-44}$$

过冲量:
$$\delta_m = \exp(-\xi \cdot t_m/\tau) \qquad (6\text{-}45)$$

稳定时间:
$$t_w = 4\tau/\xi \quad (\text{设允许相对误差 } \gamma_y = 0.02) \qquad (6\text{-}46)$$

b. $\xi = 0$(零阻尼):输出变成等幅振荡(产生自激永远达不到稳定),即
$$y(t) = kA[1 - \sin(t/\tau + \varphi_0)] \qquad (6\text{-}47)$$

c. $\xi = 1$(临界阻尼)(响应时间最短):特征方程具有重根 $-1/\tau$,过渡函数为
$$y(t) = kA\left[1 - \exp(-t/\tau) - \frac{t}{\tau}\exp(-t/\tau)\right] \qquad (6\text{-}48)$$

d. $\xi > 1$(过阻尼)(稳定时间较长):特征方程具有两个不同的实根。
$$\lambda_{1,2} = -(\xi \pm \sqrt{\xi^2 - 1})/\tau \qquad (6\text{-}49)$$

过渡函数为:
$$y = kA \times \left[1 + \frac{\xi - \sqrt{\xi^2-1}}{2\sqrt{\xi^2-1}}\exp\left(\frac{-\xi + \sqrt{\xi^2-1}}{\tau}t\right) - \frac{\xi + \sqrt{\xi^2-1}}{2\sqrt{\xi^2-1}}\exp\left(\frac{-\xi - \sqrt{\xi^2-1}}{\tau}t\right)\right]$$
$$(6\text{-}50)$$

上两式表明,当 $\xi \geqslant 1$ 时,该系统不再是振荡的,而是由两个一阶阻尼环节组成的,前者两个时间常数相同,后者两个时间常数不同。

对于实际传感器,ξ 值一般可适当安排,兼顾过冲量 δm 不要太大,稳定时间 $t\omega$ 不要过长的要求。在 $\xi = 0.6 \sim 0.7$ 范围内,可获得较合适的综合特性。对正弦输入来说,当 $\xi = 0.6 \sim 0.7$ 时,幅值比 $k(\omega)/k$ 在比较宽的范围内变化较小。计算表明在 $\omega\tau = 0 \sim 0.58$ 范围内,幅值比变化不超过 5%,相频特性中 $\varphi(\omega)$ 接近于线性关系。

对于高阶传感器,在写出运动方程后,可根据公式的具体情况写出传递函数、频率特性等。在求出特征方程共轭复根和实根后,可将它们分解为若干个二阶模型和一阶模型研究其过渡函数。有些传感器可能难于写出运动方程,这时可采用实验方法,即通过输入不同频率的周期信号与阶跃信号,以获得该传感器系统的幅频特性、相频特性与过渡函数等。动态特性实例如图 6-52 所示。

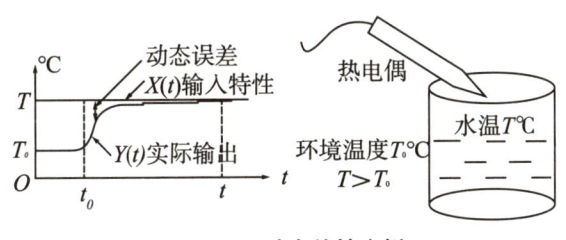

图 6-52 动态特性实例

十三、传感器的(应用)选型

传感器的应用选型如表 6-5 所示。

(1)与测量条件有关的因素:①测量的目的。②被测试量的选择。③测量范围。④输入信号的幅值,频带宽度。⑤精度要求。⑥测量所需要的时间。

(2)与传感器有关的技术指标:①精度。②稳定度。③响应特性。④模拟量与数字量。⑤输出幅值。⑥对被测物体产生的负载效应。⑦校正周期。⑧超标准过大的输入信号保护。

(3)与使用环境条件有关的因素:①安装现场条件及情况。②环境条件(湿度、温度、振动等)。③信号传输距离。④所需现场提供的功率容量。

(4)与购买和维修有关的因素:①价格。②零配件的储备。③服务与维修制度,保修时间。④交货日期。

表 6-5 传感器的应用选型

基本参数指标		环境参数指标		可靠性指标	其他指标
量程指标	量程范围、过载能力等	温度指标	工作温度范围、温度误差、温度漂移、温度系数、热滞后等	工作寿命、平均无故障时间、保险期、疲劳性能、绝缘电阻、耐压及抗飞弧等	供电方式(直流、交流、频率及波形等)、功率各项分布参数值、电压范围与稳定度、外形尺寸、重量、壳体材质、结构特点、安装方式、馈线电缆等
灵敏度指标	灵敏度、分辨力、满量程输出等	抗冲振指标	允许各向抗冲振的频率、振幅及加速度、冲振所引入的误差		
精度有关指标	精度、误差、线性、滞后、重复性、灵敏度误差、稳定性等	其他环境参数	抗潮湿、抗介质腐蚀能力、抗电磁场干扰等		
动态性能指标	固定频率、阻尼比、时间常数、频率响应范围、频率特性、临界频率、稳定时间等				

十四、传感器的(应用)符号

GB/T 14479—1993 中规定传感器图用图形符号表示如下:正方形表示转换元件,三角形表示敏感元件,X 表示被测量符号, * 表示转换原理。传感器的通用符号及其举例如图 6-53 所示。

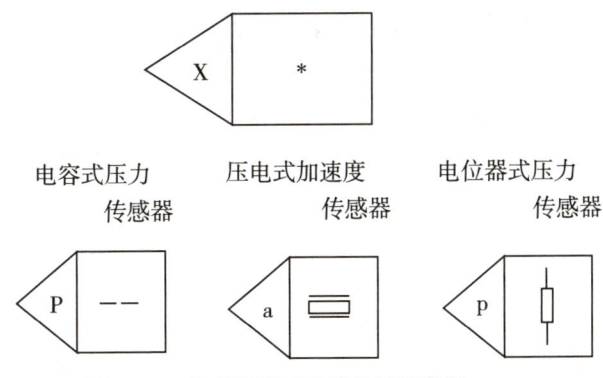

图 6-53 传感器的通用符号及其举例

十五、传感器的(应用)技术

附加图 PID 控制系统如图 6-54 所示。

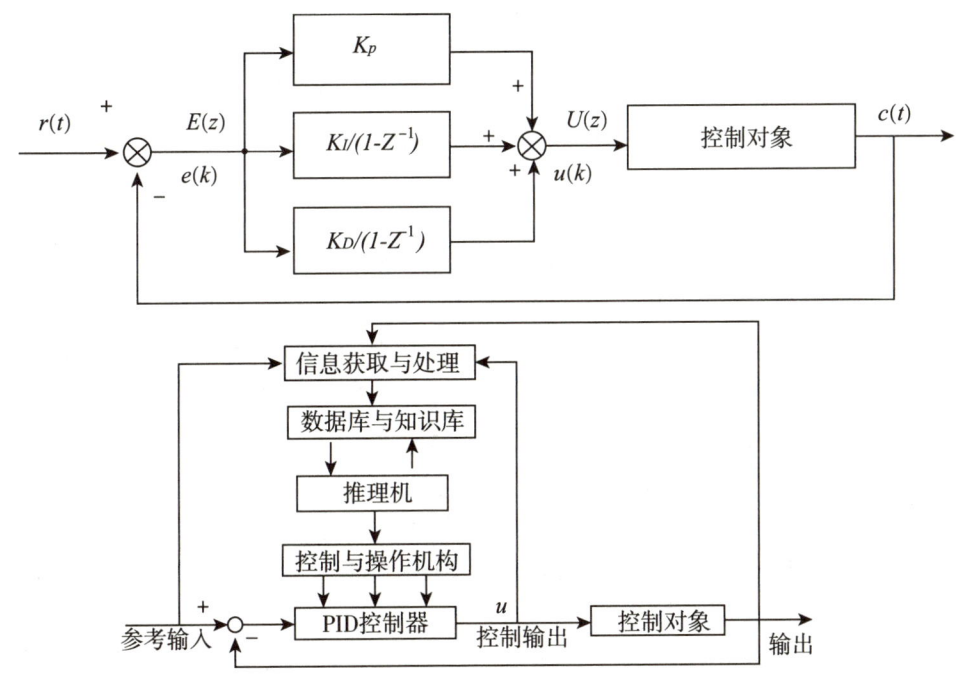

图 6-54 附加图 PID 控制系统(上:模糊理论技术;下:专家系统技术)

1.多传感器信息融合技术

多传感器融合是指综合使用多传感器信息,使智能系统具有完成某一特定任务所需的完备信息。多传感器信息融合是指将经过集成处理的多传感器信息进行合成,形成对环境某一特征的一种表达方式。多传感器信息具有以下 4 个方面的特点:信息的冗余性、信息的互补性、信息的实时性、信息的低成本性。多传感器集成和信息融合技术在工业机器人、军事、航天、多目标跟踪、惯性导航和遥感等领域有广泛的应用前景,对于促进机器人向智能化、自主化发展有很重要的作用。主要的多传感器信息融合方法有以下 7 种。

(1)加权平均法。最简单、最直观融合多传感器底层数据的方法是加权平均法,该方法将对一组传感器提供的冗余信息进行加权平均,并将加权平均值作为信息融合值。HILARE 移动机器人是首次用多传感器信息形成未知环境实物模型的移动机器人,由一组传感器(两维视觉、听觉、触觉、激光测距)提供的信息经过整合以得到环境物体的分布和相对于机器人的定位。

(2)卡尔曼滤波。卡尔曼滤波用于实时融合动态的低层次冗余多传感器数据,该方法用测量模型的统计特性递推决定在统计意义下最优的融合数据估计。卡尔曼滤波用于多传感器信息融合领域包括采用图像序列的目标识别、机器人导航、多目标跟踪、惯性导航和遥感等。任何一个传感器节点失效不会导致整个系统失效,因而分散式的传感结构对传感器和信息处理单元的失效具有强鲁棒性和容错性。

(3)贝叶斯估计。贝叶斯估计是融合静态环境中多传感器底层信息的一种常用方法。其信息描述为概率分布,适用于具有可加高斯噪声的不确定性输入。当传感器组的观测坐标一致时,可以用直接法对传感器测量数据进行融合。在对传感器数据进行融合时,必须确保测量数据代表同一实体,即需要对传感器测量进行一致性检验。采用概率距离 d_{ij} 和 d_{ji} 作为在传感器 i 和传感器 j 之间的一致性检验,这种方法的思路是剔除认为处于误差状态的传感器信息而保留并使用"一致传感器"信息计算融合值。

(4)统计决策理论。采用统计决策理论(SDT)为多传感器产生的冗余定位信息的融合提出了广义的两步方法。第一步是与贝叶斯估计相比较,统计决策理论中的不确定性为可加噪声,从而不确定性的适应范围更广。第二步是将不同传感器观测到的数据经过鲁棒综合测试检验它的一致性,通过一致性检验的数据用鲁棒极值决策规则融合。

(5)D-S 证据推理。D-S 证据推理是贝叶斯估计方法的扩展。在贝叶斯方法中,所有缺乏信息的前提环境特征指定为一个等价的先验概率。当一个传感器的有用附加信息或未知前提的数目大于已知前提的数目时,已知前提的概率变得不稳定,这是贝叶斯方法明显的不足。在 D-S 证据推理中,这个缺陷可以通过不指定未知前提的先验概率而得到避免。

(6)模糊逻辑。采用模糊逻辑融合景象分析和目标识别信息,模糊逻辑是多值型逻辑,通过指定一个 0 到 1 之间的实数表示真实度,相当于隐式算子的前提,允许将多传感器信息融合技术过程中的不确定性直接表示在推理过程中。如果采用某种系统化的方法建模融合过程中的不确定性,则可以产生一致性模糊推理。

(7)神经网络。在多传感器系统中,各信息源所提供的环境信息都具有一定程度的不确定性,对这些不确定信息的融合过程实质上是一个不确定性推理过程。神经网络可根据当前系统所接受到的样本的相似性确定分类标准,这种确定方法主要表现在网络的权值分布上,同时可以采用神经网络特定的学习算法来获取知识,得到不确定性推理机制。神经网络的研究对于多传感器集成和融合的建模提供了一种很好的方法,目前国外学者在将神经网络用于多传感器集成和信息融合中做了部分开创性的工作。先进的基于神经网络的多传感器融合方法有对某一传感器失效时系统具有容错性的自适应重构方法。基于神经网络的多传感集成与融合有如下特点:具有统一的内部知识表示形式,通过学习方法可将网络获得的传感信息进行融合,获得相关网络的参数(如连接矩阵、节点偏移向量等),并且可将知识规则转换成数字形式,便于建立知识库。利用外部环境的信息,便于实现知识自动获取及进行联想推理。能够将不确定环境的复杂关系,经过学习推理,融合为系统能理解的准确信号。由于神经网络具有大规模并行处理信息的能力,使得系统信息处理迅速。

近年来,多传感器信息融合技术已从最初的军事和高技术领域拓展至工农业及国民经济的各个方面。应用于电力、冶金、石化等复杂工业过程测控和故障诊断的多传感器信息融合技术是一个极具研究前景的方向。

2.现场总线技术

近年来,现场总线技术有了很大发展,尽管目前还没有形成统一的国际标准,但许多大公司依靠自身的技术实力及行业背景,开发出了不同的现场总线规范,主要有德国奔驰公司 CAN 现场总线(Controller Area Network)、美国 Echelon 公司的 Lonworks 现场总线、基金会现场总线 FF(Foundation Fieldbus)及德国西门子公司的 PROFIBUS(PROcess Field Bus)现场总线。现场总线定义一般是指连接测量、控制仪表和设备,如传感器、执行器和控制设备的全数字化、串行、双向式的通信系统。

(1)CAN 现场总线。CAN 现场总线是一种发展较快的现场总线。现场总线是安装在生产现场装置与控制室内自动控制装置之间的数字式、串行、多点通信的数据总线,它的最大优点是可以大幅度节约连接导线、降低安装和维护的费用、精度高、能传送多个过程变量,包括仪表的自诊断信息等。因此用现场总线仪表代替模拟信号传送的过程仪表是一种发展趋势。Philip 公司生产的带 CAN 现场总线通信控制器的高性能 8 位单片机 89C52,带有 CAN 总线通信接口,能通过 CAN 现场总线与带 CAN 现场总线接口卡的上位机通信。接收由上位机应用软件设定的测温元件的型号和量程,并以 BCD 码的形式向上位机发送温度测量值。CAN 现场总线的应用,不仅实现了高速、高可靠性的数据通信,而且只要简单地把通信接口并联在通信总线上,就可构成分布式计算机测控网络。

(2)Lonworks 现场总线。Lonworks 是美国 Echelon 公司 1992 年推出的局部操作网络,最初主要用于楼宇自动化,但很快发展到工业现场网。Lonworks 是具有强劲实力的全新现场总线技术,它采用了 ISO/OSI 模型的全部 7 层通信协议,采用了面向对象的设计方法,通过网络变量把网络通信设计简化为参数设置。其通信速率从 300 bit/s 到 1.5 Mbit/s 不等,直接通信距离可达 2 700 m(78 kbit/s,双绞线),支持双绞线、同轴电缆、光纤等多种通信介质。Lonworks 现场总线技术所用的协议为 LonTalk,它是 OSI 参考模型面向现场对象变量的寻址和处理、函数路径选择、网络管理,并负责网络通信控制、收发数据包等,还有就是应用处理器,执行操作系统服务与用户代码,从而完成用户现场控制应用。

(3)基金会现场总线 FF。FF 是当今一种先进现场总线标准。从通信角度讲,该总线是一种串行、纯数字化、双向通信的技术协议。与其他现场总线相比,FF 是目前唯一能真正将标准的控制功能分布到现场并进行实时控制的总线技术。现场总线基金会是一个非营利性的国际组织,目前已有 100 多家公司成为其会员,为该总线的迅猛发展奠定了强有力的基础。FF 与会员生产厂商、工程公司和用户等各方共同对其技术、结构、标准和编程语言进行不断地开发和完善,使其能够在短期内成功应用到工业生产中,极大地提高了控制水平和系统的可靠性,同时也为用户节约了投资,并缩短了设计采购和施工周期。中国海洋石油公司和 Shell 公司宣布在惠州项目中使用 FF 技术,并将成为世界上最大的 FF 用户。

(4)PROFIBUS 现场总线。PROFIBUS 是一种国际性的开放式的现场总线标准。目前世界上多数自动化技术生产厂家都为它们的自动化设备提供PROFIBUS通信接口。PROFIBUS已经广泛地应用于加工制造、过程控制和楼宇自动化,是一项成熟的技术。PROFIBUS根据应用特点可分为PROFIBUS-DP、PROFIBUS-FMS、PROFIBUS-PA等3个兼容版本。PROFIBUS-DP是经过高速优化的、廉价的通信链路,专为自控系统和设备级分散式I/O之间设计的接口,使用PROFIBUS现场总线模块用于分布式控制系统的高速数据传输可以取代昂贵的24 V或0~20 mA并行信号线。PROFIBUS-FMS解决车间级普通的通信任务,提供大量数据通信服务,提高中等任务的传输速度。

3.软测量技术

软测量是根据某种最优准则,选择与被估计变量密切相关的一组可测变量,构造某种以可测变量为输入、被估计变量为输出的数字模型,用计算机软件实现对估计变量的估计。常用的有:机理建模、非机理建模、统计回归建模、人工神经元网络建模和支持向量机建模等。

(1)机理建模。这种方法在化工工艺中使用较为普遍,如在石油化工生产中,对石油产品质量,用可测压力、温度等变量的测量值,基于模型计算产品组成是一种有效方法。对于机理尚不完全清楚的复杂过程,该方法可以与其他参数估计方法配合使用,如状态估计方法,主要是基于工艺机理的稳态关联,用过程的稳态输入、输出关系(代数方程)推算不可测变量,进而对产品质量进行控制,并扩展到非线性系统。由于这些方法基于稳态关系,不包括不可测干扰,所以难以适应过程的动态变化和原料性质的变化。

(2)非机理建模。这类方法主要依据过程的可测资料,用统计回归的方法对被测量进行估计,它很少涉及或根本不涉及过程本身的机理。

(3)统计回归建模(回归分析法)。常见的有主元分析(PCA)和部分最小二乘分析(PLS)。通过对生产过程历史资料的回归分析来建立软测量模型,在线计算不可测变量,得到的是变量间的稳态关系。石油炼制中常通过对生产过程历史资料的回归分析,建立质量指针的软测量模型,在线估计产品质量或进行反应器的反应物浓度和产率的软测量。回归分析法算法简单,但需要大量的样本,对测量误差比较敏感,存在的最大问题是只能得到变量间的稳态关系。

(4)人工神经元网络建模(ANN)。人工神经元网络是当前工业领域中最受关注的热点。它无须具备对象的经验知识,而是根据对象的输入、输出数据直接建模,在解决高度非线性和严重不确定性系统控制方面具有巨大的潜力。目前人工神经元网络已成功地用于复杂工业过程的动态建模、系统辨识和控制、数据分析、故障诊断等方面,显现出强大的生命力。但到目前为止,实际中使用的ANN基本上都是稳态的,难以迅速适应不可测变量的变化,其准确性依赖于样本的数量和质量。最近又出现了延迟人工神经元网络等考虑动态特性的方法,但仍存在很多问题,如时延阶数及最佳历史资料长度的确定困难、易受局部最优约束、学习速度慢等。

(5)支持向量机建模。1995年,Vapnik等提出了以有限样本统计学习理论为基础的支持向量机(Support Vector Machine,SVM),由于它具有坚实的理论基础和良好的泛化性能,并且有效地解决了非线性和维数灾难等一系列问题,使得它一出现就受到广泛关注。与传统机器学习方法相比,SVM具有小样本学习能力强、模型推广性能好、高维输入数据处理能力强的特性,是一种新的机器学习方法。SVM可以看作是一个三层前向神经网络。

4.虚拟仪器技术

美国国家仪器公司(National Instruments Corporation,NI)在20世纪80年代最早提出虚拟

仪器(Virtual Instrument,VI)的概念。虚拟仪器这种计算机操纵的模块化仪器系统在世界范围内得到了广泛的认同和应用,国内近几年的应用需求急剧高涨。

(1)虚拟仪器的基本概念、特点。

所谓虚拟仪器,就是在以通用计算机为核心的硬件平台上,由用户设计定义、具有虚拟前面板、测试功能由测试软件实现的一种计算机仪器系统。其基本思想就是在测试或仪器设计中尽可能地用软件代替硬件,即"软件就是仪器"。简而言之,VI系统是由计算机、应用软件和仪器硬件组成的。用户可以通过友好的图形界面(这里称作虚拟前面板)操作计算机,如同操作功能相同的单台传统仪器一样。

虚拟仪器具有以下特点:①在通用硬件平台确定后,由软件传统仪器中的硬件来完成仪器的功能。②仪器原功能是用户根据需要由软件来定义的,而不是事先由厂家定义好的。③仪器性能的改进和功能扩展只需进行相关软件的设计更新,而不需购买新的仪器。④研制周期较传统仪器大为缩短。⑤虚拟仪器开放,可与计算机同步发展,可与网络及其他周边设备互联。

虚拟仪器的基本构成包括计算机、虚拟仪器软件、硬件接口模块等。其中,硬件接口模块可以包括插入数据采集卡(DAQ)、串/并口、IEEE488接口(GPIB)卡、VXI控制器,以及其他接口卡。目前较为常用的虚拟仪器系统是数据采集卡系统、GPIB仪器控制系统、VXI仪器系统,以及这三者之间的任意组合。在这里,硬件仅仅是为了解决信号的输入输出,软件才是整个系统的关键。

(2)虚拟仪器的硬件体系。

①基于数据采集的虚拟仪器系统。这种方式借助于插入计算机的数据采集卡与专用的软件如LabVIEW相结合,通过A/D变换将模拟信号采集到计算机进行分析、处理、显示等,可通过D/A转换实现反馈控制。根据需要还可加入信号调理和实时DSP等硬件模块。

②基于通用接口总线GPIB接口的仪器系统。GPIB(General Purpose Interface Bus)仪器系统的构成是迈向仪器的第一步,即利用GPIB接口卡将若干GPIB仪器连接起来,用计算机增强传统仪器,组织大型柔性自动测试系统,技术易于升级,维护方便,仪器功能和面板自定义,容易开发和使用。它可高效灵活地完成各种不同规模的测试测量任务。

③利用VXI总线仪器实现虚拟仪器系统。VXI总线为虚拟仪器系统提供了一个更为广阔的发展空间。VXI总线是一种调整计算机总线VME(Versa Module Eurocard)总线在仪器领域的扩展。

④基于串行口或其他工业标准的系统。将某些串行口仪器和工业控制模块连接起来,组成实时监控系统。将带有RS-232或RS-485总线接口的仪器作为I/O接口设备通过此类串行总线与PC计算机组成虚拟仪器系统,目前仍然是虚拟仪器的构成方式之一。当今,PC计算机已更多地采用了USB总线和IEEE1394总线。

(3)虚拟仪器的软件体系。

构成一个虚拟仪器系统,基本硬件确定以后,就可通过不同的软件实现不同的功能。软件是虚拟仪器系统的关键。没有一个控制分析软件,很难构成一台理想的虚拟仪器系统。根据VPP系统规范的定义,虚拟仪器系统的软件应包含3部分。

①I/O接口软件。I/O接口软件存在于仪器(I/O接口设备)与仪器驱动程序之间,是一个

完成对仪器寄存器单元进行直接存取数据操作,并为仪器与仪器驱动程序提供信息传递的底层软件,是实现开放的、统一的虚拟仪器系统的基础与核心。

②仪器驱动程序。仪器驱动程序的实质是为用户提供了用于仪器操作的较抽象的操作函数集。对于应用程序来说,它对仪器的操作是通过仪器驱动程序来实现的。

③应用软件开发环境。在目前,虚拟仪器系统应用软件开发环境主要包括两种:基于传统的语言的平台,主要有 LabWindowsI、Microsoft 公司的 Visual C++/Visual Basic、Basic Borland 公司的 Delphi 等;基于图形化编程环境的平台,如 HP 公司的 HPVEE、NI 公司的 LabVIEW 等。

(4)虚拟仪器的关键技术。

总线技术是 VI 的一个关键问题,VI 需要利用计算机的扩展槽,所以开发 VI 的仪器硬件,首先要确定应采用哪一种总线标准,PCI 总线是一种最新的计算机总线规范,它兼容性强,功能全,传输率高,工作频率为 33 MHz,适合于未来的计算机。1997 年 9 月,美国 NI 公司发布了一项 PXI 总线标准,PXI 是 PCI 在仪器领域的扩展。

图形化的编程环境是 VI 技术的又一关键因素。1986 年,NI 公司推出了 LabVIEW 软件包,它简单直观,效率高,速度快,有优化的图形编译机制,独特快捷的查错、调度方法,极大地提高了运行速度,采用 LabVIEW 可以数倍地提高系统开发速度。近年来基于 Windows 和 Windows NT的开发平台成为后起之秀,可以使用 Visual C++、Visual Basic、Borland C++等功能强大的编程软件编写专用应用软件。

(5)虚拟仪器的整体设计。

①确定所用仪器或设备的接口形式,如果仪器设备具有 RS-232 总线接口,直接用线将仪器设备与计算机的 RS-232 接口连接即可;如果是 GPIB 或 HP-IB 接口,则需要额外配备一块 GPIB-488 接口板,将接口板插入计算机的 ISA 插槽,建立起计算机与仪器设备之间的通信渠道;如果使用计算机来控制 VXI 总线设备,也需要配备一块 GPIB 接口卡。

②确定所选择的接口卡是否具有设备驱动程序。接口卡的设备驱动程序是控制各种硬件接口的驱动程序,是连接主控计算机与仪器设备的纽带。

③确定应用管理程序的编程语言。如果用户有专业的图形化编程软件,如 LabVIEW、HPVEE,那么就可以采用专业的图形化编程软件进行编程。如果没有此类软件,则可以采用通用编程语言,如 Visual C++、Visual Basic,或者 Delphi。由于它们易于使用、功能强大而备受测控人员的青睐。

虚拟仪器技术使现代测控系统更灵活、紧凑、经济及功能更强。图形编程方式使系统软件开发更省时、更省力、更容易。无论是测量、测试、计量或是工业过程控制和分析处理,还是其他更为广泛的测控领域,虚拟仪器都是理想的高效率解决方案。随着计算机技术的不断发展,虚拟仪器技术也会在各领域中发挥其重要作用,并表现出强大的生命力,它必然会对科技发展和工业生产产生不可估量的影响。

5.嵌入式测控系统

随着后 PC 时代的到来,嵌入式系统已成为计算机业界的热点,信息家电、移动计算设备、网络设备、工业控制、仪器仪表、生物医学仪器、汽车、船舶、航空、航天、军事等众多领域都运用了嵌入式系统。通常把嵌入式系统定义为一种以应用为中心,计算机为基础,软硬件可以剪裁,适用于系统对功能、可靠性、成本、体积、功耗有严格要求的专用计算机系统。因此在嵌入式系统中,操作系统和应用软件常被集成于计算机硬件系统之中,使系统的应用软件与硬件一体化。

(1)嵌入式系统及其体系结构。嵌入式系统是集软硬件于一体的可独立工作的"器件",主要包括嵌入式微处理器、外围硬件设备、嵌入式操作系统和应用软件系统等4个部分。根据应用方式的不同,可将嵌入式系统分为知识产权核(Intellectual Property,IP)级、芯片级和模块级3种不同的体系结构形式,它们均采用"量体裁衣"的方式,把所需的功能或模块嵌入到各种应用系统或IT产品中。

①IP级。IP是目前电子技术中的一个新技术,一个最典型的实例是Intel公司将其MCS-51内核技术与Atmel公司的Flash存储器技术进行IP交换,其结果就是有力地推动了单片机技术发展。通常,IP核不仅指数字IP核,同时也包括模拟IP核,同时,IP核还分为硬核、软核和固核。硬IP核有SOC结构的MPU(微处理器)核、8/16/32位MCU(微控制器)核、16/32/64位DSP(数字信号处理器)核、存储器单元及标准逻辑宏单元、特殊逻辑宏单元、模拟器件模块、MPEG/JPEG模块、网络单元及标准接口单元(如USB)等;IP核有图像CODEC、声音CODEC、软MODEM单元及软FAX单元等。

根据应用需求将不同的IP核集成在一块芯片上,就形成了系统级芯片SOC的形式。另外,各种嵌入式软件也能以IP的方式集成在芯片中。这样SOC就成了一个最终产品,是一个有专用目标的集成电路,其中包含完整系统所需的硬件和嵌入式软件的全部内容。据此,人们常把SOC译为"系统芯片集成",意指它是一种特定的技术,用以实现从确定系统功能开始,到软/硬件划分,并完成设计的整个过程。采用IP核的集成复用技术,使用类似于积木式的部件——IP核来设计SOC芯片,不仅能大幅度减轻设计者的负担,帮助设计者快捷方便地开发出完整的系统(包括硬件和软件),而且对缩短设计周期、提升产品的市场竞争力有利。SOC这种软硬件无缝结合的趋势证明,后PC时代的智能装备已经逐渐地模糊了硬件与软件的界限。

②芯片级。常见的嵌入式芯片可以分成4类。

a.嵌入式微处理器(EMPU)。嵌入式微处理器的基础是通用计算机中的CPU。在应用中,将微处理器装配在专门设计的电路板上,并配上必不可少的ROM、RAM及总线接口、各种外设等器件,仅保留与嵌入式应用有关的功能,以大幅度减小系统体积和功耗。

b.嵌入式微控制器(EMCU,又称单片机)。它将整个计算机系统集成到一块芯片中,一般以某一种微处理器内核为核心,并在芯片内部集成ROM、EPROM、RAM及总线、总线逻辑、定时/计数器、WATCH DOG、I/O、串行口、脉宽调制输出PWM、A/D及D/A等部件。微控制器是目前嵌入式系统工业的主流,微控制器上外设资源比较丰富,尤其适合于仪器仪表与控制方面的应用。

c.嵌入式DSP处理器。DSP处理器对系统结构和指令进行了专门设计,使其更适合于执行DSP算法,并使编译效率提高、指令执行速度加快。在数字滤波、FFT频谱分析等领域正在大量引入嵌入式系统。目前,DSP应用正在从通用单片机上以普通指令实现DSP功能过渡到采用嵌入式DSP处理器。

d.现场可编程外围芯片(PSD)。它是一种特别适用于单片机系统的器件,芯片中集成了EPROM、SRAM及通用I/O接口和多种可编程逻辑器件(如译码PLD、通用PLD、外设PLD),还集成了电源管理、中断控制、定时器等功能部件,它能与当今流行的8位和16位单片机总线直接接口,被广泛地应用于各种控制系统、便携式工业测量仪器、数据记录仪及其他 IT 产品中。

③模块级。将以 X86 处理器构成的计算机系统模块嵌入到应用系统中,这样可充分利用到 PC 的通用性和便利性。此种方式的嵌入式系统要求缩小体积、增加可靠性,并把操作系统改造为嵌入式操作系统,把应用软件固化在固态盘中。尤其适用于工业控制和仪器仪表的应用中。目前,由研华、研祥等提供的嵌入式 PC 以 PC104 总线为系统架构,在 90 mm×96 mm 大小的模板上集成了微型计算机最基本的功能,去掉了 PC 底板及 ISA(PCI) 总线等的卡槽式结构,节省空间,同时因全部使用 COMS 器件并减少了元器件的数量,使整个模板的功耗更低。PC104 总线也是专为嵌入式系统应用而设计的总线规范,系统设计以功能模板为基本组件,通过 PC104 总线完成 PC104 功能模块之间的任意搭接,以灵活实现系统功能的扩充。另外,它与 PC 的硬件、软件相兼容,用户基础广泛,软硬件资源丰富。

最近几年不断发展和应用的 ARM 单片机技术集合了一般 RISC 单片机、DSP 和 PC104 优点,采用高级语言编程,直接在 Windows 或 Linux 环境下开发调试。该技术现已广泛应用于智能仪器和测控装置的高级嵌入式系统。

(2)嵌入式硬件发展概况。嵌入式系统在 20 世纪 80 年代初期的芯片一般是 8 位或 16 位 MCS-51 微控制器,随后发展到 32 位 DSP、RISC 双核结构的微控制器芯片。在此期间,硬件上的发展技术可体现在如下多个方面。

①可靠性措施。嵌入式微控制器的生产厂家在嵌入式微控制器设计上采用了各种提高可靠性的新技术,这些新技术有 EFT(Electrical Fast Transient)抗干扰技术,主要用于保证系统的时钟信号正常工作,从而提高嵌入式微控制器工作的可靠性。

②集成更多的部件。在微控制器上集成常用的电路。例如,并行输入/输出接口、定时器、比较器、A/D 转换接口、串行通信接口、watchdog 电路、LCD 控制器、较大容量的程序存储器和数据存储器等,有的甚至把语音、图像部件也集成到嵌入式微控制器中,真正使嵌入式微控制器成为"万用机"。

③追求低电压、低功耗。微电子技术和半导体工艺的创新和发展,集成度和深亚微米工艺已经相当成熟。集成度提高后的线宽变小,使电源电压也变小;另外集成度的提高又会增加电路功耗。在一些新的嵌入式微控制器中,之所以能使功耗越来越小,主要是因为在嵌入式微控制器中设置了等待、暂停、睡眠、空闲、节电等多种工作方式。目前,根据各厂家硅片集成工艺的不同,一般嵌入式微控制器可工作于各种电压登记的电源,如 0.9 V、1.0 V、1.2 V、1.65 V、1.8 V、2.0 V、2.5 V、3.3 V 及 5.0 V 不等。

④混合信号集成技术和联网支持。CMOS 工艺将数字和模拟电路集成于同一个芯片上的技术已经普遍应用,大大有利于减少芯片外附加器件,有利于提高性能和降低总体应用系统的价格。有些微控制器厂商已经承诺它的 8 位单片机上要集成最多的外设,如 12 位的 A/D、上电复位/掉电检测、捕捉/比较/PWM、锁相环、8 XS 硬件,以及 CAN 现场总线、Bluetooth/Ethernet/简易 Ethernet/总线接口。

⑤片上集成大容量 Flash 存储器,实现 ISP 及 IAP。近年来,8 位微控制器竞相采用 Flash 存储器已经成为趋势,这为在线直接对目标机进行应用程序的编程成为可能。ISP(In System Programmable,在系统上编程)技术一般是通过单片机专用的串行编程接口对单片机内部的 Flash 存储器进行编程,即对电路板上的空白器件可以编程直接写入最终用户代码,而不需要

从电路板上取下器件,已经编程的器件也可以用 ISP 方式擦除或再编程。而 IAP(In Application Programmable,在应用上编程)技术是从结构上将 Flash 存储器映射为两个存储体,当运行一个存储体上的用户程序时,可对另一个存储体重新编程,之后将控制从一个存储体转向另一个。

(3)嵌入式系统的软件开发平台。

①实时多任务操作系统。实时多任务操作系统(Real Time Multi-tasks Operation System,RTOS)是嵌入式应用软件的基础和开发平台。目前大多数嵌入式开发还是在单片机上直接进行。由于没有 RTOS,所以仍需要有一个主程序负责调度各个任务。而 RTOS 是一段嵌入在目标代码中的程序,系统复位时被首先执行,相当于用户的其他应用程序都建立在 RTOS 之上。另外,RTOS 还提供有一个标准内核,将系统的各种资源都包装起来,为用户提供一个标准的 API,并可根据各个任务的优先级,合理地在各个不同任务之间分配 CPU 时间,这样大大简化了多任务切换、资源分配及网络消息管理等。

②嵌入式系统的编程语言。随着嵌入式系统应用范围的不断扩大和嵌入式实时操作系统 RTOS 的广泛使用,高级语言编程已是嵌入式系统设计的必然趋势。RTOS 的引入,无疑解决了嵌入式软件开发标准化的难题。为了软件编写的可靠性,实施模块化编程,以便于最终软件的扩展、移植和再使用,真正使软件开发从"小生产阶段"向"大生产阶段"飞跃,还需要得到基于 RTOS 环境的程序设计语言的支持。高级语言具有良好的通用性和丰富的软件支持,便于推广,易于维护。因此高级语言编程具有许多优势。嵌入式系统应用软件开发的程序设计语言有 C/C++语言、Ads 语言、Modula-2 语言和 Java 语言等。

综上所述,用于嵌入式系统开发的设计语言都具有通用性强、编程和阅读容易、可移植性和可维护性好、直接支持中断管理、支持软件重用等显著特点。

十六、传感器的应用实例

1. 采用单总线方式的混凝土桥梁施工中温度应力监测装置

DS18B20 温度测量原理是通过计算门开通期间低温度系数振荡器经历的时针周期个数来测量温度的。在 DS18B20 中,转换温度值是以 9 位二进制 1/2 ℃ LSB(最低有效位)形式表示的,而输出温度则是以 16 位符号扩展的二进制补码读数形式提供。一种混凝土桥梁施工中温度应力监测装置如图 6-55 所示。它是将多路 DS18B20 温度传感器(设计 72 或 16 路,理论上最多可达上千路)串接在一起,实现温度监测的。

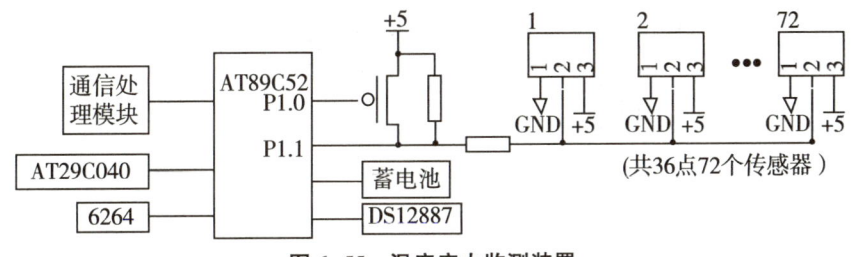

图 6-55 温度应力监测装置

(1)DS18B20(智能)数字温度传感器的基本特性。

美国 Dallas 公司推出的 DS 系列数字温度传感器,由于其与传统的温度传感器相比具有接线简单、输出全数字信号和对电源要求不高等优点,近年来在低温测量应用场合被广泛采用。该系列产品主要有 DS1615、DS1620、DS1624、DS18B20 和 DS18B21 等,其封装有 3 脚 PR-35,8 脚 DIP,8 脚 SOIC 和 16 脚 DIP 等形式。其中又以 3 脚 PR-35 封装的 DS18B20 最受电子设计人员的青睐。

DS18B20 的功能特性如下:①测量范围为 -55 ℃ ~ +125 ℃,分辨率为 0.5 ℃。②单线接口,只需 1 个接口就可完成温度转换的读写时间片的操作。③9 位数字值方式读出温度,典型转换时间为 1s。④用户可定义的非易失性温度报警设置。⑤典型的供电方式为 3 线制,亦可采用寄生电源供电的 2 线制。⑥DS18B20 引脚如图 6-56 所示,采用 PR-35 封装,外表看起来像三极管。另还有 8 脚 SOIC 封装形式,只用 3.4 和 5 脚,其余为空脚或不需连接引脚。⑦DS18B20 温度数据格式如图 6-57 所示。采用办法是将第 8 位用补码表示,第 9 位以符号扩展形式扩展至其他 7 位。在实际应用中,测量温度往往在 0 ℃ 以上,此时可将 16 位二进制温度输出只取其低 8 位,即 1 个字节,这样将使计算工作更为便利。⑧DS18B20 的操作命令及时序特性图如图 6-58 所示。DS18B20 获得温度信息的操作顺序,亦即外部微处理器经过单线接口访问 DS18B20 的协议(Protocol)如图 6-59 所示。

a.初始化命令,由单片机发出一次复位脉冲,DS18B20 送出存在脉冲;

b.ROM 操作命令,有读 ROM、匹配 ROM、搜索 ROM、跳过 ROM 和报警搜索等;

c.存储器操作命令,有读、写和复制暂存存储器及重调非易失性存储器等;

d.温度变换命令。

单片机通过单线对 DS18B20 读写时间片来进行读写数据操作,所有操作均通过对 DS18B20 写 1 和写 0 时间片及单片机本身的延时来实现。

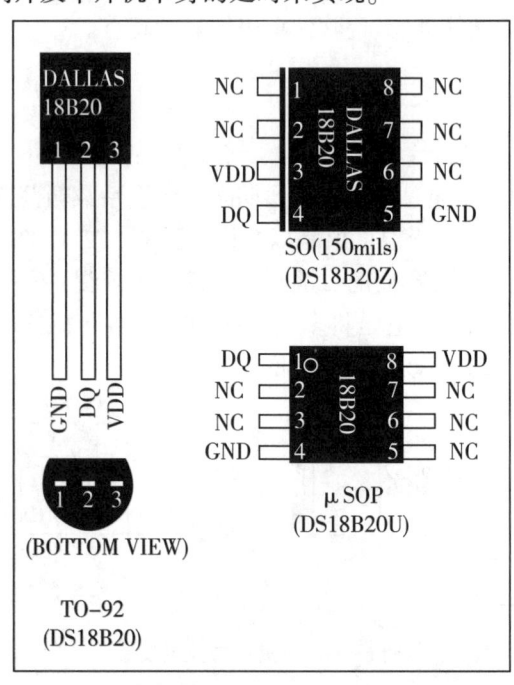

图 6-56 DS18B20 引脚图

第六章 智能控制技术基础

PIN			NAME	FUNCTION
SO	μSOP	TO-92		
1,2,6,7,8	2,3,5,6,7	—	NC	No Connection
3	8	3	VDD	Optional VDD.VDD must be grounded for operation in parasite power mode.
4	1	2	DQ	Data Input/Output.Open-drain I-Wire interface pin.Also provides power to the device when used in parasite power mode (see the powering the DSI8B20 section.)
5	4	1	GND	Ground

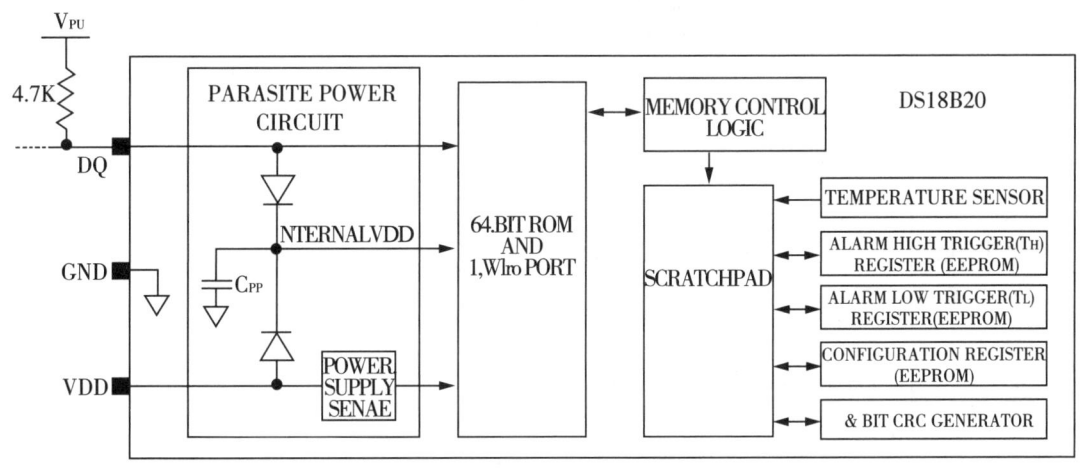

续图 6-56 DS18B20 引脚图

	BIT7	BIT6	BIT5	BIT4	BIT3	BIT2	BIT1	BIT0
LS BYTE	2^3	2^2	2^1	2^0	2^{-1}	2^{-2}	2^{-3}	2^{-4}
	BIT15	BIT14	BIT13	BIT12	BIT11	BIT10	BIT9	BIT8
MS BYTE	s	s	s	s	s	2^6	2^5	2^4

S=SIGN

图 6-57 DS18B20 温度数据格式

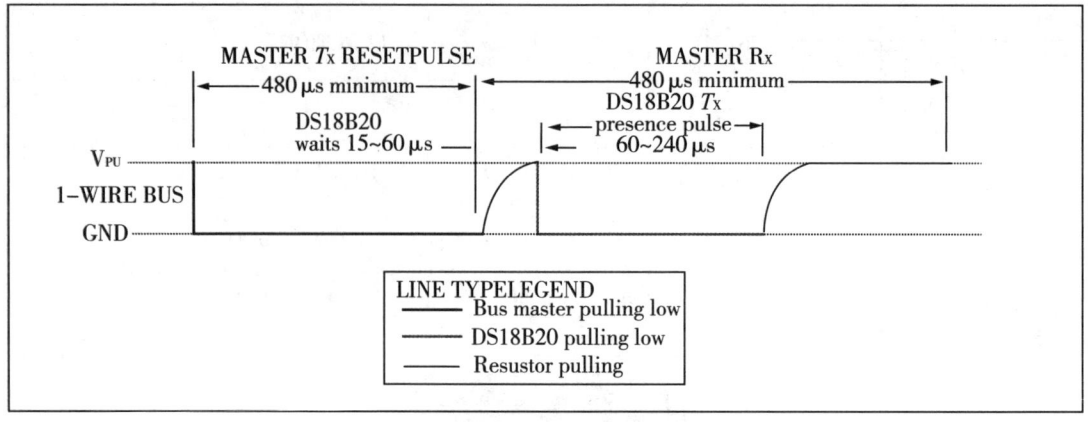

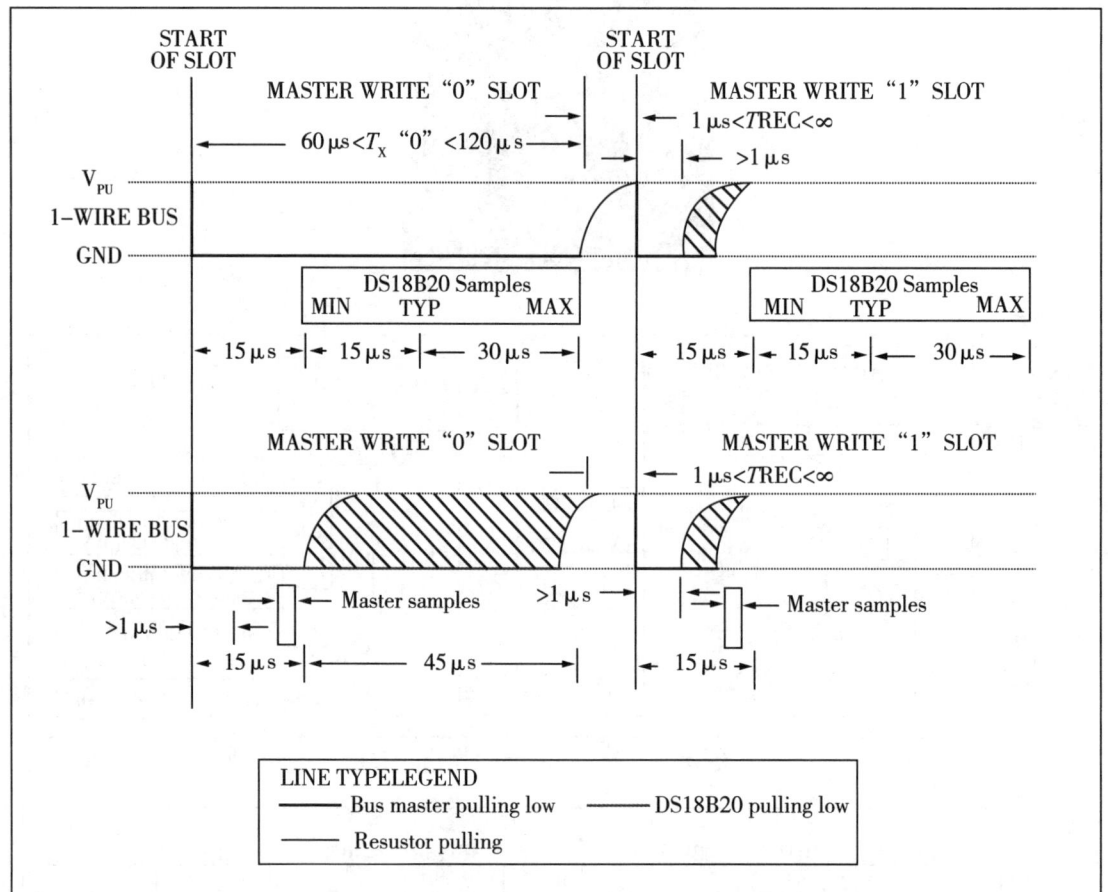

图 6-58 DS18B20 的操作命及时序特性图(上、下依次为初始化、写/读时序)

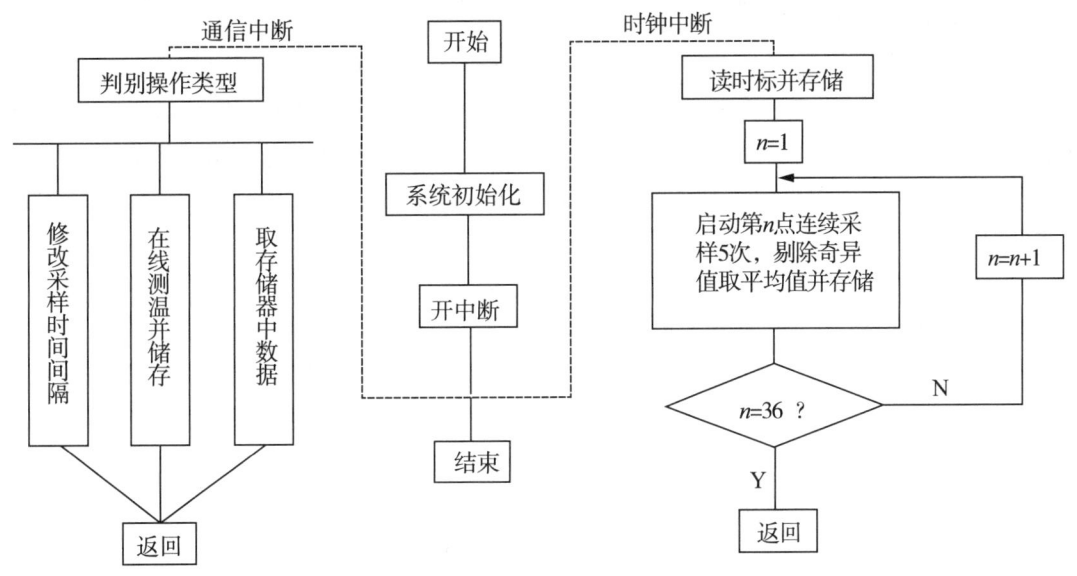

图 6-59　访问 DS18B20 协议图

(2)应用设计。

①DS18B20 温度测控子系统。本系统采集的温度信号采用 16 个 DS18B20 数字温度传感器和 AT89C52 单片机构成的温度采集板,所有温度参数在 -10 ℃ ~ 120 ℃ 范围内变化,符合 DS18B20 对所测温度的要求。

该板采用 ATMEL 公司的性能价格比较好的 AT89C52 单片机,图 6-59 中显示出单片机与 DS18B20 的连接原理,实际上 16 个器件均并接在一起,每一片 DS18B20 有一个自己的序列号,单片机与 DS18B20 通过单线串行通信,单片机向某一 DS18B20 写入序列号并启动转换,经转换时间约 1 s 后,再将结果读入单片机,然后进行下一个 DS18B20 操作。

②多路 DS18B20 的连接方式。对于采用多个 DS18B20 的温度采集系统,在单片机的 I/O 接口线上一定要接一只上拉电阻,Dallas 公司的推荐值为 5 kΩ,在实际应用中,我们发现当连接 DS18B20 较多时,该电阻最好取 3 ~ 4 kΩ,以加大驱动电流,但即使上拉电阻降至 3 kΩ 以下,AT89C52 的 P1.1 也最多只能驱动 15 ~ 20 个 DS18B20,且连线长度最好不超过 15 m。所以,我们在 AT89C52 的 P1.1 后加一片 74LS07 驱动芯片,以提高驱动电流,对于要求更多数量的 DS18B20,我们可以采用多台单片机连接成温度采集网络。另外还可采用 2 线制的寄生电源供电方式,当 DS18B20 个数超过 6 个时,我们就能不采用寄生电源供电方式,需将 DS18B20 分成几组,用单片机的多根 I/O 接口线来驱动它们。

③DS18B20 温度采集软件。它分为温度采集模块和通信模块两个部分。温度采集模块循环采集 16 路 DS18B20 温度参数并存放在 AT89C52 的 40H 至 53H 单元中,每一路温度占用两个存储单元,补偿和处理后的温度值存放在 60H 至 73H 单元中,工控机通过 RS-232C 串口每次将此 32 个字节数据定时接收。具体通信方式是,首先由工控机发一通信命令,单片机接收到该命令后,通过串口中断逐一发送 32 个数据。首先离线编制一个 DS18B20 序列号读出子程序,将 16 片 DS18B20 的序列号读出并存放在单片机的温度采集模块程序后,这样在进行温度

采集时，只要依序列号对各个 DS18B20 操作即可。

④温度补偿软件。DS18B20 测的是表面温度，而我们需要的是其对应的内部温度。所以，必须进行温度处理和补偿。首先，反复地进行现场试验测试，得出各点温度的数学模型，并简化成线性公式，用表格方式存储在工控机中并由工控机在初始化时传送至单片机的 80H~FFH 单元，运行时用所测的表面温度和 2 路独立的 DS18B20 所测的环境温度查表计算出所需的内部实际温度。

2. 数字(智能)加速度传感器 ADXL210 在轨检仪中的应用

其中用于机车振动测量的加速度传感器采用了 AD 公司的数字式加速度传感器，ADXL210 是整个系统中的关键部件，它可以进行双轴向加速度测量，输出与加速度成比例的循环周期数字信号，占空比 T_1/T_2 决定了加速度信号的大小及正负。T_1 和 T_2 可由计数电路或单片机直接构成，可测量动态加速度(如振动)和静态加速度(如重力加速度)。

在机车车辆的动力作用和诸多自然因素如风、雨、冰、雪、洪水，以及环境温度变化的影响下，铁路轨道不可避免会产生弹性变形，造成轨道几何状态的改变并产生几何偏差。当该偏差超过一定限度以后，将大大地降低轨道的强度和稳定性，并严重威胁行车安全。所以，对轨道状况进行长期的实时监测并为工务部门提供准确及时的轨道维护、保养和检修技术依据，是很有必要的。我们研制了一种装于机车的智能轨道检测仪，该仪器采用 PC/104 工控机、单片机、FPGA 芯片、大容量闪速存储器，以及数字式加速度传感器 ADXL210 构成车上硬件检测装置，并以 VC++ 6.0 编制地面数据处理软件，形成完整的轨道质量动态监测体系，从而以比在轨检车低得多的成本实现了对轨道状况的实时监测。其中用于机车振动测量的 AD 公司的数字式加速度传感器 ADXL210 是整个系统中的首要部件，ADXL210 的引脚图如图 6-60 所示。

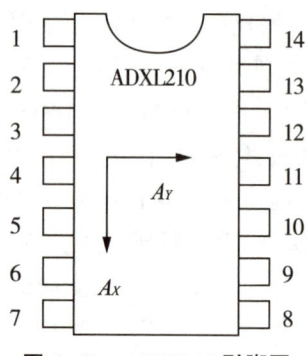

图 6-60 ADXL210 引脚图

(1) ADXL210 的基本特性。①可测量双轴向加速度，输出循环数字信号，可与计数电路或单片机直接构成；可测量动态加速度(如振动)和静态加速度(如重力加速度)。②低功耗：小于 0.6 mA。单电源供电为+3~+5.25 V。③调节外接电容就可方便地调整信号带宽。④调节外接电阻就可方便地调整数字信号的循环输出周期。⑤测量范围为±10 g。ADXL210 引脚功能如表 6-6 所示。ADXL210 内部结构如图 6-61 所示，x/y 轴向传感器输出信号经解调电路得到标准电压模拟信号，并通过内部额定的 32 kΩ 电阻上拉驱动循环调制电路(DCM)，经 DCM 后 X_{OUT}/Y_{OUT} 输出与加速度成比例的循环数字信号，其周期 T_2 可由 R_{SET} 设置为 0.5~10 ms ($T_2 = R_{SET}/125$ MΩ)，轨检仪中加速度传感器 ADXL210 的输出信号如图 6-62 所示，因此占空比

T_1/T_2 决定了加速度信号的大小及正负。

表 6-6　ADXL210 引脚功能

引脚	名称	描述
1、6、8	NC	空脚
2	V_{TP}	测试点,应用时悬空
3	ST	自检点,自检时接 VDD,应用时接地或悬空
4、7	COM	公共地
5	T_2	R_{SET} 的接入点用于设置 DCM 调制周期
9	Y_{OUT}	Y 轴循环数字信号输出点
10	X_{OUT}	X 轴循环数字信号输出点
11	Y_{FILT}	Y 轴滤波电容接入点或 Y 轴模拟信号输出点
12	X_{FILT}	X 轴滤波电容接入点或 X 轴模拟信号输出点
13、14	VDD	电源

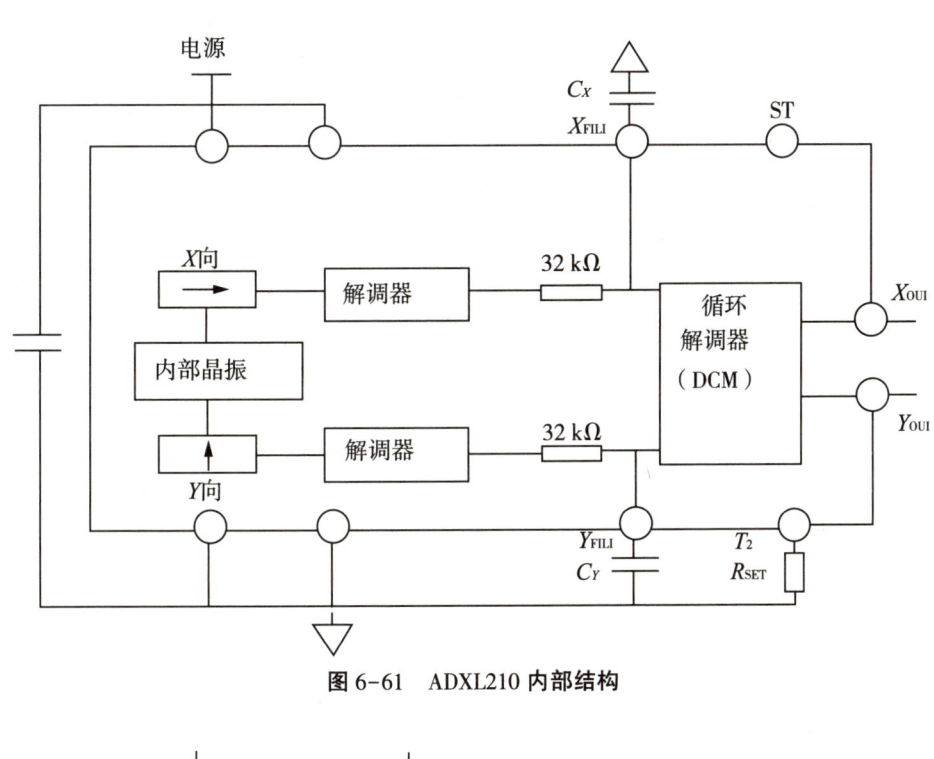

图 6-61　ADXL210 内部结构

$A(g)=(T_1/T_2-0.5)4\%$

0g=50%占空比

$T_2=R_{SET}/125\ M\Omega$

图 6-62　轨检仪中加速度传感器 ADXL210 的输出信号

(2)应用设计。系统最佳性能应从分辨率、带宽、微控制器数据采集周期综合考虑,以下为设计的步骤:

①滤波器选择。加速度信号带宽由 $X_{\text{FILT}}/Y_{\text{FILT}}$ 引脚电容决定,设置 3 dB 带宽的方程式为:

$$F_{-3\text{dB}} = \frac{1}{[2\pi \times 32 \times C(x,y)]} \quad (6\text{-}51)$$

即:

$$F_{-3\text{dB}} = \frac{5\mu\text{F}}{C(x,y)} \quad (6\text{-}52)$$

可见电容选取越小,信号带宽越宽,分辨率越高。ADXL210 模拟信号的典型带宽为 5 kHz,比 DCM 能够转换的信号带宽高得多,为使 DCM 误差最小化,模拟信号带宽应小于 DCM 调制频率的 1/10,故电容不能选取太小。模拟信号带宽的增加提高分辨率的同时也提高了噪声。

电容太小,带宽会过高,噪声太大可能导致系统不稳定;同时若电容太大,带宽过窄,分辨率太低而达不到系统的精度要求,设计时应该兼顾两者考虑。

② T_2 和计数频率选择。噪声水平是加速度信号分辨率的决定因素之一。应用系统中的分辨率不仅与 ADXL210 的 DCM 调制周期 T_2 有关,而且与外部计数频率有很大关系。ADXL210 的循环转换器有 14 位的转换精度,但其信号真正的分辨率会受到外部用于解码循环数字信号的计数器频率限制,外部解码频率越高,每个 T_2 周期采样次数越多,其信号分辨率越高。微控制器计数频率、T_2 周期、DCM 分辨率的折中设计如表 6-7 所示。

表 6-7 微控制器计数频率、T_2 周期、DCM 分辨率的折中设计

T_2(ms)	R_{SET}(kΩ)	采样频率(Hz)	外部时钟(MHz)	计数次数/T_2	计数次数/g	分辨率(mg)
1.0	125	1 000	2.0	2 000	250	0.4
1.0	125	1 000	1.0	1 000	125	8.0
1.0	125	1 000	0.5	500	625	16.0
5.0	625	200	2.0	10 000	1 250	0.8
5.0	625	200	1.0	500	625	1.6
5.0	625	200	0.5	2 500	3 125	3.2
10.0	1 250	100	2.0	20 000	2 500	0.4
10.0	1 250	100	1.0	10 000	1 250	0.8
10.0	1 250	100	0.5	5 000	625	1.6

③ADXL210 与 MCS-51 单片机接口。

硬件原理图:在上述轨道检测仪中,系统所需精度要求为 0.5 mg,故硬件设置为去耦电容 $C_{\text{DC}} = 0.1~\mu\text{F}$,$T_2 = 1.0$ ms,$R_{\text{SET}} = 125$ kΩ,带宽为 50 Hz(小于 $\frac{1}{10 \times T_2}$ Hz),由上两式得 $Cx = Cy = 0.1~\mu\text{F}$ 及系统的噪声约为 4.33 mg。对于 C_{DC}、C_x、C_y 应尽量贴近器件以防干扰,同时 R_{SET} 应贴近 T_2 以防寄生电容的产生。ADXL210 与 MCS-51 单片机接口电路图如图 6-63 所示。

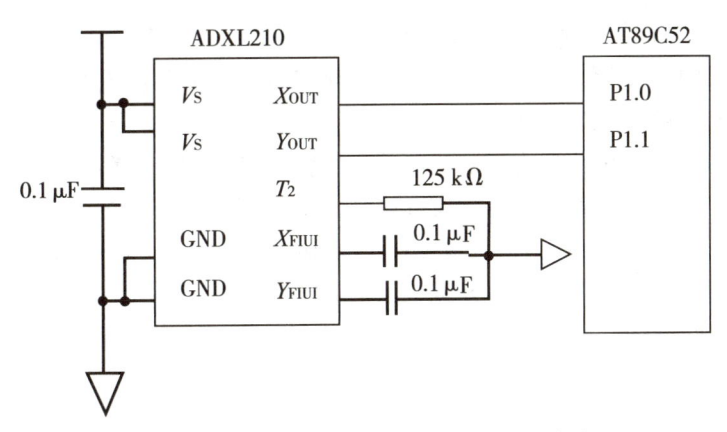

图 6-63　ADXL210 与 MCS-51 单片机接口电路图

基于数字输出的加速度传感器 ADXL210 在使用中可使系统设计大大简化,功耗降低,对于加速度和倾斜的测量是不错的选择,我们首次将其应用于轨道检测装置,即取得了较好的使用效果。然后,又将其进行适当的封装并应用于机械设备的振动监测,在大型设备多参数监测及故障诊断中发挥了重要的作用。

第三节　可编程控制技术

一、可编程控制器基本原理

PLC 是基于电子计算机,且适用于工业现场工作的电控制器。它源于继电控制装置,但它不像继电装置那样,通过电路的物理过程实现控制,而主要靠运行存储于 PLC 内存中的程序,进行入出信息变换实现控制。

PLC 基于电子计算机,但并不等同于普通电子计算机。普通电子计算机进行入出信息变换,只考虑信息本身、信息的入出、人机界面。而 PLC 还要考虑信息入出的可靠性、实时性,以及信息的使用等问题。特别要考虑怎么适应于工业环境,如便于安装,抗干扰等问题。

(一) 可编程控制器实现控制的要点

入出信息变换、可靠物理实现,是 PLC 实现控制的两个基本要点。入出信息变换靠运行存储于 PLC 内存中的程序实现。PLC 程序既有生产厂家的系统程序(不可更改),又有用户自行开发的应用(用户)程序。系统程序提供运行平台,同时,还为 PLC 程序可靠运行及信号与信息转换进行必要的公共处理。用户程序由用户按控制要求设计。什么样的控制要求,就应有什么样的用户程序。

可靠物理实现主要靠输入(INPUT)及输出(OUTPUT)电路。PLC 的 I/O 电路都是专门设计的。输入电路要对输入信号进行滤波,以去掉高频干扰。与内部计算机电路在电上是隔离的,依靠光耦元件建立联系。输出电路内外也是电隔离的,依靠光耦元件或输出继电器建立联系。输出电路还要进行功率放大,以便带动一般的工业控制元器件,如电磁阀、接触器等。

I/O 电路是很多的,每一输入点或输出点都要有一个 I/O 电路。PLC 有多少 I/O 用点,一般也就有多少个 I/O 用电路。由于它们都是由高度集成化的电路组成的,因此,所占体积并不大。输入电路时刻监视着输入状况,并将其暂存于输入暂存器中。每一输入点都有一个对应的暂存器。输出电路要把输出锁存器的信息传送给输出点。输出锁存器与输出点也是一一对应的。这里的输入暂存器及输出锁存器实际就是 PLC 处理器 I/O 口的寄存器。它们与计算机内存交换信息通过计算机总线,由运行系统程序实现。把输入暂存器的信息读到 PLC 的内存中,称为输入刷新。PLC 内存有专门开辟的存放输入信息的映射区。这个区的每一对应位(bit)称之为输入继电器或称软接点。这些位置成 1,表示接点通;位置成 0 为接点断。由于它的状态是由输入刷新得到的,所以它反映的就是输入状态。输出锁存器与 PLC 内存中的输出映射区也是对应的。一个输出锁存器也有一个内存位(bit)与其对应,这个位称为输出继电器,或称输出线圈。靠运行系统程序,输出继电器的状态映射到输出锁存器,这个映射也称输出刷新。输出刷新主要也是靠运行系统程序实现的。这样,用户所要编的程序只是内存中输入映射区到输出映射区的变换,由于 PLC 有强大的指令系统,所以编写出满足这个要求的程序是完全可能的,而且也是较为容易的。

(二)可编程控制器实现控制的过程

简单地说,PLC 实现控制的过程一般是:输入刷新→运行用户程序→输出刷新→输入刷新→运行用户程序→输出刷新……循环反复地进行。有了上述过程,用 PLC 实现控制显然是可能的。有了输入刷新,可把输入电路监控得到的输入信息存入 PLC 的输入映射区;经运行用户程序,输出映射区将得到变换后的信息;再经输出刷新,输出锁存器将反映输出映射区的状态,并通过输出电路产生相应的输出。由于这个过程循环反复地进行,所以输出总是反映输入的变化,只是在响应的时间上略有滞后。当然,这个滞后不宜太大,否则,所实现的控制不及时,也就失去控制的意义。为此,PLC 的工作速度要快。速度快、执行指令时间短是 PLC 实现控制的基础。事实上,它的速度很快,执行一条指令,多的几微秒、几十微秒,少的才零点零几微秒。实际的 PLC 工作除了 I/O 刷新及运行用户程序,还要做些公共处理工作。公共处理工作有循环时间监视、外设服务及通信处理等。监控循环时间的目的是避免"死循环",避免程序反复不断地重复执行,其解决办法是用"看门狗"(Watching Dog)。只要循环超时,它可报警或作相应处理;外设服务是让 PLC 可接受编程器对它的操作或通过接口向输出设备输出数据。通信处理是实现 PLC 与 PLC、PLC 与计算机或 PLC 与其他工业控制装置或智能部件间信息交换的。这也是增强 PLC 控制能力的需要。也就是说,实际的 PLC 工作过程总是:公共处理→I/O 刷新→运行用户程序→公共处理……反复不停地重复着。

(三)可编程控制器实现控制的方式

可编程控制器这种重复运行程序实现控制的扫描方式,是用计算机进行实时控制的一种方式。此外,计算机用于控制还有中断方式。在中断方式下,需处理的控制先申请中断,正运行的程序停止运行,转而去处理中断工作(运行有关中断服务程序)。待处理完中断,又返回运行原来程序。显然,中断方式与扫描方式是不同的。

在中断方式下,计算机能得到充分利用,紧急的任务也能得到及时处理。但是,如果同时要处理多个任务可能就会出疏漏。所以,中断方式不适合于工作现场的日常使用。但是,PLC 在用扫描方式为主的情况下,也不排斥中断方式。大部分控制用扫描方式,个别急需优先处理的,允许中断这个扫描运行的程序去处理它。这样,可做到所有的控制都能照顾到,个别应急的也能进行处理。

二、可编程控制器基本特点

从讨论 PLC 的工作原理知,PLC 的输入与输出在物理上是彼此隔开的,联系是靠运行存储于它内存中的程序实现。它的输入、输出相关,不是靠物理过程,不是用线路,而是靠信息过程,用软逻辑联系。它的工作基础是用好信息,信息不同于物质与能量,有自身的规律。例如,信息便于处理、便于传递、便于存储、信息还可重复使用等。

可编辑控制器的特点

(一)功能丰富

PLC 的功能非常丰富。这主要与它具有丰富的处理信息的指令系统及存储信息的内部器件有关。它的指令多达几十条、几百条,可进行各式各样逻辑问题的处理,还可进行各种类型数据的运算。凡普通计算机能做到的,它也都可做到。

PLC 的数据存储区种类繁多,容量巨大。I/O 继电器可以用来存储输入、输出点信息,少的几十条、几百条,多的可达几千条、几万条,以至十几万条。这意味着它可进行大规模的控制。中间继电器数量更多,内存中一个位就可作为一个中间继电器。它的计数器、定时器也很多。因为只要用内存中的一个字,再加一些标志位,即可成为定时器、计数器,所以其数量可达成百上千个。这些内部器件还可设置成丢电保持的、丢电不保持的,及上电后予以清零的,以满足不同的使用要求。这些也是继电器件难以做到的。它的数据存储区还可用于存储大量数据,几百、几千、几万字的信息都可以存,且掉电后不丢失。PLC 还有丰富的外部设备,可建立友好的人机界面,以进行信息交换。可在图文并茂的画面上进行数据的输入和读出。数据读出后,可转储、可打印;数据输入可键入,可读卡等。PLC 还具有通信接口,可与计算机连接或联网,也可与计算机交换信息。自身也可联网,以形成比单机更大的、地域更广的控制系统。PLC 还有强大的自检功能,可进行自诊断,其结果可自动记录。这为它的维修增加了透明度,提供了方便。

丰富的功能为 PLC 的广泛应用提供了可能;同时,也为工业系统的自动化、远动化及其控制的智能化创造了条件。像 PLC 这样集丰富功能于一身的能力,是别的电控制器所没有的,更是传统的继电控制电路所无法比拟的。

(二)使用方便

用 PLC 实现对系统的控制是非常方便的。首先 PLC 控制逻辑的建立是程序,用程序代替硬件接线。编程序和更改程序比更改接线要方便得多。其次 PLC 的硬件是高度集成化的,已集成为多种小型化的模块。这些模块是配套的,已实现了系列化与规格化。多种控制系统所需的模块,PLC 厂家多有现货供应,市场上可购得。所以,硬件系统配置与建造也非常方便。

正因如此,用可编程序控制器才有这个"可"字。对软件讲,它的程序可编,也不难编。对硬件讲,它的配置可变,也易于变。

具体地讲,PLC 的方便体现在 5 个方面。

(1)配置方便:可接控制系统需要确定使用哪家的 PLC,哪种类型的,用什么模块,要多少模块,确定后,到市场上订货购买即可。

(2)安装方便:PLC 硬件安装简单,组装容易。外部接线有接线器,接线简单,而且一次接好后,更换模块时,把接线器安装到新模块上即可,不必再接线。只要做些必要的 DIP 开关设定或软件设定,以及编制好用户程序就可工作。

(3)编程方便:PLC 内部虽然没有时间继电器、计数器,但它通过程序(软件)与系统内存,这些器件却实实在在地存在着。其数量之多是继电器控制系统难以想象的。即使是小型的 PLC,内部继电器数都可以千计。这些继电器的接点可无限次使用。PLC 内部逻辑器件之多,用户用起来已不感到有什么限制,唯一考虑的只是 I/O 点。PLC 的指令系统也非常丰富,可实现种种开关量及模拟量的控制。PLC 还有存储数据的内存区,可存储控制过程中所有要保存的信息。总之,由于 PLC 功能之强,发挥其在控制系统的作用,所受的限制已不是 PLC 本身,而是人们的想象力或与其配套的其他硬件设施。

PLC 的外设很丰富,编程器种类很多,使用都较方便,还有数据监控器,可监控 PLC 的工作。使用 PLC 的软件也很多,不仅可用类似于继电电路设计的梯形图语言,有的还可用 BASIC 语言、C 语言、自然语言。这些都为 PLC 编程提供了方便。

PLC 的程序也便于存储、移植及再使用。某定型产品用的 PLC 的程序完善之后,凡这种产品都可使用。这比起继电器电路每台设备都要接线、调试,要简单得多。

(4)维修方便:①PLC 工作可靠,出现故障的情况不多,这大大减轻了维修的工作量。②即使 PLC 出现故障,维修也很方便。这是因为 PLC 都设有很多故障提示信号,如 PLC 支持内存保持数据的电池电压不足,相应的就有电压低信号指示。而且,PLC 本身还可作故障情况记录。PLC 出了故障,很易诊断,排除故障也很简单。

(5)改用方便:若某设备不再使用了,其所用的 PLC 还可给别的设备使用,只要改编一下程序,就可重新使用。

(三)工作可靠

用 PLC 实现对系统的控制是非常可靠的。这是因为 PLC 在硬件与软件两个方面都采取了很多措施,确保它能可靠工作。

PLC 的输入、输出电路与内部 CPU 是电隔离,其信息靠光耦元件或电磁元件传递。而且,CPU 板还有抗电磁干扰的屏蔽措施,故可确保 PLC 程序的运行不受外界的电与磁干扰,能正常地工作。PLC 使用的元件多为无触点且高度集成的,数量并不太多,也为其可靠工作提供了物质基础。

在机械结构设计与制造工艺上也采取了很多措施,可确保 PLC 耐振动、耐冲击。使用环境温度可高达 50 ℃,有的 PLC 可高达 80℃~90 ℃。部分 PLC 的模块可热备,一个主机工作,另一个主机也运转,但不参与控制,仅作备份,一旦工作主机出现故障,热备的就可自动接替其工作。

还有更进一步冗余的,采用三取一的设计,CPU、I/O 模块、电源模块都冗余或其中的部分冗余。三套同时工作,最终输出取决于三者中多数决定的结果。这使系统出现故障的概率几乎为零,做到万无一失。当然,这样的系统成本是很高的,只用于特别重要的场合,如铁路车站的道岔控制系统。

PLC 的工作方式为扫描加中断,这可保证它能有序地工作,避免继电控制系统出现"冒险竞争",其控制结果总是确定的;又能处理应急的控制,保证了 PLC 对应急情况的及时响应。

为监控 PLC 运行程序,PLC 系统都设置了"看门狗"程序。当运行用户程序开始时,先清除"看门狗"定时器,并开始计时。当用户程序一个循环运行结束,查看定时器的计时值。若超时(一般不超过 100 ms),则报警。严重超时,还可使 PLC 停止工作。用户可依报警信号采取相应的应急措施。定时器的计时值若不超时,则重复起始的过程,PLC 将正常工作。显然,有了这个"看门狗"监控程序,可保证 PLC 用户程序的正常运行,可避免出现"死循环"而影响其工作的可靠性。

PLC 还有很多防止及检测故障的指令,以产生各种重要模块工作正常与否的提示信号。可通过编制相应的用户程序,对 PLC 的工作状况及 PLC 所控制的系统进行监控,以确保其可靠工作。PLC 每次上电后,还都要运行自检程序对系统进行初始化。这是系统程序配置的,用户不可干预。在出现故障时应有相应的出错信号提示。

正是 PLC 在软件、硬件诸方面有强有力的可靠性措施,才确保了 PLC 具有可靠工作的特点。

(四) 经济合算

高新技术的使用必将带来巨大的社会效益与经济效益,这是高新科技是第一生产力的体现,也是高新技术生命力之所在。尽管使用 PLC 首次投资要大些,但从全面及长远看,使用 PLC 还是经济的。这是因为使用 PLC 的投资虽大,但它的体积小、所占空间小、辅助设施的投入少;使用时省电,运行费少;工作可靠,停工损失小;维修简单,维修费少;还可再次使用,以及能带来附加价值等,从中可得更大的回报。所以,在多数情况下,它的效益是可观的。

三、可编程控制器基本应用

最初,PLC 主要用于开关量的逻辑控制。随着 PLC 技术的进步,它的应用领域不断扩大。如今,PLC 不仅用于开关量控制,还用于模拟量及数字量的控制,可采集与存储数据,还可对控制系统进行监控;还可联网、通信,实现大范围、跨地域的控制与管理。PLC 已日益成为工业控制装置家族中一个重要的角色。

(一) 用于开关量控制

由于 PLC 能联网,点数几乎不受限制,所以不管多少点都能控制。所控制的逻辑问题可以是多种多样的:组合的、时序的;即时的、延时的;不需计数的,需要计数的;固定顺序的,随机工作的等。

PLC 的硬件结构是可变的,软件程序是可编的,非常灵活。必要时,可编写多套或多组程序,依需要调用。它适应于工业现场多工况、多状态变换的需要。用 PLC 进行开关量控制实例是很多的,如冶金、机械、轻工、化工、纺织等,几乎所有工业行业都需要用到它。目前,PLC 最显著的特点,也是别的控制器无法与其比拟的,就是它能方便并可靠地用于开关量的控制。

(二) 用于模拟量控制

模拟量,如电流、电压、温度、压力等,它的大小是连续变化的。特别是连续型生产过程,常要对这些物理量进行控制。作为一种工业控制电子装置,PLC 若不能对这些量进行控制,那就失去了其功能特性。为此,各 PLC 厂家都在这方面进行大量的开发。目前,不仅大型、中型机可以进行模拟量控制,就是小型机,也能进行模拟量控制。PLC 进行模拟量控制,要配置有模拟量与数字量相互转换的 A/D、D/A 电路。它也是 I/O 电路,不过是特殊的 I/O 电路。

A/D 电路是把外电路的模拟量,转换成数字量,然后送入 PLC。D/A 电路是把 PLC 的数字量转换成模拟量,再送给外电路。作为一种特殊的 I/O 电路,它仍具有 I/O 电路抗干扰、内外电路隔离,与输入、输出继电器交换信息等特点。这里的 A/D 中的 A,多为电流或电压,也有为温度。D/A 中的 A,多为电压或电流。电压、电流变化范围多为 0~5 V、0~10 V、4~20 mA。这里的 D,小型机多为 8 位二进制数,中、大型多为 12 位二进制数。A/D、D/A 有单路,也有多路。多路多为输入、输出继电器。

有了 A/D、D/A 电路,余下的处理都是数字量,这对有信息处理能力的 PLC 并不难。中、大型 PLC 处理能力更强,不仅可进行数字的加、减、乘、除,还可开方、差值,还可进行浮点运算。有的还有 PID 指令,可对偏差值进行比例、微分、积分运算,进而产生相应的输出。这样,用 PLC 实现模拟量控制是完全可能的。

PLC 进行模拟量控制,还有 A/D、D/A 组合在一起的单元,并可用 PID 或模糊控制算法实现控制,可得到很高的控制质量。用 PLC 进行模拟量控制的好处是在进行模拟量控制的同时,开关量也可控制。这个优点是别的控制器所不具备的或控制的实现不如 PLC 方便。

(三)用于数字量控制

实际的物理量,除了开关量、模拟量,还有数字量。如机床部件的位移,常以数字量表示。数字量的控制,有效的办法是 NC,即数字控制技术。这是 50 年代诞生于美国的基于计算机的控制技术。目前,先进国家的金属切削机床,数控化的比率已超过 40%~80%,有的甚至更高。PLC 也是基于计算机的技术,并日益完善。故它也完全可以用于数字量控制。PLC 可接收计数脉冲,频率可高达几千到几万 Hz。可用多种方式接收这脉冲,还可多路接收。有的 PLC 还有脉冲输出功能,脉冲频率也可达几万 Hz。有了这两种功能,加上 PLC 有数据处理及运算能力,若再配备相应的传感器(如旋转编码器)或脉冲伺服装置(如环形分配器、功放、步进电机),则完全可以依 NC 的原理实现种种控制。

高、中档的 PLC,还开发有 NC 单元,或运动单元,可实现点位控制。运动单元还可实现曲线插补,可控制曲线运动。若 PLC 配置了这种单元,则完全可以用 NC 的办法,进行数字量的控制。新开发的运动单元,甚至还发行了 NC 技术的编程语言,为更好地用 PLC 进行数字控制提供了方便。

(四)用于数据采集

随着 PLC 技术的发展,其数据存储区越来越大。如 OMRON 公司的 PLC,前期产品 C60P 的 DM 区仅 64 个字,而后来的 C60H 达到 1 000 个字;到了 CQMI 可多达 6 000 个字。这样庞大的数据存储区,可以存储大量数据。数据采集可以用计数器,累计记录采集到的脉冲数,并定时转存到 DM 区中去。数据采集也可用 A/D 电路,当模拟量转换成数字量后,再定时转存到 DM 区中。PLC 还可配置上小型打印机,定期把 DM 区的数据打出来。PLC 也可与计算机通信,由计算机把 DM 区的数据读出,并由计算机再对这些数据作处理。这时,PLC 即成为计算机的数据终端。电业部门曾使用 PLC 用以实时记录用户用电情况,以实现不同用电时间、不同计价的收费办法,鼓励用户在用电低谷时多用电,达到合理用电与节约用电的目的。

(五)用于监控

PLC 自检信号很多,内部器件也很多,多数使用者未充分发挥其作用。其实,完全可利用它进行PLC自身工作的监控或对控制对象进行监控。这里介绍一种用PLC定时器作"看门狗",对控制对象工作情况进行监控的思路。

如用PLC控制某运动部件动作,看施加控制后动作进行了没有,可用"看门狗"实现监控。具体做法是在施加控制的同时,令"看门狗"定时器计时。如在规定的时间内动作完成,即定时器未超过警戒值的情况下,已收到动作完成信号,则说明控制对象工作正常,无须报警。若超时,说明不正常,可作相应处理。

如果控制对象的各重要控制环节,都用这样一些"看门狗"看着,那系统的工作详情将了如指掌,出现了问题,卡在什么环节上也很好查找。对一个复杂的控制系统,特别是自动控制系统,监控和进一步的自诊断是非常必要的。它可减少系统的故障,出了故障便于查找,可提高累计平均无故障运行时间,降低故障修复时间,提高系统的可靠性。

(六) 用于联网、通信

PLC联网、通信能力很强,不断有新的联网结构推出。PLC可与个人计算机相连接进行通信,可用计算机参与编程及对PLC进行控制的管理,使PLC用起来更方便。为了充分发挥计算机的作用,可实行一台计算机控制与管理多台PLC,多的可达32台。也可一台PLC与两台或更多的计算机通信,交换信息,以实现多地对PLC控制系统的监控。PLC与PLC也可通信,可一对一PLC通信,可几个PLC通信。

PLC与智能仪表、智能执行装置(如变频器)也可联网通信,交换数据,相互操作。可连接成远程控制系统,系统范围可达到10 km或更大。可组成局部网,不仅PLC,而且高档计算机、各种智能装置也都可进网。可用总线网,也可用环形网。网与网还可桥接。联网可把成千上万的PLC、计算机、智能装置组织在一个网中。网间的结点可直接或间接地通信、交换信息。联网、通信,正适应了当今计算机集成制造系统(CIMS)及智能化工厂发展的需要。它可使工业控制从点(Point)、到线(Line)再到面(Aero),使设备级的控制、生产线的控制、工厂管理层的控制连成一个整体,进而创造更高的效益。

以上几点应用是着重从质上讲的。从量上讲,PLC有大、有小。它的控制范围也可大、可小。小的只控制一个设备,甚至一个部件,一个站点;大的可控制多台设备,一条生产线,整个工厂。可以说,工业控制的大小场合都离不开PLC。

PLC能有上述几个范围广泛的应用,是PLC自身特点决定的,也是PLC技术不断完善的结果。

四、可编程控制器基本类型

可编程控制器类型很多,可从不同的角度进行分类。

(一) 按控制规模划分

控制规模主要指控制开关量的入、出点数及控制模拟量的模入、模出或两者兼而有之(闭路系统)。模拟量的路数可折算成开关量的点,大致一路相当于8~16点。依这个点数,PLC大致可分为微型机、小型机、中型机、大型机及超大型机。微型机控制点仅几十点,为OMRON公司的CPMIA系列PLC,西门子的Logo仅10点。小型机控制点可达100多点。如OMRON公司的C60P可达148点,CQM1达256点。德国西门子公司的S7-200机可达64点。中型机控制点数可达近500点,以至于千点。如OMRON公司C200H机普通配置最多可达700多点,

C200Ha机则可达1 000多点。德国西门子公司的S7300机最多可达512点。

大型机:控制点数一般在1 000点以上。如OMRON公司的C1000H、CV1000,当地配置可达1 024点。C2000H、CV2000当地配置可达2 048点。

超大型机:控制点数可达万点,甚至于几万点。如美国GE公司的90-70机,其点数可达24 000点,另外还可有8 000路的模拟量。再如美国莫迪康公司的PC-E984-785机,其开关量具体总数为32 768,模拟量有2 048路。西门子的SS-115U-CPU945,其开关量总点数可达8 000点,另外还可有512路模拟量等。

以上这种划分是不严格的,只是大致的,目的是便于系统的配置及使用。根据实际的I/O点数,凡落在上述不同范围者,选用相应的机型,性能价格比必然要高;相反,肯定要差些。如控制点数不是非常多,不是非用大型机不可,但因大型机的特殊控制单元多,可进行热备配置,因而采用大型机是最好选择。

(二)按结构划分

PLC按结构可分为箱体式及模块式两大类。微型机、小型机多为箱体式的,但从发展趋势看,小型机也逐渐发展成模块式了。如OMRON公司,原来小型机都是箱体式,现在的CQMI则为模块式的。箱体式PLC把电源、CPU、内存、I/O系统都集成在一个小箱体内。一个主机箱体就是一台完整的PLC,用于实现控制。控制点数不符要求,可再接扩展箱体,由主箱体及若干扩展箱体组成较大的系统,以实现对较多点数的控制。

模块式的PLC是按功能分成若干模块,如CPU模块、输入模块、输出模块、电源模块等。大型机的模块功能更单一,因而模块的种类也相对多些。目前一些中型机,其模块的功能也趋于单一,种类也在增加。如同样OMRON公司C20系列PLC,H机的CPU单元就含有电源,而Ha机则把电源分出,有单独的电源模块。模块功能更单一、品种更多,可便于系统配置,使PLC更能物尽其用,达到更高的使用效益。由模块连接成系统有3种方法。

①无底板,靠模块间接口直接相连,然后再固定到相应导轨上。OMRON公司的CQMI机就是这种结构,比较紧凑。

②有底板,所有模块都固定在底板上。OMRON公司的C200Ha机,CV2000等中、大型机就是这种结构。它比较牢固,但底板的槽数是固定的,如3、5、8、10槽等。槽数与实际的模块数不一定相等,配置时难免有空槽。这既浪费,又多占空间,还得占空单元把多余的槽作填补。

③用机架代替底板,所有模块都固定在机架上。这种结构比底板式的复杂,但更牢靠。一些特大型的PLC用的多为这种结构。

(三)按生产厂家划分

目前能配套生产PLC的厂家较多,但大、中、小、微型均能生产的不算太多。较有影响的,在中国市场占有较大份额的公司有以下这些。

德国西门子公司:它有SS系列的产品。有SS-95U、100U、115U、135U及155U。135U、155U为大型机,控制点数可达6 000多点,模拟量可达300多路。最近还推出S7系列机,有S7-200(小型)、S7-300(中型)及S7-400机(大型)。其性能比S5大有提高。

日本OMRON公司:它有CPMIA型机,P型机,H型机,CQMI、CVM、CV型机,Ha型、F型机等,大、中、小、微均有,特别在中、小、微方面更具特长,在中国及世界市场都占有相当多的份额。

美国GE公司、日本FANAC合资的GE-FANAC的90-70机也是很吸引人的。它具有许多特点。诸如,用软设定代硬设定,结构化编程,多种编程语言等。它有 914、781/782、771/772、731/732 等多种型号。另外,还有中型机 90-30 系列,其型号有 344、331、323、321 多种;还有 90-20 系列小型机,型号为 211。

美国莫迪康公司(施奈德)的 984 机也是很有名的。其中 E984-785 可安装 31 个远程站点,总控制规模可达 63 535 点。小的为紧凑型的,如 984-120,控制点数为 256 点,在最大与最小之间共 20 多个型号。

美国 AB(Alien-Bradley)公司创建于 1903 年,在世界各地有 20 多个附属机构,10 多个生产基地。可编程控制器也是它的重要产品。它的 PLC-5 系列是很有名的,有 PLC-5/10、PLC-5/11……PLC-5/250 多种型号。另外,它也有微型 PLC,SLC-500 即为其中一种,有 3 种配置,20、30 及 40I/O 配置选择,I/O 点数分别为 12/8、18/12 及 24/16 三种。

日本三菱公司的 PLC 也是较早应用到我国的。其小型机 FI 前期在国内用得很多,后又推出 FXZ 机,性能有很大提高。它的中、大型机为 A 系列。例如 AIS、AZC、A3A 等。

日本日立公司也生产 PLC,其 E 系列为箱体式的。基本箱体有 E-20、E-28、E-40 及 E-64,其 I/O 点数分别为 12/8、16/12、24/16 及 40/24。另外,还有扩展箱体,规格与主箱体相同,其 EM 系列为模块式的,可在 16~160 之间组合。

日本东芝公司也生产 PLC,其 EX 小型机及 EX-PLUS 小型机在国内也用得很多。它的编程语言是梯形图,其专用的编程器用梯形图语言编程。另外,还有 EX100 系列模块式 PLC,点数较多,也是用梯形图语言编程。

日本松下公司也生产 PLC。FPI 系列为小型机,结构也是箱体式的,尺寸紧凑。FP3 为模块式的,控制规模也较大,工作速度也很快,执行基本指令仅 0.1 μs。

日本富士公司也有 PLC。其 NB 系列为箱体式的小型机,NS 系列为模块式。

美国 IPM 公司的 IP1612 系列机,由于自带模拟量控制功能,自带通信口,集成度又非常之高,虽点数不多,仅 16 入,12 出,但性价比高,很适合于系统不大且又有模拟量需控制的场合。新出的 lP3416 机,I/O 点数扩大到 34 入、12 出,而且还自带一个简易小编程器,性能又有改进。

国内 PLC 厂家规模大部分不大,最有影响的是无锡的华光。它生产多种型号与规格的 PLC,如 SU、SG 等,发展也很快,在价格上很有优势。

五、可编程控制器的基本性能

可编程控制器的基本性能可用如下 7 条予以概括。

(一)工作速度

工作速度是指 PLC 的 CPU 执行指令的速度及对急需处理的输入信号的响应速度。工作速度是 PLC 工作的基础。只有提高速度,才可能通过运行程序实现控制,才可能不断扩大控制规模,才可能发挥 PLC 的多种作用。

PLC 的指令是很多的。不同的 PLC,指令的条数也不同,少的几十条,多的几百条。指令不同,执行的时间也不同。各种 PLC 都有一些基本指令,故常以执行一条基本指令的时间来衡量这个速度。这个时间越短越好,已从微秒级缩短到零点几微秒级。随着微处理器技术的进步,这个时间还在缩短。

执行时间短可加快 PLC 对一般输入信号的响应速度。从讨论 PLC 的工作原理知,从对

PLC 加入输入信号,到 PLC 产生输出,最理想的情况也要延迟一个 PLC 运行程序的周期。因为 PLC 监测到输入信号经运行程序后产生的输出,才是对输入信号的响应。

为了处理急需响应的输入信号,PLC 有多种措施。不同的 PLC 措施也不完全相同,提高响应速度的效果也不同。一般是采用输入中断,然后再输出即时刷新,即中断程序运行后,有关的输出点立即刷新,而不等到整个程序运行结束后再刷新。

这个效果可从两个方面来衡量:一是能否对几个输入信号作快速响应;二是快速响应的速度有多快。多数 PLC 都可对一个或多个输入点作快速响应,快速响应时间仅几个毫秒。性能高的、大型的 PLC 响应点数更多。工作速度关系到 PLC 对输入信号的响应速度,是 PLC 对系统控制是否及时的前提。控制不及时,就不可能准确与可靠,特别是对一些需作快速响应的系统。这就是把工作速度作为 PLC 第一指标的原因。

（二）控制规模

控制规模代表 PLC 控制能力,看其能对多少输入、输出点及对多少电路模拟进行控制。控制规模与速度有关。因为规模变大,用户程序加长,执行指令的速度减缓,势必延长 PLC 循环的时间,也必然会延长 PLC 对输入信号的响应。为了避免这个情况,PLC 的工作速度就要快。所以,大型 PLC 的工作速度总是比小型 PLC 要快。

控制规模还与内存区的大小有关。规模大,用户程序长,要求有更大的用户存储区。同时点数多,系统的存储器输入、输出的信号区（输入、输出继电器区或称输入、输出映射区）也大。这个信号区增大,相应的内部器件也要增多,这些都要求有更大的系统存储区。控制规模还与输入、输出电路数有关。如控制规模为 1 024 点,那就得有 1 024 条 I/O 电路。这些电路集成于 I/O 模块中,而每个模块有多少电路的 I/O 点总是有数的。所以,规模越大,所使用的模块也越多。

控制规模还与 PLC 指令系统有关。规模大的 PLC 指令条数多,指令的功能也强,才能应付对点数多的系统进行控制的需要。控制规模是对 PLC 其他性能指标起着制约作用的指标,也是 PLC 划分微、小、中、大和特大型的指标。

（三）组成模块

PLC 的结构虽有箱体式及模块式之分,但从质上看,箱体也是模块,只是它集成了更多的功能。在此,不妨把 PLC 的模块组成当作所有 PLC 的结构性能。这个性能含义是指某型号 PLC 具有多少种模块,各种模块都有什么规格,并各具什么特点。一般讲,规模大的、档次高的 PLC 模块的种类多,规格也多,反映其特点的性能指标也高。但模块的功能则单一。相反,小型、档次低的 PLC 模块种类少,规格也少,指标也低。但功能则多样,以至于集成为箱体。

组成 PLC 的模块是 PLC 的硬件基础,只有弄清所选用的 PLC 都具有哪些模块及特点,才能正确选用模块,去组成一台完整的 PLC,以满足控制系统对 PLC 的要求。常见的 PLC 模块有以下几种。

CPU 模块:它是 PLC 的硬件核心。PLC 的主要性能,如速度、规模都由它的性能来体现。

电源模块:它为 PLC 运行提供内部工作电源,而且,有的还可为输入信号提供电源。

I/O 模块:它由 I/O 电路组成,并依点数及电路类型划分为不同规格的模块。

内存模块:它主要存储用户程序,有的还为系统提供附加的工作内存。在结构上内存模块都是附加于 CPU 模块之中。

底板、机架模块:它为 PLC 各模块的安装提供基板,并为模块间的联系提供总线。若干底板间的联系有的用接口模块,有的用总线接口。不同厂家或同一厂家但不同类型的 PLC 都不大相同。

箱体式的小型 PLC 的主箱体就是把上述几种模块集成在一个箱体内的,并依可能提供 I/O 点数的多少,划分为不同的规格箱体式的 PLC 还有 I/O 扩展箱体,它不含 CPU,仅有电源及 I/O 单元的功能。扩展箱体也依 I/O 点数的多少划分为不同的规格。

除上述模块外,PLC 还有特殊的智能或功能模块。如 A/D(模入)模块、D/A(模出)模块、高速计数模块、位控模块、温度模块等。这些模块有自己的 CPU,可对信号作预处理或后处理,可以简化 PLC 的 CPU 对复杂的控制量的控制。智能模块的种类、特性也大不相同,性能好的 PLC,这些模块种类多。

通信模块:它接入 PLC 后,可使 PLC 与计算机或 PLC 与 PLC 进行通信,有的还可实现与其他控制部件,如变频器、温控器通信,或组成局部网络。通信模块代表 PLC 的组网能力,代表着当今 PLC 性能的重要方面。除模块外,PLC 还有外部设备。

尽管用 PLC 实现对系统的控制可不用外部设备,配置好合适的模块就行了。然而,要对 PLC 编程,要监控 PLC 及其所控制系统的工作状况,以及存储用户程序、打印数据等,就得使用 PLC 的外部设备。一种 PLC 的性能与这种 PLC 所具外部设备丰富与否、外部设备好用与否直接相关。

PLC 的外部设备有 4 类。

(1)编程设备:简单的为简易编程器,多只接受助记编程,个别的也可用图形编程(如日本东芝公司的 EX 型可编程控制器)。复杂一点的有图形编程器,可用梯形图语言编程。有的还有专用的计算机,可用其他高级语言编程。编程器除了用于编程,还可对系统做一些设定,以确定 PLC 控制方式或工作方式。编程器还可监控 PLC 及 PLC 所控制的系统的工作状况,以进行 PLC 用户程序的调试。

(2)监控设备:小的有数据监视器,可监视数据;大的还可能有图形监视器,可通过画面监视数据。除了不能改变 PLC 的用户程序,编程器能做的它都能做,是使用 PLC 很好的界面。性能好的 PLC,这种外部设备已越来越丰富。

(3)存储设备:它用于永久性地存储用户数据,使用户程序不丢失。这些设备包括存储卡、存储磁带、软磁盘或只读存储器。而为实现这些存储,相应的就有存卡器、磁带机、软驱或 ROM 写入器,以及相应的接口部件。各种 PLC 都有这方面的配套设施。

(4)输入、输出设备:它用以接收信号或输出信号,便于与 PLC 进行人机对话。输入的有条码读入器,输入模拟量的电位器等,输出的有打印机、编程器、监控器。虽可对 PLC 输入信息,从 PLC 输出信息,但输入、输出设备实现人机对话更方便,可在现场条件下实现,并便于使用。随着技术进步,这种设备将更加丰富。

外部设备已发展成为 PLC 系统的不可分割的一个部分。它的情况,当然是选用 PLC 必须了解的重要方面,所以也应把它列为 PLC 性能的重要内容。

(四) 内存容量

PLC 内存有用户及系统两大部分。用户内存主要用以存储用户程序,个别的还将其中的一部分划为系统所用。系统内存是与 CPU 配置在一起的。CPU 既要具备访问这些内存的能力,还应提供相应的存储介质。用户内存大小与可存储的用户程序量有关。内存大,可存储的程序量大,也就可进行更为复杂的控制。从发展趋势看,内存容量总是在不断增大着。大型 PLC 的内存容量可达几十 KB,甚至一百多 KB。系统内存对于用户,主要体现在 PLC 能提供多少内部器件。不同的内部器件占据系统内存的不同区域。在物理上并无这些器件,仅仅为 RAM。但通过运行程序进行使用时,给使用者提供的却有这些器件。

内存器件种类越多,数量越多,越便于 PLC 进行多种逻辑量及模拟控制。它也是代表 PLC 性能的重要指标。

PLC 内部器件有以下 4 种。

(1) I/O 继电器或称映射区。它与 PLC 所能控制的 I/O 点数及模拟量的路数直接相关。内部继电器数,有的称为标志位数,代表着 PLC 的内部继电器数。它与 I/O 继电器区相联系着,有时与后者相联系进行处理。内部继电器多,便于 PLC 建立复杂的时序关系,以实现多种多样的控制要求。一般来讲,内部继电器数比 I/O 继电器要多得多。

有的内部继电器还可丢电保持,即它的状态(ON 或 OFF)。PLC 丢电后,靠内部电池仍予以保持,再上电后可继续丢电前的状态。保持继电器可增强 PLC 控制能力,特别对记录故障,故障排除后恢复运行,更显得有用。

(2) 定时器可进行定时控制。定时值可任意设定。定时器有多少,设定范围有多大,设定值的分辨率又是多少,这些都代表定时器件的性能。

(3) 计数器可进行计数,到达某设定计数值可发送相应信号。可进行什么样的计数,计数范围多大,怎么设定,有多少计数器,这些都是 PLC 计数器性能的代表指标。

(4) 数据存储区用以存储工作数据。多以字、两字或多字为单位予以使用,是 PLC 进行模拟量控制或记录数据所必不可少的。这个存储区的大小代表 PLC 的性能也是越大越好。小型机也如此,如日本 OMRON 公司的 CQMI 机,其 DM 区就有 6KB 字。而过去同是小型机的 C60P 的 DM 区才 64 个字。大型机的 DM 可达 10KB 甚至几十 KB。

(五) 指令系统

PLC 的指令数和指令功能是了解与使用 PLC 的重要方面。PLC 的指令越来越多,越来越丰富。功能很强的指令,综合多种作用的指令日见增多。PLC 的指令繁多,但主要的有以下 5 种类型。

(1) 基本逻辑指令:用于处理逻辑关系,以实现逻辑控制。

(2) 数据处理指令:用于处理数据,如译码、编码、传送、移位等。

(3) 数据运算指令:用于进行数据的运算,如+、-、×等,可进行整形数计算,有的还可浮点数运算;也可进行逻辑量运算等。

(4) 流程控制指令:用以控制程序运行流程。PLC 的用户程序一般是从零地址的指令开始执行,按顺序推进。但遇到流程控制指令也可作相应改变。流程控制指令也较多,运用得好,可使程序简练,并便于调试与阅读。

(5) 状态监控指令:用以监视及记录 PLC 及控制系统的工作状态,对提高 PLC 控制系统的工作可靠性有很大帮助。

(六) 支持软件

为了便于编制 PLC 程序,多数 PLC 厂家都开发有关计算机支持软件。从本质上讲,PLC

所能识别的只是机器语言。它之所以能使用一些助记符语言、梯形图语言、流程图语言,甚至高级语言,全靠为使用这些语言而开发的各种软件。

(1) 助记符语言。它是最基本也是最简单的 PLC 语言。它类似计算机的汇编语言,PLC 的指令系统就是用这种语言表达的。这种语言仅使用文字符号,所使用的编程工具简单,用简易编程器即可。所以,多数 PLC 都配备有这种语言。

(2) 梯形图语言是图形语言。它用类似于继电器电路图的符号表达 PLC 实现控制的逻辑关系。这种语言与符号语言有对应关系,很容易互相转换,并便于电气工程师了解与熟悉,故用得很普遍,几乎所有的 PLC 都开发有这种语言。由于它是用图形表达,小的编程器不好使用它,需要有较大的液晶画面的编程器,才能使用它。在多数情况下是在计算机对 PLC 编程时,才使用这种语言。

(3) 流程图语言。它也是图形语言,不过所用的符号不与电气元件符号相似,而与计算机用的流程图符号相似,便于计算机工作人员了解与熟悉。流程图语言与符号语言也有一一对应关系,只是它对应的符号语言与梯形图的对应不一样。熟悉计算机而又未从事过一般电气工作的人员,乐于用这种语言对 PLC 编程。日本 OMRON 公司开发的 F 系列机就是使用这种语言。

(4) 梯形图与流程图混合语言。这种语言,梯形图与流程图两者兼用,可使 PLC 程序结构化。它用流程图把 PLC 程序划分成若干结构块,并规范结构块间的逻辑联系。用梯形图再确定结构块中的各种量间的逻辑关系。这种混合语言有不同的实现方法,而且多用于大型 PLC 的编程。

(5) 高级语言。PLC 编程也可以使用高级语言,如 BASIC、C 语言等,可以在 DOS,也可在 WINDOWS 平台上运行。关键在于要把高级语言编写的程序转换成助记符语言或直接转换成 PLC 所能识别的机器语言。从根本上讲,只要能实现这个转换的,什么高级语言都可以。而编写这个转换的软件工作量很大,当然应由有关厂家开发与提供。当前不少 PLC 厂家已有提供。如 GE-FANAC 的 PLC 就提供有可用 C 语言编程的软件。

支持软件不仅编制 PLC 程序需要,监控 PLC 运行,特别是监视 PLC 所控制的系统的工作状况也需要。所以,多数支持编程的软件,也具有监视 PLC 工作的功能。此外,也有专用于监控 PLC 工作的软件,它多与 PLC 的监视终端连用。有的 PLC 厂家或第三方厂家还开发了使用 PLC 的组态软件,用以实现计算机对 PLC 控制系统监控,以及与 PLC 交换数据。PLC 的用户也可基于 DOS 或 WINDOWS 平台开发用于 PLC 控制系统的应用软件,以提高 PLC 系统自动化及智能化水平。

总之,为了用好 PLC,PLC 的支持软件越来越丰富,性能也越来越好,其界面也越来越友好。PLC 支持的软件情况如何已成为评判 PLC 性能的指标之一。

(七) 可靠控制

为使 PLC 能可靠工作,在硬件与软件两个方面 PLC 厂家都采取了很多措施,对一些特殊可靠要求的 PLC,还有相应的特殊措施,如热备、冗余等。在介绍 PLC 的特点时已做了叙述。可靠措施的目的是增加 PLC 平均故障间隔时间[MTBF(Mean Time Between Failure)]及减少 PLC 的平均修复时间[MTTR(Mean Time To Repair)],以提高 PLC 的有效度 A(Availability)。当然,A 值越大越好,它可使 PLC 系统得到充分的利用,是使用 PLC 的重要指标。MTBF 越大,

MTTR 越小,则 A 越大。所以,PLC 的可靠措施都是围绕提高 MTBF 及 MTTR 值进行的。

> **思考题**
>
> 1.请对智能控制与传统控制作简要比较分析。
> 2.智能制造系统的特点是什么?
> 3.传感器应用于哪些领域?
> 4.可编程控制器的基本性能是什么?

第七章
智能制造应用

学思课堂

党的二十大报告指出:"广大青年要坚定不移听党话、跟党走,怀抱梦想又脚踏实地,敢想敢为又善作善成。"作为新时代的青年,我们肩负着祖国和民族的希望,同时也承载着家庭和亲人的嘱托。在人生的成长道路上,不仅有成功与鲜花,还有挫折和失败,而理想信念就是在逆境中奋起、在困难中磨炼、在挫折中成长的强大精神支柱。同学们要坚定为人民服务的理想信念,明确伟大出自平凡,真正做到以为人民服务为荣,就是在平凡的岗位实现了伟大,就是在平凡中获得了成功。

情境导入

在"新基建、工业互联网、人工智能、大数据"等新兴技术的推动下,各行业制造企业都在积极探索智能制造技术的应用。智能制造是智能制造技术的核心内容。通过智能制造,企业可以实现高效、灵活、精准、绿色的生产过程,提高产品的品质和可靠性,降低产品成本。例如,某汽车企业在应用智能制造技术后,从原材料的采购到产品的组装和质检都可以实现自动化和数字化控制。

第一节 智能制造技术在汽车车身冲压工艺中的应用

一、汽车车身冲压工艺

汽车车身一般是使用冲压工艺制成的。冲压工艺对于车身的产品质量、生产效率和生产成本有着重要的影响。

（一）冲压的基本概念

冲压工艺是一种金属加工方法，是建立在金属塑性变形的基础上，利用模具和冲压设备对板料施加压力，使板料产生分离，从而获得具有一定形状、尺寸和性能的零件（冲压件）。车身冲压件如图 7-1 所示。

冲压的概念、特点及应用

图 7-1 车身冲压件

（二）冲压的特点

冲压加工方法与其他加工方法，如金属切削加工等相比，具有以下特点。
(1) 冲压设备操作简单、生产率高，易实现机械化与自动化。
(2) 冲压可以获得其他加工方法不能制造或难以制造的、形状复杂的零件。
(3) 用料经济，质量好，可以获得强度高、刚度大而重量轻的零件。

（三）冲压的基本工序

车身钣金零件的形状复杂、尺寸大，一般不可能在一道冲压工序中直接获得，有时需要十几道工序才能获得。冲压加工都由最基本的冲压工序组成。按照冲压后的板料形状变化的程度将冲压分为三种基本工序：冲裁、弯曲、拉伸。

1. 冲裁工序

使板料实现分离的冲裁工序，如图 7-2 所示。

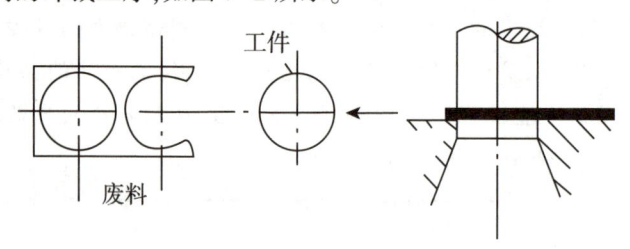

图 7-2 冲裁工序

冲裁工序的变形过程包含 3 个：弹性变形、塑性变形和断裂。

总体过程：冲裁工序属于分离工序，工件受力时必然从弹性、塑性变形开始，以断裂告终。当凸模下降接触板料，板料受到凸、凹模压力面产生弹性变形，由于力矩的存在，使板料产生弯曲，即从模具表面上挠起，随着凸模下压，模具刃口压入板料，内应力状态满足塑性变形条件时，产生塑性变形，变形集中在刃口附近区域。由此可知，塑性变形从刃口开始，随着切刃的深入，变形区向板料的深度方向发展、扩大，直到在板料的整个厚度方向上产生塑性变形，板料的一部分相对于另一部分移动。力矩将板料压向切刃的侧表面,故切刃相对于板料移动时,这些力将表面压平,在切口表面上形成光亮带。当切刃附近板料各层中达到极限应变与应力值时,便产生微裂,裂纹产生后,沿最大剪应变速度方向发展,直至上、下裂纹会合,板料就完全分离。

(1)弹性变形。当凸模下降至接触板料时凸模开始对板料加压。由于凸模与凹模之间存在间隙,因此有力矩 M 的存在,使板料产生弹性压缩并有弯曲,且稍微压入凹模腔口。弹性变形过程如图7-3(a)所示。

(2)塑性变形。随着凸模下压,凸、凹模作用于板料的垂直压力分布不均匀,将向模具刃口方向急剧增大,模具刃口压入板料。当应力状态满足塑性变形条件时,进入塑性变形阶段,在塑性变形的同时还伴随有纤维的弯曲与拉伸,如图7-3(b)所示。

(3)断裂。随着变形的增加,刃口附近产生应力集中,达到最大值。当刃口附近板料中的应力达到破坏应力时,便在凸、凹模刃口侧面产生微裂纹,并沿最大切应力方向向板料内部发展,使板料分离,如图7-3(c)所示。

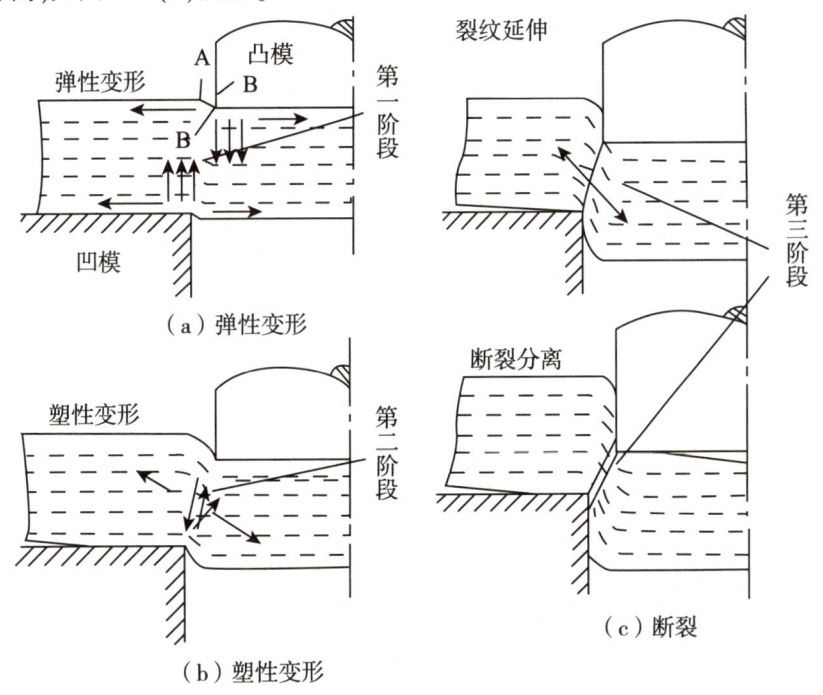

图7-3 冲裁工序变形过程

2.弯曲工序

弯曲工序是利用模具或其他工具将板料、型材或管材弯成具有一定角度和形状的工艺方法,如图7-4所示。

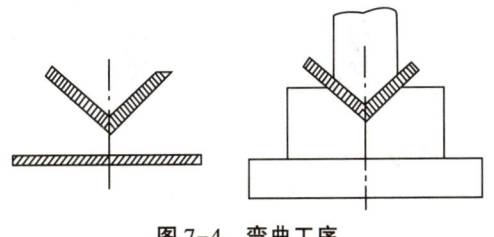

图7-4 弯曲工序

弯曲工艺是板料冲压中常见的加工方法之一。在生产中,弯曲件的形状很多,例如 V 形件、U 形件、帽形件、圆弧形件等。这些零件可以在压力机上用模具弯曲,也可以用专用弯曲机进行折弯或滚弯。V 形件的弯曲是板料弯曲中最基本的一种,其变形过程如图 7-5 所示。弯曲时,板料毛坯放在凹模上,凸模下行接触毛坯并逐渐下压,使其毛坯产生的弯曲半径: $r_1,r_2,r_3...r_n$ 和凹模与毛坯接触的两个支点之间的距离 $S_1,S_2,S_3,...,S_n$ 逐渐减小,直到毛坯与凸、凹模完全贴合。

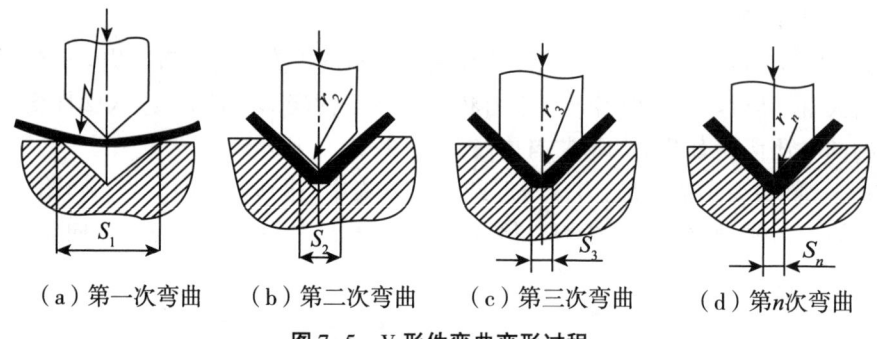

(a)第一次弯曲　(b)第二次弯曲　(c)第三次弯曲　(d)第n次弯曲

图 7-5　V 形件弯曲变形过程

弯曲分为自由弯曲与校正弯曲。自由弯曲指凸模、坯料、凹模三者贴合后,凸模不再下压。校正弯曲指凸模、坯料、凹模三者贴合后,凸模继续下压,使毛坯进一步产生塑性变形,从而对弯曲件进行校正弯曲。

在弯曲工序中,冲压件极易发生偏移。偏移一般是由于零件或模具不对称使工件两边受到的摩擦力不相等,引起毛坯在弯曲过程中向左或向右产生移动。为了防止偏移现象的发生,应在模具上设置压料装置(见图 7-6)或利用弯曲件上的工艺孔采用定位销定位(见图 7-7)。对于弯曲形状复杂或需多次弯曲的工件,也应预先在弯曲件上设计出定位工艺孔。

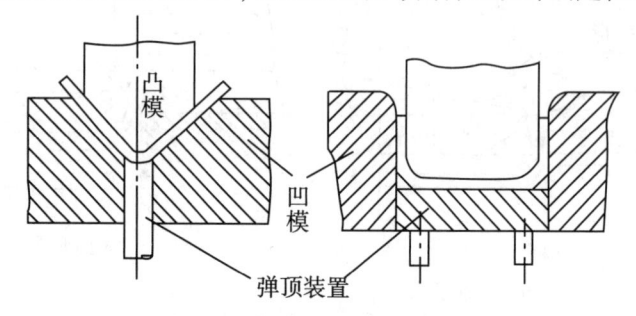

图 7-6　在模具上设置压料装置

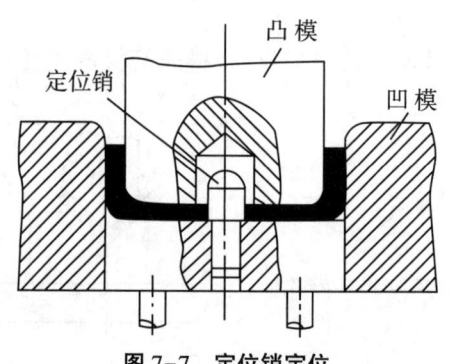

图 7-7　定位销定位

3.拉伸工序

拉伸又称为拉延或压延。拉伸是利用拉伸模将已冲裁好的平面毛坯压制成各种形状的开口空心零件或将已压制的开口空心毛坯进一步制成其他形状的尺寸的开口空心零件的冲压成形工序。拉伸工序如图7-8所示。

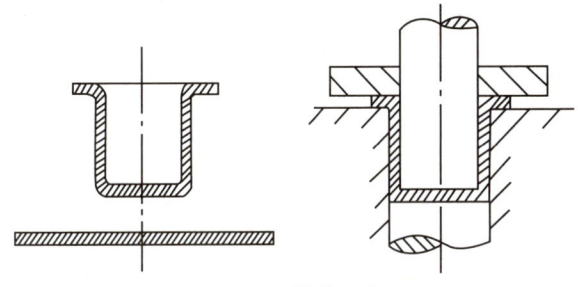

图 7-8 拉伸工序

用拉伸工艺可以压制出圆筒形、阶梯形、球形、锥形及其他不规则形状的开口空心零件,如图7-9所示。如果与其他成形工艺配合,还可制成形状极其复杂的零件。

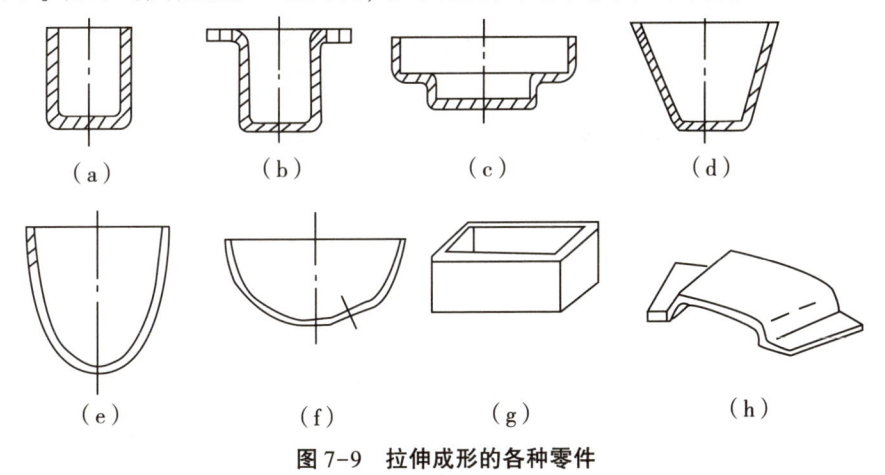

图 7-9 拉伸成形的各种零件

拉伸工序是车身冲压中最关键、最重要的工序。拉伸质量对车身的质量影响最大。拉伸工艺设计是否合理还直接影响其他各道工序的设置。拉伸工艺的好坏往往决定了整个覆盖件设计和制造的成败。

如果将拉伸进行分类,主要是从形状上进行分类,分为圆筒形零件和盒形件,以下讲解圆筒形零件的形变过程。

如图7-10所示为圆筒形零件拉伸成形过程。圆形平板毛坯置于拉伸凹模之上,拉伸凸模和凹模分别装在压力机的滑块与工作台上。当凸模向下运动时,凸模的平底首先压住直径为 d 的坯料中间部分,凸模继续下行,即将坯料的环形部分($D_0 - d$)——凸缘逐渐拉入凹模腔内,凸缘材料便不断转化为零件的筒壁。由此可见,拉伸成形的实质就是凸缘部分金属产生塑性流动或说拉伸成形过程就是凹模使坯料径向受拉、切向受压,逐步成为零件的过程。

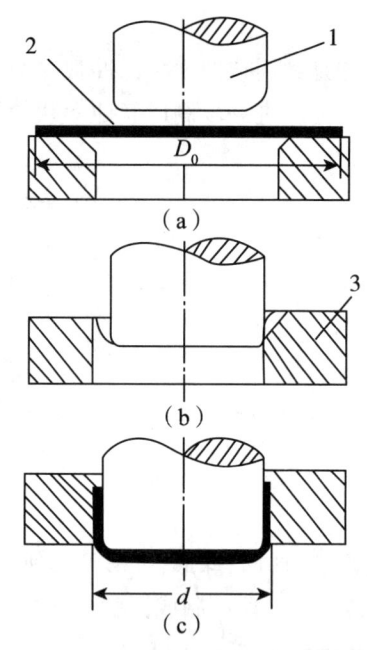

图 7-10 圆筒形零件拉伸成形过程

从变形的角度,可以将拉伸成形的立体形状零件划分为 5 个区域(见图 7-11):圆筒底部区域 OIJ、凸模圆角区域 $GHIJ$、筒壁区域 $EFGH$、凹模圆角区域 $CDEF$、凸缘区域 $ABCD$。

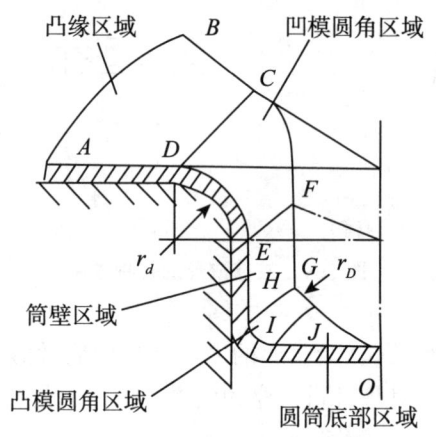

图 7-11 圆筒形拉伸件各成形区域

为了更直观地了解金属的流动状态,在圆形毛坯上画出间距相等的同心圆和分度相等的辐射线所组成的网格,毛坯拉伸成筒形件后,网格的形状和尺寸都产生了较大的变化,如图 7-12 所示,图中的网格由扇形变成矩形。

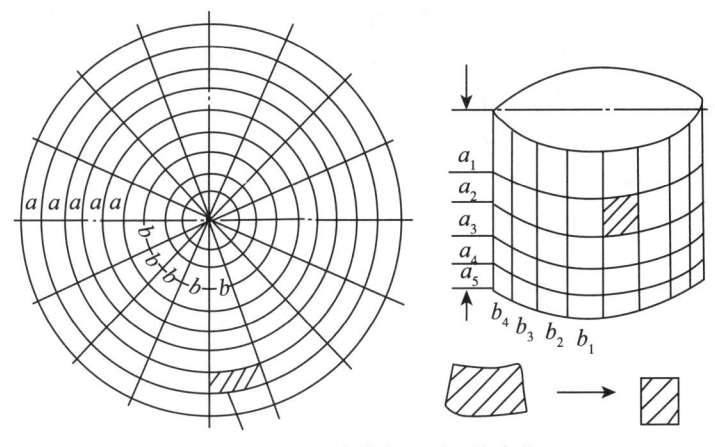

图7-12 毛坯拉伸变形后网格变化

观察变形前后的网格,发现圆筒筒底的网格与拉伸前基本没有变化,筒壁部分的网格由原来的扇形变成矩形,距底部越远矩形的高度越大。这说明拉伸过程中底部没有产生塑性变形,底部是不变形区。

圆筒壁部是由毛坯圆环部分流动而成的,其塑性变形程度由底部向上部逐渐增大。已形成的筒壁部再变形为已变形区,毛坯的圆环部分(即工件的凸缘部分)则为变形区。

由于车身件的侧壁与压料面呈钝角,所以可选择最有利的冲压方向。拉伸件的冲压方向是拉伸工艺设计中需要首先解决的问题。它关系到能否拉伸出合格的拉伸件,也影响到拉伸件工艺补充部分的多少和压料面形状。需要注意以下问题:

(1)保证凸模能顺利进入凹模,能将工件需拉伸的部位在一次拉伸中完成,避免"倒钩"的存在。

(2)保证凸模开始拉伸时与板料的接触处于有利的位置,接触面积大而靠近中心;凸模表面同时接触坯料的点要多且分散,并尽可能分布均匀以防坯料窜动;凸模两侧的包容角尽可能接近,使由两侧进入凹模的料均匀。

(3)尽量减小拉伸深度,使压料面各部位拉伸深度均匀、适当。

(4)拉伸角尽量相等,工艺补充部分少。

为了在拉伸工艺中能更好得到拉伸件,常常会使用辅助工序。拉伸工艺中的辅助工序很多,大致可以分为以下3种。

(1)拉伸工序前的辅助工序,如材料的软化热处理、清洗、润滑等。

(2)拉伸工序间的辅助工序,如软化热处理、涂漆、润滑等。

(3)拉伸工序后的辅助工序,如消除应力退火、清洗、打毛刺、表面处理、检验等。

下面就主要的辅助工序做简单介绍。

(1)润滑。拉伸时毛坯与模具表面接触时相互之间产生很大的压力,使毛坯在拉伸时与接触表面产生摩擦力。在凸缘部分和凹模入口处的有害摩擦不仅会降低拉伸的许用变形程度,而且会导致零件表面的擦伤,降低模具寿命,这种情况在拉伸不锈钢、高温合金等黏性大的材料时更加严重。

为此,在凹模圆角、平面、压边圈表面及与此部位相接触的毛坯表面,应每隔一定周期均匀抹涂一层润滑油,并保持润滑部位干净。而在凸模表面或与凸模接触的毛坯表面则切忌涂润滑剂。当拉伸应力较大,接近材料的σ_b时,应采用含大量粉状填料的润滑剂,否则拉伸中润滑剂易被挤掉,润滑效果不好。当拉伸应力不大时,可采用不带填料的油质润滑剂。

(2)热处理。在拉伸过程中,除铅和锡外,所有金属都要产生加工硬化,使金属强度指标σ、σ_b增加,而塑性指标降低。同时,由于塑性变形不均匀,拉伸后材料内部还存在残余应力。

在多道拉伸时,为了恢复冷加工后材料的塑性,应在工序中间安排退火,以软化金属组织。拉伸工序后还要安排去应力退火。一般拉伸工序间常采用低温退火,如低温退火后的效果不够理想,也可采用高温退火。拉伸完后则采用低温退火。退火使生产周期延长,成本增加,应尽可能避免。

对普通硬化金属,如08、10、15、黄铜和退火铝等、只要拉伸工艺制定合适,加上模具设计合理,就可能免于中间退火。对于高硬化的金属,如不锈钢、耐热钢等,一般在一次、二次拉伸工序后进行中间退火。

(3)酸洗。退火后工件表面必然有氧化物和其他污物,在继续加工时会增加模具的磨损,因此必须要酸洗,否则拉伸不能正常进行。有时酸洗也在拉伸前的毛坯准备工作中进行。酸洗前工件应用苏打水去油,酸洗后用冷水冲洗,以温度为60~80 ℃的弱碱溶液中和酸性,并用热水洗涤,不能让酸液残留在工件表面。

二、汽车车身自动化冲压生产线

(一)冲压车间背景

在汽车生产过程中,汽车车身的钣金冲压线是主要设备,直接影响汽车制造业的生产效率和生产质量。原始的人工冲压生产线,生产不稳定、效率低下、产品质量无法保证、人工成本升高等因素直接影响汽车生产厂家的市场竞争力。冲压自动化线技术是提高产品质量和生产效率的主要措施。

冲压自动化生产线的实现,主要有机械手式和机器人式两种形式。其中,工业机器人作为一种运用在冲压自动线上可靠性强、灵活性高、安全性好,并且运行方便的新型机械设备,对汽车制造具有重要的作用,成为广大汽车车身生产厂家的首选。当前很多汽车车身生产厂家,正逐步进行冲压生产线的自动化升级改造。

(二)机器人自动化冲压生产线系统简介

机器人自动化冲压生产线如图7-13所示。

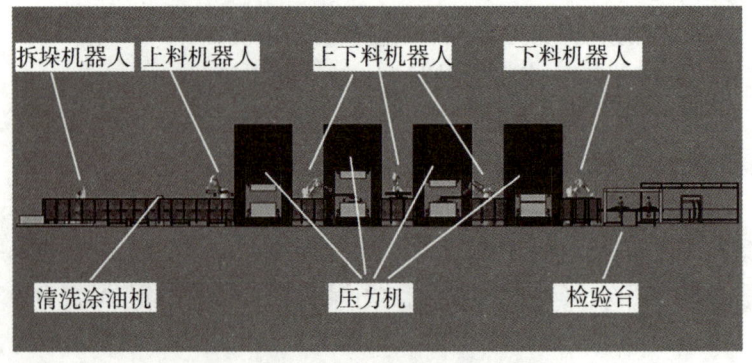

图7-13 机器人自动化冲压生产线

1.机器人自动化冲压生产线的机械系统组成

（1）拆垛分张系统（见图7-14）。主要包括上料台车、拆垛机器人、磁性皮带机、板料清洗机、板料涂油机、视觉对中台。

图7-14　拆垛分张系统

（2）上下料运输系统（见图7-15）。主要包括上下料机器人、端拾器、机器人底座等。

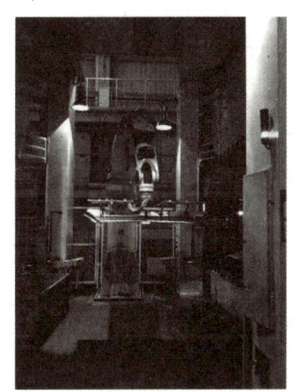

图7-15　上下料运输系统

（3）线尾检验码垛系统（见图7-16）。主要包括线尾皮带机、检验照明台等。

图7-16　线尾检验码垛系统

2.机器人自动化冲压生产线的控制与安全系统组成

机器人自动化冲压生产线的控制与安全系统组成如图7-17所示。

(1)自动化控制系统(控制台、控制柜、示教器、气路及真空系统)。
(2)生产信息显示用的 LED 显示屏。
(3)安全护栏和安全防护。

图 7-17　机器人自动化冲压生产线的控制与安全系统组成

3.机器人自动化冲压生产线的工艺过程

机器人自动化冲压生产线的工艺过程如图 7-18 所示。

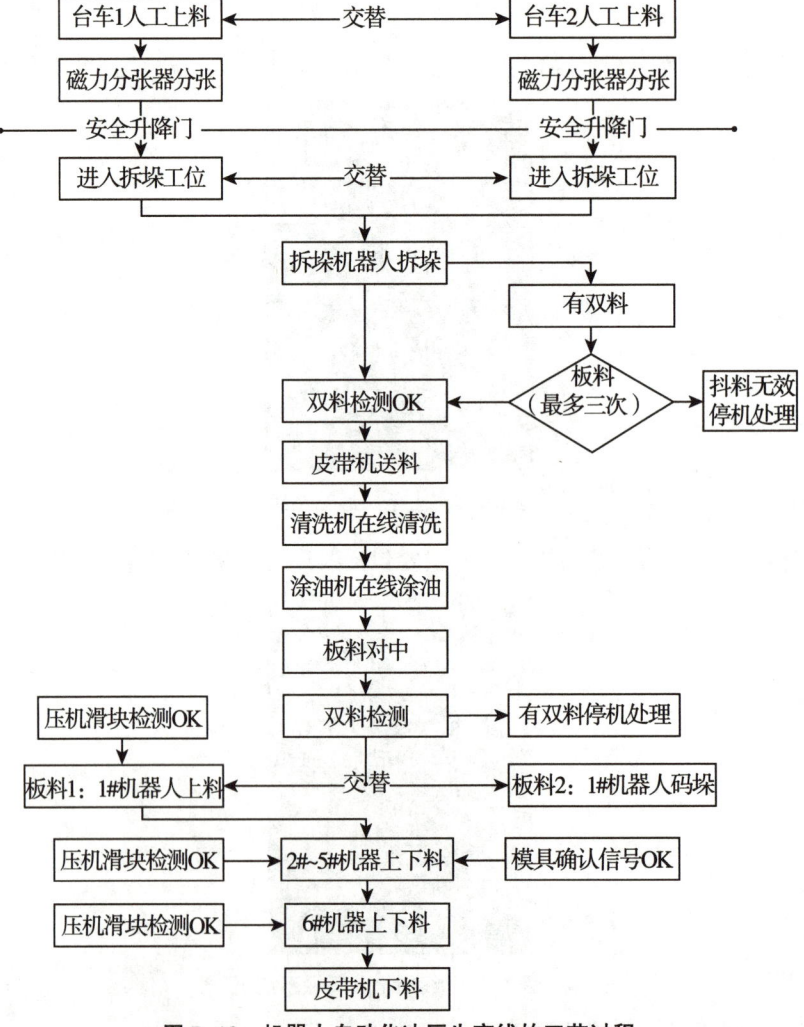

图 7-18　机器人自动化冲压生产线的工艺过程

第七章 智能制造应用

机器人自动化冲压生产线运行循环方式为：垛料拆垛（机器人拆垛）—板料传输—板料清洗涂油—板料对中—上料机器人送料—（首台压机冲压）—下料机器人取料、送料—（根据工序数量循环）—（末端压机冲压）—线尾机器人取料、放料—皮带机输送—人工抽检码垛。

拆垛系统采用可循环式双垛料台，导轨布置平行于压力机，冲压板料用行车或叉车放置在非工作垛料台上，通过有效信号确认上料完毕，系统将在一台拆垛完成后自动转换垛料台，保证连续生产；在垛料车上配备磁力分张器，通过磁力将垛料自动拆垛成单张。在拆垛机器人上有双料检测及双料处理装置以保证每次为单张送料。拆垛机器人将板料放置在长度可调的磁性传送带上，板料送至清洗机、涂油机，涂油机为可编程智能涂油系统，板料是否涂油及涂油位置可通过编程自行设定，板料涂油后，传送到对中台。

对中系统采用视觉智能对中，可方便地进行移动和固定，同时使用视觉对中系统，保证板料的重复定位快捷、准确与牢固；上料机器人根据每个零件的对中位置，改变运行轨迹，将板料准确地搬运到压力机内；对不同的冲压工件进行机器人的模拟示教、离线编程，以适应多种工件的共线生产；线尾输送采用皮带机，在生产线的末端放置皮带机，保证最后一台压力机的机器人直接将零件放置到皮带机上，达到出件效果。通过皮带机传送到检验台上，由人工对工件进行抽检码垛。

利用高效智能机器人跟踪压机的运动，实现压机与机器人同步功能，可以保证最大化上下料与压机运动之间的重合度，达到平稳切换提高生产节奏的目的。

应用自主开发的7轴机器人，使压力机间的间距布置更加自由，传送范围和搬运速度得到提升，生产节奏提高50%以上。如图7-19所示为在6轴机器人基础上改造而成的7轴机器人（第7轴有旋转式和直线式两种方式）。

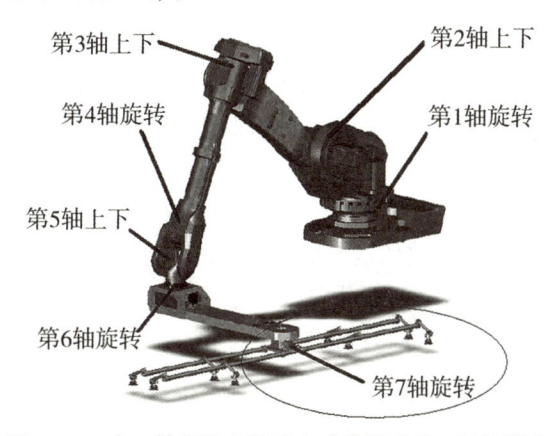

图 7-19 在6轴机器人基础上改造而成的7轴机器人

4.机器人自动化冲压生产线的控制

机器人自动化冲压生产线包括拆垛机、清洗机、涂油机、对中台、上下料系统、线尾输送等系统，各分系统间的电气控制按照集中监控、分散控制的原则。在各控制系统中，采用设备层和控制层的典型控制模式，每个层次中使用不同的网络结构及软硬件配置，以实现各自不同的功能。

5.机器人自动化冲压生产线的安全系统

安全可靠是自动化生产线的核心要求，通过采用安全的PLC保护系统，并配置完善的安全装置,实时显示安全区域状况,在发生危险后,声光报警单元作为整线安全系统的辅助工具,能够在设备启停、设备故障、上下料故障及安全系统中各安全监控点发生异常状况时及时通知操作人员处理。

  在拆垛系统前设有升降门,升降门的开闭与两个垛料台的转换互锁,当一个垛料台无料时,另一个垛料台进入前,升降门打开,垛料台车开进;当前一个垛料台车开出后,升降门落下。升降门是电动升降,并且由操作人员从相应的操作台控制,在关闭时它们检测两个行程开关,打开时用一个传感器检测。在保证工作单元安全的情况下,一个光幕单元(发射器/接收器)允许相关垛料台车的进出,也就是说冲压线自动运行。如果相关的垛料台车不是处于过渡阶段,而是人或者异物阻挡光幕,这个光幕单元的断开将导致整个冲压线机器人动力的切断(除了处于编程模式的机器人),并且拆垛单元的控制回路电源断开。

  整个控制系统的所有紧急停止信号及压机和机器人之间的安全连锁信号都连入安全PLC系统,通过PLC程序进行互锁控制。

  可编程控制器是由早期继电器控制系统及微型计算机技术相结合而产生的,它是以微处理器为主的一种工业控制仪表,它融计算机技术、控制技术和通信技术于一体,集顺序控制、过程控制和数据处理于一身,具有可靠性高、功能强大、控制灵活、操作维护简单等特点。为了使其生产和发展标准化,美国国际电工委员会于1952年颁布了可编程控制器标准草案,1985年颁布了第二版,1987年的第三版对可编程控制器作了如下的定义:"可编程控制器是一种专门为在工业环境下应用而设计的数字运算操作的电子装置。它采用可编程序的存储器,用来在其内部存储执行逻辑运算、顺序控制、定时、计数和算术运算等操作的指令,并能通过数字式和模拟式的输入和输出,控制各种类型的机械或生产过程。可编程序控制器及其有关的外围设备都应该按易于与控制系统形成一个整体,易于扩充其功能的原则而设计。"总之,可编程控制器也是一台计算机,它是专为工业环境应用而设计制造的计算机。它具有丰富的输入/输出接口,并且具有较强的驱动能力。但可编程控制器产品并不针对某一具体工业应用,在实际应用时,其硬件根据实际需要进行选用配置,其软件根据控制要求进行设计编制。随着微电子技术、大规模集成电路技术、计算机技术和通信技术的发展,PLC在技术和功能上发生了飞跃。在初期逻辑运算的基础上,增加了数值运算、闭环调节等功能,增加了模拟量和PID调节等功能模块。尤其是PLC把专用的数据高速公路改成通用的网络,并逐步对各PLC生产厂家之间的通信规约规范化,使得PLC有条件和其他计算机系统和设备实现集成,以组成大型的控制系统,也使PLC系统具备了DCS的形态,使得PLC的应用拓展到连续过程控制领域,基于PLC的DCS系统目前在国内外都得到了广泛的应用。

(三)冲压车间自动化管理系统

  冲压车间作为整车厂的第一个环节,具有生产节奏快、质量要求高、设备运行稳定性要求高等特点,特别是在生产过程中,如果发生设备故障将会直接影响后续生产。同时冲压车间需要对多种物料进行管理,这就对物料的入出库管理提出了很高的要求。

  针对冲压车间的特点,以宜科-长城X冠整车厂生产管理系统为例,宜科可以为冲压车间提供以下管理系统:生产管理系统、设备监控系统。

1.生产管理系统

  冲压车间的生产管理系统主要是采集设备、人员操作的信息,并进行数据保存和分析,得出需要的分析结果。

可以收集的数据有：设备运行状态，从设备自动采集；设备停机状态，从设备自动采集；生产产量，从设备自动采集；生产计划，人工录入；生产班次管理，人工录入；设备故障原因，人工录入；生产品种，人工录入；每分钟冲程次数，自动采集；返修报废数量。通过以上数据可以计算出：OEE、单位时间产量、效率、节拍、目标产量和单位时间产量产值及合格品率。展示方式：报表（见图7-20）、分析图表（见图7-21）。

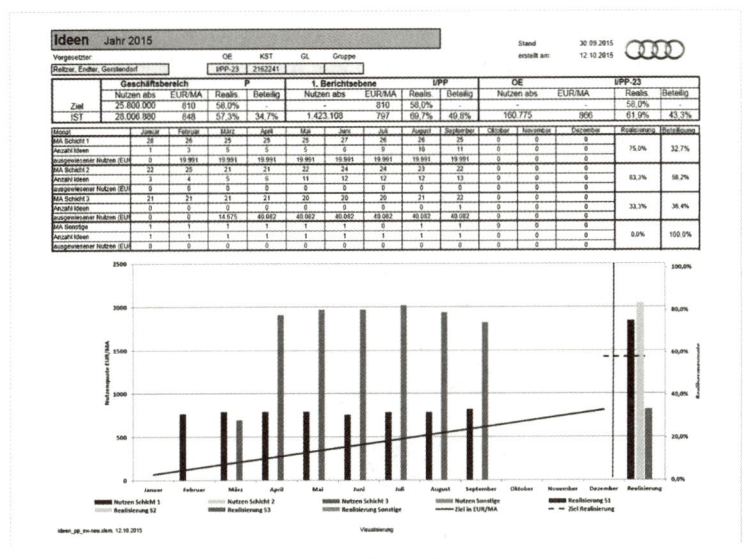

图7-20 报表

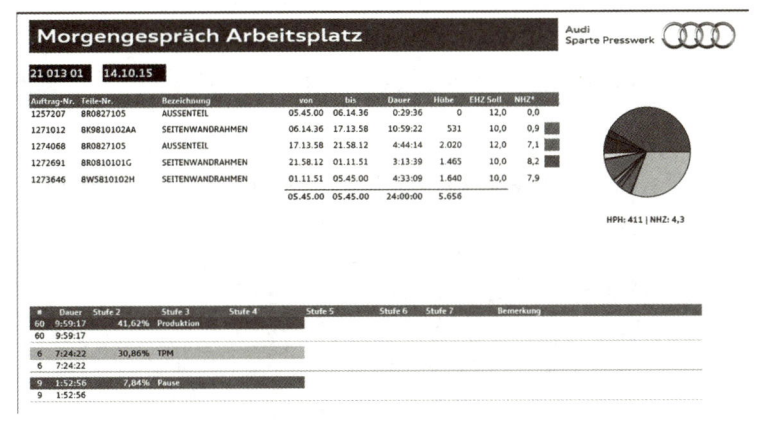

图7-21 分析图表

2.设备监控系统

设备监控系统将被用来实时地监视生产状态，测量和跟踪生产设备的工作情况，当生产设备出现生产问题时，系统将向车间人员报警。该系统将监视生产的节拍时间、设备的正常运行时间、故障停机时间及生产设备的故障。设备监控系统通过工业以太网与现场 MES PLC 进行通信获取数据。设备监控系统还将生产信息和报警信息记录到数据库，供今后生成报表使用。

（1）功能描述。设备监控和管理，主要是监控设备状态和加工参数，主要是通过与设备的控制系统进行数据交换,实时对设备的运行控制信号、故障信号、运行参数通过以太网的形式采集到服务器中。服务器通过专用的数据接口将信号转换成数字信号按要求显示在画面中,方便用户对设备监控。保存起来的参数和运行数据,可以通过分析了解设备的运行稳定性,得出设备的改进方案。通过网络,将对应设备的运行参数采集到系统中。为操作人员实时监控设备的运行情况提供第一手数据,保证设备正常运转和生产的正常进行。如图 7-22 所示为设备监控系统示意图。如图 7-23 为一汽大众(佛山)整车制造部焊装机械化电控工程实时监控系统示意图。

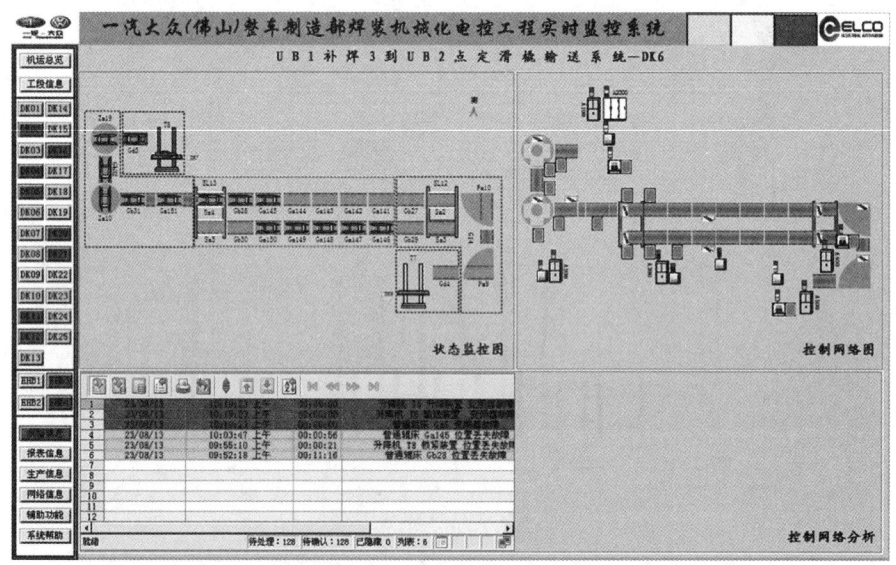

图 7-22 设备监控系统示意图

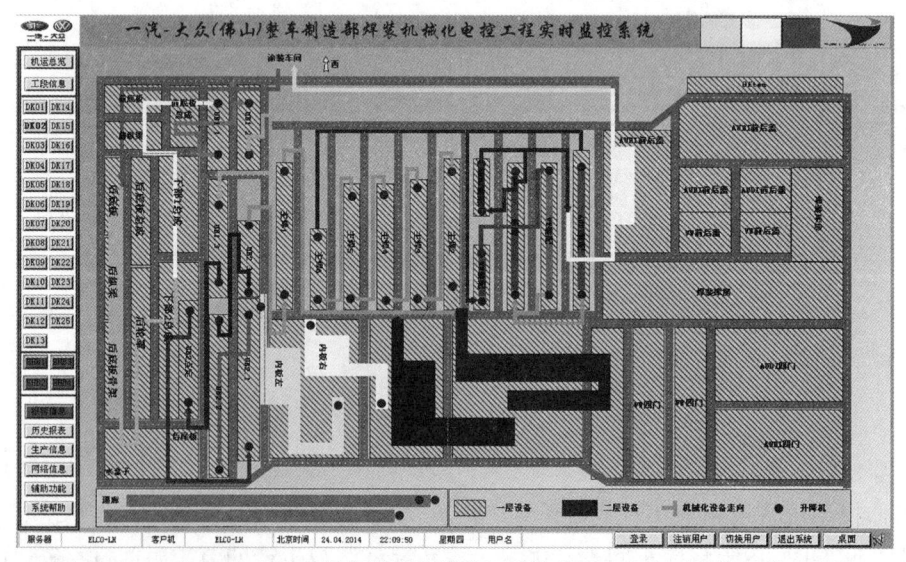

图 7-23 一汽大众(佛山)整车制造部焊装机械化电控工程实时监控系统示意图

(2)监控流程图,如图 7-24 所示。

图 7-24　监控流程图

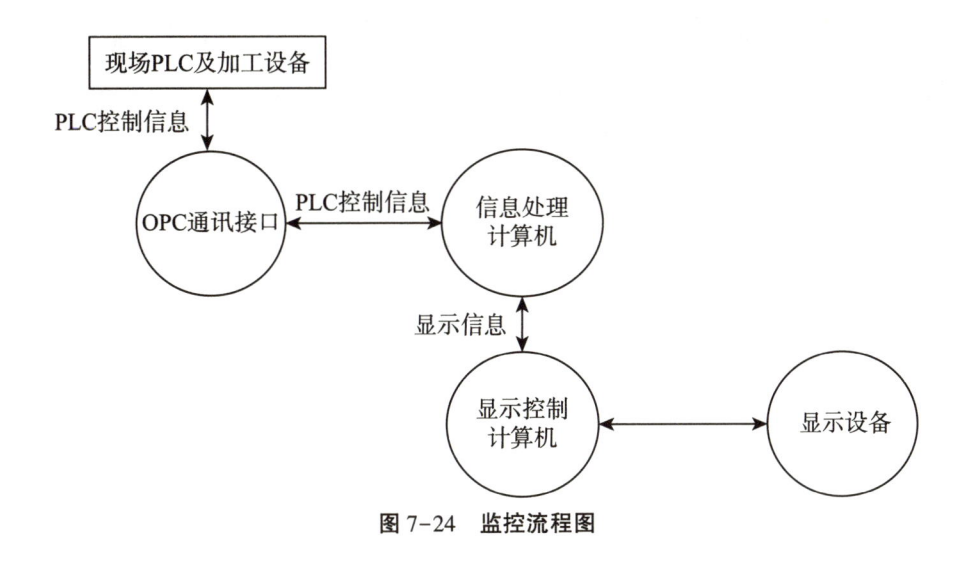

(四) 冲压机器人自动化特点

1. 工作时间长

一天 24 小时都可以连续运作,而人工必须要有休息时间。

2. 可替代人工进行危险性作业

在某些冲压领域,不少工序是很有危险性的,冲压行业的原理就是利用冲床的重量冲压来进行生产,其人工在一旁操作危险性很大,冲压机器人的运转就消除了这一危险。

3. 成本低,半年能回本

一台机械手的成本大概在 6 万~10 万元,轴数和品牌都会影响价格。按月份来算,一台机械手的成本只相当于员工半年的工资。

4. 减少员工开支,效率高

冲压机器人是不用发工资的,而且运作效率非常高,出错率比起人工的也要低很多。

5. 减少工人手工技术的依赖性

在中国,普工的占比很高,工人手工技术的依赖性非常大,社会需要进步,制造业必然也要不断的科技化、效率化,冲压机器人替代人工,将减少工人手工技术的依赖性。

第二节　智能制造技术在汽车车身焊装工艺中的应用

一、汽车车身焊装工艺

冲压将板料加工成外形各异的成形件,但这些成形件是分散独立的,必须经过装配焊接才能成为车身,所以焊装是车身整体成形的关键工艺,焊装工艺是车身制造工艺中的重要环节。

(一) 车身焊装的特点

车身焊装过程是将若干个零件焊装成合件,再将若干个合件和零件焊装成分总成,最后将分总成、合件、零件焊装成车身总成。如图 7-25 所示为轿车车身。如图 7-26 所示为轿车车身焊装流程图。

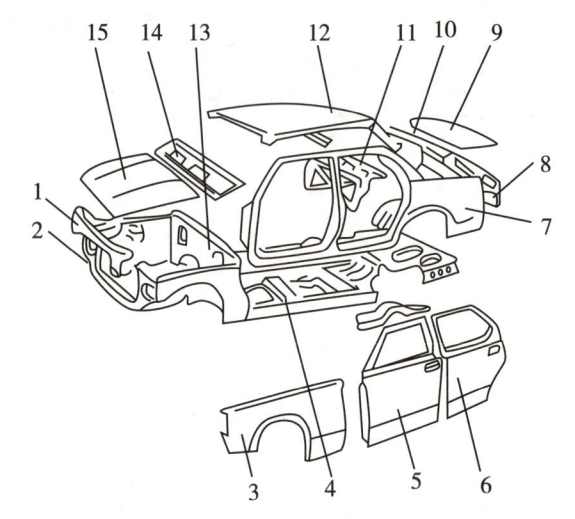

1、2—散热器支架；3—前翼子板；4—底板总成；5、6—车门；7—侧围；8—后围板；9—行李舱盖；10—后围上盖板；11—后窗台板；12—顶盖；13—发动机舱围板；14—前围上盖板；15—发动机罩

图 7-25 轿车车身

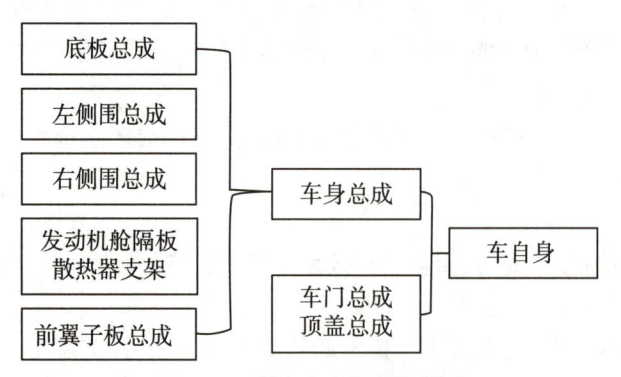

图 7-26 轿车车身焊装流程图

(二)车身焊装方法

车身零件结构多为薄钢板形式，车身冲压件的材料大都是具有良好焊接性能的低碳钢，因此焊装便成为现代车身制造中应用最广泛的连接方式。如表 7-1 所示为车身制造中常用的焊接方法及典型应用实例。

表 7-1 车身制造中常用的焊接方法及典型应用实例

焊装方法	焊装设备	示例
电阻焊	电焊机	分总成等
	固定电焊机	螺母、螺柱等
电弧焊	CO_2 气体保护焊	车身总成

续表

焊装方法	焊装设备	示例
特种焊装	激光焊	车身底板

电阻焊是车身制造应用最广泛的焊装方法,占整个焊接工作量的70%以上。

电弧焊中常用的是CO_2气体保护焊,它主要用于车身骨架和车身总成中点焊不能进行的连接部位的补焊。如有些焊接件的组成结构较为复杂或接头在车身底部等,点焊焊钳无法达到,只能用CO_2气体保护焊进行焊接。

特种焊装中的激光焊接主要用于车身拼焊和零件焊接。激光焊接是在车身设计制造中,根据车身不同的设计和性能要求,选择不同规格的钢板,通过激光裁剪和拼装技术完成车身某一部位的制造,例如前挡风玻璃框架、车门内板、车身底板、中立柱等。

1.电阻焊

(1)电阻焊的原理(见图7-27)。电阻焊的物理本质是利用焊接区金属的电阻热和在压力作用下的塑性变形,使结合面的金属原子之间达到晶格距离,形成金属键,产生足够的共同晶粒,在外压力作用下而得到焊点、焊缝或对接接头。电阻焊是将置于两电极之间的工件施加压力F,并在焊接处通以电流I,利用电流通过工件本身的电阻产生的热使温度升高造成金属局部熔化,断电冷却时,在压力继续作用下该熔化处立即凝固,形成牢固接头。

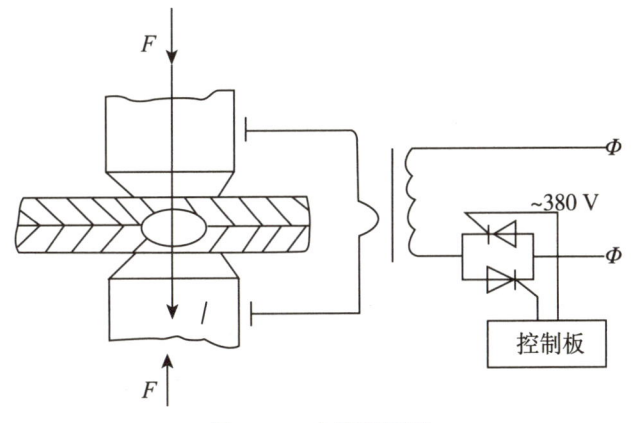

图7-27 电阻焊原理

(2)电阻焊的特点。它的热不是来源于工件之外而是利用电流通过工件自身的电阻产生的,整个焊接过程中必须施加压力,焊接处不需加任何填充材料,也不需任何保护剂。使用电阻焊焊接质量好,生产效率高;省材料,成本低;劳动条件好,不放出有害气体和强光;操作简单,容易实现机械化和自动化。但是焊接设备费用较高,投资较大;需要电网供电功率大,一般电阻焊机的功率为几十瓦到上百千瓦;设备容易受到焊件的尺寸、形状和厚度的限制。

(3)电阻焊的分类。根据接头形式不同可分为搭接焊、对接焊两种。搭接焊可分为点焊、凸焊和缝焊三种。对接焊可分为电阻对焊、闪光对焊两种。

①点焊:点焊的类型很多,按供电方向分有单面点焊(见图7-28)和双面点焊(见图7-29)

两种。

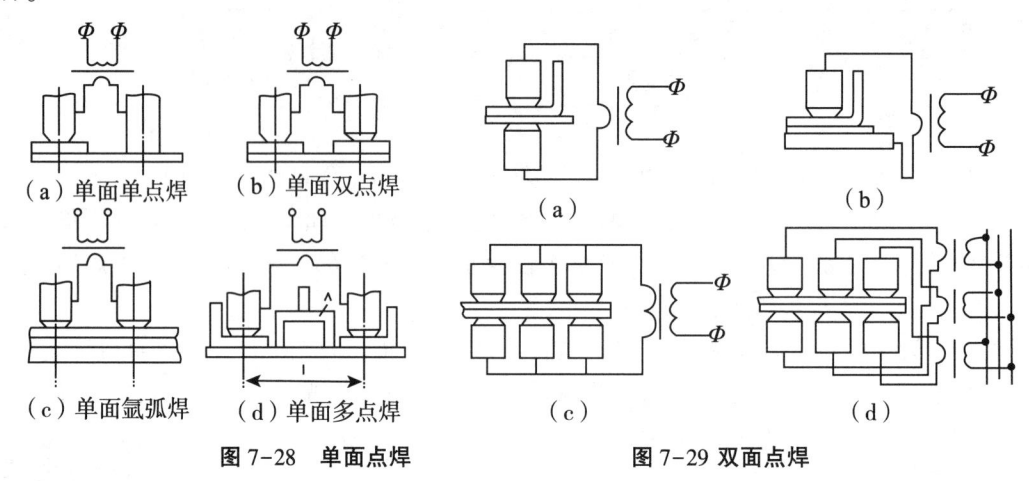

(a) 单面单点焊　　(b) 单面双点焊　　(a)　　　　(b)

(c) 单面氩弧焊　　(d) 单面多点焊　　(c)　　　　(d)

图 7-28　单面点焊　　　　　　图 7-29　双面点焊

单面点焊是普通压力电阻点焊的一种特殊形式,它既满足普通压力电阻点焊的原理要求,又有自己独特的特点。其焊接原理是通过焊枪、地线在板件之间形成电路回路,使板件熔化形成局部熔核的过程。

当双面点焊时,电极在工件的两侧向焊接处馈电,一侧是电极,另一侧是接触面积较大的导电板,如图 7-29(b)所示,这样可以消除或减轻下面工件的压痕,常用于汽车车身外表面或装饰性面板的点焊。如图 7-29(c)所示为同时焊接两个或多个焊点的双面点焊,使用一个变压器将各电极并联,要求各通路的阻抗必须基本相等且各焊接部位的表面状态、材料厚度和电极压力等都必须相同,才能保证通过各个焊点的电流基本一致。如图 7-29(d)所示为采用多个变压器的双面多点焊,可以避免图 7-29(c)的不足。

点焊与其他焊接方法相比具有以下优点。

(a)焊接质量好。因为是内部热源,热量集中,加热时间短,在焊点形成过程中始终被塑性环包围,故电阻焊冶金过程简单,热影响区小,变形小,易于获得质量较好的焊接接头。特别是焊接的表面质量也较好,这对轿车、客车等外观要求较高的车身来说更具有重要意义。

(b)生产效率高。一个焊点可以在几分之一秒内完成。目前通用点焊机的生产率为每分钟 60 个焊点,点焊机每小时大约可焊 150 个接头,快速点焊机每分钟可焊 500 多个焊点。

(c)省材料,成本低。因为它不需要在焊缝区加任何填充材料和不使用熔焊区的金属氧化的保护材料,即无须焊剂,因此成本低。

(d)劳动条件好,不放出有害气体和强光。

(e)操作简单,容易实现机械化和自动化。通过夹具和自动传送装置,可以和其他设备连成生产线。

(f)供电采用低电压 12 V 左右,大电流 10 000 A 左右,在焊机漏电情况下,可避免人身安全事故发生。

②凸焊:凸焊是点焊的一种变形,凸焊原理图如图 7-30 所示,它是利用零件原有的能使电流集中的预制凸点作为焊接部位。当凸焊时,一次可在接头处形成一个或多个熔核。

在车身制造中,凸焊主要使螺母、螺钉等焊到薄钢板的焊件上。

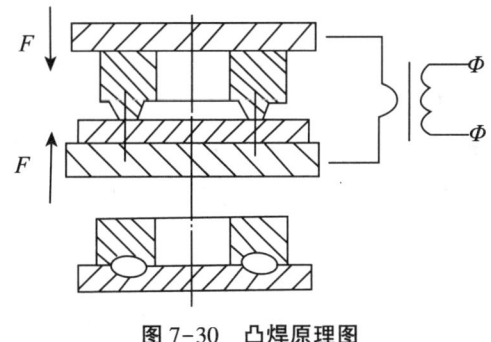

图 7-30 凸焊原理图

③缝焊：缝焊如图 7-31 所示，缝焊属于连续点焊，是以旋转的滚盘状电极代替点焊的柱状电极。缝焊按滚盘转动与馈电方式可分为连续缝焊、断续缝焊和步进式缝焊等。缝焊主要用于要求气密性的缝焊，例如汽车油箱等。

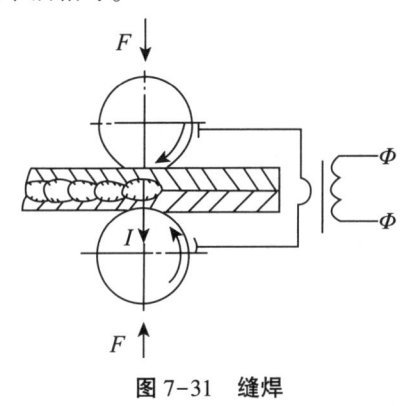

图 7-31 缝焊

④对接焊：对接焊是电阻焊的另一大类。它是把焊件整个接触面接在一起，接头均为对接接头。对接焊分为电阻对接焊和闪光对接焊两种。如图 7-32 所示，电阻对接焊是用夹具产生夹紧力，并使之端面相互挤紧，通电加热，当焊件端面加热至塑性状态时，断电并加大压力进行顶锻，直至两焊件冷却结晶而形成牢固的对接接头。

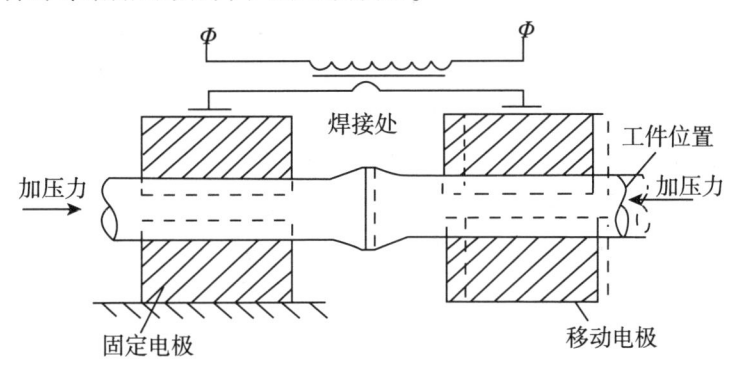

图 7-32 电阻对接焊

闪光对接焊也是用夹具将两焊件夹紧并通电，使两焊件缓慢靠拢并轻微接触，因端面个别点的接触而形成喷射状火花，加热至一定温度时，断电进行迅速顶锻，最后在压力作用下冷却结晶而形成牢固接头。

2. 电弧焊

电弧焊常用的是 CO_2 气体保护焊。

CO_2 气体保护焊称 CO_2 焊。它之所以能广泛应用于汽车制造，是因为它具有以下特点。

(1) 焊接成本低。CO_2 气体容易制取，价格低，焊接耗电量小。CO_2 气体保护焊的成本只有埋弧焊和焊条电弧焊的 40%~50%。

(2) 生产率高。CO_2 气体保护焊电弧的穿透力强，熔深大，而且焊丝的熔化系数高，所以熔敷速度快。焊丝可连续自动送进，不用像焊条电弧焊那样频繁更换焊条，生产效率可比焊条电弧焊高 1~4 倍。

(3) 适用范围广。不论何种位置都可进行焊接。焊接薄板时，比气焊速度快，尤其是变形小，薄板可焊到 1 mm 左右，间隙可小于 0.5 mm。焊接厚件可采用多层焊。

(4) 抗锈能力较其他焊接方法强，焊缝含氢量低，抗裂性好。

(5) 便于观察和控制焊接过程，有利于实现焊接过程的机械化和自动化。

CO_2 气体密度比空气大，受电弧加热后体积膨胀，所以 CO_2 气体保护焊在隔绝空气、保护焊接熔池和电弧方面的效果较好。进行 CO_2 气体保护焊时，需采用含有脱氧剂的下降外特性焊接电源。CO_2 气体的纯度不得低于 99.5%。当 CO_2 气瓶内的压力低于 1 MPa 时，就应停止使用，以免溶于液态 CO_2 中的水分汽化量增加而产生气孔。

CO_2 气体保护焊设备由焊接电源、焊枪、送丝系统、供气装置和控制系统等组成。

3. 特种焊装

特种焊装常用的是激光焊接。

激光焊接是以聚焦的激光束作为能源轰击焊件所产生的热进行焊接的方法。它具有输入热量少、焊接速度高、组织细、韧性好等优点。焊接时无机械接触，有利于实现在线质量监控和自动化生产，具有减少零件和模具数量、减少点焊数目、优化材料用量、提高零件质量、降低成本和提高尺寸精度等好处。生产厂家已经将激光焊接用于底板拼接、顶盖与侧面车身、后围板总成等的焊接。

例如：梅赛德斯-奔驰公司用激光焊接车顶和侧窗，每小时可完成 45 件。通用汽车公司的装配车间用 3 kW 光纤传输的连续激光焊焊接新型的车顶部件，焊缝总长为 2.4 m，焊速为 4.5 m/min，每小时可完成 80 件，焊缝质地光滑，缺陷率极低，费用仅 4.5 美元/件。福特公司采用激光器结合工业机器人焊接轿车车体，极大地降低了制造成本。上海大众厂在生产线上使用了两套激光焊接装置，一套用在车顶和侧围的焊接，另一套用在后盖激光钎焊上，这两套激光焊接装置都使用了从德国引进的 KUKA 机器人，重复精度达 0.02 mm，其中车顶焊接使用了焊缝跟踪系统，使激光焊接能量集中，焊缝平整，焊接的痕迹小，无须修补。

总体来说，车身是汽车的基体，它不仅要承受来自汽车内、外部的所有力和力矩，为乘客和货物提供保护，而且还要满足用户对汽车外观质量日益苛刻的高要求，即车身应具有"承力、保护、美学"三大最基本的功能。此三大功能是否能得到最大限度的实现，在很大程度上取决于车身焊装质量。这正是业内常说"车身焊装工艺水平直接关系着汽车产品的外观质量和使用性能"的原因。

二、汽车车身自动化焊装生产线

(一)汽车焊装自动化生产线行业概况

汽车焊装自动化生产线主要应用于汽车整车制造业,在汽车整车制造厂商新建生产线时,焊装作为整车制造的必要工序环节,焊装自动化生产线的投资必不可少;在新款、改装款车型推出时,从制造工艺上看,车身的改装往往带来焊接工艺的改变,要求智能化生产线的控制程序、硬件配置等也随之升级更新或加以改造,以适应新款或改装款车型的生产。

随着德国"工业4.0"计划的出台,汽车制造业正在经历以自动化、数字化、智能化为核心的新一轮产业升级,推动了汽车智能装备制造的快速发展。工业机器人作为汽车产业实施自动化生产线、智能工厂的重要基础装备之一,在汽车车身智能焊装等核心汽车制造环节中的广泛应用,有助于提升汽车制造的自动化和智能化水平,提高生产效率和产品质量、保障安全生产。

1. 应用焊接自动化技术的优势

焊接操作具有作业周期短、成本投入低、方式灵活、调整便利等优势,因此在汽车产业获得了大范围运用。当前,国内经过数十年的发展,在使用劳动力时所要承担的成本不断提高,社会及公众也对环境保护有了更高的要求。自动化在国内已经慢慢运用到各个领域,而且收获了十分理想的效果。比如,国内逐渐研发出以机器人为核心的技术,即焊接自动化技术,该项技术在具体运用时占有突出性优势。另外,汽车生产流程较为复杂,将焊接自动化技术运用其中,能够让焊接操作中发生失误的概率大幅下降。伴随国内工业化水平的持续提升,开始对焊接工艺水平提出了更高的要求。

2. 汽车车身焊接技术的现状分析

随着我国经济水平的不断提高,汽车产业也在蓬勃发展,不仅是在国内,在全世界范围内我国汽车产业的规模及销量都名列前茅。我国政府也积极制定了相关的政策推动汽车产业的良性发展。例如,在"汽车产业振兴计划"中提出,汽车产业应该不断地提高研发技术水平,提高企业素质。同时,通过品牌化的打造,树立起一部分知名的民族企业,这样才能够促进汽车产业的良性发展和技术迅速提高。现阶段的汽车产业,由于用户需求变化较快,使现代化的汽车不仅量级更小,更适合城市出行,而且车辆型号的变更速度也不断加快,对于安全性能的要求也更高,这就提高了对车身焊接技术的要求。在现阶段的用户背景下,车身焊接技术具有以下6个新的焊接特点。

(1)使用新型材料作为车身的焊接材料。虽然城市用车的量级更小,但是对于安全性能的要求没有减少,所以原有的车身焊接技术不能满足这样的用户需求,必须通过使用新型材料来提高车身焊接的强度和安全性能。

(2)使用现代化的焊接设备进行车身焊接。现阶段的用户需求变化快,汽车生产线上的型号变更也十分迅速,产品更新换代快,但不同型号间的焊接技术差距较大,所以需要不断地更换新型焊接设备来进行车身焊接。

(3)自动化焊接技术提高。在产品更新换代快、汽车进行批量化生产的背景下,保证汽车车身焊接工艺的同时,必须不断提高生产线的自动化焊接工艺。

(4)信息化技术应用程度提高。在生产线使用自动化的焊接工艺进行批量化生产时,必须使用多种现代化的焊接设备,所以必须通过信息技术的应用来保证生产线的良好运营。

(5)出现混合焊装生产线。由于现代化汽车型号多样,为了降低焊装的成本,汽车企业会在产业内部组建能够满足多种汽车型号焊装需求的混合生产线。

(6)车身焊接工艺的精准度不断提高。由于现代化的用车对于舒适度和安全性能的需求不断提高,所以对车身焊接工艺的精准度提出了更高的要求。

(二)汽车焊装车间自动化控制技术

1.控制层

汽车焊装车间自动化控制系统中的控制层主要包含了PLC的控制系统,控制层主要是利用以太网交换机的模式针对分布在焊装车间内部不同区域内的PLC控制系统进行管控,同时与监控层达成有效连接,能够整合整个汽车焊装车间自动化控制系统相关的屏幕和自动化控制系统,从而确保整个汽车焊装车间在实际操作过程中能够完成实时数据收集与监控作业。当PLC控制系统开始连接到不同区域内的焊装车间之后,可以利用以太网及不同区域内的交换机达成高效的控制作业,从而保障整个车间监控能够完成内部各项作业的实施工作,优化汽车企业内部的动态管理,保障焊装车间自动化系统对于生产作业的控制力度。

2.设备层

汽车焊装车间自动化控制系统中的设备层主要的作用就是连接电信设备的信号对整个汽车焊装车间进行控制,针对机器设备、无线射频读写设备能够达成有效的控制工作,确保汽车焊接车间实现全面自动化运转。在汽车自动化车间内部不少的制造厂商都以标准化现场总线进行车间系统之间的连接工作,但是标准总线的连接方式较为单一,技术和连接方式还不成熟,因此现阶段必须要以更为安全的系统管理对总线系统进行优化、升级与改进,德国的不少汽车企业,例如西门子及欧姆罗克维尔都开始着手开发更加安全、可靠的总线系统装置,以达成更加便捷的通信协议,在简化汽车焊装车间设备的同时保障工作流程顺利实施,同时这种优化还能有效提升汽车企业生产过程中焊装车间的安全系数,安全总线系统在发展过程中已经逐步成为整个汽车焊装系统中与自动化控制技术最为贴近的连接方式。

3.监控层

汽车焊装车间自动化控制系统中的监控层主要是负责监督管理整个车间的生产状态,主要是在汽车生产过程中完成全局健康的职能,其中包括针对监控装置、服务系统及生产管理系统的全面监控服务,在完成监控系统的自动化设计过程中,最关键的就是要将监控管理的服务器妥善安装在焊接车间及相关的监控室内部,同时在监控过程中注意不同时期生产的整体目标与生产线的规划,结合实际的汽车生产情况进行全面性的汇总,将监控数据上传总厂,由总厂针对数据内容加以分析,之后利用控制层对整体的自动化管理系统进行优化升级,从而更加合理化地分配员工的工作内容,促使汽车企业中的焊装车间生产效率获得不断提升,监控层如图7-33所示。

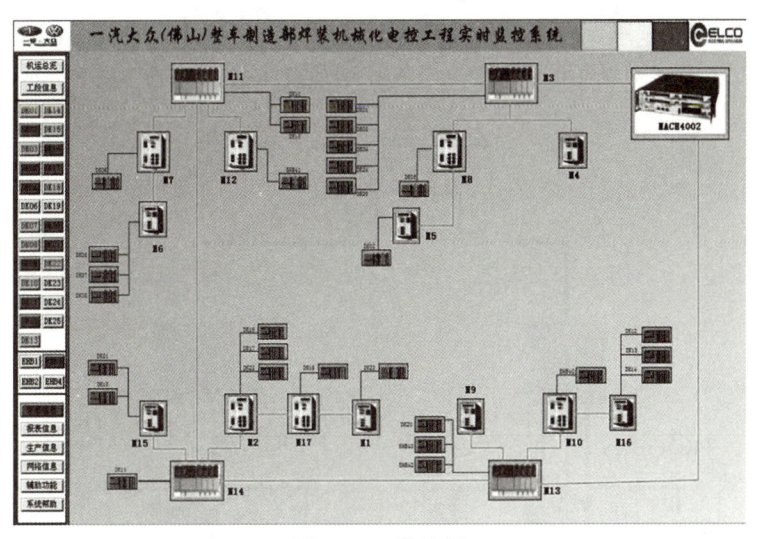

图 7-33　监控层

4.总线系统

汽车焊装自动化生产在国内的发展还处于不断的完善阶段,虽然可通过监控层来实现对生产过程的监控,但是一些内部隐患问题仍然不能及时发现,存在一定的安全问题,因此很多汽车企业在焊装时会引入总线系统,通过总线结构实现自动化控制系统可靠性与自动化的需求,同时将系统内部分散性控制系统兼顾好,使其能够更好地对焊装过程进行实时监督,使得传统形式复杂的配线系统得以简化。总线系统的可编辑性,使得系统朝着结构化方向完善,促使系统结构本身的便捷性、可拓展性得到较大程度的提升且系统内部的连线方式得到进一步的优化,为后期的维护过程提供更大的便利。

(三)汽车车身自动化焊接生产线案例——以奇瑞 A3 车型为例

1.A3 自动化生产线设计纲领

主要负责 A3 三厢和 A3 两厢两种车型白车身总成的生产,下部线和主焊线是混线自动化生产线,年产能约为 20 万辆。

车身下部线完成发动机舱、前底板、后底板等总成零件的拼装焊接工作,适应车身下部高强度的焊接要求。其主要由 27 台机器人完成焊接工作、零件抓取,整条线还包括自动化输送悬链,零件缓存器。

主焊线主要是完成车身下部、侧围、顶盖、包裹架等总成的拼装焊接工作。由滚床、OPENGATE 和 31 台机器人组成。

主焊线 OP130 工位为在线激光检测系统,由 4 台机器人带动激光检测系统,对车身尺寸关键点进行在线检测。

2.电气控制系统

A3 自动化生产线由车身下部线、主焊线等组成。其有 5 条空中输送线,工艺流程为先把发动机舱、前地板、后地板 3 个部件分别由 3 条输送线输送至车身下部线,然后车身下部线经空中输送线输送至主焊线,最后通过空中输送线输送至调整线。

整条生产线有车型识别系统一套、辊床一套、涂胶设备 8 套、COMAU 机器人 62 台,采用

SICK 的安全保护设备,采用带有安全集成功能的 CPU 416F-2 西门子 PLC。控制部分采用工业以太网和 PROFIBUS(现场总线)连接。电气控制系统示意图如图 7-34 所示。

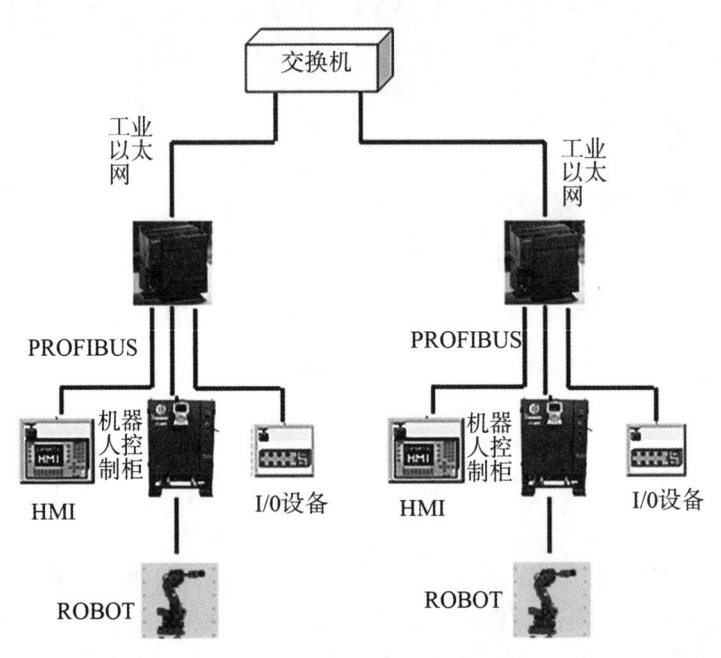

图 7-34　电气控制系统示意图

PROFIBUS 使用了 7 层模型的 1、2 层,精简的结构保证了数据的高速传输,主要应用于现场分散的 I/O 设备。PROFIBUS-DP 网络由以下 4 部分组成:①主控器(PLC)。②现场 I/O 模块(ET200S),用于连接各种 I/O 设备。③其他智能装置,如变频器,触摸屏等。④网络附件(交换机等)。它能够直接完成设备的顺序、连锁、闭环控制,完成过程参数的采集及报警功能。

PLC 下面的从站模块通过两条 PROFIBUS 支路进行硬件配置,分别是:①MPI 网络的网络模块配置。②DP 网络的模块配置。PLC 与 PLC 之间的通信通过 DP/DP COUPLER 完成。

两条自动化生产线和 5 条空中输送线由 CPU 416-2DP、CPU 315-2DP 的 13 台西门子 PLC 控制。PLC 可向系统提供分析设备运行状态和发生故障点的信息。每条生产线采用 1 台西门子人机界面 PC870 进行控制,通过自身的 MPI 接口与 PLC 连接,内部安装西门子组态监控软件 WINCC。整条生产线采用两种总线模式,PLC 与机器人间及 PLC 与 I/O 设备之间采用 PROFIBUS 进行通信。PLC 与 PLC 间的通信全部采用西门子生产的 CP443-1 交换机进行通信和数据交换。

机器人和人机界面采用 PROFIBUS 通信协议,开关、电磁阀、按钮、指示灯、I/O 从站等全部采用现场总线,区域内 PLC 间的通信通过 DP/DP COUPLER 进行信号交换,区域间的 PLC 通过工业以太网进行通信。这种总线的组合方式,节约了大量的接线工作,同时实现对整个系统的控制,过程状态显示、故障报警信息的显示,使得整个系统操作简便、维护方便、可靠性高。

西门子的人机界面 HMI 为整条生产线的运行与维修提供了强大的保证。在机器人界面上通过组态软件进行动态调试、人机界面按操作菜单分为工位平面布置图(见图 7-35)、各设备状态如 UBO90 升降滚床屏幕(见图 7-36)。人机界面能够显示线内的设备分布状态,并用不同的颜色显示设备的不同状态,如运行、停止、故障等信息。子菜单内可显示 PLC 与 I/O 的状态图(见图 7-37),显示变频器、机器人的故障信息(见图 7-38)。当有故障时能自动弹出报警信息,并对报警信息进行记录,进行归档统计,保留历史故障记录,为日后维修与点检设备提供参考依据。

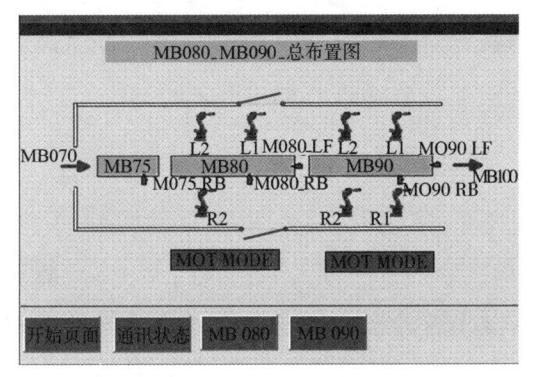

图 7-35　工位平面布置图

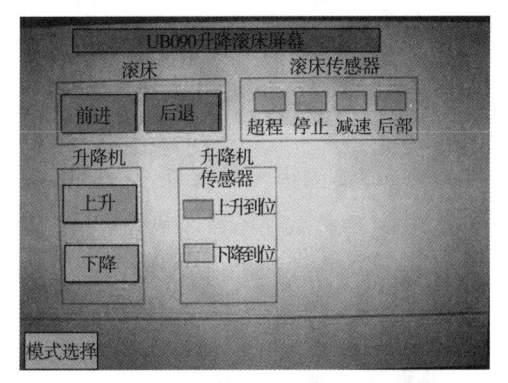

图 7-36　UBO90 升降滚床屏幕

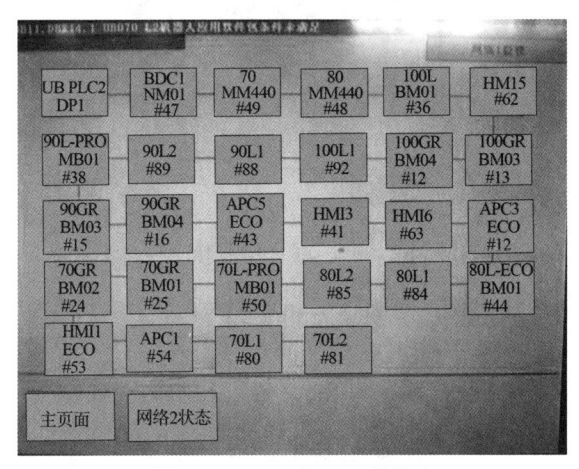

图 7-37　PLC 与 I/O 的状态

图 7-38 变频器、机器人的故障信息

所有的操作界面使用西门子公司的 HMI,避免了传统的面板接线复杂、劳动强度大、观察、维修不方便等缺点。在该生产线中成功地应用了西门子公司的 SIMATIC 产品的技术,其中 PROFIBUS 和工业以太网技术在该系统中起到关键作用。

3.点焊机器人系统

在汽车焊接工艺中,点焊占整车焊接的很大一部分,奇瑞 A3 自动化生产线焊接系统主要由点焊机器人系统组成,如图 7-39 所示。点焊机器人系统包括机器人本体、机器人控制器、点焊控制器、自动电极修磨机、自动工具交换装置、气动点焊钳、水汽供应的水汽控制盘等。

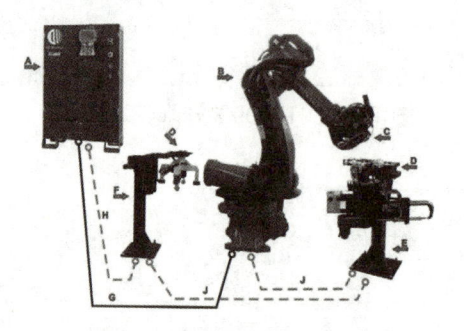

图 7-39 点焊机器人系统

A3 点焊机器人系统全部采用 COMAU 工业机器人及相关设备。这些点焊机器人通过控制系统可以进行 A3 两厢车型和三厢车型的自动识别和切换。

焊接机器人是典型的机电一体化高科技产品,功能强大、操作简便。点焊机器人系统的控制方式是由机器人控制柜通过通信网络同生产线 PLC 西门子控制柜构成机器人焊接生产系统。机器人系统根据上位 PLC 的车型信号输入来调用对应的机器人焊接程序进行车身装配焊接。

(1)中频焊接技术的应用。为了使 A3 获得更加优异的碰撞性能,在 A3 车身结构中,大量采用高强度钢板,同时纵梁等关键结构采用激光拼焊钢板,传统的工频焊接技术无法在焊接高强度钢板时获得最好的剪切强度和抗疲劳强度。为了克服工频焊接技术的弊病,在车身下部线采用中频焊接,在 A3 线中采用 BOSCH 中频焊接控制器和 NIMAK 的中频焊钳。

中频焊接技术使得机器人焊接的优异性能进一步提升,中频焊接的优点主要有:相对工频焊接为直流焊接,变压器小型化、提高电流控制的响应速度,实现工频控制无法实现的焊接工艺,能够对三相电网平衡,中频焊接的功率因数高,节能效果好。

(2)涂胶系统的应用。涂胶系统主要涂车身骨架的点焊密封胶和隔振胶。自动胶枪由机器人携带,具有涂胶轨迹一致性高、胶用量控制准确、涂抹后的胶条形状统一等优点。涂胶系统为 A3 车型获得更加优异的降噪性能提供了很大帮助。

供胶系统采用 GRACO 公司高黏度供应系统。它包括一个 55gal 压盘和一个 5gal 压盘、气动柱塞泵、升降器。流体由泵输出,泵出口装有双过滤装置对胶进行过滤,再经过高压软管连接到 GRACO P-FLO LT。

供料泵采用双泵自动切换方式,设备具有自动切换及空桶报警功能。一泵处于工作状态,另一泵处于待命状态。当工作泵胶桶中的胶用完后,系统发出报警,自动切换装置自动将工作泵切换至另一待命的泵,此时待命的泵成为工作泵。供胶泵具有双泵切换功能,在换桶时不影响自动涂胶系统的正常工作,有效地提高了生产线的工作效率。

流量控制采用美国 GRACO P-FLO LT 精密流量控制器,包括控制箱、电缆、流体盘、气动隔膜调压、流量计等。

GRACO P-FLO LT 流量控制的工作原理为由机器人提供速度的模拟量信号,由控制板控制气动隔膜调压并及时调整胶的压力,由流量计和压力计实时提供精确的流量和压力数据,根据这些数据及时调整,如此形成一个闭环控制,从而实现精确定量的控制要求。自动胶枪的出胶量随机器人速度的变化而变化。

(3)自动电极修磨机的应用。在主焊线上,为了实现生产装配的自动化,提高生产线节拍,分别为每一台点焊机器人配备了自动电极修磨机,实现电极头工作面氧化磨损后的修锉过程自动完成。同时也避免了人员频繁进入生产线带来的安全隐患。电极修磨机由机器人的内置 PLC 控制,示教专门的电极修锉程序来完成电极修锉。同时根据修锉量的多少来对焊钳的工作行程进行补偿。

使用焊接机器人的优点:不仅提高了生产效率,而且使焊接生产过程变得规范化,使产品质量得到提高。

4.其他系统

(1)滚床系统。A3 自动化生产线整条线使用滑橇输送,输送时间为 18s。其输送路线为:升降段输送空滑橇到 UB10#—滚床输送—UB110#—升降段输送—MB10#—滚床输送—MB150#—升降段输送。如图 7-40 所示为西部线滚床滑橇系统。

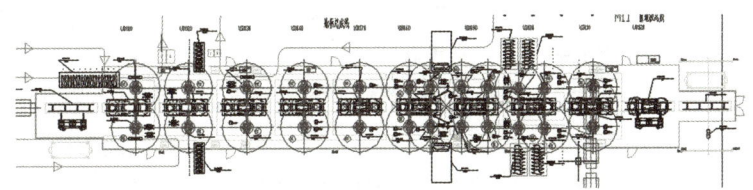

图 7-40 西部线滚床滑橇系统

滚床系统结构如图 7-41 所示,其工作原理为:控制信号发出,传输电机接收信号,开始工作,当滑橇通过摩擦滚轮进入工位时,感应器检测到感应信号,输送电机停止,此时升降电机接收到控制信号,开始启动,升降摆臂单元驱动,滚床开始升降,下降定位后,焊接机器人进行焊接,焊接完成后,控制信号发出,升降电机运行,滚床上升输送电机运转,滚床上升到位,运输电机气动,滑橇运行并进入下一工位。

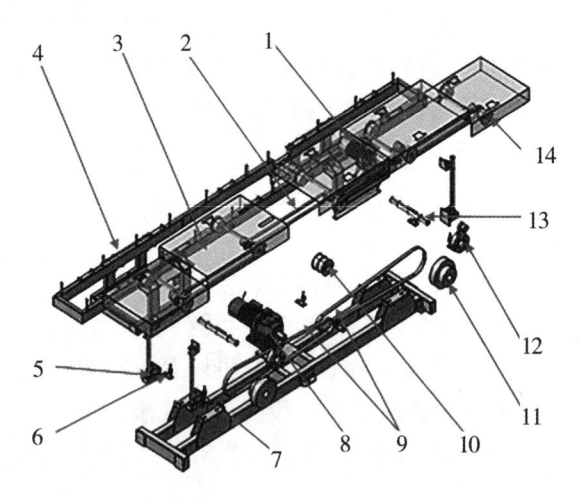

1—输送电击单元;2—圆弧齿同步带;3—床身保护罩单元;4—床身及框架单元;5—升降导向柱及导向套;6—地脚单元;7—升降滚床底座;8—升降电机;9—升降同步带;10—升降驱动带轮;11—升降从动轮;12—从动轴;13—升降摆臂单元;14—滚轮组单元

图 7-41 滚床系统结构

(2)OPENGATE(见图 7-42)。M11/2 主焊线设计生产节奏为 100s,可进行 M11、M12 两车型的任意混流,并考虑第三车型的预留,其中 MB30#、MB40#、MB50# 主拼工位占用了 3 个工位,形式为 COMAU 公司标准的 OPENGATE,具有柔性高,阶段投资,改造方便等诸多优点。其自身的结构特点较四面体翻转也有可采用侧围预装、两侧施焊空间大等优点。

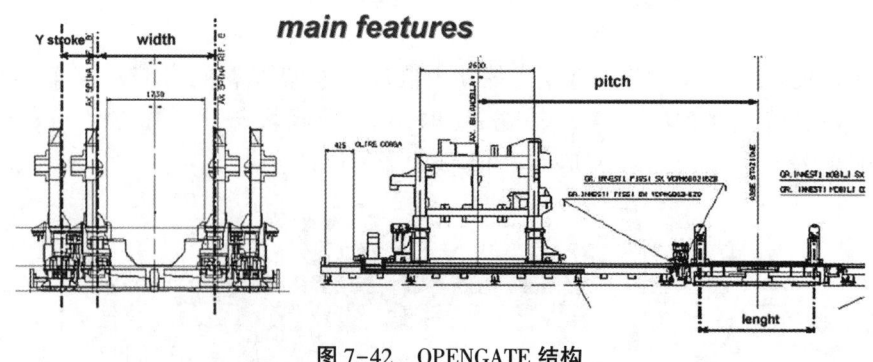

图 7-42 OPENGATE 结构

OPENGATE 即主拼夹具,COMAU 公司 OPENGATE 是以夹具体为基础,采用门形式,结合传感器,利用PLC进行控制。OPENGATE和焊接机器人系统通过总控制系统进行配合工作,最终实现车身的定位、夹紧和焊接。

OPENGATE由夹具本体、气路系统、感应控制系统组成。A3主线OPENGATE本体,采用门形式,底座采用直线导轨,通过推力电机进行定向(Y向)移动。X向预装直线导轨,可以进行车型切换,这样有利于进行阶段性投资和改进。气路系统采用集中供气,由执行元件(气缸)、控制元件(气阀)和辅助元件组成。感应控制系统由电磁传感器、PLC(可编程控制器)和计算机控制系统组成,可以实现夹具的信息采集和自动化控制。

OPENGATE工作过程:主线白车身预拼后进入OPENGATE,OPENGATE本体进行闭合,闭合过程中进行侧围和底盘的定位,使白车身预拼位置符合设计要求;定位后电磁感应系统进行工作,检查定位是否准确,如果无误,夹紧机构进行动作,将车身夹紧;如果有误,报警系统进行报警,OPENGATE进入暂停状态。同时,控制系统显示出现问题的地方和原因,待问题解决后系统继续进行工作,夹紧后感应装置进行夹紧状态检查,如果出现问题,则系统暂停并报警,如果夹紧状态正常,焊接机器人开始工作,进行焊接。焊接完成后,OPENGATE夹紧机构打开,门式夹具打开,白车身进入下一道工序,OPENGATE等待下一辆白车身进入。

OPENGATE的特点:COMAU公司OPENGATE侧围合拼采用预装形式进行预装配,侧围合拼焊接工位,采用侧滑形式进行侧围的夹具切换,M11和M12侧围部分的夹具采用共用设计。夹具中定位销、基座、非加工件采用标准化和系列化的部件,水平面上定位孔与定位孔之间的公差为±0.02 mm,粗糙度为1.6 μm,所有的定位孔与基准面的公差为±0.05 mm,粗糙度为1.6 μm。夹具定位销和定位块的安装需采用"调整垫片式"的结构,定位销调整垫片厚度为5 mm。此外,设计中预留三坐标测量的位置和加工面,在复测时不需要拆卸夹具和滚床等其他设备。

目前A3车型已经基本实现公司的"2 mm工程",COMAU公司OPENGATE为"2 mm工程"提供了很大的保障,它为奇瑞A3的五星品质奠定了坚实的基础。

(3)机械化输送悬链与BUFFER。机械化输送悬链的主要是用于大总成零件的自动输送,主要是发动机舱、前底板总成、后底板总成的输送。

其中后底板的吊具是两种车型共用。采用先进先出的方式进行零件的排序。如果零件与机器人抓取的过程不一样可以进行零件的放行,当零件被机器人抓取后,空吊具沿返回道返回。同时要求具有强制返回功能,当发现问题时,零件不被抓取强行返回。机械化悬链零件的放置和取下都是由机器人完成。

BUFFER主要是用于小零件的缓存。人工将零件摆放到BUFFER上,零件在BUFFER上是被可靠定位的。机器人在抓取零件时对零件的装配的位置进行识别,如零件的装配位置不正确机器人不进行零件的抓取,并报警。人工装配完成后按确认进行放行,装配员工需要根据生产计划进行零件的排序。每个BUFFER上装有显示屏,对零件的数量进行倒计数。装配者根据生产计划进行零件的装配,对一些情况,如将镀锌件装配成非镀锌板机器人是无法识别的。

(4)车型识别和生产管理系统。自动化生产线将自动化控制系统、制造业执行系统(Manufacture Execute System, MES)集成在一起形成生产线的管理系统。在前期,将生产计划输入到工控机计算机中,通过工控软件推算出个人上件点的生产计划。通过以太网传给PLC,

后期对系统进行改造,自动化线能够直接接收 MES 系统的生产计划。

M11 和 M12 采用拉动式生产的方式进行,生产线接收 MES 系统的生产计划。每个工位都有基于 MOBY-Ⅰ 形式的车型识别系统,车型识别系统载体安装在每个滑橇上。每个工位将根据车型识别系统识别的信息自动进行焊接程序和焊接参数的切换。

发动机舱总成工位是计划安排的起点。在总成工位粘贴条形码,确定车型信息。发动机舱被放置在转运平台上时,扫描设备扫描 VIN 码信息传送给 PLC 控制柜,控制柜根据接收的生产计划确定机器人是否进行零件抓取,信息无误时给机器人传送信号,机器人执行零件抓取。同时,将 VIN 码信息传递给下一个工位。

主焊线第一个机器人设置 VIN 码扫描点,并将信息写到雪橇载体上,并将生产信息传送给下个工位,第二个工位根据信息提前判断功能,提前做好夹具、焊接参数、焊接程序的切换准备工作。当雪橇到达第二个工位时,设备读取雪橇上的车型信息,并将从雪橇上读取的信息同第一个工位传递的信息进行核对,核对正确的情况下,执行程序。接下来以此类推。

整条生产线有 9 台抓件机器人,上件机器人具有两种车型的识别能力,能根据生产计划选择相应车型的零件,一旦零件错误或缺少零件,该机器人停止工作并且报警,同时每个 BUFFER 上具备车型识别系统。

(5) 在线激光检测系统(见图 7-43)。主线 130 为机器人激光检测工位,由 4 台机器人携带激光检测传感器组成,用来保证汽车精度,对 M11、M12 车身的 252 测量特性进行检测。

图 7-43　在线激光检测系统

Perceptron 测量系统(见图 7-44)通过机器人上的激光传感器采集车身实际尺寸,系统通过中转器把数据传输到数据控制站进行分析和标准数据进行对照比较,尺寸出现超出工艺范围,数据站立即发给 PLC 控制的生产线故障和报警信号,停止生产线,防止不合格车身流到下道工序。

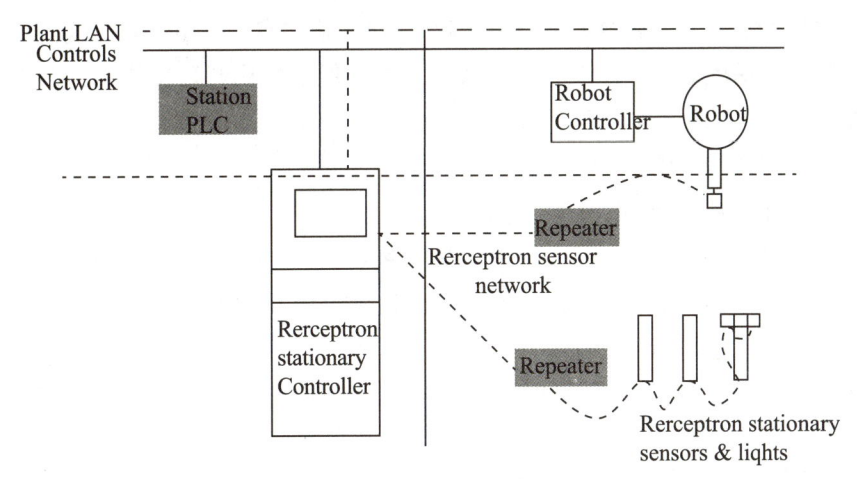

图 7-44　Perceptron 测量系统

（6）安全系统。硬件配置包括 CPU 416F-2 的西门子 PLC、光栅、急停按钮、安全门、区域扫描仪等。安全集成的输入输出信号作为过程的接口，可以直接连接单通道和双通道的输入、输出信号，例如急停按钮和光栅。安全集成信号作为冗余信号内部连接在一起，采用故障安全的分布式输入、输出系统使系统的安全工程配置被 PROFIBUS-DP 部件替代，包括急停开关设备的替换，保护门监视装置，双手操作等。

在程序块中对工位的各种安全设备如急停、安全门、光栅进行逻辑控制，替代了传统的安全继电器控制方式；在程序中对各安全设备的逻辑处理主要通过 3 个程序模块实现，即光栅屏蔽数据功能模块、急停屏蔽数据功能块、安全门屏蔽数据功能块。

集成在标准自动化系统的安全集成工程的优点主要有：

①具有安全集成功能的自动化系统比机械电器解决方案更灵活。

②基于可编程控制器的安全系统，相对于传统的硬接线系统大大降低了接线成本。

③集成功能由于采用标准工程工具进行系统的编程配置，因而可以减少工程用时。

④集成故障安全功能的 CPU 不仅可以处理与安全相关的控制，还可以参与到标准的自动化任务当中。

⑤故障安全程序和标准程序可以在统一的平台上共享数据和通信。

第三节　智能制造技术在汽车车身涂装工艺中的应用

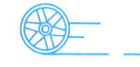

一、汽车车身涂装工艺

汽车外观色泽亮丽、经久不变，不仅是汽车外观质量较好的一个重要标志，而且也起到了美化环境的作用，同时还提高了汽车的价值。汽车外观质量的好坏主要是由涂装工艺来决定的。

汽车车身涂装工艺

汽车主要损坏形式之一就是腐蚀,汽车腐蚀直接影响汽车的质量和寿命,涂漆也是延长汽车使用寿命的主要措施之一。涂装工艺可实现车身防腐蚀作用和装饰作用,所以涂装工艺是最重要的车身制造工艺之一。

(一)涂装的定义及作用

涂装是指将涂料涂覆于物面上经干燥成膜的工艺。有时也将涂料在被涂物表面扩散开的操作称为涂装,俗称"涂漆"或"油漆"。汽车车身涂装工艺是在汽车表面进行涂装的工艺。具体包括不同涂装前处理、涂层的定义、不同层的涂料、喷涂工艺、喷涂缺陷防治等。

涂装对汽车有以下作用:

(1)保护作用。表面涂层起到保护汽车车身的作用,使其免受周围介质(空气中的水分、气体、微生物、紫外线、酸碱雨等)的侵蚀,起到防腐蚀、抗老化和耐各种介质的作用。

(2)装饰作用。使汽车具有色彩、光泽鲜明性、平滑性、立体感和标志等。给人以美感,起到美化环境、满足人们审美的需求和提高产品的使用频率和价值。

(3)特殊作用。涂装能调节热、电等能量的传导性,防止微生物的附着(杀菌),控制声波的散发、反射和吸收,产生夜光等,具有隔热、防振、降噪等特殊作用。

(4)标志作用。用特定的颜色表明汽车用于特定的用途,比如特种车辆、消防车、救护车、警车等。

(二)车身涂装工艺特点

汽车的使用工况复杂多变,决定了其涂装效果必须达到高等级的装饰,使其具有极强的耐候性、耐腐蚀性。汽车生产技术复杂,投资成本巨大,先进的汽车生产均为大量流水线生产,车身的经济产量为每年15万~30万辆。汽车涂装工艺有如下特点:

(1)汽车使用工况复杂,对涂料要求的功能多。汽车涂膜一般由底漆涂层、中间涂层、面漆涂层等三层组成,每层分别承担不同的功能。

底漆是直接涂布在经过表面处理的车身上面的第一道漆,是整个涂层的基础,它对车身的防锈蚀和整个涂层经久耐用起着主要作用。中间涂层是指介于底漆与面漆之间的涂层。它的主要功能是改善被涂工件表面和底层的平整度,为面漆层创造良好的基底,以提高整个涂层的装饰性。汽车面漆是汽车多层涂层中最后涂层用的涂料,它直接影响汽车的装饰性、耐候性、耐潮湿性、抗污性及抗擦伤性。

(2)要有清洁的涂装作业环境及条件。车涂层的装饰性能主要取决于色彩、光泽、丰满度和外观等方面。涂层的综合装饰性可以用鲜明性来表示。为了使涂层达到良好的鲜映性,避免涂层出现颗粒现象,涂装车间应具备空调除尘装置,车间厂房密封性要好。为避免出现涂层橘皮现象,物流工具运行应平稳等。

(3)应采用高效快速的漆前处理、涂装、干燥和物流装备。汽车生产均为大量流水线生产,车身涂装的生产节奏仅有几十秒至几分钟,应采用高效快速的漆前处理、涂装、干燥和物流装备。

(三)涂装三要素

为使涂层满足汽车车身的技术使用要求,保证涂装质量,获得最佳的涂层,取得最大限度的经济效益和使用价值,必须精心设计涂装工艺。选择涂层材料,掌握影响涂装效果的各个要素和对涂装进行质量控制。必须掌握涂装工程的 3 个关键要素：涂装材料、涂装工艺、涂装管理。

1.涂装材料

涂装材料的质量是获得优质涂层的基本条件。在选用涂料时，要从涂膜性能、作业性能和经济效果等方面综合衡量。如果忽视涂膜性能，单纯考虑涂膜的低价格，会明显地缩短涂层的使用寿命，造成早期补漆或重新补漆，反而带来更大的经济损失。如果涂料选用不当，即使精心施工，所得涂层也不可能耐久。

2.涂装工艺

涂装工艺是充分发挥涂装材料的性能，获得优质涂层，降低涂装生产成本和提高经济效益的必要条件。涂装工艺包括所采用的涂装技术、涂装设备和涂装工具的先进性和可靠性。如果涂装工艺与设备选择和配套不当，即使采用优质涂料也得不到优质涂膜，如果所选用的涂装工具和设备的涂装效率低，故障多，则势必造成涂装运行成本高、经济效益差。

涂装工艺还包括涂装环境条件，涂装操作人员的技能、素质等。环境中的灰尘是涂装的大敌，高级装饰性的汽车车身涂装必须除尘、在空调风的环境下进行。涂装操作人员的技能熟练程度和责任心是影响涂装质量的人为因素，需加强操作人员的培训，提高涂装人员的素质。

3.涂装管理

涂装管理是确保所制定的工艺的实施，确保涂装质量的稳定，它是达到涂装目的和最佳经济效益的重要条件，其包括工艺管理、设备管理、工艺纪律管理、质量管理、现场环境管理、人员管理等。在机械化、自动化程度较高，采用先进技术较多的现代化汽车涂装中，严格的科学管理显得非常重要。

涂装材料与涂装工艺是基础，是必备的"硬条件"，涂装管理是硬件顺畅运行的"软条件"，三者缺一不可。车身涂装三要素之间互为依存的制约关系，忽视任意哪一方都不可能达到优质涂装的目的。

（四）车身底漆

底漆是直接涂在经过表面处理的车身上面的第一道漆，是整个涂层的基础。它对车身的防锈蚀和整个涂层经久耐用起着主要作用。要求底漆必须具备以下特性：

（1）附着力强，除在车身表面上附着牢固外，还与腻子或面漆黏附牢固。

（2）有良好的防锈能力、耐腐蚀性、耐水性和抗化学试剂性。

（3）底漆涂膜应具有较高的机械强度和适当的弹性。当车身蒙皮膨胀或收缩时，不致脆裂脱落；当面漆老化收缩时，也不致折裂卷皮，能满足面漆耐久性要求。

（4）应与中间涂层或面漆涂层有良好的配套性，即有耐溶剂性，不被中间涂层或面漆层所含溶剂咬起。

（5）有良好的施工性。能适应汽车涂饰工艺大量流水线生产的特点。

汽车车身常用底漆如表 7-2 所示。

表 7-2　汽车车身常用底漆

型号	名称	组成	性能	施工注意事项	应用
F06-10	铁红醇酸电泳底漆	醇酸电泳漆料、防锈颜料、蒸馏水	附着力好、防锈性好、漆膜平整与面漆结合力好	水作为溶剂、水质要好,施工时遵守技术规范	车身覆盖件
H06-3	铁红、锌黄环氧底漆	环氧树脂、三聚氰胺甲醛树脂、防锈颜料、溶剂(二甲苯)	优越的附着力、极好的耐水性及耐化学性		高级轿车和驾驶室的覆盖件
H06-5	铁红环氧酯电泳底漆	环氧树脂、亚麻油、丁醇、胺类、蒸馏水	附着力、耐水防潮及防锈性能近似于环氧底漆		驾驶室覆盖件
H06-19	铁红锌黄环氧酯底漆	环氧树脂、植物油、氨基树脂、铁红锌黄、体质颜料、溶剂(二甲苯)	漆膜坚硬耐久、附着力好		驾驶室覆盖件

(五) 车身中间层涂料

中间涂层是指介于底漆与面漆之间的涂层。它的主要功能是改善被涂工件表面和底层的平整度,为面漆层创造良好的基底,以提高整个涂层的装饰性。对于表面平整度较好、装饰性要求又不太高的载重汽车的车身和中级客车、轿车,在大量流水线生产中,常采用中间涂层,以简化工艺;但对于装饰性要求高的客车、轿车,有时采用几种中间涂层涂料。

1. 中间层涂料应具有的特性

(1)应与底漆、面漆配套良好。涂层的结合力强,硬度配套适中,不被面漆的溶剂所咬起。

(2)应具有填平性。能消除被涂漆面的划痕等微小缺陷。

(3)打磨性好。打磨时不粘砂纸,在湿打磨后,能得到平整光滑的表面,并能高温烘干。

(4)耐潮湿性好,不应引起涂层起泡。

(5)具有良好的抗石击性能。

2. 中间层涂料

为保证涂层间的结合力和配套性,中间层涂料所选用的漆基与底漆、面漆所用的漆基相仿,并逐步由底向面过渡。中间层涂料的种类也比较多,主要是环氧树脂,氨基醇酸树脂和醇酸树脂漆。中间层涂料包含内容如下:

(1)通用底漆。它可直接涂饰在金属表面上,具有底漆功能,又具有一定的填平能力,一般采用"湿碰湿"工艺涂两道,以替代底漆和二道浆,达到简化工艺的目的。

(2)腻子。它是一种专供填平表面用的含颜料较多的涂料,刮涂在底漆层上。刮腻子仅能提高工件表面的平整度和装饰性,而对整个涂层缺点多优点少,腻子涂层易老化、开裂、脱落,手工涂刮和打磨劳动强度大。

(3)中涂漆。它介于底漆和腻子之间,对被涂工件表面的微小缺陷有一定的填平能力,颜料和填料含量比底漆多,比腻子少,颜色一般为灰色。采用手工喷涂、自动喷涂和自动静电喷涂,具有良好的湿打磨性,打磨后得到非常平滑的表面。

(4)封底漆。它是涂面漆前的最后一道中间涂料,它的漆基含量介于底漆和面漆之间,漆膜呈光亮或半光亮。它的漆基一般是由底漆、面漆所用的树脂配成。现今一般采用无油三聚氰胺醇酸型。封底漆颜色与面漆配套,故需按所采用的底漆和面漆的特性来选择。封底漆有以下几方面的功用:显现底漆涂层的缺陷,便于修整;消除底漆涂层各处对面漆的不同吸收性,以提高面漆的光泽均匀性和丰满度,起到封闭底漆涂层的作用;提高面漆对底漆涂层的结合力,减少价格较贵的面漆消耗量。

(六)车身面漆

汽车车身面漆是汽车车身覆盖件多层涂层中最后涂层用的涂料,直接影响汽车的装饰性、耐候性、耐潮湿性和抗污性等性能。在车身生产中,对汽车用面漆的质量要求非常高。具体要求如下:

(1)外观装饰性。保证汽车车身具有高质量的、优美的外观,具有光彩亮丽的外观装饰性。

(2)硬度和抗崩裂性。面漆涂膜应坚硬耐磨,以保证涂层在汽车行驶中经受路面砂石的冲击和在擦洗车身时不产生划痕、裂纹。

(3)耐候性。按有关标准要求汽车用面漆涂层在热带地区长期暴晒不少于12个月后,只允许出现极轻微的失光和变色,不得有起泡、开裂和锈点。

(4)耐潮湿性和防腐蚀性。涂过面漆的工件浸泡在40~50 ℃的温水中,暴露在相对湿度较高的空气中,面漆应不起泡、不变色或不失光。

(5)耐药剂性。面漆涂层在使用过程中,若与蓄电池酸液、润滑油、制动液、汽油、各种清洗剂和路面沥青等直接接触,擦净后接触面不应变色或失光,也不应产生带色的印迹。

(6)施工性。在大量流水生产中,面漆的涂布方法多采用自动喷涂或静电喷涂,烘干温度一般为150 ℃,时间以30 min为宜。

汽车车身用面漆的种类很多,如表7-3所示。

表7-3 汽车车身用面漆

型号	名称	组成	性能	施工注意事项	应用
B01-10	丙烯酸清烘漆	甲基丙烯酸酯、丙烯酸酯、甲基丙烯酸、三聚氰胺甲醛树脂、增韧剂、酮类溶剂	漆膜有较好的光泽、硬度、丰满度,以及防湿热、防盐雾、防霉变的性能,保色、保光性极好	供B05-4面漆罩光用	用于轿车车身
B05-4	各色丙烯酸清烘漆	加颜料,其余与丙烯酸清烘漆组成相同	热固性漆,烘干后漆膜丰满,光泽及硬度良好,保色和保光性极好、三防性能好	用于B05-4烘漆并掺入质量分数为50%~70%的B01-10烘漆喷涂罩光,作为最后工序	用于光泽要求高及三防性能好的轿车车身

续表

型号	名称	组成	性能	施工注意事项	应用
A01-10	氨基清烘漆	氨基树脂、三羟甲基丙烷醇酯、丁醇二甲苯	漆膜坚硬,光泽平滑,耐潮及耐候性好	作为A05-15面漆罩光使用	用于轿车室外金属表面罩光
A05-15	各色氨基清烘漆	氨基树脂、三羟甲基丙烷、醇酸树脂、有机溶剂	漆膜硬度高,光亮度好,漆膜丰满,耐潮及耐候性好,附着力好,抗水性好	与电泳漆底、环氧树脂底漆配套,进入烘干室前,应在常温下静置15min	用于中级轿车车身
C04-49	各色醇酸磁漆	植物油改性醇酸树脂、颜料、加少量氨基树脂、催干剂、二甲苯	较好的耐候性好,附着力、耐水性和耐油性较好	加入少量的氨基树脂起到防皱的作用,故需要喷涂较厚,烘干温度为120~130℃,时间为30min	用于汽车驾驶室表面涂布
Q04-31	硝基磁漆	低黏度硝化棉、有机硅改性、椰子油醇酸树脂、氨基树脂、增韧剂、溶剂	漆膜光亮平滑、坚硬、丰满、耐磨、耐温变及机械强度较好、户外耐久性好	在100~110℃的温度下烘烤1h	中高级轿车车身

(七) 车身涂装工艺流程

汽车车身涂装常见的工艺流程,一般有12工步:上线、脱脂、表调、磷化、电泳烘干、密封PVC、烘干、中涂、烘干、面漆、烘干、注蜡。典型的涂装工艺过程如图7-45所示。

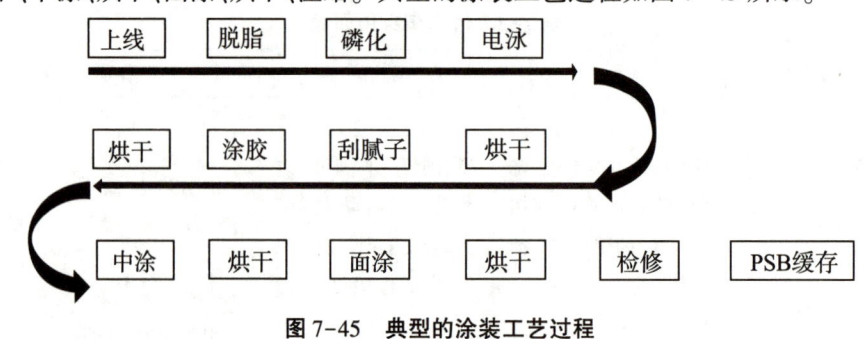

上线 → 脱脂 → 磷化 → 电泳 →
烘干 ← 涂胶 ← 刮腻子 ← 烘干 ←
→ 中涂 → 烘干 → 面涂 → 烘干 → 检修 → PSB缓存

图7-45 典型的涂装工艺过程

脱脂是通过脱脂剂中的碱性物质对油污皂化及表面活性剂的浸润、分散、乳化及增溶作用而达到去除油污的目的。

车身经脱脂、沥水段后进入磷化前的表面调整工序,它是生成磷化膜的重要工序。表面调整简称表调,其方法是把车身浸入含有钛盐的溶液中。钛盐会改变金属表面的结构,使磷化膜结晶细腻、致密、均匀。

车身由表调出槽后经沥水段进入磷化槽,槽液为含有锌、锰、镍等金属的磷酸盐溶液,其目的是使车身表面形成一层含有锌、锰、镍等磷酸盐,从而能较大幅度地增加漆膜的附着力和耐腐蚀性、耐潮湿性,以及增强漆膜对被涂物表面的湿润性。磷化采用的工艺方式为浸淋或喷浸等形式。磷化槽一般配有除渣、加热喷淋等系统,其目的是净化槽液,使磷化膜结晶均匀致密,保证磷化质量。磷化的工艺参数由磷化的技术标准和磷化方式决定,可分为中温、高温和低温磷化。

电泳是将白车身浸泡在电泳涂料槽中,通过电解、电泳、电沉积、渗透4种电化学物理作用,使涂料中的树脂、颜料在被涂物表面上形成漆膜。电泳漆是车体钢板上的第一层漆膜,其主要作用是防腐蚀。

密封PVC是在车身需要防止水渗入的部位涂密封胶,防止焊缝渗水透气、提高车身的耐锈蚀性、密封性和隔热性能。

中涂用于填充电泳漆表面,改善白车身表面的平整度和光滑度,提高涂膜的丰满度,使之具有一定的耐热性和紫外线隔绝性,保护电泳底漆。中涂打磨用于去除前道工序产生的颗粒、缩孔等缺陷,提升涂层附着力。

面漆分为色漆和清漆。色漆装饰和保护车身外板,同时决定车身最终的颜色;清漆增加车身的光泽度,提高车身的耐锈蚀性。涂装车间的生产管理重点关注如何满足面漆生产工艺的需求。在面漆工位,当涂装生产序列发生颜色变化时,即前后两个连续生产的车辆喷涂颜色不一致时,喷枪就必须更换油漆颜色,喷漆机器人的喷头需要重新清洗。清洗喷枪费时费力,降低生产有效时间。

烘干是在电泳、面漆喷涂等工艺流程之后都要立刻执行的重要环节。烘房一般采用天然气燃烧加热,U形通道通过控制冷热风量来控制烘房温度,车身在输送系统的牵引下通过接近200℃的烘房,实现车身快速干燥的目的。

汽车车身涂装工艺主要流程如下:前处理→电泳→转挂→烘干→强冷→密封→底漆打磨→底漆擦净→手工喷涂内表面(中涂)→外表面自动机喷漆→晾干→烘干→强冷→钣金→中涂打磨→中涂擦净→手工喷涂内表面(色漆)→外表面自动机喷漆(色漆)→手工喷涂内表面(清漆)→外表面自动机喷漆(清漆)→晾干→烘干→强冷→修饰堵件安装→面漆修饰→交检→喷蜡→上线至总装。

通过上述工艺环节,质量检验合格后,车身即可通过输送系统进入下一车间进行总装生产。

汽车涂装相比于冲压、焊接、总装其他三大工艺更为特殊。其生产危险性较大。涂装环境的好坏直接影响着产品质量,风速、照度、洁净度、温度、湿度是汽车涂装中最常监控的因素,它们对环境和产品质量的影响最为明显。因此,涂装车间对涂装环境和安全的要求更为严格。

随着人们生活水平和文化水平的提高,用户要求多样化,世界汽车市场竞争变得更加激烈;地球环境保护的要求逐年提高,国际会议和工业发达国家颁布法规限期达标。市场和环保两大压力促使汽车制造公司选用更优质的低公害或无公害的新型涂装材料,进一步依靠技术进步完善工艺,提高涂装材料的利用率,改造和新建涂装线,强化管理,提高生产效率和降低涂装成本。适应客户的选择,使涂层具有更高的机能性(如耐酸雨性、抗擦伤性)等,来增强商品的竞争力。汽车涂装材料厂商和汽车涂装专家普遍认为,21世纪汽车涂装的开发方向为保护地球环境、提高涂装的经济性和涂层的品质、增加产品的附加值等3个方面。

二、汽车车身自动化涂装生产线

(一)涂装自动化设备的智能化发展

1.从人机交互到点状互联的智能化发展

涂装车间智能化的发展要求从传统的自动化设备人机交互模式逐渐发展到智能制造单元间的点对点连接。当前,实现涂装车间点阵连接最直接的好处是在线自动化喷涂设备的全线互联、互接、互通。例如,在新建涂装产线中,存在前处理模块、抛丸模块、喷涂模块、烘干模块、输送模块等多个生产模块,采用智能化技术将多个模块统一集成,智能化控制、智能化监测,实现在线监测统一化管理,不再是传统的各模块分散、纯人工的管理模式。随着工艺技术的不断发展,各喷涂设备的互联、互锁,改变了喷涂车间人工非智能的传统管理模式,使其朝着自动化、智能化的方向发展。在推动涂装行业智能化体系发展的同时,还应注重在各行业之间搭建数字平台,逐步实现智能化工厂的信息架构。

2.视觉系统在自动化技术中的应用

当前,涂装车间的机器人都是通过播放预先编制的各结构件的示教程序实现自动化喷涂工艺路线,每一个机器人都在机械地重复着预设的喷涂路线。随着涂装车间自动化系统的复杂程度的不断提高,在新产品不断引入的过程中,各喷涂工艺区的喷涂机器人功能各异,工艺要求复杂,这对测试工作造成了很大的难度。因此,在智能化喷涂的开发过程中,应该注重对产品状态的智能感知。

(二)涂装自动化控制系统

涂装车间的自动化程度是工艺水平的主要体现,也是影响生产成本的关键因素。涂装车间自动化主要包括物流输送自动化、喷涂(喷胶/喷漆)自动化、工艺参数自动控制、工件自动识别与控制、数字化管理等方面。

涂装车间的自动化控制系统主要负责整个现场控制层所有设备的运行控制与信息采集,其系统结构如图7-46所示。

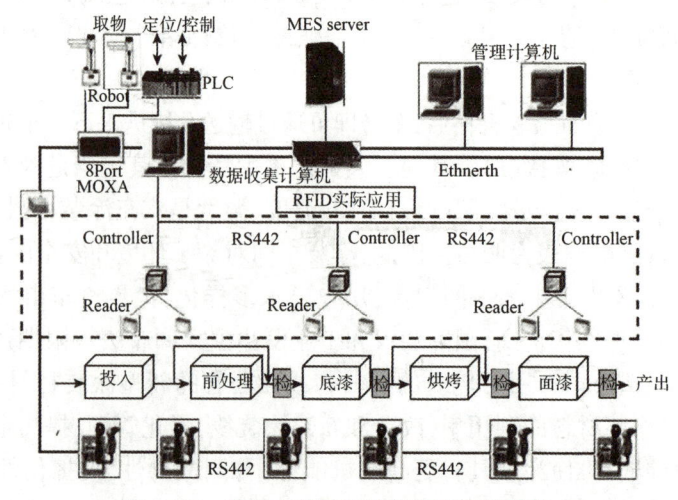

图7-46 涂装车间的自动化控制系统结构

汽车涂装车间的设备控制系统主要针对工艺系统、输送系统、辅助系统、安全系统的过程控制点进行信息采集,发布控制指令,实现伺服电动机、电磁阀、风扇、电泵等设备执行机构的自动化运行控制。

根据生产工艺设备的不同与所处空间位置的不同,涂装生产线工艺过程控制系统划分为不同的控制子系统,如前处理控制系统、磷化控制系统、电泳烘房控制系统、涂胶控制系统、面漆控制系统、面漆烘房控制、系统打磨室控制系统、点修补控制系统等。各个子系统采用 PLC 作为信息处理中心,负责本区域内的所有信号处理与设备控制。PLC 系统的各主从站的 I/O 部分完成信息的采集,PLC 的 CPU 部分进行信息处理,执行机构负责生产指令的具体执行。

传送车身的自动化运输链系统贯穿整个涂装车间,从前处理开始经过电泳、烘干、喷漆等所有涂装环节,直到涂装完成。单个输送子系统内的设备组成如图 7-47 所示,涉及主电控柜、HMI 计算机、控制台、身份识别系统、分布式从站、电动驱动器等。

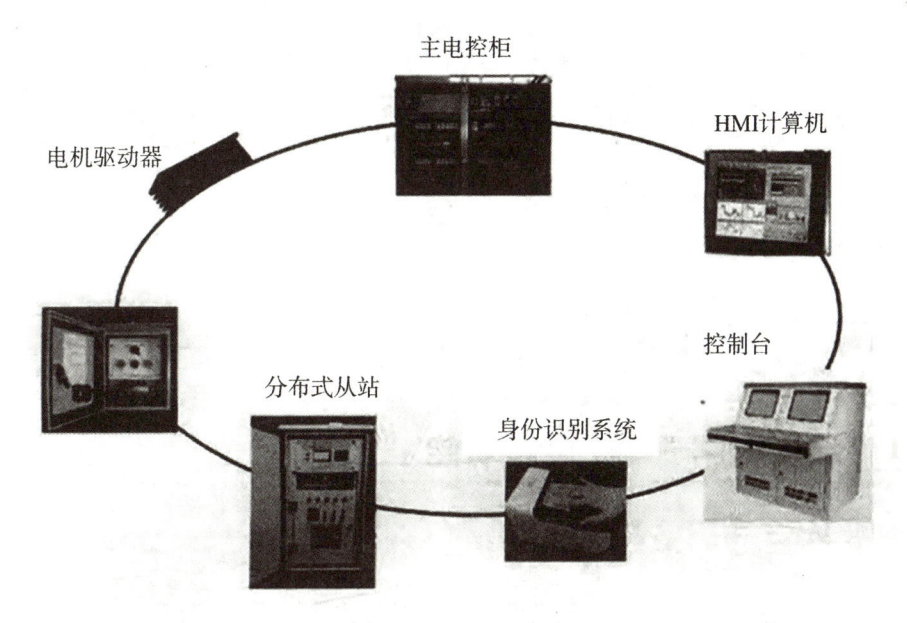

图 7-47 单个输送子系统内的设备组成

(三)涂装自动化车间生产控制系统和生产管理系统主要功能

1.涂装车间生产控制系统主要功能

(1)视频监控系统。涂装车间生产控制系统可实现对主要加工区域和危险区域的设备和车辆进行实时视频监控。监控主要包括以下区域:涂装入口、预处理入口/出口、电泳入口/出口和炉子出口、车间所有换橇点、自动内封、自动底盘密封、车身内喷线、车身外喷线、打磨线和涂装车间出口、并排室等,总数可达 50 个。特殊区域的视频监控系统可以满足现场的防爆、防水要求。

(2)车身信息识别系统。随着人们对汽车个性化需求的发展,汽车的制造方式逐渐从制造商转向消费者,车型的更新换代速度越来越快。混合流水线生产、双色喷涂、按单生产、交货周期短、上市时间快,这些变化对汽车实践提出了更高的要求,汽车企业需要实现个性化生产和柔性化生产,为了实现这个过程,我们首先需要知道要处理车身的具体信息(例如型号和颜色),车身识别系统通过控制系统收集每辆汽车所包含的生产信息,然后安排生产和发布。因此,车身识别系统也是生产管理的重要组成部分。

射频识别(RFID)是无线电技术在物体自动识别领域中的广泛应用,它通过使用射频实现双向非接触式通信、自动识别和数据交换,进而完成对物体标识信息的收集与管理,通过现场总线实现远程控制的功能。RFID 技术使用无线电波传输识别数据,因此不受空间限制,识别工作不需要人工干预。控制系统 RFID 读码器安装位置如图 7-48 所示。

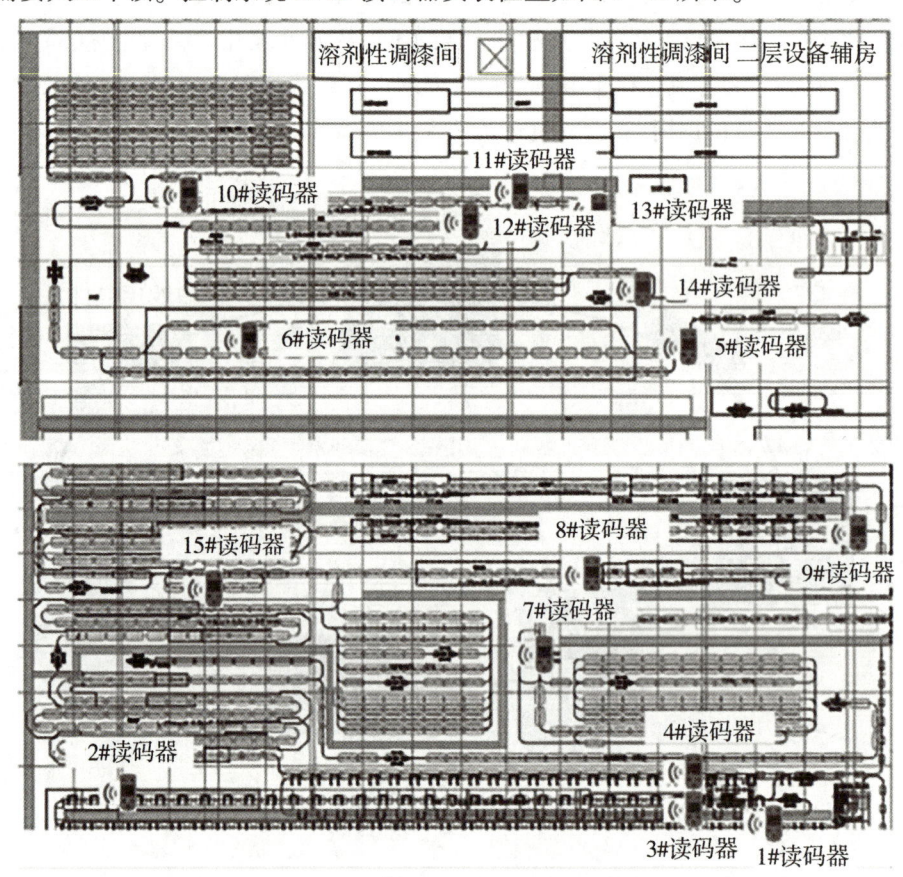

图 7-48 控制系统 RFID 读码器安装位置

2.生产线的屏幕视频监控

(1)监控系统主画面。

①监控系统主画面。如图 7-49 所示,监控系统主画面显示整个车间的工艺流程,从车身车间入口到总装车间按功能划分工位,显示各工位数据信息,如缺车时间、堵车时间、生产停止开关和安灯造成的停线时间、其他因素停线时间、通过某工位的车体数量等,另外还有离线电泳打磨、离线中涂打磨、离线点修补的进、出车体数量、大返修的车体数量、统计当班的生产时间和一次合格率统计等。

②AVI 系统主画面。显示车间中各个 AVI 站的实时数据信息(读取的条码信息和读取时间)、各 AVI 站的工作状态(OK、ERR、R/W)、条码位置(所在设备号)、该位置是否有车的信息等。

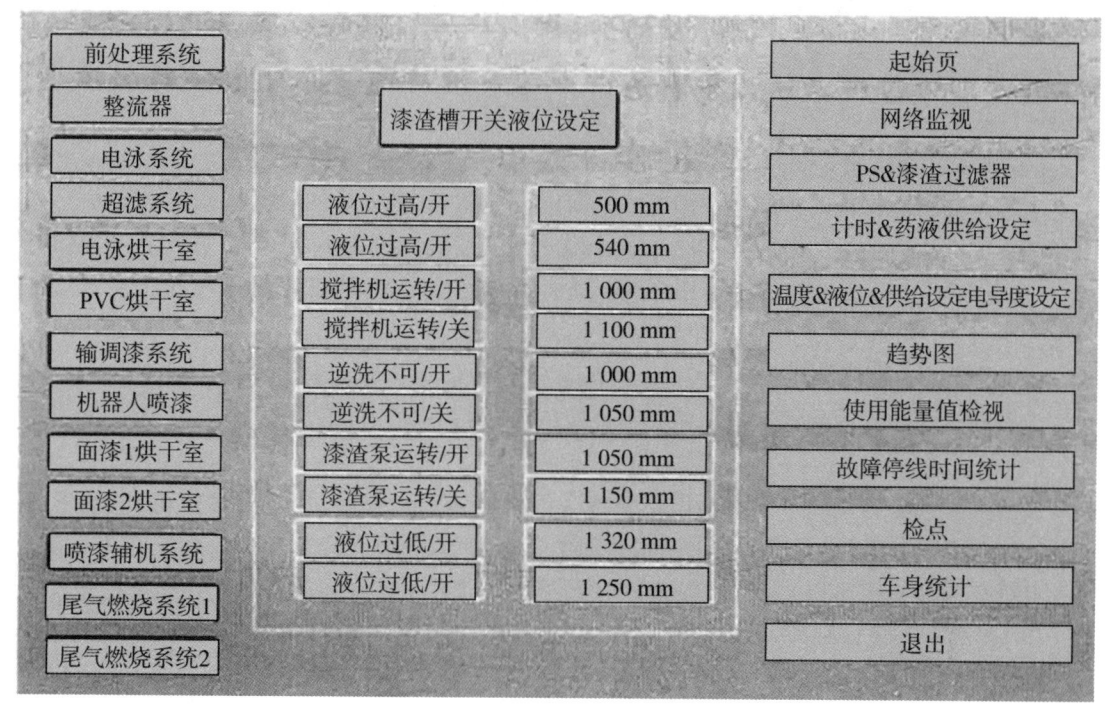

前处理系统		起始页
整流器	漆渣槽开关液位设定	网络监视
电泳系统		PS&漆渣过滤器
超滤系统	液位过高/开　　500 mm	计时&药液供给设定
电泳烘干室	液位过高/开　　540 mm	
PVC烘干室	搅拌机运转/开　1 000 mm	温度&液位&供给设定电导度设定
输调漆系统	搅拌机运转/关　1 100 mm	趋势图
机器人喷漆	逆洗不可/开　　1 000 mm	使用能量值检视
面漆1烘干室	逆洗不可/关　　1 050 mm	故障停线时间统计
面漆2烘干室	漆渣泵运转/开　1 050 mm	检点
喷漆辅机系统	漆渣泵运转/关　1 150 mm	车身统计
尾气燃烧系统1	液位过低/开　　1 320 mm	退出
尾气燃烧系统2	液位过低/开　　1 250 mm	

图 7-49　监控系统主画面

(2) 前处理设备画面。

① 总布置图。按现场工件实际运行顺序显示出该设备的所有功能模块的数据信息,如槽体液位、槽液温度、室体的送排风运行状况、摆杆输送链的运行状况、设备的报警信息、整个设备中的车体数量,以及一些相关设备的运行状况。

② 原理图。根据设备的管路走向图显示在 PLC 中有信号的泵、阀的运行状况及设备中关键部分的浊度仪、电导率仪的数据信息。

(3) 电泳设备(包括电泳周边设备:纯水设备、超滤设备和冷冻设备等)。

① 总布置图同前处理总布置图。

② 电泳设备。按电泳设备布置图,现场工件实际运行顺序显示该设备的所有功能模块数据信息,如槽体液位、槽液温度、室体的送排风运行状况,以及设备报警信息、设备中的车体数量等设备运行信息。通过画面监控,及时了解电泳过车全过程,对过车中的重点信息进行提示,如电泳槽的液位、温度、整流电源高压段电压、整流电源低压段电压等,并可针对以上参数建立历史记录,为报表查询提供数据。

③ 纯水设备。根据设备的管路走向图显示在 PLC 中有信号的泵、阀的运行状况,水箱的开关量液位报警信号的显示及设备中关键部分的流量计、电导率仪、pH 计、压力变送器等数据信息。

④ 冷冻设备。设备的管路走向图显示在 PLC 中有信号的泵、阀、冷水机的运行状况及水池的液位、水的温度等数据信息。

(4) 烘干设备画面。

① 总布置图。显示各烘炉的温度、炉内车体数量、天然气工作状况及报警信息等。

②烘干炉。设备的平面布置图显示该烘炉的工作状况、天然气的高低压报警、泄漏报警信息、焚烧炉工作状况、各区风机运行状况、设定温度值、实际温度值以及在 PLC 中有信号的各种阀门运行状况等。

(5) 涂装设备画面。

①总布置图。设备的平面布置图显示各泵的运行状态、刮渣机的运行状态等相关信号。

②集中供漆。设备的平面布置图显示各罐的开关量液位报警信号、管路中气温、水温的报警信号、在 PLC 中有信号的泵、阀的运行状况、液压站油位状态、粗细密封各段的加温、超温信号等。

(6) 空调送排风设备画面。

设备的平面布置图显示送排风机和喷淋泵的运行状态及相关信号等。

(7) 机运系统画面。

设备的平面布置图显示滑橇输送系统各区的单链、双链、移行机、旋转移行机、电动滚床、旋转滚床、升降机等设备的运行状态、前处理电泳摆杆链的运行状态及机运系统的报警汇总等。此外还需要显示小修室、大返修路线、质量检查等工位上的设备运行状况和报警信息。

(8) 车间生产统计画面。

①班制统计。以天为单位显示各班制的每小时产量、实际工作时间、计划产量、实际产量、停机总时间等。

②车间统计。将整个车间按工艺流程分成若干个连续的单元块，如前处理到电泳、密封到中涂、中涂打磨到面涂等，显示各块的当前车体数量，同时显示电泳烘房、密封胶烘房、面涂烘房的当前车体数量，电泳空滑橇、涂装空滑橇的当前车体数量。

(9) 控制柜状态画面。

显示整个涂装车间 PLC 网络系统里每个控制柜的工作状态，如自动、手动、报警，以及各个现场操作站的工作状态。

(10) 报警汇总画面。

显示整个车间设备的报警信号。

(11) 滑橇站车身信息采集并远程录入 RFID 信息。

(12) 电泳滑橇的锁紧和解锁状态的远程监控。

3. 安灯系统

安灯系统是指分布在车间各处的声光报警系统和信息管理工具，用于收集生产线相关设备信息。安灯系统可以实现车间区域的可视化控制。每个设备或工作站都配备一个呼叫灯。如果生产过程中出现问题，设备会自动开灯（操作者也可以手动开灯）。汽车涂装生产线包括数百个工位，如果一个工位出现故障，操作人员必须停止整条生产线。安灯系统可以及时解决生产过程中的问题。安灯控制系统由前处理线、电泳线、电泳抛光线、底板打胶线、密封线、面漆线、面漆检测线、面漆修复工段、注蜡线、办公室和中控室等组成。

4. 涂装车间生产管理系统主要功能

涂装车间生产管理系统通过工业互联网构建设备、人、物、信息系统的核心网络，实现实时感知、车间相关数据传输分析，形成科学决策，实现智能控制，降低生产成本为企业提高生产效率。涂装车间生产管理系统分为以下两个部分。

(1)物料管理系统。可以控制大型汽车厂原材料的数量、质量和位置,如果材料低于阈值,物流系统会提醒提供适当的材料。

(2)能耗控制系统。用于烘干炉、工艺空调、废气处理和 HVAC 的天然气流量监测、预处理电泳的热水流量监测、废热回收和预处理电泳监测、温度控制系统、用于干燥系统流量控制的喷漆室及喷漆房系统、工艺水流量控制、预处理电泳功率控制、机器人、废气处理系统、暖通空调系统和照明系统的工作线清洁水流量、控制单个设备的能耗等,也可以进行风机、电机、机器人、燃烧器、油漆循环泵和大功率照明的监测。可导出各时段、各设备能耗报表,可按班次、日、周、月、年等方式导出能耗报表,可显示相关能耗趋势到设备的操作。对时序图进行分析,可以计算出单个单元的能耗,并与目标值进行比较。

(三)车身涂装自动化机器人

机器人喷涂使喷漆间不需要手工进行作业,从而使喷漆间自动化程度得到了提高;适合于循环送风的湿式除渣系统,采用自动滴加技术加入各种助剂,如絮凝剂、浮渣剂、pH 调节剂等,使系统能够精准平稳地工作,更适用于智能控制。

在实现自动喷涂、自动送风、湿渣、输送系统等自动化系统的同时,实现了各项工艺参数、生产信息的系统联网。随着喷漆技术的简化和智能化的发展,喷涂生产的智能化与生产工艺的结合越来越紧密,相信用不了多久,喷涂就会成为一个巨大的智能化工厂。

1.机器人在汽车喷涂中应用

在汽车涂装工艺中,喷涂机器人的应用越来越广泛,其显著的优点是可以同时在同一生产线上混线生产多种车型,提升了涂装的自动化程度及生产效率,其 6 轴或 7 轴的运动轴系比传统的往复机和自动喷涂机更灵活。焊装完成的白车身经过涂装车间前处理、电泳等工艺后,还要经过中涂和面漆及罩光等工艺阶段,才能使汽车车身拥有漂亮的油漆外观。中涂和面漆及罩光的喷涂任务可以由机器人喷涂系统来完成,如图 7-50、图 7-51 所示。

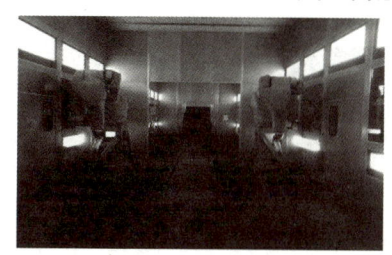

图 7-50 中途面漆喷涂   图 7-51 罩光喷涂

2.机器人喷涂系统组成

机器人喷涂系统由以下部分组成:车型识别及信息传递部分、位置跟踪部分、油漆供给及喷涂控制部分、机器人运动控制部分、联锁控制部分、机器人喷涂系统中央控制部分和安全保护部分等。

(1)车型识别及信息传递部分。车型识别及信息传递部分主要作用:该系统能够自动识别或人工输入待喷涂车身的车型及颜色等信息,并将该信息与数据库定义参数进行比较,确认符合后将喷涂参数传递给机器人。

主要配置车型识别装置(见图 7-52):该装置主要由两组相同高度的光电开关组成,一组为发射端,另一组为接收端。每组光电开关中各光电开关的高度对应车身的不同部位。当滑橇碰到车型识别行程开关后开始进行检测,由于车身形状不同,光电开关被挡住的时间长短随不同车型有所不同。检测完毕后系统自动将各光电开关被挡住的距离与喷涂数据表中的设定值进行比较,由此确定车型。

手动输入装置(见图7-53):在喷漆房入口设置人工车型/颜色输入台。

图 7-52 主要配置车型识别装置

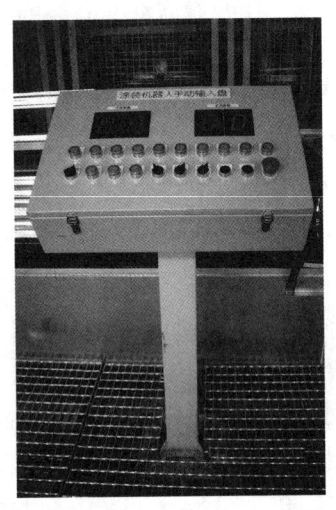

图 7-53 手动输入装置

(2)位置跟踪部分(见图7-54)。在输送链的驱动轴上装有编码器,编码器旋转时产生脉冲信号,该脉冲信号传递给机器人控制柜和PLC的高速计数器。由于每个脉冲对应的移动距离为固定值,根据检测到的脉冲数即可计算出车身移动的具体距离。这样就检测到车身的具体位置信息,实现机器人对车身的位置跟踪。

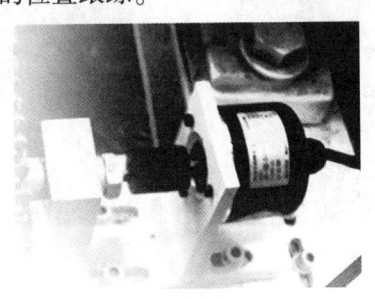

图 7-54 位置跟踪部分

(3)油漆供给和喷涂控制部分。其主要作用是按车型颜色供给机器人相应颜色的油漆并实现颜色实时更换,按喷涂参数进行油漆喷涂。

油漆供给和喷涂控制部分主要配置:油漆供给及喷涂控制部分由气动控制柜、换色阀、齿轮泵及电机、静电喷杯(喷枪)、油漆、溶剂及空气供给管路、流量、雾化压力、成形空气压力和高电压调节系统组成。喷涂控制电气部分(见图7-55)主要集成在AP柜中,气动部分在机器人手臂上。

图 7-55　喷涂控制电气部分

主空气入口设置数显压力开关,用来显示入口空气压力并在压力低时产生报警。主空气进入气控柜后一路直接连接到喷杯气动轴承处,另一路又由球阀分成两路,一路接到机器人控制柜,供给机器人防爆空气;另一路进入分气罐。

换色阀由一组模块组合而成,每个模块可以对两种颜色进行换色。

静电喷杯(喷枪):目前轿车面漆自动喷涂系统一般采用高压静电旋杯+高压静电旋杯的方式进行喷涂。

流量控制:车身的不同部位要求喷杯的油漆吐出量不同,机器人工作时在车身的不同部位调用不同的喷涂参数,包括吐出量等。该参数通过控制系统数模转换模块输出一个模拟量。该模拟量输出给控制齿轮泵电机转动的变频器,通过调节变频器即可控制齿轮泵(见图 7-56)的转速,不同的转速对应不同的流量,从而实现流量控制。

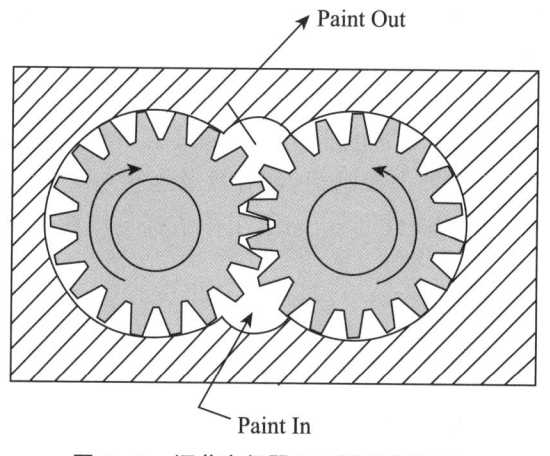

图 7-56　调节变频器即可控制齿轮泵

喷杯转速控制:喷杯转速参数通过控制系统相应换算后输出一个数字量。该数字量通过气动控制柜内的数模转换模块输出一个模拟量。该模拟量用来控制调节阀,通过调节喷杯驱动空气压力即可实现喷杯转速调节。喷杯转速信号同时作为控制系统的反馈量,以实现闭环控制。

成形空气压力控制:喷杯成形空气压力参数通过控制系统进行相应换算输出一个数字量。该数字量通过气动控制柜内的数模转换模块输出一个模拟量。该模拟量直接输出给调节阀,通过控制调节阀的模拟量输入值即可实现成形空气压力控制。成形空气压力作为反馈值以实现闭环控制。

高电压控制(见图7-57):与上述调节类似,高电压参数经PLC换算输出一个数字量。该数字量经远程数模转换模块输出一个模拟量。该模拟量输出给气动控制柜内的高压发生装置,此装置根据该模拟量输出一个高电压给喷杯。高电压及电流反馈值经高压发生装置换算,将换算值输出给模数转换模块,作为高电压及电流的反馈值以实现闭环控制。

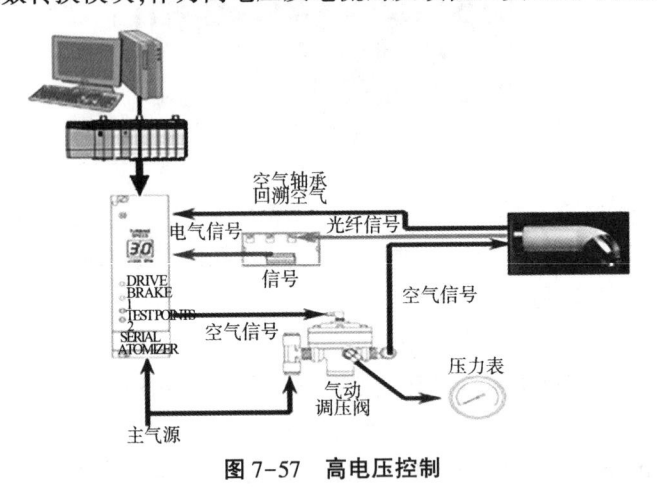

图7-57 高电压控制

(4)机器人运动控制部分主要作用:按照车型信息及喷涂参数表的规定动作,与其他部分协同作业,实现自动喷涂运动。

机器人运动控制部分主要配置:喷涂机器人采用6轴伺服防爆喷涂机器人。机器人的所有轴均由交流无刷伺服电机提供动力。这些电机的设计遵循完全封闭及完全自冷的原则。机器人通过该设计避免了干扰信号传入通信系统。交流伺服系统设计具有保护及警告电路功能,可以保护机器人及伺服电机免遭过电压、过电流或不正确操作的损害和能源浪费。

运动控制系统由机器人、机器人控制柜、示教盘及连接电缆和轨迹跟踪系统组成。机器人、控制柜、示教盘是运动系统的硬件部分,轨迹跟踪系统是机器人的运动控制核心。运动控制系统如图7-58所示。

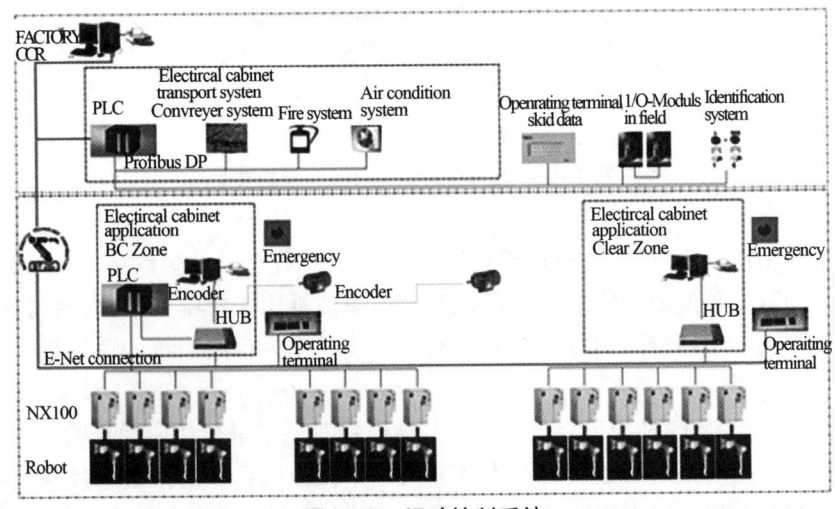

图7-58 运动控制系统

(5)轨迹跟踪系统(见图 7-59)。在进行机器人示教时,把将要进行喷涂的车身分割成若干块,记录当前脉冲和位置值,停喷时机器人同步随行,到达命令位置继续喷涂。

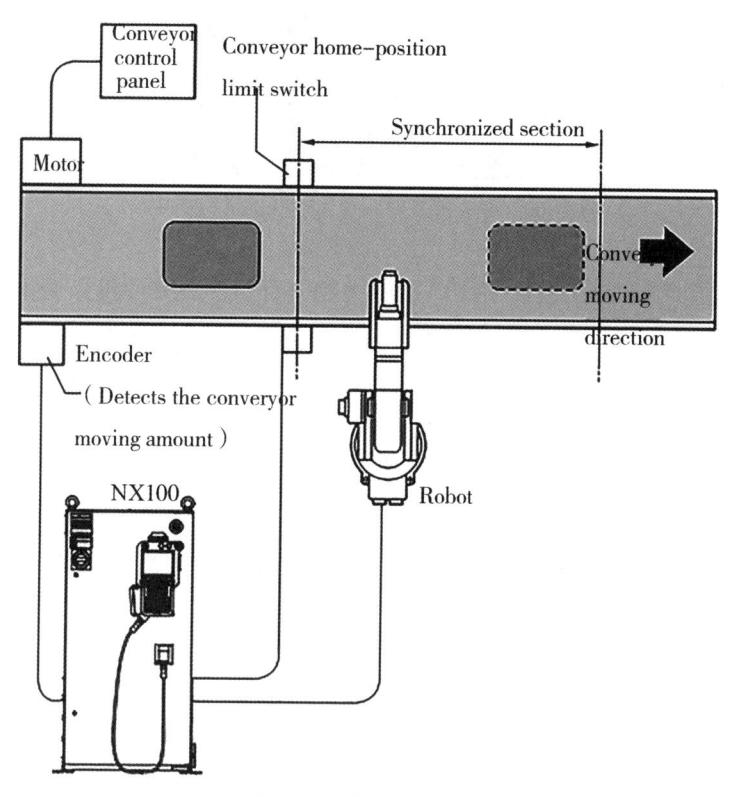

图 7-59 轨迹跟踪系统

(6)中央控制部分主要作用:在机器人喷涂系统中,中央控制部分通过各种总线及网络通信,收集各部分的相关信息并进行综合处理。它严格按照规定的程序对各部分发出控制指令,及时反馈并修正,使各部分安全有效地协同作业。

中央控制部分主要配置:中央控制部分包括主控柜、操作柜、人机界面、工控机及控制软件、现场总线网络和以太网等。

现场总线网络:中涂、面涂和罩光清漆各有一套远程控制系统,每套远程控制系统由现场总线网络组成。现场总线网络传输机器人控制柜内部的相关信息,包括车型信息、喷涂表调用、开关枪及机器人状态信息。该网络不仅传输各喷涂控制的开关量(I/O)信号,同时传输喷涂参数中的喷杯驱动空气压力,喷杯成形空气压力和高电压等模拟量值,还传输反馈信号。

以太网:用来传递机器人的作业信息和喷涂表里的参数信息等。控制系统采用以太网高速传送喷涂参数及机器人作业信息。控制系统还可以通过网络模块与现场控制总线相连,通过网络传输将现场信息传递给中控室计算机。这样就能够在中控室对系统运行状况进行监控,如图 7-60 所示。

图 7-60　在中控室对系统运行状况进行监控

(7) 机器人监控系统画面(见图 7-61)。中央控制部分采用 PC 机作为上位机,采用组态软件制作人机界面,能够实时监控生产线各部分的信息,并对不同车型、不同颜色分别累计产量,便于生产管理。机器人监控系统能够创建和保存喷涂参数表,以便自动识别车型,并根据输入的喷涂颜色及流量自动完成换色和喷涂作业。

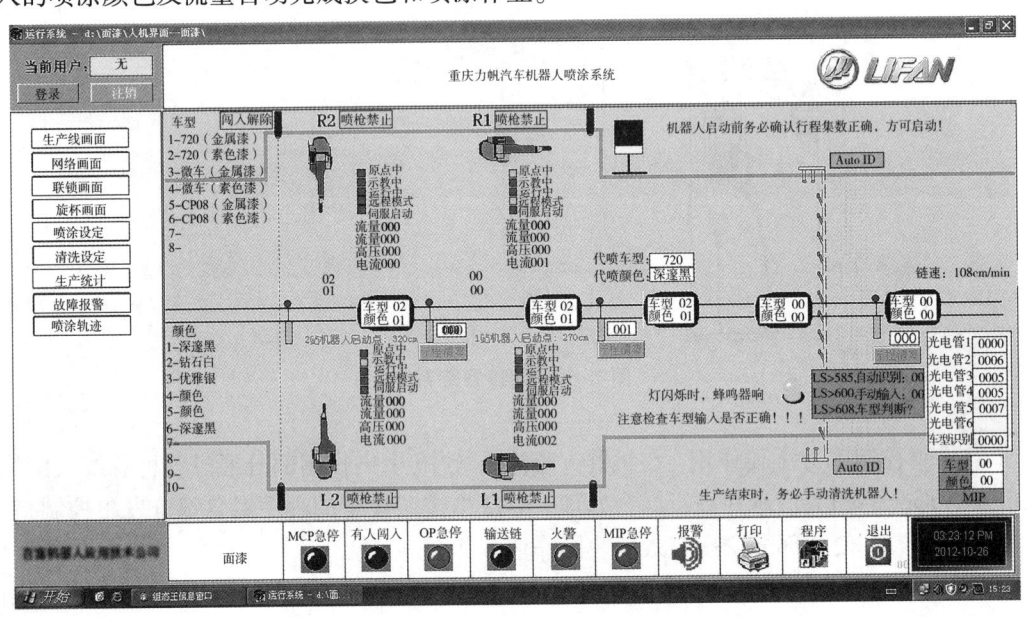

图 7-61　机器人监控系统画面

(8) 安全保护部分。机器人动作速度较快且体积较大,一旦碰到人将会发生严重的人身伤害。另外喷涂区域内存在高压静电,如不慎触电,也会发生安全事故。机器人喷涂系统要求在自动运行状态下严禁人员出入机器人喷涂工位,同时也配备较为严密的安保措施。例如,在喷房入口处设置防爆高压显示指示灯,当系统高压启动时,该指示灯点亮,表示高压启动,严禁人员进入;在进入喷房的入口处设置安全销及急停按钮,人员由该门进入喷房时必须将安全销拔下方可进入,拔下安全销时系统产生急停报警,机器人停止动作;当人员由车身进入口进入时,喷房入口及出口处设置出入禁止光电管,在自动待机状态下有人员进入时,光电管被挡住后发出信号给安全控制系统,系统产生急停报警并停机;在车门没有关好的状态下,车身进入喷房时,喷房入口处设置的开门检测行程开关动作,车门未关报警发生,输送链停止行进;由于误动作或不慎碰到喷杯或喷枪时,当碰撞冲击超过一定值时,机器人与喷杯联结处的塑料螺栓首先断裂,该处密封的压缩空气无法保持设定压力,产生喷枪断裂报警,系统停机,该保护系统可以使喷杯在一定的外力作用下,连接处最薄弱的环节首先断裂,从而避免直接损害喷杯。另外,机器人工作的喷漆室为易燃易爆场所,机器人通过密封正压的防爆空气来实现电气系统与危险场所的隔离。

机器人喷涂系统运用了当代比较先进的科学技术,其中包括:电机的变频、伺服驱动技术,气动控制技术、光电控制技术、现场总线技术、PLC 控制技术和计算机控制技术等。机器人依靠这些技术手段,通过示教操作后严格执行预定的程序,就能够较好地完成人们需要反复做的各种动作,从而为人们服务。但是,这类机器人并非智能型机器人,要让这些机器人更好地工作还需要较高水平的工程技术人员来维护和管理。

第四节 智能制造技术在汽车总装工艺中的应用

一、汽车总装工艺

(一) 汽车总装定义

汽车总装是整车制造的最后一道工艺。车身经过冲压、焊装、涂装后进入总装车间。总装车间以车身为基本骨架,进行底盘、发动机、电子产品等整车零部件的装配。总装车间的核心是总装组装生产线。总装车间的组装生产线通常可以同时生产不同规格、颜色、型号的多种车型。

汽车总装配(包括调整和检测)作为汽车生产的最后一道工序,它的生产线由一系列输送设备构成,并配置许多装配台架、工位器具、起重运输设备、加注设备、打号设备和电动、气动工具,通过各个作业位置(工位)工人相对独立的工作内容完成整车的装配,在装配过程中,每个工人的装配客观上起到了对所装配零部件质量最终检查的作用;同时由于汽车生产是一个复杂的过程,只有各个部门、单位协调工作,才能保证生产的有序进行,因此装配又可以及时发现生产过程中的薄弱环节。在总装配的最后环节,还要对汽车进行各项严格的检查、调整和检测,其中包括废气排放检测、灯光检测、四轮定位检测、整车密封性检测,以及在标准试车道路上的路试。

由于汽车结构的复杂性和装配的多样性,对于汽车的整个装配过程,应该设计合理的工艺流程,制定完善的工艺文件,配备足够并适用的设备和工具,再加上熟练的工人,来满足生产的需要,同时通过对装配质量的实时监控,及时发现装配过程中存在的质量问题,积极整改,使汽车装配质量和汽车整车质量得到提升。

(二) 汽车总装工艺流程

根据整车产品结构的不同,总装生产线分为承载车身装配线和非承载车身装配线。承载车身装配线一般由内饰线、底盘线和最终装配线组成;非承载车身装配线一般由驾驶室(或车身内饰)装配线、底盘线和最终装配线组成。总装生产线不仅是一条物流线,还是所有汽车零部件物流的终点。如图 7-62 所示为汽车组装的一般工艺流程。

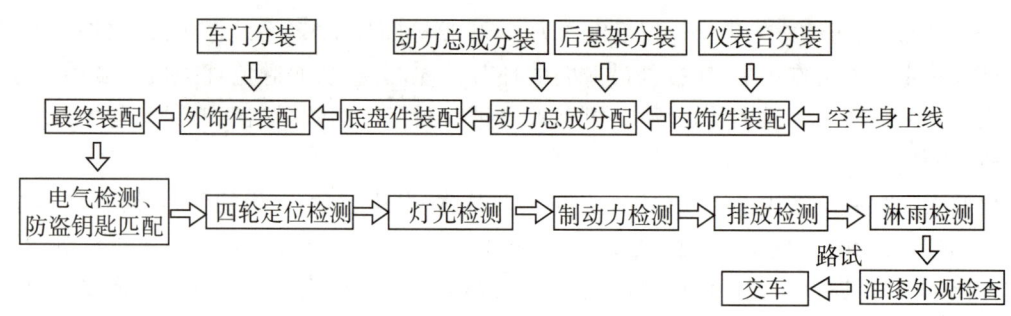

```
  车门分装        动力总成分装   后悬架分装   仪表台分装
     ↓              ↓             ↓           ↓
最终装配 ← 外饰件装配 ← 底盘件装配 ← 动力总成分配 ← 内饰件装配 ← 空车身上线
  ↓
电气检测、    → 四轮定位检测 → 灯光检测 → 制动力检测 → 排放检测 → 淋雨检测
防盗钥匙匹配                                                 路试 ↓
                                              交车 ← 油漆外观检查
```

图 7-62 汽车组装的一般工艺流程

在汽车总装配流水线的设计上，为了满足整个流水线的节拍需要，在主线以外，通常还会设立数个零部件分总成的分装点，如发动机总成分装、仪表台总成分装、油箱总成分装等，分装完毕后，通过人工搬运或悬挂输送装置送到主线相关工位进行装配。

在生产力水平和技术能力达到一定程度的时候，还可以考虑在流水线上增加机器人来完成某些工作，如前后风窗玻璃、仪表台、轮胎的安装，以减轻工人劳动强度，提高汽车装配节拍和自动化程度。

(三)汽车总装工艺考虑因素

汽车总装工艺应遵循先进、合理、经济、可靠的原则，达到良好的综合效果。具体要考虑以下几个方面：

(1)要满足产品结构要求和整车技术条件。

(2)要选用与产量相匹配的先进、成熟的工艺方法和设备，达到满足生产纲领、保证产品质量、投资少收效快、长期综合经济效益好的目的。

(3)要有一定的产品变化和产量变化的适应能力。

(4)工时定额制定要合理。根据限定的工艺设备和装备，使熟练的操作人员，用正常的操作速度来选定工时定额，并适当留有余地。

(5)车间工艺平面布置要综合考虑总装配线、操作人员操作空间、零部件总成存放空间和通道的合理性，操作人员作业位置的布置要有利于操作人员操作，做到疏密有致、均衡。

(6)各个作业位置的操作人员工作量要力求均衡，且不超过生产节奏时间。

(7)要考虑生产安全卫生和减轻操作人员劳动强度。

(四)汽车总装要求

(1)汽车装配必须严格按照产品设计图样(无图样时按样件)、各有关标准、装配工艺及本守则的要求进行装配。

(2)装配的零部件(含自制件)必须具有检验合格证，安全件必须是经国家"3C"认证的厂家产品，并贴有"3C"认证的标志。

(3)首次供货装配或经更改设计首次装配的零部件(含自制件)，除按零部件确认检验规程检验外，还必须经试装评审认可，方能进行装配。

(4)装配前应对零部件进行检查和清理，杜绝不合格和不清洁的零件混入装配。

(5)装配环境必须清洁，装配工作场地(含工具箱等)应符合"5S"要求。所谓"5S"是整理(Seiri)、整顿(Seiton)、清扫(Seiso)、清洁(Seiketsu)和素养(Shisuke)这5个词的缩写。

(6)在装配作业中,零件应轻拿、轻放,不得磕碰、划伤,严禁为求加快装配速度而过度锤击零件,应做到文明装配。

(7)操作人员的衣着应注意不使钥匙等坚硬物外露,做到谨慎操作,避免划伤车身油漆表面。

(8)装配生产线的装配工,在工序装配作业完成后,应将本工序的装配质量状况填写在装配质量责任卡上,并签名或盖章,安全件、关键件、重要件的生产厂厂名填写在总装厂关键零部件批次管理看板上,以便追溯。

(五)总装常用的连接方法

总装常用的连接方式有:螺纹连接、销连接、键连接、过盈连接、铆接、黏接、插接、固定扣连接和扎带连接等。

1. 螺纹连接

螺纹连接是一种广泛使用的可拆卸固定连接,具有结构简单、连接可靠、装拆方便等优点。常见的连接方式如下:

(1)普通螺栓连接。被连接件不太厚,螺杆带钉头,通孔不带螺纹,螺杆穿过通孔与螺母配合使用。装配后孔与杆间有间隙,结构简单,装拆方便,可多次装拆,应用较广。

(2)精密螺栓连接。装配后无间隙,主要承受横向载荷,也可作定位用,采用基孔制配合铰制孔螺栓连接。

(3)双头螺栓连接。螺杆两端无钉头,但均有螺纹,装配时一端旋入被连接件,另一端配以螺母。适于常拆卸且被连接件较厚的情况。拆装时只需拆螺母,而不需将双头螺栓从被连接件中拧出。

(4)螺钉连接。适于被连接件较厚的情况,不需经常装拆,且一端有螺钉头,不需螺母,适于受载较小的情况。

(5)紧固螺钉连接。拧入后,利用杆末端顶住另一零件表面或旋入零件相应的缺口中以固定零件的相对位置。可传递较小的轴向力或转矩。

2. 销连接

销是标准件,可用来作为定位零件,用以确定零件间的相互位置;也可起连接作用,以传递横向力或转矩;或作为安全装置中的过载切断零件。销可以分为圆柱销、圆锥销和异形销等。圆柱销依靠少量过盈固定在孔中,对销孔的尺寸、形状、表面粗糙度等要求较高,销孔在装配前需铰削。装配时,在销上涂上润滑油,用铜棒将销打入孔中。销连接在使用时应注意以下问题:

(1)圆柱销的孔钻铰后应符合图样公差配合要求,其中心与平面垂直。

(2)圆锥销的孔钻铰后清理干净,圆锥销涂油脂后方可装入。

(3)贯通的圆锥销其中心必须通过轴中心且垂直。

(4)定位销的端面一般应该突出零件表面。

(5)销钉在安装时不得用铁锤直接锤击,应选用适当的砸销工具。

3. 键连接

键连接是通过键实现轴和轴上零件间的轴向固定以传递运动和转矩。键连接可分为平键连接、半圆键连接、楔键连接和切向键连接。键连接在使用时应注意以下问题:

(1)装键前,清除键槽锐边,普通平键装在轴上时,必须保持紧密配合,不许修锉键有配合的两个侧面。键与轴键槽底相接触时,键与轮毂键槽两侧面应均匀接触,其配合面不得有间隙,过紧时可修整轮毂键槽。

(2)钩头键、楔形键装配后,其接触面积应不小于工作面积的70%。

(3)间隙配合的键或花键装配后,相对运动的件沿轴向移动时,不得有松紧不均匀现象,花键接合面不得有划痕、擦伤等。

(4)花键连接的定位面不许有划痕和擦伤等缺陷。如有轻微划伤可用细锉及细砂布进行修复。

(5)影响机器精度的花键配合应按设计、工艺技术要求装配。

4. 过盈连接

过盈连接是利用零件间的配合过盈来实现连接。这种连接结构简单,定心精度好,可承受转矩、轴向力或两者复合的载荷,而且承载能力高,在冲击振动载荷下也能较可靠工作;缺点是接合面加工精度要求较高,装配不便,虽然连接零件无键槽削弱,但配合面边缘处应力集中较大。过盈连接主要用在重型机械、起重机械、船舶、机车及通用机械,且多用中等和大尺寸机械。

5. 铆接

铆接即铆钉连接,是利用轴向力将零件铆钉孔内钉杆墩粗并形成钉头,使多个零件相连接的方法。铆接时应注意以下问题:

(1)铆钉的材料、规格尺寸必须符合设计要求,铆钉孔的加工应符合标准规定。

(2)铆接时不得损坏被铆接零件的表面状态,也不得使被铆接的零件变形。

(3)一般铆接后不得出现松动,铆钉的头部必须与被铆接零件紧密接触,并应光滑圆整。

6. 黏接

黏接又称胶接工艺。利用黏结剂把被粘物连接成整体的操作工艺。黏接是连续的面积连接,可以减少应力集中,保证被粘物的强度,提高结构件的疲劳寿命。黏接特别适用于不同材质、不同厚度,尤其是超薄材料和复杂结构件的连接。黏接时应注意以下问题:

(1)装配过程中,粘贴胶面不应接触到操作人员的手、衣服、手套等。

(2)装配后,应用力均匀按压黏贴件,对标示牌、警告牌和胶贴等零件应用专用工具压平,使整个胶面与黏贴面黏接牢固。

(3)经过预处理的零件应立即进行黏接。

(4)黏接时黏结剂应涂得均匀,黏接的零件应注意定位。

(5)黏贴件不得拆卸后重复使用。

(6)黏结剂必须符合设计及工艺要求,黏结剂必须在有效期内。

(7)涂胶后按压时,一定要垂直和保持中心,以免滑动。

(8)在涂胶过程中,避免直接用手接触胶剂,应防止胶剂溅在产品的非黏接部位。

(9)黏接后应清除多余的黏结剂。

(10)采用自贴形式进行黏接时,黏贴部位应先清除灰尘、油迹,黏贴后应压实,不得产生气泡、翘曲、无鼓起、起皱现象。

(六)保证总装装配精度的方法

汽车制造中,保证装配精度的装配方法有互换装配法、选择装配法、调整装配法和修配装配法,其中互换装配法又分为完全互换装配法和大数互换装配法。

1. 互换装配法

互换装配法是在装配时,各配合零件不经选择、调整或修理即可达到装配精度的方法。互换装配法的实质就是通过控制零件的加工误差来保证装配精度。

完全互换装配法的优点是:可保证零部件的互换性,便于组织专业化生产;备件供应方便;装配工作简单、经济,生产率高;便于组织流水装配及自动化装配,对装配工人的技术水平要求不高;易于扩大再生产。由于这些优点,完全互换法成为保证装配精度的先进装配方法,被广泛应用于各种生产类型的汽车装配中。

汽车的部件或总成的装配精度,是由设计人员根据其使用性能规定的。设计人员在绘制零件图时,必须合理地确定零件有关设计尺寸的公差和极限偏差,这种计算属于公差设计计算。工程上确定组成环公差有相等公差法和相同等级法等多种方法,其中常用的是相等公差法。

2. 选择装配法

选择装配法是在成批或大量生产中,将产品配合副经过选择进行装配,以达到装配精度的方法。在成批或大量生产条件下,若组成零件数不多而装配精度很高时,如果采用完全互换法,会使零件的公差值过小,不仅会造成加工困难,还会超过加工的现实可能性。在这种情况下,就不能只依靠零件的加工精度来保证装配精度。这时可以采用选择装配法,将配合副中各零件的公差放大,然后通过选择合适的零件进行装配,以保证规定的装配精度。选择装配法按其形式不同可分为3种:直接选配法、分组装配法和复合选配法。

(1)直接选配法。直接选配法在装配时,由装配工人直接从待装配的零件中选择合适的零件进行装配,以满足装配精度。如发动机活塞环的装配,为了避免工作时,在环槽中卡死,装配工人凭经验直接挑选合适的活塞环进行装配,来保证装配精度。

这种装配方法的优点是简单,装配质量在很大程度上取决于装配工人的技术水平,而且工时分配也不稳定,不适用于生产节拍要求严格的流水装配线。

(2)分组装配法。分组装配法是在成批或大量生产中,将产品各配合副的零件按实测尺寸分组,装配时按组进行互换装配以达到装配精度。对于装配精度要求很高的情况,各组成零件的加工精度也很高,使得加工成本较高,甚至无法满足加工要求。例如,发动机活塞销和销孔的配合,技术要求规定,在冷态装配时应有 0~0.005 mm 的过盈量。若用完全互换法装配,则活塞销和销孔各自的加工公差分配非常小。若按平均分配,则销和孔的公差各为 0.002 5 mm,如此小的公差,将给机械加工造成极大困难。

分组装配法的优点是降低了零件加工精度的要求,仍能获得很高的装配精度,同组内的零件具有完全互换的优点。其缺点是增加了零件的测量、分组工作,增加了零件存储量,并使零件的储存、运输工作复杂化。

分组装配法只适用于大批大量生产中,组成件数目少而装配精度要求高的场合。柴油机的柱塞偶件、针阀偶件、出油阀偶件等精密偶件都采用分组装配法,大量生产的滚动轴承也采用此种装配法。

(3)复合选配法。复合选配法是上述两种方法的复合。其先把零件测量分组,装配时再在对应组零件中直接选择装配。

复合选配法吸取了前述两种装配法的优点,既能较快地选择合适的零件进行装配,又能达到理想的装配质量。发动机气缸进出气孔与活塞的装配大都采用这种装配方法。

3. 调整装配法

调整装配法是用改变可调整零件的相对位置或选用合适的调整件来达到装配精度的方法。根据调整件的不同,调整装配法又分为可动调整装配法和固定调整装配法。该方法用于组成件数比较多且装配精度要求高的场合。

调整装配法的优点是能得到较高的装配精度;在采用可动调整时,可达到理想的精度,而且可以随时调整由于磨损、热变形或弹性变形等原因所引起的误差;零件可按加工精度确定公差。其缺点是应用可动调整装配法时,往往要增大机构体积,当机构复杂时,计算繁琐、不准确;应用固定调整装配法时,调整件需要准备不同的规格,增加了零件数量和制造费用。

(1) 可动调整装配法。可动调整装配法是用改变预先选定的可调整零件产品中的相对位置来达到装配精度的要求。

(2) 固定调整装配法。固定调整装配法需预先设置定尺寸调整件,装配时根据需要选择相应尺寸的调整件装入,以达到所要求的装配精度。

调整装配法多用了一个调整件,因此增加了部分调整工作量和一些机械加工量,但就保证整个汽车生产的装配质量来说,却是非常重要的,所以在汽车装配中被广泛采用。

4. 修配装配法

修配装配法是指在装配时修去指定零件上预留的修配量以达到装配精度的方法。各装配件按各自正常生产条件下的加工精度制造,装配时,修去指定零件上预留修配量或就地配制,从而保证装配精度。

修配装配法一般适用于产量小的场合,如单件小批量生产或产品的试制。当装配件数量不多但装配精度要求很高或装配件数量多且装配精度要求高的情况下,采用修配装配法时,关键是正确选择补偿环和确定其尺寸及极限偏差。

(七) 汽车总装工艺的发展趋势

1. 模块化

汽车总装工艺采用模块化设计可以对不同级别车型的众多零部件进行通用标准化生产,同时又可以灵活地搭载其他新技术。制造过程中,采用总装模块化可以减少总装工位线长度和主线装配工时,提高装配效率,扩展装配线的柔性化程度,缩短汽车生产周期。目前的模块化主要有电子控制系统模块化和产品结构模块化两种方向性的模块趋势。

(1) 电子控制系统模块化。随着车联网的科技发展及对信息娱乐需求的增加,出现 ECU (电子控制单元) 集成和标准化趋势,ECU 群的"标准件"功能成为各车型通用的模块,将各种功能细分的 ECU 整合起来,实现一个全车范围内的电子控制系统模块化。比如将传动控制、车身控制、安全控制、驾驶辅助控制、动态底盘控制和多媒体移动互联网服务等标准系统进行模块化大集成。

(2) 产品结构模块化。通过产品多功能结构与各种零部件相互关系的组合,把汽车各子系统产品结构与相互零部件组装集成为大总成模块,可以显著缩短生产线长度、加快生产节拍、优化装配工艺和降低制造成本。目前总装工艺的模块化应用主要有前端模块化、车门模块化、底盘模块化、顶棚模块化、油箱模块化、仪表板模块化、前后保险杠模块化及车轮模块化等。产品结构模块化中最具代表性的是底盘模块化,它融合了目前各种先进的装配工艺技术。

2. 自动化

由于受到人力成本攀升、产品流行周期缩短及制造节拍的影响,汽车总装厂对于自动化的需求趋势日益明显。使用自动化设备可以显著提高产品的质量和装配稳定性,较为典型的采用自动化的工序内容有车轮模块通过轮胎自动分装线完成分装,并通过自动输送线运输至装配工位。自动化分装系统能根据汽车配置自动识别不同规格的轮胎,自动完成轮胎装配和动平衡检测,有效地保证了轮胎分装的品质与生产的稳定性。采用机器人装配轮胎至车身及车轮螺母自动化拧紧技术,满足了可变多轴拧紧及螺栓组半径的柔性化装配需求。提高装配柔性度的同时也提升了产品质量。

3. 加注设备真空化及智能化

制动液、冷却液、动力转向液及空调制冷液等加注设备向抽真空加注、自动检测及自动定量加注等功能集成设备趋势发展,出现了油液二合一以上的集成加注设备的应用。

4. 力矩控制智能化

力矩拧紧广泛采用高精度电动拧紧设备,拧紧技术也从通常的扭矩法转向"扭矩+转角法"或"屈服强度法",从控制力矩间接控制拧紧质量转向直接控制预紧力为目的,具备在线动态力矩控制与监测功能;工厂联网形成力矩数据化网络系统,实时监控拧紧质量、数据储存和追溯、数据信息分析处理等,进行智能统计过程控制(SPC),稳定和提高制造过程控制能力。利用网络化通信模块与单片机控制器相结合,进行信息的交互,设计成一体式智能网络装配控制模块,完成力矩装配的零出错控制。

5. 工装柔性化

总装整体工序中,部分装配工序由于装配空间狭小或零附件复杂等原因导致装配人员出现非常规作业姿势,装配人员人机协作性很差。解决方法:一方面通过采用自动化机器人代替人工装配,另一方面需要在工装或作业手法上进行柔性化设计来提高人机协作性。

二、汽车自动化总装生产线

自动化装配生产线是现代化工业组装生产中不可缺少的一项,尤其是在汽车产业中,自动化装配生产线是使用得最为广泛的。如图7-63所示为汽车自动化组装生产线、如图7-64所示为车门装配生产线、如图7-65所示为底盘装配生产线。

图7-63 汽车自动化组装生产线　　图7-64 车门装配生产线

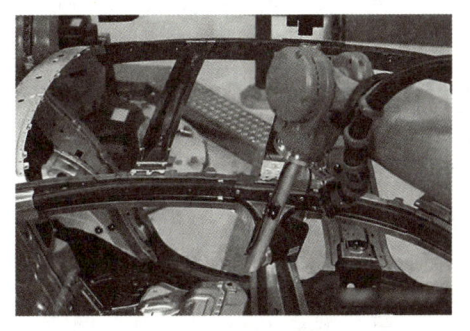

图 7-65 底盘装配生产线

汽车自动化组装生产线是人和机器的有效组合,它将输送系统、夹具、检测设备等组合在一起,以满足多品种产品的装配要求。其传输方式有同步传输(强制式)和非同步传输(柔性式),根据配置的选择实现自动装配。

汽车自动化装配生产线也叫自动化组装生产线,是流水线的一种。其主要分为:动力总成装配生产线(发动机、变速箱、滑柱、副车架等)、底盘装配生产线(前桥、后桥、转向节等)、内饰装配生产线(仪表板等)、车门装配生产线等。

汽车自动化装配生产线工作原理:自动化装配生产线由输送、装配、检测、包装等工艺系统设备组成,各系统设备可由差速线、链板线、皮带线、智能专机等柔性作业设备及 PLC 组合而成。

自动化装配生产线一般采用底板直接异步输送、直接定位的方案,根据工作内容和生产节拍,装配线的机械、控制、气动等系统均采用积木式组合结构,以实现高效生产自动化。

总装工艺是将车身、发动机、变速器、仪表板、车灯、车门等构成整车的各零件装配起来生产出整车的过程。在汽车生产四大工艺中,总装是最终控制产品质量的最后一道工序,把控着车辆出厂前最后关卡,所以总装工艺能力很大程度上决定了产品车的质量和性能。现在的各大总装工艺均以人工为主,随着人口红利消失,劳动力成本持续上升,传统制造业逐渐从劳动密集型转向技术密集型。与此同时,工业互联网带来了人机协作的概念,即人与机器人协同工作,这正迎合了总装工厂对机器人的需求。经过主机厂与装备供应商进行探讨、研发及项目实施并量产,协作机器人在融入实际生产过程中存在的问题也显现出来。为此,各协作机器人厂家应根据实际应用过程中得到的经验及主机厂的需求不断调整产品布局并优化改进产品性能,使人机协作技术更为成熟。

1.汽车总装工厂生产线概况及其对协作机器人的需求

目前,主流汽车的总装工厂为流水线生产,经过涂装工艺的车身需要以一定的方式与线体之间进行定位并跟随线体运行,从而完成装配。车身与线体之间的定位方式由于装配工艺的需求,通常分为 3 种。①车身由涂装工厂传送到总装工厂,分别安装于车身的纵梁和尾端两个 Paint Bar 跟随车身来到总装,由工艺定位孔定位于 Skid 板上的安装架上并进行中心定位;②在车身完成一定阶段的装配工作后,改为吊具运输方式,空中吊具通过 4 个定位工艺孔对车身进行定位,根据吊装质量的不同,在合装之前采用轻载吊具,在合装之后采用重载吊具;③在完成车轮安装之后,车辆便可以被放置于地面之上,此时车辆的装配已基本结束,此后车辆被放置在 ManRider 传送带上进行运输。

汽车总装工艺的大部分工作由于其复杂的环境及任务因素,基本属于劳动密集型工艺,制造缺陷绝大多数来源于人为失误。在工业系统中,工程学条件欠缺不仅损害操作人员的职业健康,还直接影响生产效率和产品质量。带有多传感器的机器人工作站可以完成复杂动作,用以代替人工操作,但是基于工厂安全要求,普通工业机器人必须安装护栏,与操作人员隔离,保证员工安全。协作机器人的目的是将机器人的性能与个人的能力结合起来,个人有很好地解决不精确运动的能力,机器人具有高精度、动力和耐力。机器人与个人的结合作业所组成的工作系统可同时具有高精度、强动力、高耐力和处理不确定因素的能力。

2. 人机协作在工厂的应用

玻璃涂胶是总装工艺中非常重要的环节,涂胶的质量会影响汽车座舱的密封性能和玻璃的黏接姿态,所以为了得到良好的胶形,大部分主机厂会选择机器人涂胶。如图 7-66 所示为总装线后挡风玻璃机器人涂胶工作站,基于工厂安全的需求,该工作站的全部设备需由护栏包围,此区域禁止操作人员进出,占地面积非常大。由于总装线造价十分高昂,所以大量占用线旁空间而只完成单一工作是对资源的浪费。而使用协作机器人来完成涂胶工作,操作人员就可以在其工作区域活动,而不会产生安全问题,如图 7-67 所示为协作机器人三角窗涂胶工作站,操作人员可以进入到工作站中,在 IIWA 机器人执行涂胶动作的同时放置需要涂胶的新零件并取走已经完成涂胶的玻璃,其他操作人员在有需要的情况也可以进入此工作空间。

图 7-66 总装线后挡风玻璃机器人涂胶工作站　　图 7-67 协作机器人三角窗涂胶工作站

协作机器人不仅能节省围栏空间,还可以与操作人员进行合作,完成操作,MINI 汽车的前防撞梁为铆接结构,其组装在动力系统分装线的线旁完成。其由多个动作来完成,如果全部由人工完成,操作人员需要反复拾取和放置拉铆枪,在规定节拍时间内无法完成一个防撞梁的组装且频繁拾取重物会危害人体健康,严重的会产生职业病。而此工作中的一些复杂的工件摆放动作如果由机器人来完成,其成本非常高,所以在工厂不断地重视员工关怀及人机工程学下,应用工业互联网背景下的人机协作技术开发的人机协作零件组装工作站被应用于线旁来完成防撞梁的组装工作。在此工作站中,操作人员完成轻质零件的拾取及放置工作,工作站中的视觉系统定位组装零件的铆钉放置位置,协作机器人在获得铆钉位置后,携带拉铆枪完成拉铆工作。

3. 协作机器人在总装工厂的应用

目前产能最高的单体工厂,生产速度高达 64 辆/小时,其得益于大量的人机协作技术应用。天线罩涂胶大多位于主线的线旁,如采用传统机器人涂胶,则需要配合防护网使用,占用很大的线旁面积且由于防护网阻隔了线旁空间,对线体的整体布局规划非常不利。因此,天线罩涂胶大多采用人工操作,但此工艺操作需要胶型准确,而人工操作并不会像机器人操作那样具有高度的精准性。如果胶形不准,可能会导致胶合时胶水溢出或产生漏水,这可能影响产品车的质量。因此采用无须围栏的人机协作机器人在线旁完成涂胶工作是最佳的解决方案。采用人机协作机器人 IIWA 进行涂胶工作，此涂胶工位结构紧凑且可以由操作人员快速完成天线罩的放置及拾取工作，相比于传动工业机器人涂胶，加快了工作节拍，并节省了加装护栏等设备的成本。同样人机协作机器人也使无防护栏的快速在线检测成为了可能。在仪表分装线，采用 UR 协作机器人进行在线质量检测，既不影响仪表板的正常通行及生产节拍，又不会阻碍操作人员正常的线旁同行。在不对生产线带来任何负担的情况下，高效、高精度地进行质量检测，从而确保产品车的质量与客户的乘坐体验。

4. 协作机器人技术的发展趋势

（1）操作人员的运动路线随机性大，简单逻辑很难完成准确识别，如使用复杂逻辑，会降低机器人的可靠性，而工业机器人的可靠性是目前最重要的评价指标。尤其在总装生产线，任何一台在线机器人的故障，都有可能导致整个主线的停止，进而给企业带来较大的利益损失。据不完全统计，传统工业机器人每年的故障次数约在 1~2 次。

（2）协作机器人的部分安全逻辑会在非标设备安装到现场时进行设置，目前现有的协作机器人的安全逻辑控制较为简单，如果新型安全系统的编辑非常复杂，就会大幅度增加其集成的成本。

（3）新型安全传感器必须控制成本，目前，已有公司就此展开研究，并形成实际产品，但没有通过安全认证。

综上，随着科技的进步和产品的不断成熟，协作机器人将会向传统工业机器人的性能方向发展，并且更加智能化，人与协作机器人会朝着协同工作的方向发展。

三、工业机器人在总装车间应用的难点

1. 生产布局使机器人难以定位

由于汽车产品的生产量、产品结构特点和质量要求不同，所采用的装配组织形式也不同。固定装配是把装配基本件安装在固定的装配工作台上，或者安装在工作地点的固定支架上，由一组工人按照工艺要求，逐个将待装部件安装到基本件上，直到完成汽车产品的装配任务。流水作业装配，即借助悬吊链、滑板链、板链等类型的输送装置，将装配对象从一个装配车位输送到下一个装配车位，按照一定的生产节奏（时间）进行流水作业。当前，批量生产车间多采用流水作业的装配方式，以保证生产效率和产量。由于装配物体随生产节奏流动，加上输送链的左右摆动和前后窜动使其位置不断变化，所以机器人很难与装配物体一起移动或建立稳定的相对位置。

2. 零件多样化导致机器人通用困难

总装配车间需要安装数千个部件，每个部件的形状各不相同，为了夹持固定部件，需要为机器人的每一个部件设计安装专用夹具；一台机器人很难安装多个部件，很难实现通用化和规范化。零件的材料也有很大的差别，不仅包括底盘件、支架、加固件等硬件，还包括线束、拉索、管道、装饰件等柔性零件，这些柔性零件不能像硬件那样固定和安装。挠性部件变形的不确定性也使得机器人无法实现重复定位抓取和安装。

四、工业机器人在总装厂的推广方向

1.提高生产线中组装车的定位精度

因承载装配汽车的输送链吊架或滑板数量众多且尺寸有偏差,所以单靠停车尚不足以实现每个装配汽车的精确定位,还需要对停车机构进行优化和精度提高。如在输送链的移动方向上,由单向停止定位改为双向停止定位,在非移动方向上设置扶正夹紧机构等。上述措施都是将组装车尽可能地通过各种夹具或夹紧机构,固定到设定原点位置。作为机器人,它统一在原点位置对装配体进行相关操作。

由于夹持点数目和夹持机构的刚度有限,其定位精度也有限,因此,对具有更高定位精度要求的车位,应根据实际定位情况进行测量,得到偏差值修正,以进一步提高定位精度。通过设定关键尺寸方向的光栅定位装置或激光测距装置,对夹具位置进行测量,得到其相对于理想原点位置的误差,然后将误差传递给机器人进行修正计算,得到装配体的实际位置。现有的光栅定位和激光测距装置,正逐渐被布置更方便的视觉识别定位装置所取代,通过摄像在装配车体上对至少3个尽可能远的相位点进行拍照,将该相位点与理想原点位置使特征点的相位点相比较,得到该相位点的位置偏差,并根据至少3个相位点的偏差数据计算出该相位点的位置偏差,再反馈给机器人进行修正。

2.机器人本体与工装夹具接口通用性

对于安装多种工件的总装车间,需要设计制作多种工件夹具,一旦其中一种工件被固定安装在一台机器人上,该机器人只能对安装该工件的相应工件进行夹紧,严重限制了其通用性。一些机器人的主体手部安装2至3个夹具,也只在一定程度上提升,但借鉴数控加工中心机床换刀方案,情况却大有改观。机械手本体与各种工装夹具之间的连接设计为通用手接口,形成了标准的模块化设计,如机械手本体作为接口的公端设计,工装夹具作为接口母端设计。该通用接口使机器人能够根据夹具安装零件的需要,与各种工装夹具实现快速自动连接,就像数控加工中心机床根据需要自动更换刀头一样。这种设计思想,在螺栓拧紧机器人方案中,通过通用接口快速更换不同拧紧的轴套,已经有了成熟的应用实践;在移栽搬运机器人方案中,也有许多通过通用接口快速更换托盘,以搬运不同零件的应用实践。

3.感知机器人实现装配要求的闭环控制

为了满足总装厂工件装配工艺条件复杂多变的要求,必须采用机器人感知技术来检测装配过程和结果。最早的机器人只能按照设定的程序或示教轨迹,循环重复动作。伴随着各种传感器技术的发展,机器人可以通过传感器收集角度、位移、速度、加速度、力和力矩等自身内部状态的信息,并且将信号状态转化为机器人自身或机器人之间可以理解和应用的数据、信息,实现对机器人的感知。一旦机器人具有了感知自身状态的能力,它就能根据实时感知到的信息及时调整自己的动作,及时修正出现的偏差,实现对机器人动作过程的闭环控制,达到更复杂的整车装配技术条件。同时,还可以根据设定的加权算法或条件,对螺栓紧固时的力矩、角度等相互影响的技术条件进行实时检测,进行综合判断和模糊判断。

在视觉识别技术不断发展的同时,机器人感知技术也不断提升。对每一个装配式产品来说,传感器所感知到的都是其自身的状态信息,而非装配式产品实际的质量信息,如间隙、角度、方向等,要想对这些信息进行感知和识别,就无法增加传感器,而视觉识别技术解决了这个难题。将 2D 或 3D 摄像机安装在机器人上，利用其对装配产品关键点的摄像，通过视觉识别技术进行测量或与标准照片进行比对，以判断装配产品的真实质量信息，并根据所感知的信息及时调整机器人的动作，修正偏差，实现对机器人动作结果即装配产品最终质量的闭环控制。视觉识别技术已经成为工业机器人感知的重要发展方向，目前已经出现了以机器视觉识别技术代替人工品质检测的应用实例。

五、总装车间的其他控制技术——Andon 系统

丰田提出的 Andon 生产管理工具，在全世界得到了广泛的应用和发展，其功能也从最初的车间生产管理得到进一步发展。

安灯（ANDON）系统是一种现代企业的信息管理工具，Andon 也称暗灯或安灯，原为日语的音译，日语的意思为"灯""灯笼"，在这里表示一个系统，Andon 系统能够收集生产线上有关设备和质量管理等与生产有关的信息，加以处理后，控制分布于车间各处的灯光和声音报警系统，从而实现生产信息的透明化。

1.概况

汽车工业一直面临着巨大的竞争压力，必须不断提高生产效率，而同时还要降低生产成本。要实现上述目标，必须对大规模的复杂工艺进行有效管理和控制。在整个工厂，大量的生产、原料处理及质量信息必须及时有效地进行传输和共享。

为了提高生产效率，必须减少生产线的停工时间。一般的汽车装配线包括 40 到 60 个顺序的工作站。如果其中的任何一个工作站发生故障，操作人员必须停止整条生产线。为了提高日产量，必须立即排除上述故障，并且将故障发生的次数降到最低。然而，管理员通常很难确定故障的原因和根源。

同时，原料后勤也必须加强管理。任何原料处理系统必须能够适应多种车型，并且要尽量避免容易导致生产线停工的原料短缺。要确保生产线顺利运行，原料中心和生产车间必须具有清晰的通信设施。对每个工作站上的原料状态必须进行连续监测，以确保对原料短缺有快速的响应措施。

要降低成本，必须对产品质量进行密切监测和控制。在整个生产过程中，都必须对产品质量数据进行收集。这样可以确保在上游解决质量问题，消除昂贵的原料浪费和对已经完工的产品进行重新装配。

公司需要一套能够降低生产成本，同时又能够提高生产质量的自动化控制系统。自动化控制系统使工作人员能够收集和分析生产数据，以便于更好地管理生产过程、分清责任，以及不断提高产品的性能。

现在的 Andon 系统已经不是简单意义上的"灯光"之意，而是一套专业的汽车生产线上的柔性自动化质量、物料控制和生产信息管理系统。该系统能控制和显示生产线各工位上有关设备运行、产品质量、物料流向及其他相关的生产管理信息，实时统计生产线生产的质量状况、成品状况和生产设备的运行状况，确保产品质量和生产需求材料的实时供应，保持均衡生产。这种生产管理模式在美国、德国和日本普遍得到应用。Andon 系统现已成为汽车制造行业的一个通用系统。在汽车四大工艺车间总装、油漆、车身、冲压和动力总成厂中广泛使用。

随着我国改革开放和汽车工业的日益国际化，国际跨国公司加快了与中国汽车产业的合

作,加快了资产重组、共同开发产品、共同打造市场的步伐。但是,由于我国汽车产业特别是轿车产品技术主要依托跨国公司,中国汽车工业面临着巨大的竞争压力。要想保持企业的竞争力,在引进技术和设备的同时,还必须引进先进的生产管理理念和方法,最大限度地提高产品质量和产量,降低生产成本,只有这样才能在市场竞争中立于不败之地。上海通用汽车公司充分认识到了这一点,因此在成立上海公司的初期就装配了国外公司研制的 Andon 系统。当时的 Andon 系统在技术上完全被国外公司垄断,价格也很昂贵。

2000 年初,上海通用汽车公司在向国际跨国公司发出 Andon 系统招标书的同时,又试着向中国的几家 IT 公司抛出了橄榄枝。当时参加招标的著名公司有:美国 GE FUNAG 公司、英国 HADEN 公司、日本大富科公司、日本 TKS 工业公司及日本 TRINITY 工业股份公司等。通过层层筛选和激烈地角逐,最终上海通用汽车公司以投标最优、价格最低的优势而取胜。通过这几年的努力,上海通用汽车公司研制的 Andon 系统已经覆盖上海通用汽车公司车身车间、动力总成厂、冲压车间、南厂的总装车间、车身车间、油漆车间,以及上海东岳通用汽车公司的车身车间和油漆车间。该产品不仅填补了国内在该领域的空白,而且技术上有所创新,在技术和成本上与国外产品相比都具有绝对的竞争优势。

2. 系统功能

Andon 系统包含质量控制、物料需求和生产信息管理三大功能。

(1)质量控制。生产线上某工位发生质量问题时拉一下质量拉环,Andon 板上立即显示与此工位相关的求助信息,同时播放相关乐曲,相关人员可在最短的时间内获得求助信息,迅速赶到现场及时解决问题。当问题解决后,再拉一下质量拉环复位,Andon 板上消除该工位的求助信息。若车辆到达工位末端的固定停止位时问题还没有解决,Andon 系统会使生产线停止,将质量问题控制在本工位解决而不传到下一个工位。只有当问题解决复位质量拉环后,Andon 板上消除该工位的求助信息,Andon 系统才使生产线正常运行。若车辆到达工位末端的固定停止位时,生产线上某质量控制点 QCOS 的操作参数仍未达到生产工艺的要求,Andon 板上会自动显示与此工位相关的求助信息,同时播放相关乐曲,使生产线停止。只有当问题解决后操作参数达到生产工艺的要求时,Andon 板上自动消除该工位的求助信息,Andon 系统才使生产线正常运行,真正做到"不制造缺陷,不传递缺陷,不接受缺陷"的精益生产。

(2)物料需求。当工位需要生产物料的时候,操作人员及时按下物料按钮,Andon 系统立即发出相应的物料请求信号,物料输送人员就会及时送达该工位所需物料,系统记录物料输送的信息,把所有的数据都会汇入工厂级物流数据库,实现自动物流控制管理。Andon 系统还能定时呼叫物料管理人员检查物料供应情况,确保生产正常进行.

(3)生产信息管理。Andon 系统能进行作息时间控制管理(见图 7-68),每当上班、休息、就餐、下班时间到,Andon 板上会显示相关的信息,播放相关乐曲,同时根据生产工艺的要求,自动控制生产线的运行。

Andon 系统还能收集、统计生产操作和管理人员需要的各种生产、设备信息,使生产管理人员和生产人员能一目了然地看到当前整个生产、设备状况,便于控制生产节奏,分析故障发生的原因和根源,分析生产工艺和设备配置的合理性,最大限度降低故障发生的次数,提高产品合格率,减少停线时间,提高产品产量。

图 7-68 作息时间控制管理图

Andon 系统应能实时并准确的通过 LED 显示板或计算机屏幕，显示出当前要求停线的工位和原因，通过这些显示提示相关人员迅速作出反应，减少解决问题的时间，从而最终实现装配过程各种问题的准确传递和及时处理。同时，通过方便的信息显示功能使各相关部门及时准确地了解现生产问题及问题的状态。

3. 系统结构

Andon 系统是一个典型分布式集散控制系统。Andon 系统采用 2 层总线技术，如图 7-69 所示。

图 7-69 Andon 系统采用 2 层总线技术

第一层是工业以太网，采用 TCP/IP 协议。通过它可以方便、灵活、高速地从各种不同的系统中获取大量信息供 Andon 系统使用。

第二层是 PROFIBUS 工业控制总线，采用 PROFIBUS-DP 协议。PROFIBUS 是一种高速、高可靠性的串行工业控制总线，通过它可以快速采集和控制现场各种信息，并能保证 Andon 系统的高可靠性。

Andon 系统以 PLC 作为主控制器，通过 PROFIBUS 总线、现场控制器、I/O 模块与音乐盒、质量台、质量拉环、QCOS、Data Panel、生产线控制器等相连，还通过以太网与 Andon 板、主监控计算机、其他系统 PLC 和 Server 的 HMI 通信和交换数据，用于采集和处理信息，进行系统控制。

Andon Server 是主监控计算机，用于用户管理、系统参数配置、系统状态和现场信息的监控、系统信息的存储、统计分析和报表等。

办公室 Viewer 是监控浏览计算机,使生产管理人员能在办公室远程浏览主监控计算机上的所有信息。

主监控系统采用 Client/Server 架构,以主监控计算机作为 Server 端,现场其他工作点作为 Client 端,实现集中管理、分散控制、数据统一管理,系统既可在现场实时采集数据,又能在办公室设置,监控生产状态;主监控计算机又具有信息发布功能,实现了在车间级 LAN 上能查阅报表,既保证了当前功能的实现,保证数据安全,方便用户管理,又便于将来功能的扩展。

客户端采用传统方式,提供用户操作界面,服务端响应客户端的请求,访问后台数据资源,生成满足客户需要的结果并返回给客户端,实现业务集中,数据集中,在线分析,同时利用 SQL 数据库等相关技术,实现数据统一记录,统一管理,为生产管理人员和生产人员提供信息服务及决策支持。这种基于 C/S 的层次结构应用,以标准的 TCP/IP 以太网为平台,可与网络开发语言有效地集成,提高系统的性能。

Andon 板显示所有现场生产、设备和安全信息。其包括各个工位的呼叫、QCOS 报警、设备故障显示、物料输送、缓冲区状况、生产线运行状态及实际产量、目标产量、合格率、停线时间、安全事故等。Andon 板使现场管理人员和生产人员能一目了然地看到当前整个生产、设备状况。音乐盒播放多达 64 种呼叫音乐,生产管理人员和生产人员一听到呼叫音乐就能知道哪个生产区域发生什么问题。质量台用于呼叫相关质量管理人员和生产人员解决质量问题。Data Panel 用于输入车辆信息。

4. 系统特点

Andon 系统是一个柔性自动化控制和生产管理系统。生产线上所有的控制点参数及互相关联控制全部是根据生产和质量管理需要灵活配置,信息量很大,关联控制的复杂程度很高。Andon 系统所占用的硬件、软件资源也相当多。Andon 系统可以适应各种不同类型产品的流水线生产环境和要求,是一种通用性很强的标准化系统。

国外 Andon 系统所有信息设置、分析处理都是由上位主监控计算机完成,当以太网通信中断或上位机出现故障就会导致整个系统的崩溃。我们的 Andon 系统将所有的信息采集和控制都交给主控 PLC 来承担,如图 7-70 示。上位监控计算机只承担用户管理、系统参数配置、系统监控、数据库管理、分析、统计、打印报表工作。一旦以太网通信中断或上位机出现故障,PLC 仍能正常工作,整个系统的控制功能仍能正常运行,不会影响生产。虽然 PLC 的编程难度大幅增加,却大大增强了整个系统的可靠性。

图 7-70　主控 PLC

5. 系统优点

该系统能够为操作员停止生产线提供一套新的、更加有效的途径。在传统的汽车生产线上,如果发生故障,整条生产线立即停止。采用了 Andon 系统之后,一旦发生问题,操作人员就可以在工作站拉一下绳索或者按一下按钮,触发相应的声音和点亮相应的指示灯,提示监督人员立即找出发生故障的地方及故障的原因。一般来说,不用停止整条生产线就可以解决问题,因而可以减少停工时间同时又提高了生产效率。

Andon 系统的另一个主要部件是信息显示屏。罗克韦尔自动化的最新型 RSView 32 显示屏分布在每个车间,悬挂在主要通道的上方或者靠近主要的处理设备。显示屏幕由 Flex I/O 驱动,并且能够通过远程 I/O 与 PLC 进行通信,因而易于维护和系统扩展。

每个显示面板都能够提供关于单个生产线的信息,包括生产状态、原料状态、质量状况及设备状况。显示器同时还可以显示实时数据,如目标输出、实际输出、停工时间及生产效率。

根据显示器上提供的信息,操作人员可以更加有效地开展工作。另外,不同的音乐报警可以使操作人员和监督人员清楚了解到其辖区内发生了什么问题。队长或者组长也可以根据显示器上的信息识别并且消除生产过程中的瓶颈问题。同时,队长或者组长还可以从控制室或者远程监测站监测生产状态、原料处理及设备运行状况。采用 Andon 监测软件,管理人员可以设置系统参数及生成综合信息报告,包括停止请求、实际停止频率、停止原因及停止时间。根据这些信息,工程人员和监督人员能够识别工艺可以改进的区域或者操作人员需要进行进一步培训的地方。

6. Andon 系统能给企业带来的收益

(1) 抓好现场规划,提高现场管理水平,降低现场管理成本。

(2) 建立目视管理,打开现场管理黑箱,提高管理效率。

(3) 推行"生产自动化",提高过程质量控制能力。

(4) 设备运行宏观动态显示。

(5) 在线生产品种动态显示。

(6) 计划下达顺序调度。

(7) 现场故障报警监视。

(8) 设备故障停线时间、故障说明。

(9) 质量问题的停线原因。

(10) 零件供应短缺停线原因。

Andon 系统作为精益生产制造管理的一个核心工具,在制造过程中发现了生产缺陷异常时,能通过系统在最短的时间里将信息传递出去,能够快速解决问题,使生产能够平稳进行,提高效率。

随着科学技术的不断发展,安灯系统由最初的拉绳模式发展到中期的一个按钮模式,到目前为止,安灯已经发展到一种更高级的模式——触摸屏模式。触摸屏模式让信息更加明确地传递出去,减少不必要的时间浪费。Andon 技术在汽车产业的应用,有效减少了汽车生产中的停线时间、故障响应时间,并能够对工艺进行改进数据指导,大大提高了生产效率和生产工艺品质,为汽车制造业带来了可观的经济效益。

思考题

1. 汽车车身冲压、焊接、涂装的工艺工序有哪些?
2. 汽车总装工艺考虑因素有哪些?
3. 机器人自动化有什么特点?
4. 简述 PLC 系统作用。
5. 汽车总装工厂生产线概况及其对协作机器人的需求有哪些?

参考文献

[1] 曾东建. 汽车制造工艺学[M]. 北京:机械工业出版社,2006.
[2] 赵晓昱,刘学文. 汽车车身制造工艺[M]. 北京:清华大学出版社,2016.
[3] 唐远志. 汽车车身制造技术基础[M]. 合肥:合肥工业大学出版社,2013.
[4] 郑德权. 汽车总装工艺[M]. 北京:机械工业出版社,2017.
[5] 江支柱,董宝力. 汽车智能生产执行系统实务[M]. 北京:机械工业出版社,2018.

反侵权盗版声明

电子工业出版社依法对本作品享有专有出版权。任何未经权利人书面许可，复制、销售或通过信息网络传播本作品的行为；歪曲、篡改、剽窃本作品的行为，均违反《中华人民共和国著作权法》，其行为人应承担相应的民事责任和行政责任，构成犯罪的，将被依法追究刑事责任。

为了维护市场秩序，保护权利人的合法权益，我社将依法查处和打击侵权盗版的单位和个人。欢迎社会各界人士积极举报侵权盗版行为，本社将奖励举报有功人员，并保证举报人的信息不被泄露。

举报电话：(010)88254396；(010)88258888

传　　真：(010)88254397

E-mail：dbqq@phei.com.cn

通信地址：北京市万寿路南口金家村288号华信大厦
　　　　　电子工业出版社总编办公室

邮　　编：100036